자연법 연구

도덕의 원류를 찾아서

진교훈 지음

자연법 연구

도덕의 원류를 찾아서

진교훈 지음

철학과현실사

책머리에

진교훈 교수님의 유고 『자연법 연구』의 발간에 부쳐

이 책은 평생 자연법 연구에 매진해 오신 진교훈 교수님의 연구 결과를 담은 것입니다. 교수님의 세례명 '토마스 아퀴나스'가 말해 주듯이 이 책의 근저에는 정통 토미즘(Thomism)에 입각한 자연법사상이 흐르고 있습니다.

돌이켜 보면 제자들이 진교수님의 지도 아래 자연법을 공부한 지도 꽤나 오래되었습니다. 교수님은 제가 1988년 박사과정에 다닐 때부터 롬멘(Heinrich A. Rommen)의 『자연법(*The Natural Law*)』을 강독하셨으므로 교수님의 자연법 연구는 30년을 훌쩍 넘는 세월 동안 계속된 셈입니다. 이 책은 그만큼 오랜 기간의 연구 결과가 담긴 것이니 교수님의 유고집으로서 뿐만 아니라 학문적 가치의 측면에서도 의미가 크다고 생각됩니다.

흔히 '판사는 법과 양심에 따라 재판한다'고 말합니다. 이때 '법'이란 명문화된 실정법을 가리키고 '양심'이란 불문법으로서의 자연법을 의미합니다. 하지만 양심은 사람에 따라 또는 시대와 장소에 따라 편차가 있을 수 있습니다. 그래서 인류의 보편적 양심 같은 개념이 요청됩니다. 이에 그 기준의 역할을 하는 것이 바로 자연법입니다. 자연법에는 인류 역사상 위대한 사상가와 현인들의 정신이 담겨 있습니다. 우리가 힘들더라도 자연법을 공부해야 하는 이유입니다.

2022년 초 이 책의 출간을 위해 초고를 손보시던 중 진교수님은 갑자기 심근경색으로 쓰러지셨습니다. 그런데 구급차가 달려오는 시간과 응급실에 입원하는 시간이 모두 지체되는 바람에 교수님은 그만 골든타임을 놓치고 말았습니다. 모두 '코로나19' 때문이었습니다. 참으로 원통한 일이 아닐 수 없습니다. 타계하시기 몇 시간 전, 저는 페이스톡을 통해 교수님의 마지막 모습을 뵐 수 있었습니다. 비록 숨을 헐떡이셨지만, 형형한 눈빛과 침착한 목소리로 '초심을 잃지 말라'는 당부의 말씀을 남기셨습니다. 선생님은 마지막 순간까지 사태를 직시하며 깨어 있는 정신 상태를 유지하셨습니다. 평생 제자들의 사표이시고 소크라테스 같은 스승이신 진교훈 선생님, 삼가 선생님의 명복을 빕니다.

2022년 8월

서울대학교 윤리교육과 명예교수 박찬구 올림

추천의 글

『자연법 연구』를 권독(勸讀)하며

은사(恩師) 진교훈 교수님의 유고, 『자연법 연구: 도덕의 원류를 찾아서』는 인류 정신성의 정수라고 할 수 있는 자연법 연구서입니다. 저는 교수님으로부터 자연법사상을 대학원 박사과정 중에 배웠습니다. 자연법(Naturrecht)에 대한 롬멘의 저서를 텍스트로 한 수업이었으며, 교수님께서는 때때로 독일어 문법까지도 일러 주시면서 보다 정확한 의미를 독해하도록 강론을 이끄셨습니다. 저는 자연법사상에 매료되었으며, 서구 정신의 정수가 어디에 있는가를 가늠할 수 있었습니다. 이제 타계하신 지 엊그제 같은데, 선종하시기 전까지 교수님께서 정리하셨던 옥고를 부족한 제가 감사한 마음으로 읽고 추천사를 씁니다.

이 책을 읽어 가면서 저는 교수님께서 그렇게 긴 시간 동안이나 자연법사상을 가슴에 품고 계셨던 이유를 짐작할 수 있었습니다. 그것은 교수님께서 지구상에서 삶을 영위해 가야 할 후손들, 우리 전 인류를 사랑하시고 염려하셨기 때문일 겁니다. 동서고금의 공통적인 실천적 지식으로 "인간은 본성적으로 선은 행해야 하고 악은 피해야 한다." "이로부터 인간이 인간으로서 해야 할 것과 해서는 안 되는 것을 가려야 한다."라는 가르침에서 교수님의 인류애를 엿볼 수 있습니다. 그리고 우리 모든 인간들이 한갓된 인간이 아닌 고귀한 존재로서 그 인간다움을 잃지 않도록 해야 함을 '죽음보다도 강한 사랑' 속에서, 한결같은 기백과 더할 나위 없는 최상의 이치로 정교하고 친절한 유고를 남기셨습니다.

이 책을 통해 우리는 자연법의 연원과 본질 및 역사적 형성과 전개 과정, 그리고 각 시대마다 인류사에 끼친 영향과 다양한 학문 영역들 간의 상호관계 및 이들 각 학문들의 본질 영역까지도 이해할 수 있습니다. 실로 동서고금의 학문의 정수를 망라한 방대한 규모임에도 불구하고 단도직입적으로 문제의 정곡을 찌르면서 명쾌한 본질직관을 보여주시기에 책을 읽는 과정에서 학문의 즐거움을 누릴 수 있었습니다. 특히, 저 개인으로서는 수십 년간 지녀 온 미해결의 의문들이 해결되었고, 정리되지 않던 내용들이 말끔히 정리되는 계기가 되었습니다.

그래서 이 같은 점들이 담긴 본문의 내용들을 조금씩이라도 음미할 수 있게 독자분들에게 소개합니다.

첫째, 도덕의 원류이자 자연법사상의 근간으로 보고 있는 동서양의 황금률을 고찰하면서 서구 철학적 전통 및 신학은 물론이거니와 유교, 불교, 이슬람교의 황금률까지 제약 없이 검토하고 있습니다. 이 같은 접근 방식은 다음과 같은 글에서 명백히 나타납니다.

"교황청 산하 국제신학위원회는, 불교의 오계(五誡)는 '심오한 이타주의로서 우호적인 자비심과 공감과 함께 비폭력의 신중한 태도로 해석되며, 이것은 바로 황금률을 요약한 것이다.'라고 공표했다."(제1부 II장 3절)

둘째, 그리스 철학과 스콜라 철학의 관계, 철학과 신학의 관계를 아래와 같이 심오하고도 명확하게 정리해 줍니다.

"플라톤이 천상의 위치에 살도록 한 실체적 관념들, 즉 이데아는 아우구스티누스에게서 하느님의 사상으로 되었고, 마침내 스토아학파의 비인격적인 세계 이성은 인격적이고 전지전능한 하느님이 되었다. 아리스토텔레스의 이성은 세계를 초월하는 창조신(創造神)이 되었다. 이 창조신은 세계를 항상 그의 전능으로 보존하고, 예지를 통해 통제하며, 영구법을 통해 다스리는 것이다."(제2부 II장 2절)

셋째, 자연법과 윤리학 및 법학의 관계 성격 및 근본적 차이를 중요한 사상가들의 핵심적 사상과 연계시켜 고찰하면서 논리적으로 규명하고 있습니다.

"인간의 존엄(dignitas humana)을 이루는 윤리적 자유에서 자연법적 평등이 나오고, 자연법적 평등에서 자연법적 자유가 따른다. 윤리적 자유에 기초한 인권 이념은 푸펜도르프의 자연법 체계의 중심에 놓여 있다. 인권 사상은 그의 사회성 사상의 내용을 이루고 있으며, 그의 체계에 나타나는 모든 법적 관계에 대한 판단을 관통하고 있다. … 법이란 외면적인 것이며, 도덕과는 무관하다. 도덕이 내면적 의무를 발생시키는 반면에, 법은 외면적 의무만을 발생시킨다. 법적 의무는 강제적 의미이지만, 도덕적 의무는 양심을 통한 구속에만 지배된다."(제2부 III장 2절)

"칸트에 의하면 외면적 자유는 반드시 강제적 법률을 요구한다. … 그러므로 외면적 평화의 조건, 즉 법률은 순수하게 외면적인 것이다. … 도덕의 입법 동기는, 이성의 자율에서 파생되며, 정언명법의 형식으로 나타나고, 칸트에 의해 바로 신성시되는 의무이다. 법률의 입법 동기는 도덕성이 아니라, 오히려 외면적 자유를 바로 보존하는 것이며, 그것을 위해 필요한 강제를 수행하는 것이다. 법적 질서에서 도덕적 성격은 결여되어 있다."(제2부 III장 3절)

넷째, 서구 철학의 유구한 전통적인 자연법사상과 근세 이후 촉발된 홉스나 루소 등과 같은 계몽주의적 사회계약 이론의 자연법 이론을 비교하여 논의하는 과정에서 이들의 관계를 정면으로 다루고 양자의 차이를 명확하게 가려서 분별해 내고 있습니다.

"영구법(lex aeterna) 대신에 이성법이, 계시된 하느님의 의지 대신에 국가의 의지가 서양 근세의 자연법사상에 등장한다. 법률의 선험성을 법률의 내재성으로 대치하는 것이 자연법사상의 특징이며, 서양 근세의 자연법사상은 자연법사상의 세속화라고 말할 수 있다."(제2부 III장 1절)

"앞에서 우리는 개인주의에 사로잡힌 자연법사상은 자연 상태에서 그 특징이 잘 나타나고 있음을 살펴볼 수 있었다. … 그리고 개인주의적인 자연법사상이 영구법과 자연법(lex naturalis)을 분리시키고 윤리성과 법을 분리시킨 것은 나중에 비윤리적인 실정법과 실증법을 초래하게 하는 단초를 열어놓았다. 결과적으로 개인주의에 사로잡힌 자연법사상은 마침내 자연법사상의 하강을 가져왔다."(제2부 III장 3절)

다섯째, 자연법과 실증주의 및 법실증주의 관점을 객관적으로 고찰하면서 그 안에 내재된 문제점들을 냉엄하게 지적하고 있습니다.

"실증주의는 이성을 현존재로 향하는 기술적, 도구적 오성(Verstand)으로 환원시키며, 철학자나 과학자의 사고를 실증적으로 주어진 것(das positiv Gegeben)으로 국한시키려고 한다. 이러한 실증주의를 법학에 적용하는 것을 법실증주의(Rechtspositivism)라고 할 수 있다. 법실증주의는 가치와 도덕판단을 배제하고 경험적으로 관찰할 수 있는 법칙성만을 중시한다."(제2부 III장 4절)

여섯째, 현대사회에서 자연법의 의미와 그 재건 방법을 구체적으로 철학적 인간학의 형태로 제시하면서 안내하고 있습니다.

"사회의 질서를 제시하는 규범인 법과 윤리는 독립적인 학문이 되어서는 안 되며 인간을 총체적인 관점에서 다루는 철학적 인간학의 토대 위에서 인간의 본성법인 자연법을 재생시켜야 할 것이다."(제2부 IV장 1절)

끝으로, 자연법이 20세기 인류의 세계사적 사건에서 중요한 기여를 하면서 부활하게 되었음을 보여줍니다. 20세기 초, 인류는 제2차 세계대전을 겪으면서 전면적인 도덕성의 실패와 정치학과 법학과 국제정치학 및 국제법의 실패를 목도하였습니다. 특히 나치의 2인자였던 아이히만의 전범 재판 과정에서, 그가 칸트의 도덕법칙과 나치의 국가법을 들먹이면서 무죄를 강변하는 하이코미디 같은 상황이 전개되었습니다. 그런데 이보다 더 충격적인 것은 이 같은 주장에 대해 논박할 만한 도덕적 논리나 법적 논리가 인류에게 충분히 구비되어 있지 않았다는 점입니다. 법정에서 가까스로 전범 책임자에게 죄과를 물을 수 있었던 것은 바로 인간이라면 본성적으로 지녀야 할 인도성을 위반하였다는 것입니다. '반인도적 범죄에 대해서 처벌'해야 한다는 논리의 근거가 된 것은 바로 자연법입니다. 바로 이 자연법에 대한 관심이 촉발되고 현대사회에서 새롭게 부활되고 있음을 다음과 같이 적실하게 다루고 있습니다.

“제2차 세계대전 후 실증법(實證法)이 나치에 의하여 이용되었던 것을 비판하고 나서, 법학은 다시 … 더 높은 법, 즉 고대의 자연법, 중세의 신법(神法)이 있었다는 오랜 전통의 지혜를 되새겨야 한다고 주장하고 자연법론을 주장하였다. … 20세기에 들어와서 자연법의 부활을 고창(高唱)한 중요한 철학자들, 특히 마리탱, 롬멘, 메스너, 그리고 피니스, 오경웅의 자연법사상의 요지를 살펴보기로 하자.”(제2부 IV장 1절)

산처럼 높고 물처럼 아름다운[山高水麗] 저서, 『자연법 연구: 도덕의 원류를 찾아서』를 이렇게 천학비재한 제가 왈가왈부하는 것 자체가 외람되며 부끄럽습니다. 그럼에도 불구하고 어떤 물도 거부하지 않는 바다처럼 어떤 흙도 거절하지 않는 큰 산처럼, 우리 제자들 모두의 생각과 사유를 존중하고 포용해 주시고 사랑으로 이끌어 주시던 은사님에 대한 그리움을 담아서 그리고 인류와 이 세상을 위해 꼭 필요한 최상의 텍스트라는 확신 안에서 이 저서를 독자 제현에게 성심으로 추천해 올립니다.

충북대학교 윤리교육과 교수 김연숙

차 례

들어가는 말 … 19

제1부 자연법의 기본 성격

I장 자연법의 개념과 의미 … 27

II장 황금률과 자연법 … 33

1. 서양의 황금률에 대한 역사적 개관 · 36
   1) 서양에서 황금률의 유래 · 36
   2) 고대 그리스 사상의 황금률 · 38
   3) 초기 그리스도교 사상의 황금률 · 40
   4) 서양 중세의 황금률 · 42
   5) 서양 근세의 황금률 · 44
   6) 서양 현대의 황금률 · 46
2. 서양 사상의 황금률의 표현 형태의 의미와 비판적 성찰 · 48
   1) 서양 사상의 황금률의 다양한 표현 형태의 의미 · 48
      (1) 황금률의 첫 번째 형태: 감정이입 규율의 의미 · 49
      (2) 황금률의 두 번째 형태: 자율성 규율의 의미 · 51
      (3) 황금률의 세 번째 형태: 호혜 규율의 의미 · 54
   2) 서양 사상의 황금률에 대한 비판적 성찰 · 57

3. 동방(동양) 사상에서 황금률의 통시적 개관 · 58
1) 동방(동양) 사상의 황금률의 유래와 양태 · 58
2) 유가(儒家)의 황금률 · 59
3) 불가(佛家)의 황금률 · 61
4) 기타 동방(동양)의 전통적인 문헌에 나타난 황금률 · 64
(1) 힌두교의 황금률 · 64
(2) 고대 동방(동양)의 지혜서에 나타난 황금률 · 65
(3) 이슬람의 황금률 · 66
4. 도덕의 원류로서의 황금률과 자연법 · 67

제2부 서양 자연법의 중요한 흐름

I장 서양 고대의 자연법사상 … 73

1. 서양 고대에서 자연법적 질서 의식의 태동 · 74
2. 헤라클레이토스의 자연법사상 · 77
3. 소피스트와 소크라테스의 자연법사상 · 79
4. 플라톤의 자연법사상 · 86
5. 아리스토텔레스의 자연법사상 · 90
6. 스토아학파의 자연법사상 · 96

II장 서양 중세의 자연법: 스콜라철학 시대의 자연법 … 110

1. 왜 스콜라철학 시대에 자연법은 대두되었는가? · 110
2. 초기 스콜라 시대의 자연법사상: 교부들의 자연법사상 · 112
3. 중기 스콜라 시대의 자연법사상 · 122
1) 주지주의적 관점에서 본 토마스 아퀴나스의 자연법사상 · 122
2) 주의주의적 관점에서 본 둔스 스코투스와 오컴의 자연법에 대한 견해 · 137

4. 후기 스콜라 시대의 자연법사상 · 141
1) 수아레즈, 바스케즈, 벨라르미노의 자연법사상 · 141
2) 그로티우스의 자연법사상 · 151

III장 서양 근세의 자연법사상 … 157

1. 서양 근세의 자연법사상의 배경 · 158
2. 세속적 자연법사상의 대두: 17-18세기를 중심으로 · 163
1) 홉스의 자연법사상 · 163
2) 그로티우스의 자연법사상 · 166
3) 푸펜도르프의 자연법사상 · 170
4) 토마지우스의 자연법사상 · 177
3. 개인주의와 도구적 합리주의가 자연법사상에 미친 영향 · 180
1) 계몽주의의 대두와 개인주의의 발달 · 180
2) 개인주의적 자연법사상에 대한 비판적 성찰 · 182
(1) 개인주의와 자연 상태론 · 182
(2) 자연 상태론에 대한 비판 · 184
3) 도구적 합리주의(이성주의)에 의거한 자연법사상에 대한 비판적 성찰 · 191
4) 유아론과 이분법적 사고의 문제점과 자연법사상의 하강(쇠퇴) · 198
4. 19세기의 자연법사상의 하강: 역사법학파와 법실증주의의 대두 · 201
1) 19세기 역사법학파의 대두 · 201
2) 역사법학파의 주요 사상과 그 문제점 · 204
3) 법실증주의의 대두와 그 주요 사상 · 212
(1) 법실증주의의 대두 · 212
(2) 법실증주의의 주요 사상의 기본 원리 · 215
4) 법실증주의에 대한 비판적 성찰 · 218
(1) 도덕법 및 자연법에 대한 실증주의의 비판 · 218
(2) 법실증주의의 한계와 문제점 · 219
5) 법실증주의와 자연법의 대결 · 227

IV장 현대의 자연법사상: 자연법의 부활과 재건 … 232
1. 20세기 자연법 부활의 배경 · 232
2. 마리탱에 의한 자연법과 인권 · 241
1) 마리탱에 의한 자연법사상의 의미 · 241
2) 자연법의 존재론적 요소와 인식론적 요소 · 245
(1) 자연법에서의 존재론적 요소 · 246
(2) 자연법에서의 인식론적 요소 · 247
3) 마리탱이 자연법 부활에 미친 영향 · 250
3. 롬멘에 의한 자연법: 자연법의 영원한 회귀 · 251
1) 롬멘에 의한 자연법사상의 의미 · 251
2) 실정법과 도덕의 관계와 자연법 · 252
3) 자연법의 기본 원리와 생명권 · 257
4. 메스너에 의한 자연법 · 259
1) 자연법의 부활; 새로운 자연법 · 259
2) 인간의 본성과 자연법 · 260
3) 메스너의 자연법사상의 계승 · 261
4) 바일러가 고찰한 메스너의 자연법사상 · 263
5. 피니스에 의한 자연법 · 271
1) 피니스의 자연법 철학의 의미 · 271
2) 기본적 가치와 권리의 원천으로서의 자연법 · 272
6. 오경웅에 의한 자연법 · 273
1) 영구법과 자연법 · 273
2) 자연법은 법의 근원이다 · 276
3) 자연법은 정의의 원천이다 · 278
7. 21세기 자연법 연구 동향 · 279

제3부 동방(동양)의 자연법사상 그리고 제 학문과 자연법

I장 동방(동양)의 전통 사상에서 본 자연법 … 285

1. 동방(동양) 사상과 자연법 · 285
2. 유가(儒家)의 자연법사상 · 288
3. 도가(道家)의 자연법사상 · 298
4. 묵가(墨家)의 자연법사상 · 299
5. 불가(佛家)의 자연법사상 · 302
6. 이슬람의 자연법사상 · 309
   1) 쿠란과 하디스와 신법 · 310
   2) 샤리아와 자연법 · 311
   3) 쿠란에 나타난 자연법사상 · 311
7. 한국의 자연법사상 · 313

II장 신학에서 본 자연법 … 316

1. 성서적 근거 · 316
2. 교회 전승과 교회 문헌에 나타난 자연법사상 · 319
3. 프로테스탄트 신학과 자연법: 프로테스탄트의 자연법에 대한 관심 · 324

III장 법학에서 본 자연법 … 329

1. 법과 도덕의 구별과 차이점 · 329
2. 법과 도덕의 일원화와 자연법 · 335
3. 도덕과 법의 관계 · 337
   1) 도덕은 법보다 상위의 규범이다 · 337
   2) 의무와 법의 관계 · 339
   3) 도덕과 법의 차이 · 342
   4) 실정법의 한계와 윤리 · 344

5) 실정법과 도덕이 분리되어서는 안 되는 이유 · 350
6) 왜 자연법은 부활되어야 하는가? · 353
4. 실정법은 자연법을 기초로 하여야만 한다 · 355

IV장 사회윤리와 자연법 … 358

1. 사회윤리의 개념과 유래 · 358
1) 사회윤리의 유래 · 359
2) 개인윤리와 사회윤리의 관계 · 362
2. 사회의 근본 질서와 사회윤리의 기본 원리 · 364
1) 연대성의 원리 · 365
(1) 연대성의 의미 · 365
(2) 연대성의 근거 · 366
2) 공익성의 원리 · 366
(1) 사익에 대한 공익의 우선 · 366
(2) 인간의 존엄성 · 368
(3) 권위 · 369
3) 보조성의 원리 · 370
(1) 보조성의 의미 · 370
(2) 보조성의 근거 · 371
3. 사회규범과 자연법: 사회정의는 자연법에 근거한다 · 373
1) 사회규범은 자연법이어야 한다 · 374
2) 사회윤리와 사회정의 · 376

V장 자연법과 생명윤리 … 380

1. 인간 행위에 대한 자연법의 적용 · 380
2. 생명윤리와 자연법의 관계: 생명의 존엄성에 대한 이해 · 382
1) 생명의 신비의 오묘함의 이해 · 383
2) 모든 생명에 대한 배려와 존중 · 386
3) 생명의 아름다움의 체득(體得)과 구현(具現) · 388
3. 생명윤리 문제에 대한 자연법의 적용 · 390

VI장 자연법과 철학적 인간학의 관계 … 394

1. 사회질서와 인간의 본성 · 397
   1) 윤리적 존재로서 인간 · 397
   2) 윤리학과 철학적 인간학의 관계 · 398
2. 법 존재론과 철학적 인간학 · 401
   1) 법 존재론의 의미 · 401
   2) 자연법과 법 인간학과 철학적 인간학 · 404
      (1) 법 인간학의 의미 · 404
      (2) 법 인간학과 자연법의 부활 · 407
3. 자연법의 부활과 철학적 인간학 · 413
   1) 자연법과 인간 이해: 자연법의 인간학적 기초 · 413
   2) 20세기 자연법학자들의 인간학적 자연법사상 · 417
      (1) 마리탱에 의한 인간학적 자연법사상 · 417
      (2) 롬멘에 의한 인간학적 자연법사상 · 424
      (3) 메스너에 의한 인간학적 자연법사상 · 426
      (4) 피니스에 의한 인간학적 자연법사상 · 429
   3) 20세기 이후 자연법 연구 동향 · 431

VII장 자연법의 실질적인 원리와 해석의 문제 … 434

1. 전통적 자연법에서 말하는 본성의 해석에 대한 논란 · 434
2. 자연법 개념의 현대적 해석 · 436
3. 자연법의 보편적인 원리와 내용 해석의 한계 · 437
4. 자연법의 실천 · 440
   1) 인간 행위에 대한 자연법의 적용 · 440
   2) 자연법의 실천 · 442

나가는 말 … 445
참고문헌 … 447
찾아보기 … 462

들어가는 말

인간을 결합시키고 인간에게 평화와 행복을 가져다줄 수 있는 보편적인 윤리적 가치들이 있는가? 있다면 그것은 어떤 가치들이고, 그 가치들은 어떻게 인식될 수 있으며, 개인생활과 사회생활에서 어떻게 실행될 수 있는가? 저자는 그 본래적인 가치들을 인간의 **본성법**인 자연법(jus naturale, Naturrecht)에서 찾아볼 수 있었다. 왜냐하면 자연법은 인류의 시작과 함께 시작된 **인간이 지켜야 할 규범의 시원**(始原)**이며, 가장 보편적인 가치 질서이며 도덕의 원류**(源流)이기 때문이다. 그러므로 자연법 연구는 **사람으로서 지켜야 할 도리**(道理)를 찾는 윤리학도와 법학도에게 영원히 필요하며 요청되는 것이다.

자연법은 대체로 법의 원류를 찾는 법학자들의 관심과 연구의 대상이 되어 왔으나, 도덕의 근원을 찾는 윤리신학자와 윤리철학자들에게도 연구 대상이 되지 않을 수 없다. 저자는 윤리학의 관점에서 **도덕의 원류**를 찾으면서 자연법을 연구하게 되었다. 저자는 한평생을 사람다움이 무엇인가를 고구(考究)해 왔고, 또한 **사람으로서 지켜야 할 도리**가 무엇인가를 공부해 왔다. 그러므로 저자의 자연법에 대한 관심은 자연 도덕법(natural moral law)[1] 내지 자연법 윤리(natural law ethics)[2]라고

1) Owen Anderson, *Natural Moral Law*, Cambridge University Press, 2013; Holger Zaborowski, *Natural Moral Law in Contemporary Society*, 2012 참조.

할 수 있겠다.

인간의 **생활 규범의 근원**을 동양에서는 천도(天道)와 천륜(天倫)에서, 서양에서는 신법(神法)과 '자연의 이치(naturalis ratio)'에서 찾으려고 하여 왔다. 이러한 원초적인 규범은 사람이 임의로 그때그때 만들 수 있는 것이 아니라, 인간을 주재(主宰)할 어떤 **절대적 권위**, 즉 신적 존재인 **천주**(天主), **하느님**으로부터 주어진 **보편적이고 영구적인 근본 규범**에 따르는 것이라고 선각자(先覺者)들은 생각하였다. 이러한 생각이 자연법을 밝혀 주는 싹이 되었을 것이라고 우리는 생각해 볼 수 있다.

"사회가 있는 곳에 법(규범)이 있다."는 말처럼, 어떤 사회도 언제나 일정한 존재 양식과 사회규범이 있어야 하며, 사회질서, 즉 도덕과 법이 요청되고 있다. "사회가 어떻게 있어야 하는가?"라는 물음은 바로 자연법의 물음이다. 여기서 자연법이란 **인간의 본성**과 불가분의 관계에 있는, **인간에게 자연적으로 이미 주어져 있는 본성**(本性, natura)**법을 의미한다**. 이 물음은 인간 사회가 존재하는 한 영원한 물음이 될 수밖에 없다. 왜냐하면 우리 인류는 여전히 인간 사회의 올바른 존재 양식을 찾고 있기 때문이다. 그래서 롬멘(Heinrich A. Rommen, 1897-1967)은 이를 '자연법의 영구회귀(永久回歸)'[3]라고 표현했다.

자연법사상은 동서양을 막론하고, 고대로부터 현대에 이르기까지 연면(連綿)해 오고 있다. 그러나 자연법사상은 마치 서양인의 전유물(專有物)인 것처럼 흔히 생각하는 사람들이 있는데, 이것은 잘못된 선입견

---

2) 그로티우스의 자연법 연구자인 킬너는 Natural Law Ethics라는 말을 이미 사용하였다. John F. Kilner, "Hurdles for Natural Law Ethics," *The American Journal of Jurisprudence*, Vol. 28, 1983, pp.149-168 참조

3) '자연법의 영구회귀'는 롬멘의 저서명이기도 하다. Heinrich Rommen, *Die Ewige Wiederkehr des Naturrechts*, Leipzig: Jacob, 1936.

이다. 올바른 사회질서와 사회규범과 법을 찾는 노력은 서양에서만 있어 온 것이 아니라, 동양에서도 분명히 있었다. 한국인은 조상 대대로 나쁜 짓을 하는 사람, 특히 사람답지 못한 행위를 하는 사람을 보고 "하늘이 무섭지 않느냐?"고 힐문(詰問)한다. 여기서 하늘은 천도(天道), 즉 자연법을 암시한다. 한국인은 하늘이 정해 준 인간이 지켜야 할 규범, 즉 **천도**(天道)와 **천륜**(天倫)이 있다고 믿었다. 한국인은 이러한 미분화적(未分化的) **천인상여**(天人相與)의 사상에 기초하여 선과 악을 판별하는 기준으로 '경위(涇渭 혹은 經緯)' 혹은 '하늘'에 대한 외경(畏敬)의 생각을 가졌다.

서양의 자연법사상이 고대, 중세, 근대, 현대에서 한 시대의 세계관의 변화에 따라 다른 특색을 보여준다면, 동양의 자연법사상은 시대를 넘어서서, 통시적(通時的)으로 세계관에 따라 다른 특색을 보여준다. 다시 말해서 서양에서 고대는 우주론적 세계관에 따라 자연주의적(우주론적) 자연법사상이, 중세에서는 그리스도교적-신학적 세계관에 따라 신학적 자연법사상이, 근대에서는 합리적 세계관에 따라 합리주의적 자연법사상이, 현대에서는 실존주의적, 현상학적 세계관에 따라 실존론적, 현상학적 자연법사상이 나타난다고 볼 수 있다. 한편 동양에서는 도가(道家)의 자연 중심적 세계관에 따라 도(道)의 자연주의적 자연법사상과 유가(儒家)의 인본주의(人本主義)와 정명론(正名論)에 따라, 인의예지(仁義禮智)를 중시하는 인도주의적 자연법사상이, 묵가(墨家)의 천지(天志, 하늘의 뜻) 중심적 사상과 겸애주의(兼愛主義)에 따라 천지(天志)를 중시하는 자연법사상이 나타났다. 그러나 이러한 동방의 자연법사상은 법가(法家)들에 의하여 강력한 중앙집권적 권력 체계와 실정법의 농단(壟斷)에 의해 억압된 채 자유롭게 전개되지 못한 채 근대에까지 이르렀다. 도리(道理)에 맞고 백성의 믿음과 뜻[民信民志]이 제대로 담긴 좋은 법[良法美意]이 이념적으로는 추구되기도 했으나, 정치적 불안정과 외세의 침입으로 도덕법(자연법)의 권위와 존엄을 지속적으로 발전시킬 여유가 없었다. 그리스도교적 자연법사상은 18세기 후반부터 가톨릭교도에 의해 한국에 처음 소개되었다.

자연법은 불문율(不文律), 즉 쓰여 있지 않은 법이다. 자연법은 마치 사랑, 정신, 인격처럼 **인식론적으로 설명이 불가능하다**. 우리가 동서고금을 막론하고 공통적으로 부정할 수 없는 유일한 실천적 지식은, 인간은 본성적으로 선은 행해야 하고 악은 피해야 한다는 것뿐이다. 이것은 자연법의 전문(前文, precept)이며, 원리이다. 그러나 이 원리는 자연법으로부터 나오는 것이지만, 이 원리 자체가 바로 자연법은 아니다. 자연법은 이 원리로부터 필연적으로 인간이 인간이라는 사실에서 해야 할 것과 또 해서는 안 되는 것을 일러 준다. 그러나 이러한 것을 확정하는 데 있어서 어떤 오류와 왜곡이 일어날 수 있다는 것은, 우리의 시력이 약하다든가, 우리의 이성이 불완전하다든가, 헤아릴 수 없는 많은 우연이 우리의 판단을 흐리게 한다는 것을 증명해 주는 것에 불과한 것이다.

몽테뉴(Michel de Montaigne, 1533-1592)를 비롯하여 문화인류학자들은 상대주의에 빠져 심술궂게 상반된 가치관 내지 덕목을 소개하기도 한다. 그러나 우리는 잔인한 행위, 부모를 고발하는 것, 노인과 환자를 죽이는 사람들에 대해서 분개한다. 어떤 사람이 셈을 세는 것이 틀렸다고 해서 산술 자체를 부인하는 증거가 될 수 없고, 어떤 원시민족이 밤하늘의 별들을 세계를 뒤덮고 있는 텐트의 구멍들이라고 말하였다고 해서 천문학을 부인하는 증거가 될 수 없는 것처럼, **양심 판단의 차이가 양심 자체를 부인하게 만들고, 자연법을 부인하는 증거가 될 수 없다**.[4)]

4) 진교훈, 「인간학의 과제로서 양심의 의미」, 진교훈 외, 『양심』, 서울대학교 출판문화원, 2012, pp.15-28 참조.

자연법의 관념은 처음엔 신화 속에 묻혀 있었으나 서서히 발전해 왔다. 우리 자신의 도덕적 양심이 자연법에 대하여 가지는 지식은 의심할 여지없이 여전히 불완전한 것이다. 아마도 그것은 인류가 존속하는 한 발전할 것이며, 더한층 세련되어 갈 것이다. 그리스도교의 어법으로 말하자면, 복음이 인간의 실체의 심연에 이르기까지 침투할 때 비로소 자연법은 완전한 모습으로 나타날 것이다.

그래서 자연법 공부는 많거나 적거나 간에 곤란을 수반하며, **선현들의 가르침**을 믿고 따를 수밖에 없다. 역사적으로 볼 때, 사람들이 자연법의 원리를 잘못 해석한 것이 많으며, 자연법을 그때그때의 상황에 적용시킬 때 오해될 가능성이 없지 않았다. 그래서 자연법을 바르게 해석한다는 것은 토마스 아퀴나스의 말처럼, **"현명한 사람들의 과제"**이다.[5]

메스너(Johannes Messner, 1891-1984)가 "인간이 자연법을 알 수 있는 것은 근원적으로 또 직접적으로 **가족 공동체가 사회의 근본**임을 이해할 수 있을 때 아주 용이하다."[6]라고 말했듯이, 자연법의 근본원리는 먼저 형식적으로 결정되고 나서 내용적으로 이해되는 것이 아니라, 자연법의 본질이 나타나고 있는 **사랑의 공동체인 가정**에서 **어릴 때부터** 구체적으로 **체험**되고 학습되는 것이다.

"왜 부모를 섬기고 공경하는가?"라고 묻는다면, 우리는 이 명제를 증명할 수 없다. 이 명제는 명증적(明證的), 또는 자명(自明)한 것이라고 말할 수 있을 뿐이다. 그래서 우리는 인간은 본질적으로 자기의 부모를 사랑하고 공경하도록 되어 있다고 말할 수 있을 뿐이다. **효도(孝道)는 자연법이다.** 그것은 **양심**의 부름에 응하는 것이며, 하나의 지상명령(至

5) Thomas Aquinas, *Summa Theologica*, II, 100. 1.

6) Johannes Messner, *Social Ethics, The Natural Law in the Modern World*, London and New York: Herder, 1949, p.289; 독일어 원본은 *Naturrecht,* Herder, Wien-Innsbruck, 1949.

上命令)이다.

“천지의 도는 항구하여 그침이 없다(天地之道, 恒久而不已也).”(『道德經』) “하늘이 명(命)한 것을 본성(本性)이라 하고, 이 본성을 따라가는 것을 도(道)라고 한다(天命之謂性 率性之謂道).”(『中庸』, 一章) “인의예지(仁義禮智)는 하늘이 명한 본성에 기반을 둔다.”(『孟子』, 「公孫丑章句上」) 이러한 말들은 동양에서는 도덕의 원천을 바로 자연[天]에 두고 있음을 보여주며, 우리는 이 말들에서 자연법을 찾아볼 수 있다.

인류 공동의 윤리적 언어를 모색하고 도덕의 원류를 찾아보는 것은 “세상에 와서 모든 사람을 비추는 참 빛”(요한 1:9)이신 하느님의 작동하는 것과 우리 마음속에서 “사랑, 평화, 인내, 호의, 선의, 성실, 온유, 절제”(갈라 5:22-23)를 일으키시는 성령과 신비스럽게 조화를 이룬다. 우리는 선한 의지를 가진 모든 사람들과의 지속적인 대화를 함으로써, “참된 것과 고귀한 것과 의로운 것과 사랑스러운 것과 영예로운 것은 무엇이든지, 또 덕이 되는 것과 칭송받는 것”(필리 4:8)을 증진시킬 인간의 가치를 지향하는 공동 모색에 참여하여야 할 것이다.[7]

7) International Theological Commission, *In Search of a Universal Ethics: New Look at the Natural Law*, 2009, 서문 참조.

제 1 부

자연법의 기본 성격

I 장
자연법의 개념과 의미

'자연법(natural law, Naturrecht, jus naturale)'1)이란 물리적인 자연의 법칙이 아니라, 넓은 의미에서 사람으로서 모름지기 지켜야 할 **자연스러운 도덕법**을 의미한다. 여기서 '자연스러운'이라는 말은 **인위적인 것이 아니며 인간의 본성적인 것을 의미한다.** 반면에 물리학이나 생물학 등 자연과학에서 다루는 자연의 법칙(laws of nature)은 인간의 자유에 아무런 요구도 하지 않으며 아무런 도덕적 성격을 가지고 있지 아니

1) Naturrecht는 jus naturale의 번역이고, Naturgesetz는 lex naturalis의 번역이다. jus/ius naturale는 법학자들이 자연법으로, lex naturalis는 윤리신학자들이 자연법의 의미로 사용하기도 한다. 독일어로는 일반적으로 자연법을 Naturrecht로 표현하나, 론하이머(M. Rhonheimer)는 법철학자들과 달리 자연법을 Naturgesetz로 표현하는 것이 적절하다고 주장한다. 그러나 Naturgesetz는 자연법칙을 의미하기도 하므로 오해의 소지가 있다. 이태재는 jus naturale를 '자연이법(自然理法)'으로 번역하기도 한다. 독일어로는 Recht도 법을 의미하고 Gesetz도 법을 의미하지만, Recht는 Gesetz보다 윤리적인 면이 강하다. 자연법은 우리말로는 본성법(本性法) 또는 양심법(良心法)으로 사용하는 것도 고려해 볼 만하다.

한다. 그러나 동방 사상에서는 대체로 자연법을 의미하는 천도(天道) 또는 천리(天理)와 자연법칙을 같은 선상에서 보고, 그 구분이 불분명했다. 따라서 동방 사상에서는 자연법칙도 마치 도덕적 성격을 가지고 있는 것으로 보아 왔다.

넓은 의미에서 **자연스러운 도덕법**은 **도덕성의 전 분야를 망라한다.** 자연스러운 도덕법은 **인간의 사람다움**의 발전을 위하여 **창조주이신 하느님이 인간에게 정해 준 질서**로 이해된다. 이 질서는 이성적으로 인간의 자유로운 행동의 기반으로 알려지며 사용된다. 자연법은 엄밀한 의미에서 인간과 인간, 인간과 사회 간에 적절한 질서로 작동하는 것으로 **도덕법**을 다룬다. 자연법은 도덕적 행위의 최소한의 기준에 대한 규범의 형태로 결정될 수 있는 도덕적 의무의 영역을 포괄하며, 또한 법으로 강요될 수 있다. 그러나 이러한 법은 무신론자나 비그리스도교도와 유물론자들에게서는 항상 도덕 영역의 부분으로 고려되지는 않는다.

자연법의 개념은 때로는 여러 가지 의미로 사용된다. 자연법은 인격의 권위, 즉 인간의 권리들을 기술하며, 사회생활에서 타당성을 부여한다. 넓은 의미에서 자연법과 좁은 의미에서 자연권 간에는 교회의 선언문이나 신학적 저술에서 엄밀한 구분이 없다. 그러므로 여기서 자연법은 넓은 의미로, 매우 포괄적인 개념으로 다루어진다. 자연법의 기반의 물음에 대한 해답과 자연법의 가지성(可知性)과 내용, 그리고 자연법의 보편타당성은 세계와 인간과 **하느님(하늘)에 대한 어떤 이해를 전제로 하고 있다.** 다시 말해서 자연법은 **존재론적으로 이미 있는 것**이며, 인위적(人爲的)인 것이 아니라 **선천적**으로 존재하고 있다는 것이다.

자연법은 일반적으로 사람이 필요해서 만든 성문법(成文法), 즉 인정법(人定法)과 **실정법**(實定法)**을 초월한** 영구불변한 법으로서 태초부터 인류에게 주어져 있는 **불문법**(不文法)으로 정의되기도 한다. 자연법의 개념 정의는 신학(종교), 철학, 법학에서 이론적으로 다양하게 논의되어 왔다.

독일의 법철학자 볼프(Erik Wolf, 1902-1977)는 그의 저서 『자연법론의 문제(*Das Problem der Naturrechtlehre*)』[2]에서 자연이라는 말이 가지고 있는 의미가 12가지, 법(Recht)이라는 말이 가지고 있는 의미가 10가지나 되며, 이것들을 조합하면 수많은 자연법의 개념이 성립된다고 설명하였다. 그러나 자연법의 개념은 다의적(多義的)이지만 그 기능은 **일의적**(一義的)이며, 자연법은 항상 비판적으로 실정법의 불완전성을 깨우쳐 주는 등에(Bremse, gadfly)의 역할을 한다고 기술했다.[3]

자연법이라는 말은 신학 및 철학에서는 자연적, 즉 비인위적(非人爲的) 또는 본성적(本性的)인 도덕법을 가리킨다. 라틴어로는 lex naturalis, 불어로는 loi naturelle, 독일어로는 Naturrecht로 표기된다. 여기서 법에 해당하는 말은 **선정**(選定)된다는 의미가 담겨 있다. 법학에서는 자연법은 인정법(人定法) 내지 실정법(實定法)을 초월해 있는 자연적인 법을 가리킨다. 라틴어로는 jus naturale, 불어로는 droit naturel, 독일어로는 Naturrecht로 표기된다. 여기서 법에 해당하는 말은 권리와 올바름을 의미한다. 영어에서는 신학, 윤리학, 법학의 구별 없이 다 같이 natural law라고 표기된다. 신학자들 중에는 자연법을 natural moral law라고 사용하기도 한다. 또 불어에서는 생명 존중을 증명이 필요 없는 자명(自明)한 이치라는 뜻으로 자연 윤리(자연 도덕, morale naturelle)라고 말하기도 하는데, 이 자연 윤리는 바로 자연법을 의미하는 것이다.

실정법은 특정한 시대와 특정한 사회에서 효력을 가지고 있는 법규범을 말한다. 실정법의 형식에는 성문법(成文法)으로 헌법, 법률, 명령,

---

2) 진교훈, 『환경윤리: 동서양의 자연보전과 생명 존중』, 민음사, 1998, pp.40-41 참조.

3) Erik Wolf, *Das Problem der Naturrechtslehre*, Karlsruhe, 1952.

규칙 등이 있다. 이러한 실정법의 정당성 여부의 기준은 실정법 그 자체로는 가늠할 수 없다. 따라서 실정법의 정당성 여부는 영원한 객관적 질서에 의거하지 않으면 안 될 것이다. 이 기준이 되는 것이 자연법이다. 요컨대 자연법의 공통적인 특징은 **보편타당성**과 **항구불변성**이다.

동방에서 자연법은 자연, **무위자연**(無爲自然), 즉 "하늘[天]이 주는 **무위**(無爲)의 법, 사람이 만들지 않은 **천도**(天道)를 가리킨다(法者天下之至道也)."(『管子』) 또한 "마땅한 것이므로 고치지 못하는 것을 법(當故不改曰法)"(『管子』)이라고 한다. 한의학에서는 자연을 대우주, 인간을 소우주라고 부른다. 인간이 대우주인 자연의 이치에 맞게 살면 건강하고, 인간이 자연의 이치에 어긋나면 질병이 생긴다고 한다. 여기서 자연의 이치란 바로 자연법을 가리킨다. 서양과 달리 동양에서는 자연법과 자연법칙이 구별되지 않고 사용되어 왔다.

어떤 사람들은 온 천지가, 온 세계가 모두 변하는 것처럼 주장한다. 그러나 깊이 살펴보면 인간과 자연 사이에 끼어 있는 생존수단이나 문화양태가 변했을 뿐이지, 모든 **존재의 실체**(substantia)와 그 **바탕**은 그대로 있는 것이다. 그럼에도 불구하고 마치 모든 것이 변했으며, 모든 것을 변화시켜야 하는 것처럼 전통과 단절하고 인생의 의의와 목적도 시대와 상황에 따라 바뀌고, 더 나가서 가치의 본질과 그 의의도 모두 바뀌어야 하는 것으로 몰아가는 사람들이 있다. 현대 윤리 사상의 난맥상은 변하는 것과 불변하는 것을 가리지 않고 한데 묶어 윤리와 관련된 문제를 보는 데서 나온다고 할 수 있다. 이것은 **체**(體)와 **용**(用)을 가리지 못하는 데서, 다시 말해서 가치의 체(본질)는 불변하고 가치의 용(평가)만이 변한다는 것을 모르는 데서 가치에 대한 오해가 생기는 것이다.

변해서 안 되는 것은 자연법을 따르는 순천(順天) **사상이다**. 자연은 유한하고 인간에 의해 쉽게 훼손될 수 있다. 그러므로 우리에게 주어진

단 하나밖에 없는 지구는 균형과 조화를 유지하여 생성 작용을 그치지 않게 보전되어야 한다. 이 점에서 우리는 자연을 보전하고 사물을 절도에 맞게 하는 소위 순천절물(順天節物), 애물절용(愛物節用), 수분(守分)사상, 그리고 불연속 속에서의 연속을 꾀하는 순명(順命)을 따라야 할 것이다. 다시 말해서 **순명**(obedientia)한다는 것은 바로 자연법을 따른다는 것이다. 또한 유교뿐만 아니라, 도교에서 말하는 천지지도(天地之道)도 서양에서 말하는 자연법이라고 할 수 있다. 가령 "천지의 도는 항구하여 그침이 없다."든가, "하늘이 명(命)한 것을 본성(本性)이라 하고, 이 본성을 따라가는 것을 도라고 한다."든가, "인의예지(仁義禮智)는 하늘이 명한 본성에 기반을 둔다."는 등 이러한 말씀들은 동방에서는 **도덕의 원천**을 바로 **자연**[天地]에 두고 있음을 보여준다.

동중서(董仲舒)는 "사람의 도는 원래 하늘에서 나왔다. 따라서 하늘이 변하지 않는 한, 도(삶의 법칙)도 변하지 않는다(道之大原出於天, 天不變, 道亦不變)."라고 했고, 『역경(易經)』에서는 "天地之道生也"라고 했는데, 저자는 여기서 도란 사람이 지키지 않으면 안 되는 것으로 바로 인간의 생명 존중을 말하는 것이며, 이 말을 달리 표현하면 바로 자연법이라고 해석한다.

그러나 동양에서는 이와 같은 자연법에 관해서 상세한 논변(論辯)을 하지 않고 원론에 그치는 경향이 있는 데 반하여, 서양에서는 자연법에 대한 논변은 장구한 역사를 가지고 있다. 최근에 자연법은 **사회윤리의 이론적 기초**로서 논의되고 있으며, **생명윤리학**에서도 인간 존엄성 수호의 **이론적 기반**이 되기도 한다.[4] 지금까지 저자의 윤리학에 대한 논의들은 한마디로 자연법적 **사회존재론**과 인격주의 및 현상학적 실질적 가치론의 토대 위에서 전개된 것이다.

4) 진교훈, 『현대사회윤리연구』, 울력, 2003, pp.243-270 참조.

인간 행동의 질서는 **인간 본성의 질서**, 즉 자연법에 상응해야 할 것이다. 따라서 인간은 자기 본성에 어울리게 행동해야 한다. 윤리학의 중요한 작업은 인간의 본성으로부터 그의 행위를 지도할 도덕률, 즉 자연법을 추론해 내는 것이다. 최근에 논란이 되고 있는 생명윤리 문제를 자연법에 비추어 보면 인간의 자연적 생존조건, 생명권, 신체의 완전성을 해치는 행위는 자연법에 어긋나는 것이 된다. 예컨대 인간과 다른 동물과의 교배, 이종 간 교잡(異種間交雜) 행위, 낙태, 인간배아복제, 인체실험 등 생명조작은 죄악이다. 따라서 우리는 인간생명의 존엄성을 회복하기 위해서는 자연법에로 귀의해야 할 것이다.[5]

누군가가 자연법이 무엇이냐고 묻는다면, 자연법은 한마디로 모든 인간이 지켜야 할 인간 본연(本然)의 법이라고 답할 수 있을 것이다. 교부(敎父)들은 자연법, 즉 본성법(本性法)은 인간의 마음에 내재(內在)하는 것, 마음에 쓰인 것, 타고난 것이라고 정의하였다(로마 8:2 참조). 결론적으로 자연법은 자연, 즉 **하늘**이 내려주는 법, 즉 "**선을 행하고 악을 행하지 말라.**"는 것이다.

---

5) 같은 책, p.243, pp.260-262 참조.

II 장
황금률과 자연법

"내가 대접받고 싶은 대로 남을 대접하라."라든가, "자기가 원하지 않는 바를 남에게 하지 말라."는 말은 예부터 전해 오는 교훈(敎訓)으로서, 사람이 살아가는 데 황금같이 귀한 말이라는 뜻으로 황금률이란 이름으로 불러 왔다. 황금률(黃金律, regula aurea)은 선현(先賢), 선지자(先知者), 현자(賢者) 같은 고인(古人)이 속해 있던 공동체에서 정리되어 표현된 고언(古言)으로서 인류가 삶의 체험을 축적해 오는 동안에 얻은 인간의 삶에 관한 귀중한 통찰이기도 하다. 이 황금률은 **어떤 특정한 문화권에서만 통용되던 교훈이 아니라,** 한국을 비롯하여 중국, 그리스, 유대, 이슬람 등 모든 문화권에서 통용되어 왔다는 것은 도덕의 원류를 찾는 사람들에겐 매우 흥미로운 사실이다.

우리는 황금률에서 사람이 사람답게 살기 위해 지켜야 할 가장 기초

* 이 장은 진교훈, 「황금률과 자연법: 도덕의 원류를 찾아서」, 『이성과 신앙』 46호, 2011 봄, 수원가톨릭대학교 이성과신앙연구소, pp.119-151을 수정 보완한 것이다.

적이면서도 가장 중요한 도덕의 원리를 발견할 수 있다. 보편적인 도덕의 원리는 동서양을 막론하고 지극히 단순한 것일 수 있고, 정상적인 사람이면 누구나 따를 수 있는 것이어야 할 것이다.

"이웃을 사랑하라"는 말씀은 그리스도교회의 가르침의 핵심이며, 하느님 나라의 백성의 거룩한 의무이다. 그렇다면 어떻게 이웃을 사랑할 것인지에 관한 지침에 해당하는 것이 바로 이 황금률이라고 할 수 있다. 황금률은 예수 그리스도의 산상수훈(山上垂訓) 속에 들어 있다. 신약성서 마태오복음 7장 12절에 나오는 "그러므로 남이 너희에게 해 주기를 바라는 그대로 너희도 남에게 해 주어라. 이것이 율법과 예언서의 정신이다."와 루가복음 6장 31절에 나오는 "남이 너희에게 해 주기를 바라는 그대로 너희도 남에게 해 주어라."고 하는 예수님의 가르침이 바로 황금률을 의미한다.

예수가 이런 말씀을 하시기 500년 전쯤, 중국의 공자도 이와 같은 말씀을 하셨다: "자공이 물었다. '한마디 말로 평생토록 실천할 만한 것이 있습니까?' 공자께서 말씀하셨다. '그것은 서(恕)로다! 자기가 원하지 않는 것을 남에게 하지 않는 것이다.' "[1] 이 말은 황금률을 가리킨다.

도덕의 원리로서의 황금률은 그리스도교적 서구 문화권과 고대 중국 외에도 고대의 인도 사상, 이슬람 사상에서도 나타나고 있다. 이에 관한 상세한 논의들에 대해서는 필리피디스(L. J. Philippidis)[2]의 연구에서 잘 반영되고 있다.

"다른 사람이 네게 해 주길 바라는 대로" 생각하고 행동하는 것은 다른 이들과 더불어 살아가는 사람으로서 기본적으로 갖추어야 할 자세

1) 『論語』, 「衛靈公」, 24: "子貢問曰 有一言而可以終身行之者乎. 子曰 其恕乎. 己所不欲 勿施於人."

2) Leonidas J. Philippidis, *Die "Goldene Regel": religionsgeschichtlich untersucht*, Leipzig: Adolf Klein, 1929.

이다.

황금률은 물론 종교적으로 중요한 교훈이라 하겠지만, 종교 외적 관점에서도 윤리학의 근본적 원리가 될 수 있는 가능성을 지닌다. 왜냐하면 황금률은 도덕의 기반적 원칙임을 칸트[3])도 인정하였고, 보편화 가능성의 원칙, 혹은 형평성의 원칙이 전달하고자 하는 기본 정신을 반영해 주는 것으로 풀이될 수 있으며, 즉 어떠한 행위든 도덕적인 정당성을 가지기 위해서는 그것이 자신이 타인들을 향해 취하는 것이든 타인들이 자신을 향해 취하는 것이든 양편 모두에 의해 형평성 있게 의욕될 수 있는 것, 즉 **상호성**을 인정해야 한다는 점을 밝혀 주기 때문이다. 칸트의 정언명법이 그러하듯, 황금률은 그 자체로는 개별 상황에 적용될 구체적인 행위 지침을 상세하게 제시하고 있지 않기 때문에 실증주의자들의 비판을 받기도 한다. 그러나 정언명법처럼 황금률은 다른 여러 도덕 원칙들이 도덕적이 되는 이유를 밝혀 주는 상위의 원칙(meta-principle)으로서의 역할을 담당한다. 황금률은 자신의 선을 증진시키는 방안이 무엇인지를 분별할 수 있는 지적 능력을 가진 사람이라면 누구나 그 자체로 타당하다고 여길 **선험적 정당성**을 갖는다.

이 글은 황금률이 시사해 주는 **도덕의 원류**(源流)로서의 의미를 해명하면서 **자연법 연구**의 전초 작업을 시도하고자 한다. 이러한 시도는 경험론이든 관념론이든 유아론(자기중심)적 도구적 이성주의에 의거한 상대적 가치주의를 앞세우고 있는 현실주의적 공리주의나 계약론 등 여러 형태의 논리와 궤변으로 무장한 윤리적 회의주의 내지 도덕 무용론에 휩쓸려 도덕적 방향 감각과 자신감을 잃어 가는 시대의 풍조에 맞서서 진정으로 인간다운 삶의 도덕적 기반을 확립해 보고자 하는 요망을 담고 있다.

---

3) Immanuel Kant, *Grundlegung zur Metaphysik der Sitten*, I, II절 참조.

1. 서양의 황금률에 대한 역사적 개관

1) 서양에서 황금률의 유래

황금률의 기원은 정확하게 단정하기 어려우나, 3세기의 로마 황제 세베루스 알렉산데르(Severus Alexander, Marcus Aurelius, 208-235)가 황금률의 문장을 금으로 써서 거실 벽에 붙인 데에서 유래한 것으로 알려져 있다. 또 고메즈 로보(Gómez-Lobo, 1940-)에 의하면 황금률은 "남에게 대접을 받고자 하는 대로 남을 대접하라."는 말로서, 황금처럼 고귀한 윤리의 지침을 일컫는 말이다. 황금률은 율법과 선지자, 성서의 내용과 예수가 가르친 윤리의 내용을 요약한 말이다. 그러나 지금은 '뜻이 심오하여 인생에 유익한 잠언'을 이르는 말로 사용된다.

라이너(Hans Reiner, 1896-1991)에 의하면 "황금률이란 명칭은 17세기에 들어와서 비로소 처음으로 나타난 것 같으며, 저술가가 이 명칭을 사용한 것으로 가장 오래된 원전(原典)은 아르놀트(Gottfried Arnold, 1666-1714)의 『비분파적 교회사와 이교도사(異敎徒史)(*Unpartheiysische Kirchenhistorie und Ketzerhistorie*)』이다. 이 책의 초판은 1699년에 출판되었다."[4)]

"사람들이 네가 원하지 않는 것을 너에게 하는 것을 네가 원하지 않듯이, 너도 다른 사람들에게 그것을 하지 말라."는 격언의 모습으로 오늘날에도 독일어권에서 일반적으로 널리 알려진 이 황금률의 원리는 매우 다양한 표현 양식으로 오랜 역사를 가지고 있다. 지금까지 가장 오래된 황금률의 증거는 적어도 기원전 5세기로 소급해서 바빌론의 아

4) Hans Reiner, *Die Philosophische Ethik*, Heidelberg: Quelle & Meyer, 1964, S.187, 주 2; Leonidas J. Philippidis, *Die "Goldene Regel": religionsgeschichtlich untersucht*, SS.11-15 참조.

히카르(Achikar) 설화(說話)에 포함되어 있다. 이 설화에는 바빌론의 현자 아히카르가 그의 아들에게 했던 훈계와 생활규칙이 다음과 같은 요청으로 되어 있다: "아들아, 너에게 좋지 않은 것으로 여겨지는 것을 너는 너의 동료들에게 해서는 안 되느니라."[5] 우리는 기원전 200년경에 지어진 구약성서의 토빗기에서 이와 유사한 교훈, 즉 "네가 좋아하지 않는 것을 아무에게도 행하지 말라."[6]는 것을 발견하는데, 이것은 아마도 아히카르의 교훈으로부터 영향을 받았을 것이다. 한스 라이너는 이에 대한 근거로 다음과 같이 말하고 있다:

> "기원전 2세기 말에 유래한 것으로 유대교의 지혜서에 속하는 아리스테아스(Aristeas) 편지에는 이 같은 황금률의 순수한 부정적(소극적) 표현 양식이 긍정적인 요구로 이행되는 과정이 이미 나타나고 있다. 지혜의 가르침으로 207절에는 다음과 같이 언명되고 있다: '좋지 않은 일이 너에게 일어나지 않고, 좋은 일들만이 일어나기를 네가 바라는 것처럼, 마찬가지로 너의 부하와 잘못을 저지른 사람들에 대해서 네가 그렇게 행한다면…' "

유대교에서는 이 밖에도 또한 황금률이 부정적인 의미로 기원전의 마지막 세기와 그 이후 한 세기에 걸쳐서 나타난다. 가령 『나프탈리스(*Naphthalis*)』 계약서 1장과, 바빌론의 『탈무드(*Talmud*)』, 『트라크타트 사바트(*Traktat Sabbath*)』와 랍비 아키바(Aquiba)의 『잠언』 등에 나타

---

5) Paul Vetter, "Das Buch Tobias und die Achikar-Sage," *Theol. Quartarschrift* 86, 1904; Bruno Meissner, "Das Märchen vom weisen Achiqar," *Der alte Orient* 16, Heft, 1917; Hans Reiner, *Die philosophische Ethik*, SS.186-187 참조.

6) 그리스어로 "καὶ ὃ μισεῖς μηδενὶ ποιήσῃς", 라틴어로는 "Quod ab alio odis fieri tibi, vide ne alteri tu aliquando facias."(Tob. 4:15)

나고 있다.7)

이와 같이 황금률이 '하지 말라'는 부정적인 표현에서 '하라'고 하는 긍정적인 표현으로 바뀌면서 본질적으로 권고하는 형식으로 확대되고 난 다음에 신약성서에서는 예수가 이 황금률을 다음과 같은 의미로 표현했다: "남이 너희에게 해 주기를 바라는 그대로 너희도 남에게 해 주어라."(마태오 7:12; 루가 6:31) 그리고 예수는 여기에 다음과 같은 말을 첨가했다: "왜냐하면 이것은 율법이며 예언서의 정신이기 때문이다." 이로써 황금률은 **도덕의 모든 요구들에 대한 포괄적인 표현**으로 묘사되었다. 또 다른 곳(마태오 22:39)에서 이와 똑같은 인용문이 하느님 사랑과 이웃 사랑의 계명에 부가되었기 때문에, **황금률의 원리는 실제적으로 사랑의 계명과 일치하는 것으로 여겨진다.**

황금률은 이와 같은 중심 사상으로 초기 그리스도교에서 흔히 강조되어 나타났다. 2세기 초부터 유래한 사도들의 가르침(Didache)과 3세기 디다스칼리아(Didaskalia)와 300년경의 사도들의 교서에 나타나고 있다.8)

2) 고대 그리스 사상의 황금률

바빌로니아 사상으로부터 유대교를 거쳐서 신약성서와 초대 그리스도교 사상으로 전하여 온 일련의 황금률의 이러한 전승과 증거 외에도 그리스도교의 전통과는 매우 다른 계통의 황금률이 있었다. 그것은 고대 그리스의 소위 칠현(七賢)의 격언들과 헤로도토스(Herodotos, B.C. 484?-425?)의 가르침에서 이미 시작되고 있었다. 칠현 중 한 사람인 피타코스(Pittakos)는 다음과 같은 충고를 한 것으로 전해진다:

---

7) Hans Reiner, *Die Philosophische Ethik*, S.187.

8) 같은 책, S.187.

"네가 이웃에 대해서 격분하는 그런 것을 스스로 하지 않도록 하라."[9)]

그리고 탈레스(Thales, B.C. 625?-545)는 어떻게 우리가 가장 훌륭하게, 또한 가장 올바르게(δικαιότατα) 살 수 있느냐 하는 물음에 대하여 다음과 같이 답변하였다고 전해진다:

"만일 우리가 다른 사람들에 대해 비난하는 것을 스스로 하지 않는다면…"[10)]

헤로도토스도 이와 매우 비슷한 이야기를 하였다고 한다. 가장 올바른 사람이 되는 것을 원했던 마이안드리오스(Maiandrios)에 관해서 다음과 같이 말했다:

"나는 이웃에 대해서 비난하는 것을 가능한 한 스스로 하지 아니할 것이다."[11)]

우리는 이와 같은 가장 올바른 삶의 원리를 황금률의 표시라고 볼 수 있을 것이며, 이러한 황금률은 이미 전체 도덕을 포괄하고 있는 원리로 요청되고 있음을 이해할 수 있을 것이다.

소피스트인 이소크라테스(Isokrates, B.C. 436-338)에게서도 우리는 황금률을 찾아볼 수 있다. 그는 다음과 같이 말했다:

"네가 다른 사람으로부터 당해서 분노하게 되는 그런 행동은 다른 사람에게도 하지 말라."

그런데 이소크라테스는 황금률을 '하지 말라'고 하는 금지의 표현만을 한 것이 아니라, 다음과 같은 명령(요구)을 뜻하는 표현을 사용하기도 했다:

"너는 네가 네게 대해 행위해 줄 것을 바라는 것과 같은 행동을 다른

9) "ὅσα νεμεσᾷς τῷ πλησίον αυτός μή ποίει," Joh, Stobäus, *Anthol.* III, 120.

10) Diogenes, *Laertius*, I. 36.

11) Herodotos, *Historiai*, III, 142 및 VII, 136.

사람에게도 행하여야 한다."[12)]

이소크라테스에게서 발견되는 황금률은 헬레니즘 시대를 거쳐 로마인들에게 계승되었다. 푸블리우스 시루스(Publius Syrus, B.C. 1세기 중엽)의 격언에도 다음과 같은 훈계가 있다:

"자기가 행한 대로 바로 다른 사람으로부터 기대하라(Ab alio expectes alteri quod feceris)."

이 격언을 자주 인용했던 세네카(Seneca, B.C. 4-A.D. 65)는 여기에 다음과 같은 내용을 덧붙였다:

"우리가 이 격언을 들을 때, 그것은 마치 우리의 마음을 찌르는 것과 같다. 그래서 아무도 임의로 이에 대해서 더욱 의문을 가진다든지, 왜 그러냐고 묻지도 않는다. 진리란 그 논거를 듣지 않더라도 우리를 이처럼 명백하게 인도한다."[13)]

3) 초기 그리스도교 사상의 황금률

예수 그리스도는 이 황금률을 모든 율법과 예언들을 망라하는 것으로 표현하였다.[14)] 그러므로 이 황금률은 예수 그리스도에 의하여 자연적 도덕의 원리로, 즉 **자연법**으로 간주되었다.[15)] 이와 같은 그리스적,

---

12) Isokrates, *Nikokles*, 61, 이와 비슷한 것이 Lysias, *Apologia*, 20; A. Dihle, *Die Goldene Regel, Eine Einführung in die Geschichte der antiken und frühgeschichtlichen Vulgärethik*, Göttingen, 1962, S,102; G. Spendel, *Die Goldene Regel als Rechtsprinzip*, Tübingen, 1967, S.493 참조.

13) Seneca, *Epist. ad Lucium* 94, 43: "Haec cum ictu quodam audimus, nec ulli licet dubitare aut interrogare quare? Adeo etiam sine ratione ipsa veritas ducit."

14) 마태오복음 7장 12절: "남이 너희에게 해 주기를 바라는 그대로 너희도 남에게 해 주어라. 이것이 예언서와 율법의 정신이다."

15) Hans Reiner, *Die Philosophische Ethik*, S.188 참조.

헬레니즘적, 로마적, 바빌론적, 고대 유대교적인 황금률에 관한 일련의 전통과 표현 양식들은 서양 중세 교회의 교부(敎父)들에게도 나타났다. 교부들은 세네카가 밝혔던 황금률의 내용을 바오로 서간집인 로마서[16]에서 제시되고 있는 자연법과 결합시켰다. 이것은 로마시대의 법학자이며 철학자인 유스티누스(Justinus, 100?-165?)[17]에서 시작되었으며, 그 이후 이레네우스(Irenaeus, 2세기 말경)와 알렉산드리아의 클레멘스(Clemens, 150?-215?), 오리게네스(Origenes, 185?-254?), 테르툴리아누스(Tertullianus, 160?-230?) 등에서 찾아볼 수 있다.

아우구스티누스(Augustinus, 354-430)에게서도 이러한 견해는 아주 분명하게 나타났다. 황금률은 아우구스티누스에게서 통속적인 도덕규범으로부터 철학적인 원리로 변화되었다[18] 그는 황금률을 자연법으로 보았다. 아우구스티누스는 양심에 정박하고 있는 황금률을 신법의 총괄개념(Inbegriff)으로 이해했다. 그러므로 황금률은 하느님과의 관계와 연관되며 선한 의욕과 악한 의욕을 구별하기 위하여 자연스럽게 인식할 수 있는 선의 이념을 전제했다.[19]

황금률은 아우구스티누스 이래로 수 세기를 거치면서 수많은 그리스도교 신학자들과 철학자들에 의하여 **자연법의 근본원리**로 표명(表明)

---

16) 로마서 2장 14-16절: "본성에 따라 율법에서 요구하는 것을 실천하면, 율법을 가지고 있지 않은 그들이 자신들에게는 율법이 됩니다. 그들의 양심이 증언하고 … 그들은 율법에서 요구하는 행위가 자기들의 마음에 쓰여 있음을 보여줍니다. 이러한 사실은 내가 전하는 복음이 가르치는 대로, 하느님께서 그리스도 예수님을 통하여 …"

17) Justinus, *Dial*, 93, 1-3.

18) Augustinus, *Confessiones* I, 18, 29; Ennerationes in Psalmos 57, 1f.; Sermo IX, 14. In: Corpus Christianorum Bd. 41. Eberhard Schockenhoff: Das umstrittene Gewissen. Eine theologische Grundlegung, Mainz, 1990, SS.70-77 참조.

19) Heinz-Horst Schrey, *Goldene Regel* III, TRE Bd. 13, 1984, S.575f.

되었으며, 자연적(본성적) 도덕으로 요청되기에 이르렀다.

4) 서양 중세의 황금률

이러한 표명은 그 후 그라티아누스 법령(Decretim Gratianum, 1140년경)에 커다란 영향력을 미쳤다. 대(大) 루피누스는 그의 법령대전(Summa decretorum, 1158년경)에서 그라티아누스의 사상을 계승하였으며, 캔터베리의 안셀무스(Anselm von Canterbury, 1033-1109),[20] 샹포의 빌헬름(Wilhelm von Champeau, 1070-1121),[21] 페트루스 롬바르두스(Petrus Lombardus, 1096?-1160),[22] 성 빅토르의 휴고(Hugo von St. Victor, 1096-1144),[23] 솔즈베리의 요하네스(Johannes von Salisbury, 1115-1180),[24] 보나벤투라(Bonaventura, 1221-1274),[25] 둔스 스코투스(Johannes Duns Scotus, 1266-1308)[26] 등에게서도 이러한 관점들이 나타나고 있다.

1140년경에 나온 『은총 교령(*Decretum Gratiani*)』은 황금률을 **토라**(Torah: 유대교의 율법, 모세 5경)와 복음서에 포함되어 있는 자연법과 동일시하고 있다. 이 교령은 자기가 원하는 것을 모든 다른 사람에게 명하고, 자기가 원하지 않는 것을 다른 모든 사람에게 금(禁)한다. 여기

---

20) Anselm von Canterbury, *Liber de voluntate Dei*, Migne, Patrologia lat., Bd. 158, p.582.

21) Wilhelm von Champeau, *Dialog. inter Christian, et Jud.*, Migne, Bd.163, p.1051.

22) Petrus Lombardus, *Ep. ad Rom.*, Migne, Bd.191, p.1345.

23) Hugo von St. Victor, *Dialogus de sacramentis legis naturalis et scrptae*, Migne, Bd.176, p.351.

24) Johannes von Salisbury, *Polycraticus*, Lib. IV, Migne, Bd.199, p.527.

25) Bonaventura, *Compendium theologiae veritatis*, Lib. V, cap. II.

26) Johannes Duns Scotus, *Opus Oxon*, IV, dist. 21, q. 2 n. 8.

서 황금률은 성서의 계명을 적용하기 위한 결단의 기준임을 묵시적으로 시사하고 있다.[27)]

아벨라르두스(Petrus Abaelardus, 1079-1142)도 적극적인 황금률 형태를 명확하게 밝혔다: 황금률은 이웃에 대해서 좋은 일만 하기를 요구할 뿐, 사람들이 참고 견디어야 하는 나쁜 일을 요구하지 않는다. 그러므로 황금률은 사랑의 계명의 인지(認知)를 전제로 한다.

롬바르두스는 소극적인 황금률을 보완해서 이렇게 말했다: "다른 사람에게 옳지 않은 것을 해서는 안 된다."

둔스 스코투스에 의하면 두 가지 황금률의 형태(소극적 황금률과 적극적 황금률)는 우리가 스스로 원할 수 있는 것에 관한 '올바른 이성판단'을 할 수 있다는 것을 전제로 한다.

오리게네스 이래로 성서에 나타난 황금률은 일반적으로 알기 쉬운 **자연법의 총괄 개념**으로 이해되고, 이 자연법을 통하여 하느님의 의지가 모든 사람에게 예전부터 알려졌다고 본다. 그러므로 영국교회(성공회)는 1615년 이래로 마태오복음 7장 12절을 '황금률'이라고 불렀다.[28)]

그러나 황금률이라는 언표는 원래 유럽 밖에서 유추되었으며, 나중에 황금률이 유럽에 알려졌다. 황금률은 윤리적 지침으로 상이한 문화와 세계관에서 수용할 수 있는 최소공약수로 표현되기도 하였다.[29)]

이상과 같은 중세 사상가들의 황금률에 대한 표명은 토빗기 4장 15절에 나오는 부정적(소극적) 표현이나 마태오복음 7장 12절에 나오는

27) Heinz-Horst Schrey, *Goldene Regel* III, S.576.

28) John Goodman, *The Golden Rule, or, the Royal Law of Equity explained*, 1688; Olivier du Roy, "The Golden Rule as the Law of Nature," in Jacob Neusner, Bruce Chilton, eds., *The Golden Rule: The Ethics of Reprocity in World Religions*, London and New York, 2008, p.94.

29) *Oxford English Dictionary*, Compact Edition, Vol. 1, Oxford: Oxford University Press, 1971, p.280.

긍정적(적극적) 표현에 의거하고 있다. 이 두 가지 표현은 다 함께 흔히 **자연법**을 구성하는 것으로 일컬어지고 있다.[30]

5) 서양 근세의 황금률

황금률을 도덕의 기본 형식이나 최고의 원리로 표명하는 사상가들은 이러한 서양 중세의 사상가들로 다 끝난 것은 아니다. 근세에 들어와서도 루터(Martin Luther, 1483-1546)는 "자연법은 모든 사람의 마음에 새겨져 있다."고 선언하고 다음과 같이 부연하였다: "그리스도 자신도 모든 예언과 율법을 이러한 자연법으로 표현하고 있다. 즉, 사람들이 너희들에게 행하여야 한다고 너희들이 바라는 것을 너희들도 그들에게 행하라."[31]

계몽주의는 그 자체가 그리스도교적 기반과 관련되지 않으면서도, 그리스도교의 관점과 유사하게, 부분적으로는 좀 더 자유로운 표현을 보이면서 자연법을 받아들였다. 로크(John Locke, 1632-1704)는 부정적 표현의 황금률과 긍정적 표현의 황금률을 교묘하게 종합한 원리를 자연법으로 다음과 같이 표명하였다: "사람들이 행동하게 되기를 바라는 대로 행동하라(to do as one would be done to)." 그리고 그는 이것을 "가장 확고한 도덕성의 규칙과 모든 사회적 덕의 기초(that most unshaken rule of morality and foundation of all social virtue)"[32]라고 불렀다.

라이프니츠(Gottfried Wilhelm Leibniz, 1646-1716)는 로크와의 대담

---

30) Hans Reiner, *Die Philosophische Ethik*, S.189 참조.

31) Martin Luther, *Wider die himmlischen Propheten*, WA 18, 80. S.18ff.

32) John Locke, *Essay concerning human understanding*, Book I, chap. 3, §4, §7 참조.

에서 이와 같은 자연법적 특성을 받아들였다. 그는 로크의 형식에 약간의 변화를 가하고, 사람들이 스스로 다른 사람에 의해 행해지기를 바라는 대로 오로지 다른 사람에게도 그렇게 행하도록 하는 요구로 이 자연법적 특성을 파악하였다.[33)]

칸트(Immanuel Kant, 1724-1804)는 "너의 인격은 물론 다른 사람의 인격까지도 포함하여 언제든지 수단으로서가 아니라 목적으로서 그렇게 행동하라."[34)]고 하는 황금률을 무조건적인 정언명령(kategorischer Imperativ)이라고 하면서 그의 **의무 윤리학의 기초**로 삼았다.

뒤클로(Charles Pinot Duclos, 1704-1772: 프랑스 아카데미 학술원 영구 사무총장)는 다음과 같이 말했다: "법이 요구하고 관습이 권고하고 양심이 고취하는 그러한 모든 것은 너무도 잘 알려져 있지만, 그와 같이 잘 알려져 있지 않은 격언 속에도 다음과 같은 (황금률)이 포함되어 있다: 즉, 다른 사람들이 너희에게 하기를 바라지 않는 것을 너희도 그들에게 결코 하지 말라. 이러한 격언을 정확하게 그리고 엄격하게 지키는 것이 성실함이다. 그리고 다른 사람이 너희에게 해 주기를 바라는 것을 너희가 다른 사람에게 행하라. 바로 이것이 덕(vertu)이다."[35)]

헤르더(Johann Gottfried Herder, 1744-1803)도 "다른 사람들이 너에

---

33) Gottfried Wilhelm Leibniz, *Nouveau essais sur L'entenddement humain*, chap. II, §4.

34) Immanuel Kant, *Grundlegung zur Metaphysik der Sitten*, 1785, *Kants Werke*, Akademie Textausgabe, IV, Berlin: Walter de Gruyter, 1968, S.421 참조.

35) "Tout ce que les lois exigent, ce que les moeurs recommandant, ce que la conscience inspire, se trouve refermé dans cet axiome si connu et si peu développé: Ne faites point à autrui ce que vous voudriez pas qu'il vous fût fait; L'obsrvation exacte et précise de cette maxime fait la probité Faites à autrui ce que vous voudriez qu'il vous fût fait; voila la vertu." Duclos, *Considérations les moeurs*, 1751, chap. IV.

게 행하지 않기를 네가 바라는 것을 너도 그들에게 하지 말라. 다른 사람들이 너에게 해야 하는 것을 너도 그들에게 하라."고 하는 황금률을 "인간의 삶의 표준(Richtschnur)"으로 표명하고 있다.[36)]

쇼펜하우어(Arthur Schopenhauer, 1788-1860)는 마침내 "다른 사람들이 너에게 행하지 않기를 바라는 것을 너도 다른 사람들에게 행하지 말라(quod tibi fieri non vis, alteri ne feceris)."고 하는 잘 알려진 황금률에서 만일 사람들이 이 황금률을 예외 없이 반복하고, 이렇게 해서 사랑의 의무가 아니라 권리의 의무만을 포함시키고자 하는 결점으로부터 이 황금률을 벗어나게 하면, 정확한 표현이 아닐는지 몰라도, 그래도, "아무도 해치지 말라. 그뿐만 아니라 모든 사람들을 도울 수 있는 대로 도와주어라(Neminem laede, imo omnes quantum potes juva)."라는 표현 형식을 가져다주는 도덕의 원리를 돌려서 쓴 것이라는 것을 꿰뚫어 보았다.[37)]

6) 서양 현대의 황금률

19세기부터 시작해서 20세기에 들어와서 **도구적 합리주의**와 자기중심적인 **유아론**(唯我論, solipsism)과 과학만능주의와 배금주의가 극성(極盛)하자 상대주의적 가치론이 만연(蔓延)하고 윤리학적 회의주의가 팽배(澎湃)하게 되었다. 경험론이라고 하든, 관념론이라고 하든, 실증주의라고 하든, 계약론이라고 하든 간에 이러한 유아론적인 도구적 합리주의는 지성 내지 이성을 권력의 시녀로 삼았다. 그 결과 이데올로기가

36) Johann Gottfried Herder, *Ideen zur Philosophie der Geschichte der Menschheit*, 1784, Buch 4.

37) Arthur Schopenhauer, "Über die Grundlage der Moral," 1840, §7 그리고 §16, §17 참조.

등장하면서 보편타당한 가치론은 자취를 감추게 되었다. 그러나 인간소외와 비인간화가 문제되고 유아론에 대한 반성이 나오면서 인류 공존을 위하여 보편적 가치 추구와 더불어 자연법이 대두하게 되고, **타자에 대한 배려와 상호성**(相互性) **이론**이 등장하고,[38] 황금률을 논하는 학자들이 나타나게 되었다.

헤켈(Ernst Haeckel, 1834-1919)은 2,500년이 된 황금률이 "모든 다른 사람이 너에게 해야 하기를 원하는 것을 모든 다른 사람에게 행하라."고 한 것은 윤리적 근본 법칙으로 타당하다고 보았다.[39]

셸러(Max Scheler, 1874-1928)에 따르면 황금률로서 상호성이란 본질적으로 인간존재에게 속한다. 그는 상호성을 보편적 연대 원칙과 유한한 윤리적 인간의 세계의 영원한 존립 요소이자 근본 항목의 표현이라고 다음과 같이 기술했다: "인격 존재는 오로지 나와 너의 관계에서 형성되며, 도덕적으로 상관되는 모든 태도를 조건 지으며 규정되기 때문에, 상호성은 본질적으로 인간에게 속하는 것이다."[40]

페히너(Erich Fechner, 1903-1991)는 황금률을 상호성의 원리(Grundsatz der Gegenseitigkeit)[41]라고 표현했고, 마이호퍼(Werner Maihofer, 1918-2009)[42]는 법 존재론을 논하면서 그 논거를 황금률에서 찾았으며, 슈펜델(Günter Spendel, 1922-2009)은 황금률을 "모든 개인의 행위가 따라야 할 철칙과 같은 불문(不文)의 법 원칙"[43]이라고 하였다.

---

38) 진교훈, 『현대사회윤리연구』, 울력, 2003, pp.131-216 참조.

39) Ernst Haeckel, *Der Monistenbund*, 전집 5권, 1924, S.498.

40) Max Scheler, *Der Formalismus in der Ethik und die materiale Wertethik: Neuer Versuch der Grundlegung eines ethischen Personalismus*, 1913, S.537f.

41) Erich Fechner, *Rechtsphilosophie*, Tübingen, 1956, S.101.

42) W. Maihofer, *Vom menschlichen Ordnung*, Frankfurt a. M., 1956, S.86.

43) G. Spendel, *Die Goldene Regel als Rechtsprinzip*, Tübingen, 1967, S.516.

라이너(Hans Reiner, 1896-1991)는 "황금률은 **윤리적 근본 공식**"[44]이며 "황금률은 **내면적 도덕원리**"[45]라고 하였다, 쉬라이(Heinz-Horst Schrey, 1911-1993)는 **도덕원리를 선험적 동기**(動機, motivation)**에서 찾으면서, 황금률이 도덕원리가 될 수 있는 것은 종교적 동기와 존재론적 동기에서 찾아볼 수 있다**고 하였다.[46]

유아론적 관념론에서 벗어나서 보편 윤리학의 원리를 모색하는 학자들은 현상학적 **본질직관**을 통하여 의식의 저변에서 활동하는 **공감**과 **상호성**(호혜성)을 황금률에서 발견하고 이를 **보편적 도덕 가치론의 원류**로 본다. 황금률에 나타나고 있는 상호성의 원리는 모름지기 하느님의 뜻을 실천하는 것으로 이해할 수 있다.

도덕의 모든 요구를 포괄할 수 있는 근본원리로서 황금률을 논하기 위해서 우리는 무엇보다도 황금률의 의미를 명료하게 밝히는 작업을 하지 않을 수 없다.

2. 서양 사상의 황금률의 표현 형태의 의미와 비판적 성찰

1) 서양 사상의 황금률의 다양한 표현 형태의 의미

서양의 황금률은 그리스도교적 서양 문화권에서 지배적인 성경[47]의 가르침과 밀접하게 관련되어 있으나, 황금률의 표현 형태(type)는 다양하며,[48] 특히 황금률의 의미에 대한 해석은 매우 다의적이다. 그러므로

---

44) Hans Reiner, "Die Goldene Regel und das Naturrecht," *Studia Leibniziana* IX/2, 1977, SS.231-254.

45) Hans Reiner, *Die Philosophische Ethik*, SS.186-194 참조.

46) Heinz-Horst Schrey, *Einführung in die Ethik*, Darmstadt: Wissenschaftliche Buchgesellschaft, 1977, SS.22-44 참조.

47) 토빗기 4장 15절과 마태오복음 7장 12절.

황금률을 논하기 위해서는 황금률에 대한 일정한 해석이 요구된다. 우리는 황금률을 세 가지 형태의 기본 유형들로 대별해 보고, 이 유형들에 따르는 세 가지 중요한 의미를 천착해 볼 수 있다.[49]

그러나 황금률을 세 가지 형태로 나누어 보는 것은 황금률을 비판적 관점에서 편의상 검토해 보기 위한 방편이며, 세 가지 형태는 엄격히 분리될 수 있는 것이 아니라 실제로 많은 경우에 중첩되고 있다.

(1) 황금률의 첫 번째 형태: 감정이입 규율의 의미

우리는 황금률의 최초의 형태(Formtypus)를 스토아학파의 철학자 에픽테토스(Epictetus, 60?-138?)의 가르침에서 찾아볼 수 있다. 그 가르침은 "네가 고통을 당할 것이라고 꺼리는 것을 어떤 다른 사람에게 행하는 것을 시도하지 말라."[50]이다.

아우구스티누스도 이와 유사한 표현을 한 것을 우리는 찾아볼 수 있다. 그가 힐라리움에게 보내는 편지에서 "네가 원하지 않는 것을 남에게 절대로 행하지 말라."[51]고 한 표현도 이러한 형태의 황금률이며, 소극적(부정적) 황금률이라고 할 수 있다.

이와 같은 형태의 황금률에서 본질적인 것은 자신의 소망이나 욕망

---

48) Harry J. Gensler, *The Golden Rule*, Ph. D dissertation, University of Michigan Dept. of Philosophy, p.83. 황금률을 표현한 형식(form)은 4,608개에 달한다고 한다. 우리와 남(다른 사람)은 누구이며 무엇이냐에 따라, 또 황금률은 특칭 판단이냐 전칭 판단이냐에 따라, 또 '하라'는 말은 '잘(good)'하라는 말일 터인데, good의 개념 정의를 어떻게 하느냐에 따라 황금률의 다의성을 고려해 보지 않을 수 없을 것이다.

49) Hans Reiner, *Die Philosophische Ethik*, S.190 참조.

50) Epictetus, ed., Heinrich Schenkl, *Epicteti Dissertationes ab Arriano digestae*, Lipsiae: Teubneri, 1916, p.486.

51) Augustinus, *Epistola ad Hilarium*, Nr. 157: "Ne aliquid faciat quisque alteri, quod pati ipse non vult."

으로부터 시작한다는 것이다. 대부분의 격언의 표현 양식으로 나타나는 황금률의 형태에서처럼 이러한 황금률의 형태는 우리가 바라지 않는 고통을 다른 사람에게 행하여서는 안 된다고 하는 것이다. 이러한 황금률의 의미는 자신의 고통스럽고 괴로운 체험을 바탕으로, 우리가 그와 똑같은 괴로움을 가하고자 했던 사람의 입장에 서서 그의 입장에서 느끼고, 따라서 그의 처지를 고려해야 한다는 것이다. 우리는 이러한 유형의 황금률을 라이너가 표현한 것처럼 이른바 '감정이입 규율(Einfühlungsregel)'이라고 할 수 있을 것이다.[52] 이 감정이입 규율은 황금률 전반에서 찾아볼 수 있으며, 사람들이 흔히 언급하는 격언과 성경의 내용과 일치한다. 우리는 감정이입 규율에 대해서 좀 더 비판적으로 성찰해 보기로 하자.

■ 감정이입 규율에 대한 비판적 성찰

그러나 이러한 감정이입 규율은 오로지 다른 사람에 대한 태도에만 관여한다는 점에서 한계를 지닌다. 따라서 감정이입 규율은 사회윤리의 하나의 원리가 되기는 하겠지만, 모든 윤리가 다른 사람에 대한 태도와만 관계가 되는 것이 아닐 수 있으므로, 윤리 일반의 원리가 된다고 단언하기는 어렵다. 그러므로 윤리가 다른 사람에 대한 태도와만 관계된다고 하지 않는다면, 이러한 규율이 윤리의 궁극적인 원리가 될 수 없다고 보는 것은 어려운 일이 아니다. 왜냐하면 우리 자신이 고통 받기를 원하지 않는 어떤 것을 다른 사람에게 행하는 것이 — 예컨대 모든 형벌에서 그러한 것이 발생할 수 있다 — 흔히 윤리적으로 정당한 것으로 간주되는 경우들이 있기 때문이다. 또한 우리는 때때로 이성이나 정의와 일치하는 것보다 더 많은 고통이나 손해를 입지 않기를 원하거나

52) Hans Reiner, *Die philosophische Ethik*, S.191 참조.

더 많은 편안함과 재화를 얻기를 원하기도 한다. 그뿐만 아니라 우리의 소원은 우리가 다른 사람에게 무엇을 행하여야 하고 무엇을 행하여서는 안 되는 것인가에 대한 기준을 명백하게 제시하기도 어렵다.

그럼에도 불구하고 이러한 황금률은 이러한 한계를 가지고 있다고 해서 완전히 쓸모없다든가 소용되지 않는 것은 아니다. 왜냐하면 이러한 황금률은 보통의 경우에 윤리적 의미와 타당성을 가지고 있기 때문이다. 우리는 일상적으로 황금률에 따라 더욱 신중한 고려를 함으로써 고통과 손해를 입지 않을 수 있으며, 또한 우리 자신을 위한 과도한 요구를 하지 않을 수도 있다. 그러므로 우리는 위에서 언급한 특수한 경우를 암묵적으로 제외하면, 이러한 황금률이 분별력이 있으며 옳은 것이라고 받아들일 수 있다. 우리가 이렇게 이해한다면 어떤 것에 대하여 고통 받는 것이 아직 도덕적이지 못한 사태로부터, 그리고 우리 안에서 일어나고 있는 소원들로부터 시작해서 이러한 황금률이 도덕적 규범(비록 충분하게 포괄적이고 상세하지는 못할지라도)으로 우리를 인도한다는 점에서 보면, 이러한 황금률은 진실하고 본질적인 윤리적 의미를 가지고 있다고 볼 수 있을 것이다. 그러나 이러한 감정이입 규율의 황금률은 도덕의 본래적이며 궁극적인 원리의 정확한 표현으로 타당하다고 할 수는 없을 것이다.

(2) 황금률의 두 번째 형태: 자율성 규율의 의미

고대 그리스의 현인으로 알려진 피타고라스(Pythagoras)와 솔론(Solon, B.C. 639-558)과 이소크라테스[53] 등의 훈계와 역사가 헤로도토스[54]의 가르침에서 우리는 감정이입 규율과는 다른 형식의 황금률을 찾아볼 수 있다. 그들에게는 황금률은 자기 자신의 어떤 고통이나 나에

53) 주 9 참조.

54) 주 10 참조.

대한 다른 사람의 태도로부터 발단하는 것이 아니라, 다른 사람의 태도에 대한 나 자신의 입장에서 출발한다는 것이다. 그것도 나에 대한 다른 사람의 태도에 대해서 뿐만 아니라 매우 일반적인 다른 사람의 태도에 대한 나의 입장이라는 것이다. 예컨대 이소크라테스가 니코클레스 왕으로 하여금 그의 부하들에게 "선한 것을 찬양만 하지 말고 그것을 본받도록 하여라."[55]라고 훈계하도록 한 것에서 이와 같은 것이 나타나고 있음을 우리는 찾아볼 수 있다. 이러한 황금률은 '자율성 규율(Autonomieregel)'[56]이라고 표현할 수 있으며, 적극적 황금률이라고 할 수 있다.[57] 자율성 규율에 대해서 좀 더 비판적으로 살펴보자.

■ 자율성 규율에 대한 비판적 성찰

이 자율성 규율은 이른바 '감정이입 규율'보다는 더욱 포괄적이다. 이러한 관점에서 보면 자율성 규율을 가지고 있는 황금률은 도덕 일반의 실제적 원리로서 타당하다고 할 수 있을 것이다. 그러나 다른 관점에서 보면 이러한 황금률은 이미 어떤 도덕 판단을 전제하고 있음을 찾아볼 수 있다. 왜냐하면 다른 사람의 태도에 대한 우리의 입장 속에는 참으로 그와 같은 판단이 이미 내포되어 있기 때문이다. 그럼에도 불구하고 이러한 황금률도 또한 도덕의 원리가 될 수 있음을 우리는 두 가지 관점에서 규명해 볼 수 있다.

첫 번째 관점은 이러한 황금률은 도덕적 인식을 뒷받침해 주는 데 심리적인 도움을 준다는 것이다. 왜냐하면 이러한 황금률은 우리에게 다른 사람의 태도에 대한 우리의 입장에 대하여 표준으로 제시되면서, 우리 자신이 행동할 때 올바른 도덕적 인식을 너무 쉽게 그리고 자주

55) Isokrates, *Nikokles*, §61.

56) Hans Reiner, *Die philosophische Ethik*, S.192 참조.

57) Heinz-Horst Schrey, *Einführung in die Ethik*, S.127.

흐리게 하는 우리의 자기애(自己愛) 안에 있는 커다란 오류의 근원을 가려내는 데 도움을 주기 때문이다.

두 번째 관점은 우리가 다른 사람의 태도에 대한 우리의 입장에서 마치 우리 자신의 태도가 문제되는 것처럼 기초가 되고 있는 도덕적 규범들을 더욱 분명하게 인식할 뿐만 아니라, 또한 언제나 우리가 이러한 규범들을 동시에 의무적인 것으로 인정해 왔다는 것을 우리로 하여금 주목하게 해 준다는 데 있다. 그러나 이와 같은 우리 자신의 인정은 이러한 규범들이 단지 어떤 가치질서나 그 밖의 도덕원리에 대한 통찰에 의해 주어지는 것으로 나타나는 것일 뿐만 아니라, 이와 함께 우리 자신의 자유로운 행동에 의하여 자신에게도 당연히 부과되도록 한다는 것이다. 따라서 이와 같은 황금률은 이제는 우리 자신의 통찰을 근거로 우리를 자유롭게 결정하는 존재로서 우리의 자율성의 표현이 된다. 그래서 우리는 여기서 논의되고 있는 황금률의 형태를 자율성 규율이라고 표현할 수 있는 것이다.

이렇게 이루어진 도덕규범에 대한 우리의 인정은 또한 지속적인 실천적 의미를 가진다. 왜냐하면 우리가 스스로 우리 자신의 행동에서 이러한 규범을 지키지 않는다면, 우리는 우리 자신과 다른 사람들 앞에서 부끄러움을 느끼지 않을 수 없기 때문이다. 더 나가서 우리가 다른 사람들에게 같은 종류의 도덕적 행동을 명시적으로나 불명시적으로 요구하지 않을 수 없는 처지에 이르게 되면, 우리는 그들에게 있어서 반드시 가지고 있어야 할 도덕적인 정당성과 권위를 잃어버리게 된다. 여기서 우리는 맹자의 수오지심(羞惡之心)을 연상해 볼 수 있고, 현상학적 윤리학자인 셸러와 쉬라이 등이 수치(羞恥, Scham)를 도덕의 중요한 동기로 보는 것을 수긍할 수 있을 것이다.[58]

---

58) M. Scheler, “Über Scham und Schamgefühle,” *Schriften aus dem Nachlass* 1957, S.80; Heinz-Horst Schrey, *Einfühlung in die Ethik*, S.117 참조.

(3) 황금률의 세 번째 형태: 호혜 규율의 의미

세 번째로 '감정이입 규율'로서의 황금률의 의미와 '자율성 규율'로서의 황금률의 의미가 서로 결합된 제3의 황금률의 표현 양식을 찾아볼 수 있다. 이러한 결합은 다음과 같은 방식으로 나타난다.

'감정이입 규율'은 우리가 앞에서 살펴본 것처럼, 우리 자신이 고통을 당하기를 원하지 않는 것을 다른 사람들에게 행하지 않도록 요구한다. 그러나 그러한 자기 자신의 고통은 많은 경우에 있어서 다른 사람들이 우리에게 바로 이와 같은 고통을 가하는 것으로 환원시켜 볼 수 있다. 따라서 사람들은 자신이 고통을 당하는 것과 관련되어 있는 소원이나 욕망 대신에 우리에 대한 다른 사람의 태도가 대상으로 삼는 (좀 더 좁은) 그와 같은 자신의 욕망을 감정이입 규율의 출발점으로 삼을 수도 있다. 이렇게 해서 우리는 "사람들이 너에게 행하기를 네가 원하지 않는 것을 어떤 다른 사람에게 행하지 않도록 하라."고 하는 것과 "사람들이 네가 원하지 않는 것을 너에게 행하는 것을 원하지 않듯이 너도 다른 사람들에게 행하지 않도록 하라."고 하는 우리가 따라야 할 규범의 공식(형태)에 이르게 된다. 우리는 이 두 가지 표현 양식에서 제시하고 있는 우리의 규율의 언어적 형태를 '호혜(互惠) 규율(Gegenseitigkeitsregel)' 또는 '상호성 규율'이라고 표현할 수 있다.[59] 그러므로 이 호혜 규율은 우선 감정이입 규율의 하나의 특별한 표현 양식으로 묘사된다고 볼 수 있다.

■ 호혜 규율에 대한 비판적 성찰

그러나 이와 같은 호혜 규율로서의 황금률은 또 다른 의미도 가질 수 있다. 호혜 규율로서의 황금률에서 출발점을 취했으면서도 나에 대

59) Hans Reiner, *Die Philosophische Ethik*, S.193; Heinz-Horst Schrey, *Einführung in die Ethik*, S.127 참조.

한 다른 사람의 태도와 관계가 있는 자신의 욕망은 감정이입 규율로서의 황금률에서처럼 순전히 이기주의적 욕망에서 분출되는 욕망일 수도 있겠지만, 이러한 욕망은 또한 도덕적 사려(예컨대 정의에 대한 특별한 숙고)에 의하여 두루 살펴진 입장에 근거할 수도 있다는 것이다. 그러나 그런 경우에 호혜 규율의 의미는 자율성 규율의 의미와는 본질적으로 다르다고 할 수는 없다. 그렇다면 이 호혜 규율은 보편적으로 모든 태도 일반과 더 이상 관련되는 것이 아니라, 오로지 호혜 규율이 다른 사람에 대한 태도에만 관계되고 있는 한, 이 호혜 규율의 좀 더 제한된 표현 양식만이 또다시 문제될 뿐이다.

그러므로 호혜 규율로 표현되는 황금률의 형태의 의미는 세 가지 가능성이 있게 된다. 이 황금률은 첫째로 감정이입 규율의 의미를 가질 수 있으며, 둘째로 자율성 규율의 의미도 가질 수 있으며, 셋째로 이 두 가지 의미를 동시에 그 자체 안에 결합시킬 수도 있기 때문이다. 이 세 가지 가능성 중에 어떤 것이 개별적인 경우에 해당되느냐고 문제 삼는다면 일반적으로 이 황금률이 사용되고 있는 맥락에서만 추측해 볼 수 있을 것이다.

호혜 규율이 감정이입 규율로서의 의미를 가지고 있는 한, 이렇게 주어진 감정이입 규율의 특별한 표현 양식은 앞에서 밝혀 낸 불충분함과 관련해 볼 때 중요한 결과를 가져온다. 다시 말해서 자신의 안녕과 관련된 욕망이 더 이상 직접적인 출발점으로 되는 것이 아니라, 우선적으로 나에 대한 다른 사람의 특정한 행위를 대상으로 하는 욕망이 출발점으로 되는 경우에, 이러한 자신의 욕망이 이제 곧 제한적으로 이해됨으로써, 문제의 태도가 다른 사람에게도 진지하게 요구된다는 것은 명백해진다. 물론 이러한 것은 거의 불가피한 것이다. 그렇기 때문에 다른 사람에 대한 나의 욕구는 공정한 것이 아니면 안 된다. 다시 말해서 그러한 나의 요구에서 나의 이기적인 소원이 가능한 한 반드시 다른 사람의 소원과 공정한 균형을 이루도록 되지 않으면 안 된다는 것이다.

그러므로 호혜 규율 속에 감정이입 규율이 본질적으로 이루어지고 있다는 것이 밝혀지고 있다. 이와 같은 규율은 여기서 비로소 사회적 질서를 실제로 확립하고 구체적으로 사용할 수 있는 도덕의 원리가 된다.

호혜주의 규율에서 공정한 균형의 관점에 따라 이기적인 욕망을 제한하는 것이 규율이라는 취지에 의해서 이해될 수 있다. 그러나 이렇게 이해되고 있는 이러한 유형의 규율에는 여전히 결함이 남아 있게 된다. 그렇지만 비록 이러한 해석이 덜 이해되고 있긴 하지만, 이른바 순수한 감정이입 규율이라는 의미에서 황금률을 이해한다는 것은 규율이라는 낱말 해석에서 여전히 가능할 수 있다.

결국에는 호혜 규율도 매우 다른 의미를 가질 수 있다. 즉, 이 호혜 규율은 또한 완전히 도덕 외적인 의미에서 넓게 본 이기주의의 관점에서 주어지는 단순한 슬기로운 충고로도 이해될 수 있다. 이러한 경우의 호혜 규율은 다음과 같다. "너에게 해 주기를 바라는 것을 다른 사람에게 행하라. 그래야만 다른 사람도 너에게 그것을 해 줄 것이다." 또는 "너에게 해 주기를 바라지 않는 것을 네가 다른 사람에게 하지 않도록 하라. 그래야만 다른 사람도 너에게 그렇게 하지 않을 것이다." 그렇다면 이와 같은 황금률은 긍정적인 의미와 부정적인 의미에서 다 가능한 보상을 생각할 수 있는 하나의 충고이다. 따라서 긍정적인 형태에서 그것은 다른 사람에게 향하는 충고의 자세로 "이것대로 행하라(do ut des)"라고 하는 원리를 나타내고 있다. 우리는 이렇게 이해된 호혜주의의 황금률을 이른바 "사회적 행동에 대한 영리함의 규율(Klugheitsregel des sozialen Verhaltens)"[60]이라고 표현해 볼 수 있을 것이다.

---

60) Hans Reiner, *Die philosophische Ethik*, S.194; Heinz-Horst Schrey, *Einführung in die Ethik*, S.85 참조.

2) 서양 사상의 황금률에 대한 비판적 성찰

전반적으로 황금률의 다양한 의미는 황금률에 대한 많은 표현 양식이 감정이입 규율의 형태와 호혜 규율의 형태의 황금률 사이에서 일종의 중간 형태를 형성함으로써 더욱더 늘어나게 된다. 이와 같이 많이 사용되고 있는 표현 양식은 라틴어로 "너에게 일어나기를 네가 원하지 않는 것을 다른 어떤 사람에게도 하지 말라(Quod tibi fieri non vis, alteri ne feceris)."라고 하는 소극적 형태의 황금률이다.

나에게 일어나기를 자신이 의욕했느냐 의욕하지 않았느냐에 대하여 여기서 문제 삼는 것은, 그래도 그런 것에 대한 고려를 배제하지 않으면서도 이 과정에서 다른 사람의 행위가 뒤로 물러서게 된다는 것이다. 따라서 이러한 표현은 사회적 태도에 대한 자율 규율과 영리함의 규율로서의 해석을 완전히 배제하지 않으면서 감정이입 규율로서의 해석에 가장 많이 근접해 있다고 하겠다.61)

우리가 앞에서 검토해 본 황금률에 대한 비판적인 해석의 결과로서 우리는 황금률이 도덕의 원리가 될 수 있다는 것을 다음과 같이 확인할 수 있다.

황금률은 그것의 표현 양식에 따르면 도덕의 원리로서의 황금률의 요청을 상당히 만족시키기도 하지만, 미진한 면도 있음을 인정하지 않을 수 없다. 다시 말해서 '사회적 태도에 대한 영리함의 규율'로서의 해석이 제외되면, 호혜 규율로서의 표현 양식은 도덕원리로서의 황금률의 요청에 가장 근접하고 있다고 할 수 있을 것이다. 그러나 여기서도 근본적으로 이 같은 원리에 속하는 구성 요소가 단지 함께 이해되는 것으

---

61) Hans Reiner, "Die Goldene Regel. Die Bedeutung einer sittlichen Grundformel der Menschheit," *Zeitschrift für philosophische Forschung* III, 1948 참조.

로서만 암시되고 있으나, 분명하게 표현되지 않는 한, 불만족스러움의 여지가 여전히 남아 있게 된다.

다른 한편 황금률이 도덕의 원리를 표현하는 것을 요구하기엔 충분하지 못한 것으로 관찰된다고 할지라도, 그래도 황금률의 표현 양식 중에 어떤 것도 윤리적으로 무의미한 것은 아니라는 것이다. 왜냐하면 감정이입 규율로서의 황금률의 형태와 의미에서 황금률은 그래도 도덕의 근본적 기초를 제시해 주고 있기 때문이다. 예컨대 사회윤리를 가능하게 하는 연대감이 여기서 나온다. 이와는 달리 자율 규율로서의 황금률은 우리에게 도덕적 요구에 대한 의무를 성취시키거나 강화해 주는 맥락을 일깨워 주고 있기 때문이다. 즉, 의무감이 여기서 나온다.

그러므로 우리는 서양에서 황금률은 중세의 자연법론뿐만 아니라 근세와 현대의 철학 및 자연법론에서도 근본적인 도덕원리로 이해되고 있다고 추론할 수 있다.[62)]

3. 동방(동양) 사상에서 황금률의 통시적 개관

1) 동방(동양) 사상의 황금률의 유래와 양태

동방이건 서방이건 보편적인 인간의 본성은 다만 시대와 장소에 따라 언표(言表)의 차이가 다소간 있을 뿐이지 근본적으로 다를 리 없다. 인간의 본성은 제대로 이해만 된다면 근본적으로 같은 것이다. 구유에 누워 계신 아기 예수를 경배하러 온 동방박사와 베들레헴의 목동의 인성과 현대인의 본성은 본질적으로 같은 것이다.

동방[63)] 사상은 대체로 통시적(通時的)이므로 서양 사상처럼 시대 구

---

62) 심헌섭, 「황금률과 법」, 『분석과 비판의 법철학』, 법문사, 2001, pp.364-368, p.379 참조.

분이 중요하지 않다고 여겨진다. 여기서는 주로 유가와 불가의 황금률을 살펴보려고 한다.

2) 유가(儒家)의 황금률

우리는 『논어(論語)』에서 황금률을 찾아볼 수 있다. 공자(孔子, B.C. 551-479)는 인(仁)을 이루는 적극적인 방법으로, "자기가 서고 싶으면 남을 시게 하고 자기가 도달하고 싶으면 남도 도달하게 하라(己欲立而立人, 己欲達而達人)."(「雍也」, 30장)고 가르친다. 그리고 공자는 소극적으로 "자기가 원하지 않는 것을 남에게 하지 말라(己所不欲, 勿施於人)."(「顔淵」, 2장)고 가르친다.

유가의 황금률에 대해서 『대학(大學)』은 다음과 같이 풀이를 하고 있다:

> "윗사람에게서 싫다고 느껴진 것으로 아랫사람을 부리지 말 것이며, 아랫사람에게서 싫다고 느껴진 것으로 윗사람을 섬기지 말 것이며, 앞사람에게서 싫다고 느껴진 것으로 뒷사람을 앞세우지 말 것이며, 뒷사람에게서 싫다고 느껴진 것으로 앞사람을 따르지 말 것이며, 오른쪽 사람에게서 싫다고 느껴진 것으로 왼쪽 사람에게 건네지 말 것이며, 왼쪽 사람에게서 싫다고 느껴진 것으로 오른쪽 사람에게 건네지 말 것이다. 이것을 혈구지도(絜矩之道)라고 한다."[64)]

---

63) 동방은 사상적인 면에서 지리적인 의미가 강한 동양보다 더 적절한 용어라고 필자는 생각하며, 주로 동아시아를 뜻한다.

64) 『大學』, 傳十章: "所惡於上毋以使下, 所惡於下毋以使上, 所惡於前毋以先後, 所惡於後毋以從前, 所惡於右毋以交於左, 所惡於左毋以交於右, 此之謂絜矩之道也."

요컨대 유가의 혈구지도는 자기를 미루어 남을 생각하는 마음, 인간 사회의 근본 질서인 연대성을 가능하게 하는 사회윤리의 중요한 내용을 담고 있다. 혈구지도는 이른바 호혜 규율(Gegenseitigkeitsregel)로서의 황금률의 내용을 담고 있다.

우리는 『중용(中庸)』에서도 이와 유사한 내용을 찾아볼 수 있다:

> "자신의 생명을 극진히 발휘할 수 있는 이는 또한 남의 생명도 극진히 완수할 수 있다. 남의 생명을 극진히 완수할 수 있는 이는 더 나아가서 만물의 생명을 극진히 완수할 수 있다. 만물의 생명을 극진히 할 수 있는 이는 천지의 창조적 화육에 참여할 수 있다."[65]

그러므로 우리는 자신의 생명뿐만 아니라 다른 사람과 다른 생명체를 존중하고 배려(配慮)하는 데도 극진(極盡)하여야 할 것이다. 다시 말해서 이 말은 다른 사람이 나의 생명을 존중하기를 바라면 나도 다른 사람의 생명을 존중해야 한다는 황금률을 내포하고 있다.

『역경(易經)』은 "만물이 본래 가지고 있는 천성(天性)을 그대로 실현시켜 그 생명 발전을 끊임없이 존속하게 하는 것이 도의(道義)가 할 일이다."[66]라고 가르치고 있다. 우리는 이러한 생명을 존중하는 황금률에서 자연법과 도덕의 원류를 찾아볼 수 있다.[67]

유가의 황금률에 나타나고 있는 상호성의 원리는 모름지기 하늘(하느님)의 뜻을 실천하는 것으로 이해할 수 있다.

---

65) 『中庸』, 二十二章: "能盡其性, 別能盡人之性, 能盡人之性, 別能盡物之性, 能盡物之性, 別可以贊天地之化育." 방동미(方東美)가 性을 life로 해석한 것을 참조.

66) 『周易』, 「繫辭傳下」: "成性存存道義之門."

67) 진교훈, 「철학에서 본 자연법과 생명윤리」, 가톨릭대학교 생명윤리연구소, 『자연법과 생명윤리』, 2010, pp.61-75.

3) 불가(佛家)의 황금률

불교의 황금률은 19세기에 올코트(Henry Steel Olcott, 1832-1907)에 의해 서양에 알려졌다.[68] 대승불교 윤리의 중심은 자비에 있다고 볼 수 있다. 자비는 불타가 가르친 것이다. 자비(慈悲)란 이타적(利他的)인 것이며, 특히 비(悲)에는 일종의 황금률(黃金律)이 반영되었다고 볼 수 있다. 왜냐하면 자비는 남의 고통을 나의 고통으로 공유(共有)하는 것이기 때문이다. 요컨대 상호적인 인간관계를 밑바탕으로 하고 있는 자비의 원리는 타인의 이해를 자신의 것과 같이 생각하는 원리라고 할 수 있다. 자비란 뭇 사람에 대한 사랑과 생명에 대한 무조건적인 존중을 의미한다. 그래서 불교는 살생을 금한다. 자비는 인간뿐만 아니라 동물에게도 향한다.

『아함경(阿含經)』은 선악의 구분에서 유가(儒家)의 서(恕)와 유사한 황금률을 명백하게 보여준다:

> "나는 생각한다. 만일 누가 나를 죽이려고 하면 나는 좋아하지 않는다. 내가 좋아하지 않는 것이면 남도 그럴 것이다. 그런데 어떻게 남을 죽이겠는가? 이렇게 생각하고는 살생하지 않는 계율을 받고 살생을 즐겨하지 않는 것이다.
>
> 내가 만일 남이 내 물건 훔치는 것을 좋아하지 않는다면 남도 좋아하지 않을 것이다. 그런데 어떻게 내가 남의 물건을 훔치겠는가? 그러므로 훔치지 않는 계율을 받고 훔치기를 즐겨하지 않는 것이다.
>
> 내가 만일 남이 내 아내 침범하는 것을 좋아하지 않는다면 남도 좋아

68) Henry Steel Olcott, *The Golden Rules of Buddhism*, Adyar, Wheaton, London: The Theosophical Publishing House, 1967(초판 1887). 올코트는 theosophy의 창시자이다.

하지 않을 것이다. 그런데 내가 어떻게 남의 아내를 침범하겠는가? 그러므로 음행하지 않는 계율을 받아 가지는 것이다.

나도 남에게 속는 것을 좋아하지 않는다. 남도 그럴 것이다. 그런데 어떻게 남을 속이겠는가? 그러므로 거짓말[妄語]하지 않는 계율을 받아 가지는 것이다.

나도 남이 내 친우를 갈라지게 하는 것을 좋아하지 않는다. 남도 그럴 것이다. 그런데 어떻게 남의 친우를 갈라지게 하겠는가? 그러므로 두 가지 말[兩舌]을 하지 않는 것이다.

나도 남이 나에게 나쁜 말[惡口]을 하는 것을 좋아하지 않는다. 남도 그럴 것이다. 그런데 어떻게 남에게 욕지거리를 하겠는가? 그러므로 남에게 나쁜 말을 하지 않는 것이다.

나도 남이 내게 꾸밈말[綺語] 쓴 것을 좋아하지 않는다. 남도 그럴 것이다. 그런데 어떻게 남에게 꾸밈말을 쓰겠는가? 그러므로 남에게 꾸밈말을 쓰지 않는 것이다. 이러한 일곱 가지를 거룩한 계율이라고 한다."[69]

이 『아함경』의 계율의 내용은 유가의 황금률과 자연법사상을 담고 있는 것으로 인용한 『대학(大學)』의 혈구지도(絜矩之道)에 대한 내용 풀이[70]와 일맥상통(一脈相通)한다.

"불교 윤리의 기본원칙은 모든 존재는 고통을 싫어하고 행복하기를 원하기 때문에 우리는 우리 자신에게 행해지기를 바라지 않는 것을 다른 존재에게 가해서는 안 된다는 것이다."[71]라고 하비(Peter Harvey,

---

69) 『雜阿含』, 제37권 鞞紐多羅經. 같은 책, pp.261-262 참조.; 동국대학교역경원, 『불교성전』, '오계와 십계', '팔재계', 1972, pp.549-556 참조.

70) 주 65 참조.

71) Damien Keown, *The Nature of Buddhist Ethics*, New York: Palgrave, 2001, p.120.

1951-)는 말한다. 그는 불교의 윤리의 기반을 논하는 그의 저서의 첫 머리에서 "생명은 누구에게나 소중하다. 다른 사람을 자신과 비교해 본다면 죽이거나 죽이도록 해서는 안 될 것이다."(『담마빠다경』, 130-131)[72]라는 말을 인용한다. 이 말은 자기와 남의 선이 서로 얽혀 있음을 가리키는 황금률의 진수를 보여준다고 하겠다. 불가의 덕목에서 으뜸은 불살생(ahimsa)이며, 이른바 탐(貪), 진(瞋), 치(癡)를 없애는 것, 즉 무탐욕, 무증오, 어리석지 않음이 불교 윤리의 핵심 가치라고 할 수 있는데,[73] 이러한 가치들에 우리는 황금률을 적용해 볼 수 있다. 남이 나와 나의 가족과 친구들의 생명을 존중해 주기를 바란다면, 나도 남의 생명을 존중해 주어야 할 것이며, 다른 사람들이 탐욕하고 증오하고 어리석은 짓을 하지 않기를 바란다면, 나도 탐욕과 증오와 어리석음을 버려야 할 것이다. 이러한 태도야말로 만인이 준수해야 할 도덕의 원리라고 하지 않을 수 없을 것이다. 그러므로 우리는 불교에서도 황금률이야말로 도덕의 원리의 원류라고 확언할 수 있다.

교황청 산하 국제신학위원회는, 불교의 오계(五誡)는 "심오한 이타주의로서 우호적인 자비심과 공감과 함께 비폭력의 신중한 태도로 해석되며, 이것은 바로 황금률을 요약한 것이다."[74]라고 공표했다.

---

72) 같은 책, p.16 참조; Peter Harvey, *An Introduction to Buddhist Ethics*, Cambridge University Press, 2004, pp.9-11 참조.

73) Peter Harvey, *An Introduction to Buddhist Ethics*, p.122 참조. 저자는 불교의 사회윤리를 논하면서 타자와 상호성 존중을 결론으로 삼는다.

74) International Theological Commission(ITC), *In Search of a Universal Ethics: New Look at the Natural Law*, 2009, p.14.

4) 기타 동방(동양)의 전통적인 문헌에 나타난 황금률

(1) 힌두교의 황금률

힌두교에서는 이 세상의 심각한 불균형은 하나의 질서, 즉 근본적인 법, 다르마(dharma)에 의해 다스려진다고 가르친다. 이 다르마는 인간의 사회적, 종교적 책임을 규정한다.

기원전 400년과 기원후 400년 사이에 지어진 것으로 알려진 힌두교와 브라만교의 경전인 『마하바라타(*Mahabharata*)』에 의하면, "황금률과 실제로 동등한 것이 있다."[75] 예컨대, "자기 자신에게 손상되는 것으로 보이는 것을 타인에게 결코 해서는 안 된다. 이것이 다르마(dharma) 규율의 핵심이다."[76] "이 중에서 가장 중요한 것은 기원전 200-100년 사이에 나온 *manava dharmasatra*, 소위 마누(manu)의 법전"[77]이나, 힌두교의 도덕적 가르침은 우파니샤드(Uhanishad)의 전통적 가르침에 비추어 이해된다.

"보편적인 비폭력(ahimsa)의 법(dharma)을 실천하는 사람은 자신의 최고의 선을 성취한다. 즉, 존재하는 모든 것과의 관계에서 탐욕과 분노와 어리석음의 세 가지 정념들을 거부하면서 자기를 통제하는 사람은 성공을 획득한다. … 자기 자신에게 해가 된다고 생각하는 것을 다른 사람에게 하지 않는 것은 간단히 말해서 덕의 규율이다."[78] 그래서 가톨릭 국제신학위원회는 보편 윤리를 모색하는 문헌에서 "힌두교 전통의 많은 계율들은 십계명의 요구들과 평행될 수 있다."[79]고 말했다.

---

75) 같은 책, p.13.

76) *Mahabharata*, Buch 13. Anusasana Parva, 113장 8절.

77) ITC, *In Search of a Universal Ethics: New Look at the Natural Law*, 2009, p.13.

78) *Mahabharata*, Buch 13. Anusasana Parva, 113장 3-9절 참조.

79) ITC, *In Search of a Universal Ethics: New Look at the Natural Law*, 2009,

우리는 다르마의 계율에서 황금률과 도덕의 원류를 찾아볼 수 있다.

(2) 고대 동방(동양)의 지혜서에 나타난 황금률

기원전 700년경에 형성된 고대 격언을 모아놓은 『아키칼(*Achiqar*)』이라는 격언집(지혜서라고도 불린다)은 고대 동방에서 아시리아의 궁정 관리에 관한 지혜의 이야기의 부분으로 널리 퍼져 있었다. 옛날에 상실된 시리아어 판이 아르메니아어 판으로 기원후에 번역된 것에 아키칼이 자기 아들에게 충고를 한 것이 다음과 같이 기록되어 있다:

"아들아. 너에게 역겨운 것으로 나타난 것을 너의 동료에게 행하지 마라. 사람들이 너에게 하기를 네가 항상 바라는 것을 너는 모든 사람에게 행하라."[80]

아키칼 이야기에서 나온 격언은 기원전 4세기와 기원전 30년 사이에 형성된 카세숀키의 가르침에 영향을 미친 것으로 보인다: "다른 사람이 너에게 나쁜 짓을 할 빌미를 만들지 않기 위해서 아무에게도 나쁜 짓을 하지 마라."[81]

유대교의 율법서인 『탈무드』에는 다음과 같은 글이 있다: "네가 미워하는 짓을 너의 동료에게 하지 말라. 이것이 율법의 전부이다. 그 밖의 것은 설명일 뿐이다. 지금 가서 익혀라."[82] 이 황금률은 유대교의 랍비인 힐렐(Hillel)이 유대인의 도덕법의 근본원리로서 성경의 이웃 사랑의 교훈(레위기 19:18)을 인정한 것이다.

---

p.13.

80) *Armenischer Achiqar* A II, 88 und B 53; Merten Rabenau, *Studien zum Buch Tobit*, Berlin: De Gruyter, 1994, S.56, 주 177 참조.

81) Otto Kaiser, Guenter Burkhard, *TUAT, Band 3, Lieferung 2: Weisheitstexte II*, Guetersloh, 1991, S.262.

82) *Talmud*, Shabbat 31 a. 사도 바오로의 선생의 할아버지인 랍비 힐렐의 황금률의 가르침. 'golden rule,' Jewishencyclopedia 참조.

(3) 이슬람의 황금률

쿠란(코란)에는 문자 그대로 황금률이라는 표현은 없다. 그러나 우리는 쿠란의 몇몇 장(Sure)에서 황금률을 유추해 볼 수 있다. 쿠란 24장 2절은 다음과 같다: "용서하고 빚을 면제해 주어야 한다. 하느님이 너희를 용서한 것을 너희 스스로 좋아하지 않느냐?"[83] 또 83장 1-6절에서 하느님의 최후심판을 예시하면서 남을 속이는 것을 심판하는 것을 경고하고, 주는 것과 받는 것을 동등하게 할 것을 촉구한다.[84]

몇몇 이슬람 주석가들, 가령 자마카샤리(Zamachschari, 1075-1144), 파크르 아드 딘 아르 라지(Fakhr ad-Din ar-Razi, 1149-1210), 이븐 카티르(Ibn Kathīr, 1300?-1373) 등은 황금률이 모든 인간을 위한 하느님의 법임을 암시했다. "지불되기를 바라는 만큼 지불할 것을 요구하고 정당한 것을 얻고 싶은 만큼 정당하라. 왜냐하면 알라는 아무도 물체를 잘못 놓을 수 없도록 세상을 균등하게 창조하셨다."(쿠란 55장 77절)

수니파의 이슬람 학자인 압둘라 유수프 알리(Abdullah Yusuf Ali, 1872-1953)는 빚진 자를 탕감해 주는 것은 다른 사람으로부터 기대하거나 원하는 반응과는 상관없이 타당한 의무임을 강조했다.[85]

무함마드의 언행을 기록한 하디스(Hadith)에는 문자 그대로 황금률의 형태가 있다. 13세기에 수집된 40권으로 된 책에는 황금률이라는 말이 들어 있다: "자기 자신을 위해 원하는 것을 자기의 형제들을 위해

---

83) Adel Theodor Khoury, "Die Goldene Regel in religions-und kulturwissenschaftlicher Sicht," in Alfred Bellebaum und Heribert Niederschlag, hrsg., *Was Du nicht willst, daß man Dir tu': Die Goldene Regel - ein Weg zu Glück?* Konstanz, 1999, S.35.

84) Rudi Paret, *Der Koran*, Stuttgart: Kohlhammer, 2007, S.424.

85) Abdula Yusuf ali, *The Meaning of the Glorious Quran*, 1862, Bd. 2, p.1703; H. T. D. Rost, *The Golden Rule, A Universal Ethic*, Oxford: George Ronald, 1986, p.101.

원하지 않는 한, 너희들 중에 아무도 믿음이 없노라."[86)]

여기서 우리가 주목해야 할 것은 형제라는 말인데, 형제는 무슬림만 가리키는 것이 아니라 비신자도 포함한다는 것이다. 무슬림은 이슬람에 충실하게 머물러 있는 것을 스스로 원하는 사람이고, 비신자는 무슬림으로 들어올 사람이며, 따라서 무슬림은 비무슬림의 올바른 안내를 위해서 기도를 해야 한다고 한다.

독일어로 쿠란을 번역한 가톨릭신자인 아델 테오도르 쿠리(Adel Theodor Khoury, 1930-)는 이슬람의 다섯 가지 근본 규율의 하나가 황금률의 내용을 담고 있다고 다음과 같이 말한다: "네 스스로 원하는 것을 사람들에게 원하라. 그리하면 너는 무슬림이 되노라."[87)]

11세기로 추측되는 알리 이븐 아비 탈리브(Alī ibn Abī Tālib)가 수집한 『나취 알 발라하(*Nahdsch al-Balāgha*)』의 알리가 그의 아들에게 쓴 편지에 다음과 같은 황금률이 들어 있다: "자기가 원하는 것을 다른 사람들을 위해서도 원해야 하느니라. 그리고 자기가 기꺼이 하고 싶지 않는 것으로 다른 사람들을 귀찮게 하지 말라."[88)]

4. 도덕의 원류로서의 황금률과 자연법

"네가 남에게 바라는 대로 남에게 해 주어라."는 황금률은 인류의 보

---

86) *Al-Arba'in. Mit dem Kommentar von Ibn Daqiq al-'Id (1228-1302). Aus dem Arabischen übersetzt und herausgegeben von Marco Schöller*, Frankfurt am Main: Verlag Der Weltreligionen, Suhrkamp, Insel Verlag, 2007, S.108.

87) Adel Theodor Khoury, "Die Goldene Regel in religions-und kulturwissenschaftlicher Sicht," S.35.

88) Heinz Halm, *Die Schia*, Darmstadt: Wissenschaftliche Buchgesellschaft, 1988, S.65.

편적인 도덕원리이자 행동의 준칙으로 아주 간결하고 누구나 외우기도 쉬운 말이다. 사람들은 이것을 "네가 싫어하는 것은 다른 사람에게 하지 마라."라는 말로도 바꾸어 말하기도 한다. 결국 이 말은 처지를 바꾸어 생각한다는 '**역지사지**(易地思之)'의 뜻에 꼭 들어맞는 말이다.

동서고금을 막론하고 **모든 인간관계와 윤리 관계는 바로 이 황금률로 시작하고, 또한 황금률로 끝난다**고 말해도 지나치지 않을 것이다. 그래서 일찍이 예수는 물론이고, 석가모니, 공자, 무함마드 등 동서양을 막론하고 성현들은 모두 한결같이 인간은 상대방의 입장에서 생각하고 행동할 것을 강조했다. 이렇게 황금률의 원리는 철학자들이 이를 논하기 이전에도 동서를 막론하고 이미 도덕 생활에서 발견될 수 있었고 많은 사람들의 지지를 받아 왔다.

황금률은 부침(浮沈)이 있긴 했으나, 철학적 윤리학에서 그대로 계승되어 왔으며, 도덕의 기본 원리로 또는 도덕의 핵심적인 규범으로 진술되어 왔다. 20세기에 들어와서 보편적 도덕 가치의 회복을 모색하던 한스 라이너도 서양 근세 이후 오랫동안 잊혀 왔던 황금률의 원리를 도덕의 근본원리이며 자연법이라고 제시하였다.[89] 그러나 황금률은 도덕의 원리로서 필요조건이긴 하나 **충분조건을 충족시킨다고 확언하기는 어렵다**. 그래서 라이너는 도덕의 원리로서 황금률의 원리 외에도 정의의 원리, 생명의 원리, **사랑의 원리**, 가치 서열의 원리 등을 언급하면서 도덕의 원리로서 황금률을 보완하지 않을 수 없음을 논하기도 했다. 그러나 정의와 사랑과 생명은, 다의성과 명시적 개념 정립의 불가능으로 말미암아, 이들을 이해하기 위해서는 **묵시적인 상호주관성이라는 공감**을

---

89) Hans Reiner, "Die 'Goldene Regel'," *Zeitschrift für philosophische Forschung*, Band. III, 1948, S.74; "Die Goldene Regel und das Naturrecht," *Studia Leibziana* IX/2, 1977, SS.231-254; *Die Philosophische Ethik*, SS.186-194 참조.

요청하지 않을 수 없을 것이다.

황금률에 대한 다양한 변칙적(anomaulos) 해석이 있을 수 있음에도 불구하고, "상당한 지성을 갖춘 사람들에 의하여 황금률이 보편적 도덕의 원리이기를 요청"90)하는 것을 우리는 인정할 수 있을 것이다. 왜냐하면 보편적, 절대적 가치를 부정하는 가치 상대론과 극단적인 도덕 회의주의자들의 발호를 멈추게 하기 위해서는 **누구나 수용할 수 있는 보편적 가치론의 원류**를 황금률에서 찾아볼 수밖에 없기 때문이다.

"생명은 누구에게나 소중하다. 다른 사람을 자신과 비교해 본다면 죽이거나 죽이도록 해서는 안 될 것이다."라는 것은 동서고금을 막론하고 보편적 도덕의 원리이다. 그러므로 "자기의 생명이 존중받기를 원한다면 타인의 생명도 존중해야 한다."는 황금률에서 우리는 비로소 유아론으로부터 벗어나서 타자에 대한 배려와 **공생**(共生)의 원리를 찾아볼 수 있다.

그러므로 우리는 황금률이야말로 자연법의 내용을 이루는 것이며, 금지의 형식으로 표현된 보편적 도덕원리의 원류라고 할 수 있을 것이다.

90) Marcus G. Singer, "The 'Golden Rule'," P. Edwares, ed., *The Encyclopedia of Philosophy*, Vol. 3, 1967, p.366 참조.

제 2 부

서양 자연법의 중요한 흐름

I 장
서양 고대의 자연법사상

이 글은 도덕의 원류를 자연법사상에서 찾아보려는 필자의 반세기에 걸친 노력의 일환으로서, 서양 고대에서 자연법사상이 어떻게 태동되었으며 사람으로서 지켜야 할 도덕과 어떤 관계를 맺으면서 전개되었는가를 논구해 보려고 한다. 자연법의 철학적 개념은 서양 문화권에서 고대 그리스인들에 의해 처음으로 등장했다. 서양 고대의 자연법사상은 헤라클레이토스의 자연법사상, 소피스트와 소크라테스의 자연법사상, 플라톤의 자연법사상, 아리스토텔레스의 자연법사상, 스토아학파의 자연법사상으로 각각 나누어 볼 수 있을 것이다.

서양 고대의 자연법사상은 헤라클레이토스와 플라톤, 아리스토텔레스와 온건한 소피스트들이 자연법에 대해 생각했던 모든 것, 즉 영원법(lex aeterna), 올바른 이성(recta ratio), 자연법(lex naturalis: 본성적 법, 즉 도덕법을 의미한다), 자연권(jus naturale: 자연법으로 번역되기도 한

---

* 이 장은 진교훈, 「서양 고대의 자연법사상」, 『이성과 신앙』 58호, 2015 여름, 수원가톨릭대학교 이성과신앙연구소, pp.265-313을 수정 보완한 것이다.

다. jus는 권리를 의미한다)과, 이것들과 실정법의 관계, 그리고 실정법에 대한 이것들의 평가 능력에 관한 모든 것을 망라했다. 서양 고대의 자연법사상은 '로고스의 씨앗'을 보존했고, 언어의 틀을 발견했다. 이 틀 속에 그리스도교 정신은 자신의 이념을 불어넣었으며, 이로부터 서양 고대의 윤리학은 자신의 새로운, 그러나 연관된 자연법 이론을 성숙시킬 수 있었다.

1. 서양 고대에서 자연법적 질서 의식의 태동

자연법사상은 철학만큼이나 오랜 역사를 가지고 있다. 모든 민족의 초기 역사에서 인간이 지켜야 할 **질서**(윤리와 법)는 종교 예식(자연숭배)의 규범과 구분되지 않은 채로, 전적으로 **신성한 기원**을 갖는 것으로 여겨진다.

원시사회에서는 모든 생활 질서의 근원을 자연 내지 신의 명령이나 금지라고 생각하였으며, 신앙과 도덕과 법률이 구별되지 않았다. 사람들이 지키고 따르는 질서는 신의 법이며 신성한 질서라는 것이다. 생활 질서는 **자연 질서**에서 유래하는 것이므로 모든 사람에게 적용되는 불변하고 영구적인 질서로 의식되었다.

이는 서양의 고대 그리스인들에게도 해당된다. 그들에게 있어서 모든 법은 신에 의해 주어진 것이다. 고대 게르만인들 또한 마찬가지인데, 초창기 그들의 법은 뚜렷하게 신성한 성격을 가지고 있었다. 고대 로마인들에 있어서도 초창기에 법은 신법(神法)이었다. 그리고 후기에 그들이 엄격한 **신적인 법**(fas)과 **세속적인 법**(ius), 즉 인정법(人定法)을 구분하게 되었을 때조차도, 우리는 로마법의 신적 기원에 대한 명백한 증거를 찾아볼 수 있다.

모든 법의 초창기의 이러한 신학적인 모습에서 우리는 두 가지 특성을 찾아볼 수 있다. 한 가지는 그 법이 기본적으로 인간의 본질 구조를 통해 변치 않는다는 것이며, 다른 한 가지는 그 법이 같은 문화권 내에서는 어디서나 같은 방식으로 통용된다는 것이다. 그러나 그와 다른 문화권의 종족의 생활 규범은 그들이 믿고 있는 자연 질서에 반하는 것으로 간주되고 따라서 이를 배격하게 되었고, 다른 종족 간에는 질서 의식의 차이로 말미암아 적대 관계가 생기기도 하였다. 이것은 '종족 중심주의(ethnocentrism)'라고 불리기도 한다.

그러나 종족 간에 교류가 생기게 되면서 상이한 질서만 있는 것이 아니라 모든 종족에게 **공통되는 질서**가 있다는 것도 사람들은 알게 되었다. 마침내 공통된 질서와 사상만을 신이 내려주신 신법 내지 **자연법에서 유래**하는 것으로 이해하게 되었다. 이 질서는 모든 종족에 적용될 수 있는 보편적이고 영구적인 질서라고 이해하게 됨으로써 소위 자연법적인 질서에 대한 의식이 생기게 되었다.

모든 **생활 질서**, 즉 법과 도덕이 불변적인, 항상 동일한 신적인 것이 아니라는 것을 알게 될 때, 자연법의 이념은 비로소 빛을 발하게 된다. 다시 말해서 "인간의 비판적 이성이 법과 도덕의 세계에서 심대한 변화들을 확인할 때, 어떤 민족의 역사의 일정한 시기에 있어서 그 법적, 도덕적 질서의 다양성을 인지할 때, 그리고 어떤 도시국가나 종족의 범위를 넘어서 이웃 민족들의 질서의 상이성을 알아챌 때, 자연법의 이념은 비로소 빛을 발하게 된다."[1]

인간 이성은 이러한 차이를 확인함으로써 신의 법과 인간의 법을 처음으로 구분하게 된다. 그러나 곧이어 이성은 자연법의 기원 및 인간의 법의 **도덕적 근거**에 대한 물음과 맞닥뜨리게 된다. 이러한 물음은 동시에 법적 구속력의 이유에 대한 물음이기도 하다. 다시 말해서 법이 어

1) Heinrich Rommen, *Die ewige Wiederkehr des Naturrechts*, Leipzig: Jacob, 1936, S.11 참조.

떻게 개개인의 양심에 의무를 부과할 수 있는가, 그리고 국가의 법과 도덕적 질서의 강제력은 도대체 어디에서 그 윤리적 정당성을 찾을 수 있는가를 묻는 물음이다. 이러한 물음과 밀접하게 연관된 것으로서, 최선의 법과 최선의 국가에 대한 물음이 있다. 이것은 플라톤 이래로 거대한 자연법 체계들을 다룬 거의 모든 스승들이 관심을 기울여 왔던 주제이다. 그러나 곧이어 이와 관련된 또 하나의 사상이 나타나는데, 종족의 신성(神性)은 종교의 궁극적 형태가 아니며, 하나의 영원하고 불변하는 법이 우리로 하여금 [국가의] 법에 복종하게 하며, 종족의 신성의 민속적인 모습들 배후에는 의무를 지우거나 면해 주는 힘을 가지고 있는 하나의 영원하고 전지전능한 입법자가 살고 있다는 것이다.2)

자연법의 철학적 개념이 서양 문화권에서 고대 그리스인들에 의해 처음으로 등장했다는 것은 이해될 수 있는 사실이다. 이 역동적인 민족은 명철한 비판적 지성을 가지고 있었으며, 또한 개별적인 정신과 강력한 정치적 형성 능력에 대한 의식을 일찍부터 가지고 있었다. 참으로 서양의 철학은 이 뛰어난 민족으로부터 비롯한다고 할 수 있을 것이다.

우리는 그리스 법철학과 자연법의 아주 초기부터 최근까지 존속해 온 하나의 구분에 주목할 필요가 있다. 그것은 자연법의 두 가지 개념 사이의 구분이다. 첫째는 혁명적, 개인주의적 자연법의 이념이다. 그것은 본질적으로 자연 상태에 대한 기본 이론과 자유로운 계약에 근거한 국가 개념으로 이루어져 있다. 이러한 국가는 자의적이고, 인위적이고, 유용성에 의해 규정되며, 형이상학적으로 필연적이 아닌 사회적 단위이다. 둘째는 형이상학적으로 정초되는 자연법 이념이다. 그것은 '법' 이전의 신화적인 자연 상태 안에서가 아니라 그 법 안에 살아 있고 또 살아 있어야 하는 자연법으로서, 좀 세련되지 못해 보이고 흔히 보수적이

2) Otto Karrer, *Religions of Mankind*, trans. by E. I. Watkin, New York: Sheed and Ward, 1936, chaps. 1 and 2 참조.

라 불리는 자연법이다. 그리고 더 주목할 점은 최고의 입법자로서의 신(神) 개념이 이러한 자연법 개념과 밀접하게 연결되어 있다는 것이다.3)

자연법 역사의 시작에서부터 이 두 가지 경향은 이미 초기 소피스트들과 플라톤의 위대한 선구자인 헤라클레이토스에게서 분명히 드러난다.

2. 헤라클레이토스의 자연법사상

헤라클레이토스(Heraclitus, B.C. 540?-480?)는 그의 명제 "만물은 유전(流轉)한다(πάντα ρει)."로 잘 알려져 있다. 그러나 사물의 이러한 끊임없는 변화는 그로 하여금 오히려 영원한 규범과 조화라는 이념으로 나아가도록 하였는데, 그것은 현상의 끊임없는 변화 가운데에서 **변치 않는 어떤 것**이다. 그것은 "신적이고 모두가 공유하고 있는 로고스(λογος)"4)가 지배하는 하나의 기본법, 즉 보편적 이성이라는 것이다. 그것은 불규칙성, 비이성적인 변화, 우연(偶然)이 지배하는 것이 아니다. 자연적 사건들은 어떤 이성적 질서에 의해 지배된다. 인간의 본질과 윤리적 목적은 개인적이고 사회적인 삶이 보편적인 세계 법칙에 순응하고 일치하는 데에서 존재하는 것이다. 이러한 세계 법칙이야말로 윤리적인 존재와 행위의 근본 규범이다.

헤라클레이토스는 "가장 큰 덕과 참된 지혜는 말하고 행동함에 있어서 자연, 즉 '모두가 공유하고 있는 로고스(gemeinsamer Logos)'에 따르는 것이다. 그러므로 모든 법은 이러한 보편적인 신법에 의존하고 또 의존해야만 한다."5)고 말한다.

---

3) 같은 책, p.13.

4) Hermann Diels, *Fragmente der Vorsokratiker*, Heraklit, Fragment 1, 2.

5) 같은 책, Fragment 112. Charles M. Bakewell, *Source Book in Ancient*

인간의 법은 오로지 이러한 신법을 실현하려는 시도일 뿐이다. 그래서 그는 "사람들은 신법의 실현태인 법에 저항해서는 안 되며, 오히려 그들의 성벽을 지키듯이 그 법을 지키기 위해 싸워야 한다."고 선언한다.[6] 인간의 법의 다양성 **속에서**(그것의 피안에서가 아니라) 헤라클레이토스는 하나의 영원한 자연법의 이념을 밝혀낸다. 그것은 영원한 로고스를 분유(分有)하고 있는 인간의 이성에 상응한다. 인간의 법의 다양성이 자연법의 이념을 배제하는 것은 아니다. 왜냐하면 인간의 법의 우연성과 다양성을 통해서 이성적인 사고는 영원한 법의 진리를 인식하기 때문이다. 반면에 눈이나 귀 같은 감각적인 지각은 오직 다양성과 차이만을 인지한다. 모호한 상징을 통해 말하는 사상가인 헤라클레이토스에게서 처음으로 하나의 자연적이고 불변하는 법으로서의 **자연법의 이념이 출현한다.** 그는 "모든 인간의 법칙들은 신의 유일한 원리로부터 자양분을 얻게 된다."[7]고 말했다. 그래서 그의 이 말은 자연법사상의 효시라고 알려지고 있다. 헤라클레이토스의 가르침은 하나의 실천적인 목표를 가지고 있었다. 그것은 무비판적이고, 궤변론자(소피스트)들의 선동에 놀아나며, 모든 변혁에 이끌리기 쉬운 대중을 향해 법의 가치와 그 구속력을 강조하려는 것이었다. 왜냐하면 대중은 자의적이고, 분별있는 사고가 결여된 변덕스러운 의견의 소유자들이기 때문이다.[8]

그리스 철학의 초기에는 인간이 제정한 규범과 자연적 질서는 하나로 통일되어 있었다. 인간 질서는 존재 일체의 법칙 안에 자리 잡고 있었고, 이 법칙 안에서, 이 법칙으로부터 이해되었다. 헤라클레이토스의

Philosophy, New York: Charles Scribner's Sons, 1907 재인용.

6) 같은 책, Fragment 44.

7) 같은 책, Fragment 114.

8) J. Fischl, *Geschichte der Philosophie*, Graz und Wien, 1964, SS.14-15 참조.

자연법사상도 이러한 맥락에서 이해되어야 할 것이다. 그러나 그리스의 페리클레스 이후 로고스와 우주, 자연의 내적 통일은 소피스트들에 의하여 부정된다. 소피스트들은 자연법에 대해서 어떤 생각을 하였는가를 살펴보자.

3. 소피스트와 소크라테스의 자연법사상

소피스트(궤변론자)들을 제대로 평가하는 것은 쉬운 일이 아니다. 우선 그들의 학설은 우리에게 매우 불완전하게 전해졌다. 그들은 주로 그들의 적대자인 플라톤의 대화편을 통해 알려졌다.[9] 대중을 설득하는 연설가로서 소피스트들은 아주 단순화된 슬로건과 역설적인 명제들을 즐겨 사용했다. 이것은 후세에 그들이 악명 높은 철학적 줄타기 곡예사로, 또는 계몽적인 혁명가로, 법을 경멸하는 자로 불리는 결과를 가져왔다. 이것은 특히 플라톤의 대화편에 그들이 그렇게 소개된 탓이라는 주장도 있다. 그러나 이러한 평가는 매우 과장된 측면도 있다. 소피스트들이 그리스인들에게 혁명적인 계몽주의자로 보일 수밖에 없었던 것은, 한편으로는 그들의 물불을 가리지 않는 사회 비판 및 정치적 사안에서의 냉소적인 **회의주의** 때문이고, 다른 한편으로는 소피스트들의 적대자들이 지녔던 법과 폴리스에 대한 높은 존경 때문이다. 폴리스의 시민의 자부심은 그들의 법이었다. 반면, 소피스트들은 대부분 이민자들이었으며, 이질적인 문화를 많이 접해 본 유랑인들로서 아테네의 법과 정치에 대하여 매우 비판적이었다.[10]

헤라클레이토스는 법을 도시를 지켜 주는 도시의 장벽과 같이 존중

---

9) Platon, *Theaetet*, *Protagoras*, *Gorgias* 및 *Politeia* 등.

10) Dario Composta, *History of Ancient Philosophy*, trans. by M. A. Cizdyn, Vatican: Urbaniana University Press, 1988, pp.94-98 참조.

했다. 소피스트가 아닌 그리스 철학자들은 최고의 존경심을 가지고 법(nomoi)을 언급했으며, 그들에게 있어 폴리스를 가지고 있지 않은 사람은 야만인에 불과했다. 그렇기 때문에 소크라테스(Socrates, B.C. 470-399)조차 자연적 정의와 법적 정의에 대한 그의 구분에도 불구하고 아테네의 법을 무조건 '정당한 것(die Gerechten)'으로 선언했던 것이다. 시민들은 그 법에 복종할 의무가 있는 것이며, 그래서 그는 또한 가혹한 죽음에 이르기까지 그 법에 순종했다. 플라톤에게 있어서도 아테네의 법은 거의 범할 수 없는 어떤 것이었다. 그는 그 법에 의해 세워진 사회질서를, 설사 그것에 개선의 여지가 있을지라도, 일단 좋은 것으로 간주했으며, 결코 나쁜 것으로 규정하지 않았다. 그러므로 이들 귀족들이 보기에 소피스트들의 사회 비판은 그 정치적 태도 및 사고방식 면에서 '특정한' 폴리스의 '특정한' 질서의 근거에 대한 공격일 뿐만 아니라 폴리스 '자체'의 정당한 질서에 대한 악의적인 공격으로 간주되었던 것이다.11)

소피스트인 트라시마코스(Thrasymachos)에 의하면 법은 인위적 구성물이며 강자의 이익에 봉사하는 것이다. 그러므로 법은 그 자체로 가치를 지닌 것이 아니다. 그러한 가치를 지닌 것은 오직 자연적 정의일 뿐이므로, 여기에 소피스트들은 계속해서 호소한다. 따라서 그들은 자연법과 자연적 도덕의 형식을 부인하지는 않는다. 그들은 다만 폴리스의 현행 질서가 그들이 가르치는 자연법과 뚜렷하게 대조됨을 지적할 뿐이다. 그러나 그들은 아테네의 법을 단순하게 '정당한(gerecht)' 것으로 여긴 소크라테스를 조롱한다. "힘이 곧 법(Recht)이다."라는 명제를 처음으로 내세운 칼리클레스(Callicles)는 그가 비판하는 사실을 분명히 보여주고자 하였는데, 그것은 이른바 지배계급이 그들의 이익에 기여하

11) H. Rommen, *Die ewige Wiederkehr des Naturrechts*, S.16 참조.

는 법을 '자연적으로 정의로운' 것으로 언명하면서 원래의 '자연적 정의'를 오용하고 또 사람들을 오직 자기들의 계급 이익의 지배하에 두도록 한다는 것이다.

소피스트들은 자연적 정의와 법적 정의를 사회 비판적 관점에서 상호 대비시킴으로써 또한 일찍이 인권의 이념과 인류라는 생각에 이르게 된다. 불문법은 영원하고 불변하는 것으로서, 인간의 결정보다 높은 근원에서 유래하는 것이라고 히피아스(Hippias)는 말한다. 히피아스는 비록 법적으로는 그렇지 않다고 하더라도, 모든 인간은 본래 한 가족이며 동료 시민이라고 보았다. 알키다모스(Alkidamos)는 "신은 모든 사람을 자유롭게 창조했다. 자연은 아무도 노예로 만들지 않았다."고 말했다고 한다. 이로써 그리스 사회 경제 질서의 기반인 노예제도는 그 도덕적, 법적 근거를 상실했다. 그럼에도 불구하고 플라톤은 노예제도를 고집했고, 아리스토텔레스는 어떤 사람들은 본래적으로 노예라는 그의 이론을 가지고 계속해서 그것을 정당화하고자 노력함으로써 후대에 와서 빈축을 사기도 하였다.

소피스트들의 사상은 하나의 체계화되고 정리된 법률관이나 국가관을 제시하지 못하였을 뿐만 아니라 비판자에 따라 상이한 견해를 보여주기도 하였으나, 그리스의 전통과 법의식에 대한 신랄한 비판으로 대중을 선동하고 그들의 독특한 수사학과 역설로 혁명적인 선동을 꾀한 점에서는 공통적이어서, 후세 학자들은 견해가 상이한 소피스트들의 사상을 한데 묶어 궤변학파(Sophism)라고 불러왔다.12)

소피스트들에 의하여 자연법과 관련하여 다음과 같은 세 가지 개념이 제기되었다. 이러한 개념은 이후의 서양 사상사(思想史)에서 항상 되풀이하여 새롭게 형성되었고, 혁명적 사상가들에게 그들의 혁명적 열

12) 이태제, 『법철학사와 자연법론』, 법문사, 1987, pp.90-91; F. Copleston, *A History of Philosophy*, Vol. 1, Westerminster, 1960, p.82, p.95 참조.

정, 개혁적 사고, 정치적 목적을 담을 형식과 틀의 역할을 하였다. 첫째, 기존의 법은 계급 이익에 봉사하는 것이며, 인위적으로 만들어진 것이라는 것이다. 오직 자연적으로 도덕적인 것과 자연적으로 정의로운 것만이 도덕적이고 정의롭다는 것이다. 둘째, 자연법적 자유와 모든 인간의 평등이라는 개념인데, 이로부터 **인권**이라는 개념과 폴리스보다 상위에 있는 **세계 공동체**(civitas maxima) 또는 **인류**라는 개념이 나오게 되었다. 셋째, 국가나 폴리스는 우연적인 것이고, 인간의 결정에 의한 것으로, 다시 말해서 자유로운 계약에 근원을 둔 것으로서, 결코 필연적인 것이 아니라는 것이다.[13)]

소피스트들에 의하면 국가가 생기기 전에 하나의 **자연 상태**가 있었으며, 거기서는 순수한 자연법이 통용되었다. 낙관적인 관점에 따르면, 이 법은 그 근본적 내용에 있어서 국가에 의해 변경되거나 폐지될 수 없으나, 반면에 비관적 관점, 즉 실증주의로 진행되어 가는 관점에 따르면, 법은 국가의 의지와 하나가 된다는 것이다. 그러나 사색의 높은 비상이 필연적인 자기비판에 직면하게 된 이후, 다시 말해서 그 기반이 되었던 낙관적인 관점이 현실과 동떨어지게 되자, 소피스트의 후예들은 즉각 회의주의 내지 단순한 실증주의로 돌아가게 되었던 것이다. 최초의 법실증주의자들인 에피쿠로스학파가 그 예가 될 수 있을 것이다.[14)]

실정법에 대한 소피스트들의 비판과 그들에 의하여 강력하게 제기된 유용성 개념은 에피쿠로스(Epicuros)로 하여금, 물론 그의 감각주의적 인식론 때문에 형이상학을 위한 여지가 없기도 했지만, 객관적이고 자연적인(본래적인) 정의(正義)의 가능성을 의심하도록 하였다. **유용성**과 **쾌락**이 그에게는 도덕과 법의 원칙이 되었다. 그러나 그로부터 생겨나

---

13) H. Rommen, *Die ewige Wiederkehr des Naturrechts*, S.18 참조.

14) 같은 책, SS.17-18 참조.

는 주관주의가 사회질서를 위태롭게 하고 이로 말미암아 오히려 쾌락의 편안한 향유를 위협할 것이기 때문에, 그는 공리의 원리로부터 다음과 같은 것을 추론하였다. 즉, 정의 그 자체는 하나의 환영(幻影)일 뿐이며, 그것은 오직 상호 간의 피해를 예방하기 위해 맺어진 계약하에서만 존재한다는 것이다. 그러므로 정의는 전적으로 실정법 안에서만 존재한다. 계약이 없거나 계약에 근거한 법이 있기 이전에는, 사람들은 야생동물들처럼 법 없이 살았다는 것이다.15)

소피스트들에 의해 낙관적으로 해석되고 그래서 그다지 주목받지 못했던 자연 상태는 이제 비관적으로 해석된다. 그러나 여기서 또한 현존하는 법에 대한 에피쿠로스학파의 존중, 그리고 법적 신념의 가치 및 개개 인간들의 관습법의 가치에 대한 강조가 나오게 된다. 소피스트 및 에피쿠로스학파의 학설과 근대 자연법학파 사이의 유사성, 즉 루소(J. J. Rousseau), 홉스(T. Hobbes), 푸펜도르프(S. Pufendorf), 토마지우스(C. Thomasius), 그리고 개개의 체계 요소들을 다양하게 결합한 역사법학파와의 유사성은 여기서 아주 분명해진다. 소피스트들은 아테네 민주주의의 규정(nomoi, 법)에 대한 비판으로부터 출발했다. 통속철학적인 기술과 정치적이고 회의주의적인 속물근성을 가지고 그들은 빈번하게 그 법에 대한 반론들을 옹호했다. 노예들과 비시민인 야만인들을 위한 법에 대한 혁명적 비판자이며, 또 에피쿠로스의 공리주의 및 그 보수적 노선의 대변자로서 앞서 언급한 칼리클레스를 들 수 있다. 전하는 바에 따르면, 그는 강자의 권리에 대한 학설의 최초의 옹호자이다. 철학적 사고에 있어서 순수한 유물론자인 그는, 아테네의 민주주의에서 볼 수

---

15) Johannes Hirschberger, *Geschichte der Philosophie*, Altertum und Mittelalter, 8, Auflage, Wien: Herder, 1965. 강성위 옮김, 『서양철학사』, 상권, 이문출판사, 1983, pp.94-99; Hans Welzel, *Naturrecht und materiale Gerechtigkeit*, Göttingen, 1990(1951). 박은정 옮김, 『자연법과 실질적 정의』, 삼영사, 2002, pp.32-36 참조.

있는 것과 같은 법은 사실상 불의(不義, Unrecht)라고 결론짓는다. 왜냐하면 여기서는 다수의 약자들이 결속해서 법의 끈으로 소수의 강자들을 묶으려 하기 때문이라는 것이다. 그러나 자연이 가르쳐주는 것은, 동물의 세계와 국가들 간의 전쟁을 살펴볼 때 드러나듯이, 자연히 강한 자가 약한 자를 이긴다는 것이다. 따라서 **법은 강자의 힘**이라는 것이다. 이 속물적인 과두정치 지도자에게는 이것이 아테네의 민주주의를 공격하는 방법이었다. 반면에, 히피아스 등과 같은 다른 소피스트들은 모든 이의 인권과 자유와 평등의 대중 선동 방식을 제시했는데, 이는 시민 민주주의의 전복(顚覆)이라는 동일한 목적을 위한 것이었다.[16]

소피스트들의 극단적인 합리주의가 빠졌던 **상대주의**와 **회의주의**의 위험은 소크라테스에 의해 처음으로 분명하게 인식되었다.[17] 소피스트들의 개념적 유희와 반대 명제들(Antithesen)은 선과 도덕의 개념을 해체시킬 위험이 있었던 것이다. 법과 도덕을 겨냥한 그들의 극단적인 사회 비판과 그들의 자유주의적 이데올로기는 법(νόμοι)의 가치에 대해서 의문을 갖게 했다.

"소크라테스는 자연법사상의 발전에 있어서 일대 전환을 가져다준 사람이었으며, 소피스트 사상을 극복한 사람이었다. 그는 그리스 철학의 우주론적 사상을 인간학적 사상으로 전환시켰다."[18] 그는 그의 귀납법적 문답법, 소위 '산파술'을 통해서 선과 정의의 본질을 가르쳤을 뿐만 아니라, 덕은 지식으로 성립된다는 명제를 통해서 선, 미, 정의의 가치를 인식할 수 있는 객관적인 세계가 존재한다는 것을 보여주었고, 또

16) George H. Sabine, *A History of Political Theory*, New York: Henry Holt and Co. 1937, pp.25-34 참조.

17) Werner Jaeger, *Humanism and Theology*, The Aquinas Lecture, Milwaukee: Marquette University Press, 1943, pp.38-40, 50f 참조.

18) H. Welzel, *Naturrecht und Materiale Gerrechtigkeit*, S.21.

어느 누구도 악 그 자체를 위해서 악을 행하는 것이 아니라, **무지**하거나 어리석은 탓에, 그에게는 그것이 어쨌든 선한 것으로 보였기 때문에 악을 행하는 것임을 가르쳐주었다. 그러므로 지식은 곧 정의의 이념 같은 것을 통찰하는 것을 의미한다. 다이모니온(δαιμόνιον), 즉 양심 그리고 양심의 소리는 그에게 있어 이러한 궁극적 가치들과 신이 세운 세계 질서의 반영이자 증거였다. 바로 여기에 **자연법 이념**을 위한 소크라테스의 중요성이 놓여 있다. 크세노폰(Xenophon)은 "소크라테스는 지혜와 윤리적 행위(σοφία και σωφροσύνη)를 분리시키지 않았고, 선을 아는 사람은 그것에 따라 행하고 악을 아는 사람은 그것을 피한다고 믿었다."[19)]라고 한다. 그러나 소크라테스의 사상은 그의 사후, 소위 소크라테스학파 내에서 상이한 해석이 있었고, 자연법에 관한 물음은 플라톤을 거쳐 아리스토텔레스에 이르러서야 비로소 제기된다.

플라톤과 아리스토텔레스도 소피스트들의 비판에 반대했다. 플라톤과 아리스토텔레스의 우선적인 관심사는, 비록 그 정도는 다르지만, **국가에서의 선**과 그 실현이었다. 그들의 관심은 개인에 있는 것이 아니었다. 그래서 사람들은 이 두 사람의 국가사회주의적 경향에 대해서 이야기하기도 한다. 질서의 이념을 따라, 그들에게는 정의의 첫 번째이자 근본적인 목적은 자유 그 자체를 위한 자유가 아니라, **질서**였다. 자유는 오직 그것이 질서를 실현시키는 한에서만 추구된다. 그렇기 때문에 그들에게 있어서는 법이 그 중심에 놓여 있다. 법으로부터의 자유를 우선적으로 추구했던 소피스트들과는 달리, 그들은 **법의 윤리적 근거** 정립을 위해 노력했다. 도덕의 울타리이자 모든 덕의 실현인 국가와 그 질서, 이것이 그들에게는 중요한 것이었다. 그래서 그들은 최선의 국가를 위해 노력했던 것이다. 하지만 소피스트들이 중시한 개인은 그 안에

19) Xenophon, *Memorabilion* III 9. 4.

동화되어 버린다. 만약 우리가 자연법을 사회철학적 개인주의와 관행적으로 동일시하는 맥락에서 본다면, 플라톤과 아리스토텔레스에게는 자연법의 이념이 자리할 여지가 거의 없었을 것이다.[20)]

플라톤은 소크라테스의 사상을 이어받아 소피스트들의 상대주의와 주관주의를 배격하고, 그의 이데아론을 펼쳤다. 우리는 그의 이데아론에서 자연법사상을 살펴볼 수 있다.

4. 플라톤의 자연법사상

로체(Hermann Lotze, 1817-1881)는 플라톤의 자연법사상의 맥락을 파악하는 데 중요한 내용을 플라톤의 『테아이테토스』(29-30장)에서 끄집어내어 다음과 같이 언급하였다: "우리의 지각 속에서 감각적 사물들은 그 특성이 변한다. 그러나 검은 것이 희게 변하고, 단 것이 시게 변하는 동안, 결코 검은 것 그 자체가 흰 것으로 바뀌는 것이 아니며, 또 단 것 자체가 신 것으로 바뀌는 것이 아니다. 이 각각의 특성들은 영원히 불변하며, 단지 이 물체들에 있어서 그들의 자리를 다른 특성에게 내어 줄 뿐이다."[21)] 플라톤은 여기서 소피스트 철학의 상대주의를 넘어서 확고 불변한 인식의 대상으로 파고들어 갔다. 지각되는 대상들이 아무리 자주 변하고 그들의 특성들이 그렇다 할지라도, 그들이 지니고 있는 특성들 자체는 모든 변화로부터 벗어나 있어야 한다. 이 불변하는 '선험적' 내용을 플라톤은 '이데아(ἰδέα)'라고 불렀다.

플라톤은 소크라테스의 정신을 계승하여 이론을 전개하였다. 그의 다방면에 걸친 연구 가운데 가장 중요한 것은 이데아론이다. 그에 의하면 이 세계의 태초에 이데아가 있었다. 우리의 영혼은 이 이데아를 보

---

20) H. Rommen, *Die ewige Wiederkehr des Naturrechts*, S.23.

21) Hermann Lotze, *Logik*, Berlin, 1843, S.587.

았다. 지금은 우리의 영혼이 육체라는 감옥에 갇혀 이데아를 보지 못하고 그 그림자밖에 보지 못하게 되었으나, 때로는 옛날에 본 일이 있는 이데아를 상기(想起)할 수 있다.

그에 의하면 최고의 이데아는 이데아의 이데아, 즉 선(善)의 이데아이다. 개별적인 것은 이데아를 향해 나아가고 있고, 이데아는 선의 이데아를 향해 나아가고 있다. 선의 이데아는 만물의 목적이고 동시에 만물을 있게 하는 제일원인이다. 선의 이데아는 참다운 지식의 기초이다. 참다운 지식이란 감각적 지각도 아니고 상상이나 억견(δόξα, 주관적 주장)에서 나오는 지식도 아니고 오성적 지식, 즉 수학적 지식도 아니고 이성에 의해 이데아를 인식(ἐπιστήμη)하는 영원히 불변하는 이성진리(Vernunftwahrheit)를 말한다. 그의 이데아론은 모든 선험적인 본질 내용에 대한 가르침으로 이념적 자연법론을 이론적으로 뒷받침하였다.22)

소크라테스의 제자들은 소피스트들과는 다른 방식으로 '자연적 정의(φύσει δίκαιον)'의 이념에 이르렀다. 그들은 **이데아**의 원리와 목적론적 사고를 통해 거기에 이르렀다. 헤라클레이토스의 모범을 따라 플라톤은 감각의 세계와, 정신적인 통찰 속에서 분명하게 드러나는 이데아의 세계를 인정한다. 사고하는 이성에 있어서 감각 현상은 이데아를 향한 **기억**의 교량이다. 이데아는 이 세상을 초월한 천상의 장소에 살아있고 또 존속한다. 이 세상의 사물들은 오직 영원한 이데아의 존재에 참여하는 한에서만 '존재하며', 인간은 장인(匠人)으로서, 예술가로서, 그리고 무엇보다도 입법자로서 이데아를 모방하는 자인 한 '존재한다'. 여기서 이제 **목적론적**(teleological) 사고가 등장한다. 사물의 **본질**, 그 이데아를 찾아내고 파악하려는 개념 속에는 동시에 그 목적, 즉 사물의

---

22) H. Welzel, *Naturrecht und Materiale Gerrechtigkeit*, S.22.

이데아의 완성이 또한 주어져 있다는 것이다. 반대로, 정신은 사물의 본질을 파악할 수 있는데, 그것은 정신이 단어의 의미를 본래적으로 규정하고 있는 **이상적 개념**을 발견함으로써 가능하다. 따라서 우리는 **참된** 의사, **참된** 판사, **참된** 입법자, **참된** 법을 언급할 수 있다. 플라톤적 사고의 이러한 두 출발점은 다음과 같은 결과를 낳는다. 예컨대 판사는 참된 판사이어야 한다. 다시 말해서, 그는 자신 안에서 판사의 이데아를 완성시켜야 한다. 이상적 개념은 규범이 된다. 이리하여 플라톤의 『법률』에서 아테네인은 다음과 같이 말한다: "국가 전체의 보편적 선을 지향하지 않는 국가를 우리는 진정한 국가로 인정할 수 없으며, 그와 같은 법 또한 타당한 법으로 인정할 수 없다. 오직 한 정당의 이익에만 기여하는 입법을 우리는 당파적 사안이라 부르지, 국가적 사안이라 부르지 않는다. 그리고 그런 식으로 결정된 이른바 법[정의]에 대해 우리는 그 이름에 걸맞은 모든 권위를 인정하지 않는다."[23] '법'은 참된 것이어야 하고, 공공의 복지에 기여하는 것이어야 한다. 거기에서 그 이데아가 완성되는 것이다.

그래서 플라톤은 실정법에 대해 참되고 올바른 법을 대비시킨다. 그리고 후자를 전자를 위한 정의의 척도이자 기준으로 삼는다. 이러한 참된 법은 이데아의 왕국에 살아 있고, 영원히 변치 않는다. 반면에 실정법은 변한다. 그리고 그것은 법의 이데아에 참여하는 한에서만 법적인 힘을 주장할 수 있다. 사실 실정법은 진정한 법의 반영에 불과한 것이다. 그러므로 입법자는, 불변적이고 영원히 타당한 법의 참된 본질이 살아 있는 이데아의 세계를 바라보아야 한다. 하지만 금욕적 사유를 통해서 맹목적인 감각의 허상으로부터 해방된 철학자와 철인 왕만이 이를 할 수 있다. 감각의 세계가 단지 불완전한 모상으로 보이는 데 반해,

---

23) Platon. *Gesetzen*(*Nomoi*), IV. 715. H. Rommen, *Die ewige Wiederkehr des Naturrechts*, S.24 재인용.

이러한 이데아의 세계는 코스모스(κόσμος), 즉 질서이다. 아코스미아(ἀκοσμία), 즉 무질서가 아니다. 이러한 이데아의 질서야말로 현세에서의 도덕적이고 올바른 삶의 유형을 위한 모범인 것이다. 이데아의 존재(Sein)는, 자기 자신이나 공동체의 선을 이루기 위해 직관적 인식에 따라 행하는 인간을 위한 당위(Sollen)이다. 물론 여기에는 불완전한 통찰 능력을 지닌 인간 본성에 대한 생각이 깔려 있다. 오직 정신의 수행자(Asket)만이 통찰할 수 있다. 많은 사람이 그럴 수 있는 것이 아니다. 이것은 소피스트의 낙관주의와는 반대되는 것이다. 플라톤이 피시스(φύσις)와 노모스(νόμος)라는 소피스트의 반대 명제를 거의 사용하지 않은 것은 사실이지만, 그는 자신이 인정한 자연법을 결코 실정법과 동일시하지는 않았다.[24)]

플라톤과 소피스트의 차이는 다른 곳에 있다. 소피스트들의 경우, 출발점은 종교적이고 또 정치적, 법적 구속으로부터 해방되어야 할 개인의 자유이다. 폴리스, 즉 국가는 영원한 어떤 것이 아니며, 그 법 또한 마찬가지다. 영원한 것은 인류, 즉 자유롭고 평등한 사람들의 **대공동체**(civitas maxima)이다. 그러나 플라톤에게 있어서 폴리스와 그 법은 인간의 이데아를 실현시키기 위한 필수적인 방법이었다. 인간의 이데아는 시민 정신에서, 시민과 준법과 정의의 도덕적 이념에서 완성된다. 국가는 인간을 이러한 덕행을 통해 인륜과 정의와 행복으로 인도하는 위대한 교육자이다. 그러므로 플라톤의 사상은 항상 되풀이하여 최선의 국가라는 이념 주위를 맴돈다. 그러나 이것이 또한 그가 자연법을 이상적인 법으로, 입법자와 시민의 규범으로, 실정법을 위한 척도로 인정하는 이유이기도 하다. **그의 형이상학과 그 위에 세워진 윤리학은 자연법의 가능성과 근거를 제공해 주었다.** 그러나 플라톤의 이데아론은 이데아와

24) 같은 책, S.25 참조.

현실의 관계와 인간의 본성과 법의 관계를 합당하게 근거 지우지는 못했다는 비판을 받는다.25)

아리스토텔레스는 플라톤의 이데아론의 요소들을 받아들이면서도 존재론적으로 이데아와 자연을 동일시함으로써 선험적 법 이론의 자연법의 길을 터 주었다. 그러면 우리는 아리스토텔레스의 자연법사상을 상세하게 살펴보자.

5. 아리스토텔레스의 자연법사상

여러 세대에 걸쳐서 아리스토텔레스는 '**자연법의 아버지**'로 통했다. 토마스 아퀴나스는 법을 다룬 그의 『신학대전(*Summa theologica*)』의 법 부분에서 그를 거듭 '위대한 철학자'라고 부른다. 그러나 아리스토텔레스는 자연법의 아버지는 아니다. 다만 그의 형이상학과 인식론이 윤리학에, 이와 더불어 자연법에 훌륭한 기반을 제공하였으므로, 그를 '자연법의 아버지'라고 부르는 영예로운 칭호도 이해될 만한 것이다.26)

플라톤은 감각적 지각의 세계를 순수한 이데아의 세계와 과학적이고 필연적이고 참된 인식의 대상들(universalia ante rem)과는 전적으로 구별했다. 그러나 아리스토텔레스는 이데아를 무정형의 질료를 개체로 규정짓는 형상(universalia in re)으로 보았다. 개체는 **형상**(εiδoς), 즉 **본질**(Wesen) 또는 본래적인 본질(Sosein, the true whatness)이 질료(ὕλη), 즉 잠세태(潛勢態) 또는 가능태(可能態)와 결합됨으로써 '이루어진다.' 이리하여 개체에게 실체성이 부여된다. 다시 말해서 이데아는 대상이나 질료를 초월해 있는 것이 아니라 대상물(對象物), 즉 질료에 내재한다. 이데아는 질료를 위한 이념적 형성 원리이거나 질료의 형상을 이루는

25) H. Welzel, *Naturrecht und Materiale Gerrechtigkeit*, S.28 참조.

26) H. Rommen, *Die ewige Wiederkehr des Naturrechts*, S.28 참조.

본질이다. 따라서 모든 대상물은 질료와 형상의 불가분의 통일을 이루고 있다. 질료는 형상 없이 존재할 수 없는 것이다. 아리스토텔레스는 존재의 원형(Urbild)을 인간의 예술가적 활동에서 찾아본다. 건축가는 마음속의 설계에 따라 집을 짓는다. 조각가는 예술적 상념에 따라 조상(彫像)을 만든다. 유기적 자연은 씨앗 속에 무형의 상태로 있으면서 작용하는 본질 형상으로부터 식물을 자라게 한다. 운동, 발달, 생성, 이것이야말로 아리스토텔레스가 파악하고자 했던 것이다. 따라서 그에게 있어서는 본질과 **개체 안의 본질의 완전한 표현**이 바로 **목적**(τέλος)이다. 그래서 형상은 작용인(作用因)이며 동시에 목적인(目的因)이다. 이것을 윤리의 영역에 적용하게 되면, 순수한 존재, 순수한 본질 형상은 또한 좋은 시민이 되도록 교육받는 사람에게 있어서 생성의 목적이 된다. 본질 존재로부터 개인을 위한 **당위**가 나온다. 우리는 여기서 자연법에서 말하는 이른바 **'존재와 당위의 일치'**의 근거를 찾아볼 수 있다.

마찬가지로, '선을 추구하라'는 근원 규범(Urnorm)의 내용으로부터, 인간의 순수한 본질 형상에서 나타나는 바와 같이, '인간의 선을 실현시키라'는 규범이 생겨난다. 그러므로 윤리의 최고 규범은 '너의 본질 형상, 본성을 실현시키라'는 것이다. **본성적인 것은 윤리적인 것이고, 본질은 불변한다.**[27] 이로써 행위를 위한 기준이 주어지게 된다. **본성에 부합되는 행위는 자연적으로 선한 것**이고, **본성에 모순되는 행위는 자연적으로 악한 것**이다.

아리스토텔레스는 인간의 행위의 규범으로서 선과 도덕을 인간의 본질에서 논증하고, 이로부터 **자연적으로 정당한 것**(φύσει δίκαιον)과 **법적으로 정당한 것**(νόμῳ δίκαιον)을 구분하는 데로 더 나아간다.[28] 그는 정의(δικαιοσύνη)를 **배분적 정의**(distributive justice)와 **교환적 정**

27) 같은 책, S.27.

28) Aristoteles, *Nikomachus Ethik*, 1134b.

의(commutative justice)로 구분해서 설명했다. 그는 대등한 타인과의 관계에서의 정의를 교환적 정의, 도시국가(폴리스 공동체)의 구성원으로서 공동체와의 관계에서의 정의를 배분적 정의라고 하였다. 우리는 아리스토텔레스의 법과 정의의 관계를 그의 자연적인 법(즉, 자연법)과 실정법의 관계에서 찾아볼 수 있다. 실정법은 입법자의 의지나 의회의 결의에 그 근원을 두며, 자연법은 정의의 본질에, 즉 자연 본성에 그 근원을 둔다. 그러므로 자연스러운 법은 불변하고, 어디서나 동일한 타당성을 가진다. 그러나 그것을 언표하는 실정법과는 독립해 있다. 성문법[실정법]은 각 민족마다 또 시대에 따라 다르다. 그러나 자연법이 성문법의 피안에 있는 것은 아니다. 자연법은 실정법 안에서 실현되어야 한다. 왜냐하면 실정법은 정의의 보편적 이데아를 삶의 복잡한 다양성 속에 적용시킨 것이기 때문이다. 변화하는 실정법 속에 불변하는 법의 이데아가 살아 있는 것이다. 모든 실정법은 자연법을 실현시키기 위한 얼마간의 성공적인 시도라고 할 수 있다. 그러므로 실정법에서의 그 실현이 아무리 불완전하다 하더라도, 자연법은 항상 그 구속력을 유지한다. 자연법, 즉 법의 이념과 목적은 모든 법체계에서 실현되어야 한다. 따라서 **자연법은 실정법의 의미이자 그 목적이며, 그것의 윤리적 근거가 되는 규범이다.**[29)]

어떠한 실정적인 입법도 완전할 수 없다는 인식으로부터, 아리스토텔레스는 공정성의 원리를 도입한다. 법은 일반적 규범이지만, 법이 규율해야 할 실제 사태들은 실생활의 다양성에서 생겨나는 것들이다. 실정법은 필연적으로 불완전성을 드러낸다. 그것은 모든 경우에 들어맞지는 않는다. 이때 공정성이 요구하는 것은, 각 경우마다 '그 고유의' 정당함이 이루어져야 한다는 것이다. 즉, 형식적인 법의 불완전성은 실질

29) H. Rommen, *Die ewige Wiederkehr des Naturrechts*, S.28 참조.

적인 정의를 통해서, 다시 말해서 자연법의 내용을 통해서 극복되어야 한다는 것이다. 그리하여 일찍이 아리스토텔레스는, 판사를 통해 법의 허점을 보완하는 일은 자연법을 적용하는 시도라고 보았다. 사실 실정법이 법의 이름을 제대로 감당하려면 그래야 할 것이다. 그 허점이야말로 자연법이 늘 다시 살아나는 통로인 셈이다. 여기서 판사는 참된 입법자가 입회한다면 스스로 적용할 법한 규범에 따라 판단해야 한다. 물론 참된 입법자는 언제나 정의의 편에 서는 사람으로 가정된다. 이것은 하나의 유명한 법전(法典)으로서, "판사는 입법자처럼 언도해야 한다." 라는 언명 속에, 19세기와 20세기 민법의 위대한 법전 속에 자리 잡게 되었다(오스트리아와 스위스의 민법).[30]

■ 아리스토텔레스의 자연법사상의 한계

플라톤의 형이상학적 자연법과 아리스토텔레스의 보다 현실적인 자연법은 그리스 문화권에 있어서 도덕과 자연법 철학의 정점을 형성했다. 그러나 자연법의 구체적인 내용에 대해서는 아리스토텔레스도 플라톤처럼 별다른 언급을 하지 않았다. 이는 소피스트들과는 대조적이다. 소피스트들은 그들의 정치적이고 사회 비판적인 경향 때문에 많은 개혁적 제안들과 요구들을 그들의 자연법사상 안에 포함시켰다. 그러나 플라톤과 아리스토텔레스의 침묵은 자연법에 대한 그들의 생각에서 추론할 수 있을 뿐이다. 그들은 '실정법은 자연법을 실현시키고자 한다'는 보수적인 확신에서 출발한다. 더 나아가 그들은 폴리스의 현존 법들의 훌륭함과 자연법과의 **일치성**을 확신했다. 도시국가와 그것의 복지 및 행복이 플라톤과 아리스토텔레스의 윤리적 사고의 전면에 자리 잡고 있었고, 인간의 이데아는 결국 좋은 시민이 되는 데서 완성되는 것

30) 같은 책, SS.29-30 참조.

이라고 생각되었기 때문에, 그들에게 있어 **현존하는 법(실정법)은 신성한 어떤 것**이었다. 소피스트들이 실정법을 개별적으로 공격한 것과는 대조적으로, 플라톤과 아리스토텔레스는, 비록 그들 또한 비판의 기능은 자연법의 이념과 더불어 주어져 있는 것으로 보기도 했지만, 자연법이 현존 법을 비판할 뿐만 아니라 그것을 정당화시키는 역할도 하는 것으로 보았다. 그뿐만 아니라 플라톤에게서처럼 아리스토텔레스에게 있어서도 **폴리스는 위대한 스승**이며, 이 스승에 대항하는 자연적이고 주체적인 시민의 권리란 있을 수 없는 것이었다. 이상적인 폴리스를 초월하는 어떠한 인간의 목표도 그들은 인정할 수 없었다. 그들은 '국가사회주의자'로 남아 있었으며, 그들의 자연법 이론은 국수주의적이었지만 그들의 형이상학에 근거한 것이었다.[31)]

아리스토텔레스는 처음으로 정의론을 체계화시켰음에도 불구하고 아테네의 실정법과 전통을 옹호하면서 고대사회에 일반화되어 있던 노예제도까지 정당화하고 필요한 제도라고 비호하였다. 그는 노예는 소유의 목적이 되는 물건이며, 첫째가는 소유물이고 필요한 소유물이며, 자유인의 재화 획득의 수단으로서 필요한 필수적인 도구라고까지 하였다.[32)] 노예제도가 자연법에 위배된다는 사상은 스토이시즘과 그리스도교 사상에 의하여 제창되고 3세기에 이르러서야 사회적으로 의식화되었다. 그러므로 **그리스도교를 통한 인간성의 발견**과 하느님의 이성과 의지를 자연스러운 도덕법의 근원으로 인식하게 되는 것과 더불어 **이성적 사고**는 비로소 진정한 자연법에 이르게 되었다.[33)]

아리스토텔레스가 죽고 난 후, 그리고 폴리스 국가가 쇠락하면서 아

31) 같은 책, S.31 참조.

32) Aristoteles, *Politica*, Liv. I. 2; Félicien Challaye, *Histoire de la propriété*, Paris, 1948, pp.27-28 참조.

33) H. Rommen, *Die ewige Wiederkehr des Naturrechts*, S.31.

테네에서 당대의 '실증주의자들'인 회의론자들이 등장하고 회의론은 다시 대두되었다. 회의론자들에 의하면 감각들은 참된 인식을 가져다주는 것이 아니라 단지 허상을 낳을 뿐이고, 이성 또한 진리와 인식의 확실성을 보증하지 못하며, 따라서 감각과 이성의 허상들로부터는 어떠한 진리도 도출될 수 없는 것이다. 예술, 언어, 도덕, 법에서의 모든 '법칙들'은 다 **자의적**(恣意的)인 것이며, 단순히 **합의**에서 기원한 것으로서, 그것들을 근거 지우는 자의적 의지의 변화에 따라서 변한다. 어떤 주장도 그것에 반대되는 주장보다 더 가치 있는 것이 될 수 없듯이, 어떤 법도 그것에 반대되는 법보다 더 가치 있는 것이 될 수 없다는 것이다. 그러므로 우리는 사물과 인간의 본질(Natur), 즉 본성(Wesenheit)을 인식할 수 없기 때문에 자연법을 인식하는 것도 불가능하다고 회의론자들은 주장했다.

이러한 회의주의는 아테네의 카르네아데스(Carneades, Karneades, B.C. 214?-129?)에게서 그 절정에 이르렀다. 기원전 155년경 그는 로마에서 스토아학파의 자연법 이론에 반대했으며, 그러한 투쟁을 자기의 주된 사명으로 삼았다. 거기서 그는 **증명**하고 **반증**하는 그의 방법을 통해 명성을 얻었다. 또 그러한 방법으로 그는 정의의 개념을 웃음거리로 만들려고 시도했는데, '카르네아데스의 널빤지'라는 [유명한] 갈등 사례가 그 예이다. 배가 난파했는데, 난파선의 두 사람이 한 개의 구명 판자를 향해 헤엄쳐 가서 동시에 그것을 잡았다. 그런데 그 판자는 오직 한 사람만 태울 수 있고 살릴 수 있는 것이다. 이 경우, 무엇이 정당하고 누가 권리를 가지는가? 이런 절박한 상황이나 생존 문제에 있어서는 둘 다 권리가 있기도 하고 또 없기도 하다고 그는 대답했다고 한다.[34] 윤리와 법에서의 **실증주의**는 카르네아데스와 더불어 그 절정에

34) 같은 책, S.32 참조. 17세기 후반에 수아레즈(Suarez)는 이에 대한 해답을 제시했다: "정의의 질서(ordo iustitiae)는 여기서 끝나고, 자비의 질서(ordo car-

도달했다고 할 수 있는데, 그것은 다시금 실재와 본질의 인식을 배척하고 형이상학을 거부한다는 의미에서도 그러하다.

그러나 아리스토텔레스의 자연법사상은 얼마 동안 소강상태에 있었지만, 스토아 사상과 스콜라 철학에 계승되었다. 스토아학파는 많은 철학자들의 개별 원칙들을 잘 절충하여 종합함으로써 그들의 자연법 체계에 언어 풀(pool)을 만들어 냈다. 이 풀 속에 교부(敎父)들은 그리스도교적 자연법의 초기 사상들을 부어 넣었고 또 주위 세계에 나누어 줄 수 있었다. 그러면 스토아학파의 자연법사상을 살펴보기로 하자.

6. 스토아학파의 자연법사상

"스토아 사상은 그리스에서 제논(Zenon, B.C. 334-262) 학파에 의해 시작되었고, 제국 시대의 로마에서 그 절정기에 이르렀다. 세네카(Seneca, 4?-65)와 해방된 노예인 에픽테토스(Epictetus, 60?-138?)의 위대한 인간상과 마르쿠스 아우렐리우스(Marcus Aurelius, 121-180) 황제의 언제나 감동적인 인격이 이 학파를 빛냈다. 그러나 이 학파의 가장 훌륭한 대중 운동가는 치체로(키케로, Cicero,[35] B.C. 106-43)였으며, 중세기의 훌륭한 스토아적 사상들 또한 주로 그의 저술들을 통해 전해졌다. 뿐만 아니라 스토아철학은 로마 법학의 여러 학파들에게 커다란 영향을 미쳤다. 자연법과 연관되는 **로마법**의 조문들은 대부분 스토아학파의 철학적 저술들로부터 나온 것이다."[36]

스토아학파 윤리학의 중요한 성과 중의 하나는 자연법의 개념과 이

---

itatis)가 이 경우를 지배한다."

35) 독일어나 이태리어로는 치체로, 영어로는 키케로, 불어로는 시세로로 발음한다.

36) H. Rommen, *Die ewige Wiederkehr des Naturrechts*, S.33.

와 관련이 있는 인간성의 이상을 고양한 것이다. 국가와 정부들에 의해서 제정된 실정법은 하나밖에 없는 법도 아니고 전능한 법도 아니다. 실정법의 타당성은 영원하며 동시에 모든 실정법 전체의 기준으로서 작용하고 있는 일종의 **불문법**(不文法), 즉 자연법에 그 근원을 두고 있는 것이다. 이 자연법은 보편적이고 세계 이성과 동일한 세계 법칙이다. 이것은 스토아학파의 확고한 교조(敎條)이기도 하다. 제논은 "자연법은 신법(神法)이며, 이 신법으로서 올바른 것과 올바르지 못한 것을 규정하는 힘을 가지고 있다."[37]고 하였다.

스토아학파는 자연법은 저절로 알려지는 것이라고 생각했다. 자연법은 이성(λόγος) 자체와 더불어 주어져 있다는 것이다. 이런 이성을 가지고 있는 사람은 이성을 가짐으로써 이미 무엇이 옳으며 무엇이 옳지 못한가 하는 것을 알며, 또는 이에 대한 **양심**도 가지고 있다. "날 때부터 이성을 부여받은 자에게는 올바른 이성(recta ratio)도 부여된다. 따라서 법률(Gesetz, 법칙)도 부여된다. … 그리고 법률이 주어질 때는 법(Recht, 도덕법)도 주어지게 된다."[38]

스토아철학은 행위 가치를 자기 절제와 우리 안에 있는 선과 악의 은밀한 관찰자요 파수꾼인 **양심**(conscientia)에 근거하여 서술한다.[39] "나는 아무것도 남의 의견 때문에 행하려 하지 않으며, 모든 것을 내 양심 때문에 행하고자 한다."[40] "자기의 양심을 보존하기 위하여 자기에 대한 좋은 평판을 포기하는 자야말로 덕을 가장 높이 평가하는 자이다."[41] 여기서 우리는 도덕적인 자율의 사고와 **양심 개념과 자연법의**

37) Ioannes ab Armin, *Stoicorum veterum fragmenta*, Hans Friedrich August von, 1859-1931, 1968, I. 42. 35. 이 저서는 흔히 *Fragmenta* 또는 SVF로 표기된다.

38) 같은 책, III. 78. 27.

39) Seneca, *Epistulae morales ad Lucilium*, 41, 2.

40) Seneca, *de vita beata*, 20, 2, 5.

인식 가능성을 찾아볼 수 있다. 본래부터 타고난 이념으로서의 자연법이 각자의 가슴속의 소리로 옮겨짐을 볼 수 있다. 그래서 치체로는 "자연법을 모르는 자는 불의한 자이다."[42]라고 갈파하기도 했다.

스토아철학에 의하면 "자연법은 본성적으로 보편적인 이성(All-Vernunft, κοινός λόγος)이라는 개념에 뿌리박고 있다. 우리 인간 모두는 이 보편적인 이성에 관여하고 있기 때문에 모든 사람들이 평등하며, 모두가 평등한 권리를 가지며, 따라서 이 보편적인 이성에 알맞게 행동하게 된다는 것이다."[43] 에픽테토스는 "우리는 모두 형제들이며, 꼭 같은 방법으로 신을 아버지로 삼고 있다."[44]고 말했다. 스토아학파는 스스로 코스모폴리탄(세계인)으로 느끼며, 보편적인 인간애와 자선과 온순과 부드러움을 지키도록 의무를 지웠다. 로마법에서는 매우 불리한 입장에 처해 있던 다른 민족들과 노예들과 부인들과 어린이들에 대해서 스토아학파는 법적인 평등을 요구했다. 스토아학파가 로마제국에서 정착하게 된 이후부터, 가이우스(Gaius), 울피아누스(Ulpianus)와 같은 로마 법학자들은 자연법을 실정법을 해석하기 위한 이상적인 기준으로 보았다. 그래서 자연법은 **만민법**(ius gentium)의 기초가 된다.[45]

스토아철학의 핵심은 윤리이다. 올바른 지식은 윤리의 기초이며, 지식과 행위의 일치는 **현자**(Sophos)의 이상(理想)이다. 현자란 자기 행복을 자신 안에 지니고 있는 자로서, 그는 내적인 자기 충족 속에서 외적 사건에 의해 동요되지 않는다. 인식과 행위는 세계의 불규칙한 작용으

---

41) Seneca, *Epistulae morales ad Lucilium*, IVII, 2. 세네카가 동생에게 준 편지 120통 중에서.

42) Cicero, *de legibus* I. 15, 42.

43) J. Hirschberger, *Geschichte der Philosophie*, S.264.

44) H. Schenkl, ed., *Epicteti Dissertationes, fragmenta, Enchiridon, Bibl. Teubneriana*, 1916, I. 13.

45) J. Hirschberger, *Geschichte der Philosophie*, S.264.

로부터 독립되어 있다. 현자는 감정적이지 않다(apatheia). 왜냐하면 감정과 그 지나침으로 인해 분명한 인식과 판단이 불가능해지기 때문이다. 그래서 인간은 참으로 추구할 만한 것이 무엇인지에 대한 분명한 인식과 판단을 못하게 되는 것이다. 그러므로 올바른 인식과 판단은 근본적으로 현자의 이성적 본성에 따르는 데 있다. 덕이란 인간의 본성에 대한 이성적 통찰에 따라 의지력에 의해 행동을 결정하는 데 있다. 덕은 올바른 이성(recta ratio)이다. 자연(Natur, 본성)과 이성은 하나이다. 그리고 온 세상을 지배하는 보편적인 자연법과 올바른 이성은 하나이다. 이성에 따르는 삶 속에서 영원한 세계법에 복종하는 것, 이것이 바로 스토아의 윤리적 원칙이며, 종교적 열정과 함께 파악된 원칙이다. 그것은 자기 자신과의 조화 속에서 사는 것이며, 자기의 이성적 본성(Natur)에 따라 사는 것이다. 왜냐하면 이성적 본성은 세계법을 보여주기 때문이다.[46]

스토아철학에 의하면 법 또한 본성에 근거하고 있다. 인간은 옳고 그른 것에 대한 타고난 관념을 가지고 있다. 또 법은 그 본질에 있어서 지배자의 자의적 의지나 다수의 명령에 근거한 것이 아니라, 자연에, 즉 본유적 이데아(성문화되지는 않았으나 본래적인 법, non scripta sed nata lex)[47]에 근거한 것이다. 치체로는 스토아적 자연법 이론의 해설

---

46) 같은 책, S.265 참조.

47) 치체로는 이 구절을 밀로(Milo)를 위한 자기방어권에 관한 그의 연설에서 사용했다: "판사님, 이것은 성문법이 아닙니다. 이것은 타고난 것이며, 배우거나 전통으로 받아들이거나, 읽히는 것이 아니라 자연 자체로부터(본성적으로) 주어지고 빨아들인 법입니다. 다시 말해서 우리의 생명이 위험한 경우, 우리의 안전을 지키기 위하여 우리가 모든 수단을 쓰는 것이 명예로운 것이라는 것은 우리가 그렇게 하게 되어 있는 것이고, 훈련받은 것이 아니라 타고난 것이며 누군가에 의해 가르침을 받은 법이 아니라는 것입니다." H. Rommen, *The Natural Law*, trans. by Thomas R. Hanley, St. Louis: Herder, p.23. 핸리는 이 책의 역주에서 용게(C. D. Yonge)가 영문 번역한

가이자 전도사이다. 생득적(生得的) 법(lex nata), 즉 우리 안에 있는 법이 그에게는 법 일반의 기초이다. 이 법은 12동판법이나 집정관의 포고령, 그러니까 실정법으로부터 보편적 개념을 추상함으로써 도출될 수 있는 것이 아니라, **마음속 깊이 간직한 철학으로부터**(ex intima philosophia) 도출될 수 있는 것이다. 그것은 올바른 이성과 일치하는 것이기 때문에 보편타당하고, 불변하며, 폐지될 수 없다. 왜냐하면 그 법의 입법자가 신적 이성 자체이기 때문이다(이것은 물론 범신론적이고 비인격적인 의미로 이해된 것이다!). 그것은 또한 영원법(lex aeterna)으로 불린다. 그래서 치체로는 다음과 같이 말한다: "만약 백성들의 명령, 영주들의 포고령, 법관들의 판결 등을 통해 만들어지는 것 전부가 정의라면, 약탈, 간음, 사기 등도, 서명되기만 한다면, 다시 말해서 대중들의 동의와 명령에 의해 승인되기만 한다면, 정의가 될 것이다."[48] 거듭거듭 이 타고난 웅변가는 이런 식으로 자연의 법을 척도이자 내적 타당근거로 보고서 실정법과 대비시켰다. 이때 실정법은 그에게 있어 진정한 법의 그림자이자 반영물에 불과했다.[49]

에픽테토스도 마찬가지로 상이한 시대와 상이한 민족들에게서 법의 다양성을 지적했다. 그래서 그는 이러한 법들 중 하나가 자연과 일치하는지 아닌지의 기준은 그것이 이성과 일치하는지 여부에 있다고 가르쳤다. 그에게는 노예제도를 지지하는 법은 '죽은 자의 법', 죄악의 심연

치체로의 말을 인용하였다. 이러한 치체로의 결론은 음미해 볼 만하지만, 너무나 광범위하다. 자기보전의 모든 수단을 도덕적으로 허용할 수는 없을 것이다.

48) Cicero, *De republica*, I, 1643. *The Republic*, I, xvi, trans. by C. W. Keys, The Loeb Classical Library 참조.

49) 이와 같은 주제에 관하여 치체로는 다음과 같이 말하였다. "참된 법은 자연과 일치하는 데서 올바른 이성이다. 참된 법은 보편적으로 적용할 수 있으며, 불변하며 영원하다." Cicero, *The Republic*, III, xxii, trans. by C. W. Keyes, The Loeb Classical Library.

이다. 또 세네카는 당시의 노예제도를 목도하고서 인간 존엄성에 관해 다음과 같은 훌륭한 말로 표현했다: "인간은 인간에게 신성한 존재이다(homo sacra res homini)."[50] 노예들도 인간이고, 혈족이며, 형제이다. 자유민들과 마찬가지로 그들도 신의 자식이고, 위대한 공동체의 구성원들이다. 이리하여 도시국가는 그 힘을 상실했고, 동시에 그리스인과 야만인, 자유민과 노예 사이의 차별이 사라졌다. "우리는 하나의 거대한 몸의 지체들이다. 우리는 동일한 근원으로부터 동일하게 창조되었으며, 자연은 우리로 하여금 서로 사랑하도록 했고 또 동료로 만들었다. 자연은 우리 안에 공정(公正)함과 정의의 이념을 심었다."[51] 대도시국가(civitas maxima, 즉 세계 공동체)와 세계국가의 기본법인 자연법에 대한 하나의 훌륭한 진술을 마르쿠스 아우렐리우스는 한 바 있다: "내가 안토니누스(Antoninus)인 한, 로마는 나의 조국이다. 내가 인간인 한, 세계는 나의 고향이다."[52]

이러한 스토아적 견해들은 전제적으로 포악하고, 인간 경멸, 방종과 권력 남용, 자유의 다각적 억압으로 가득 차 있던 환경에서는 매우 인상적이었다. 이러한 견해들은 **로마법** 속에 들어가게 되었고, 사법(私法)에 있어서 개인을 인정하도록 했으며, 이방인들의 법에서 발전된 만민법의 보다 관용적인 원칙들을 자연법의 존엄성으로 고양시켰다. 또 그것들은 로마법의 원초적인 개인주의와 형식주의에 보편주의를 가져왔는데, "그것이 기원했던 민족의 생명을 하나의 세계법으로서 살아남도록 하기에 족한"(G. F. Puchta) 어떤 것이었다. 후기의 스토아 학자들 중에서도 우리는 자연 상태에 대한 이론, 그 안에서 권리와 자유의 모

50) Seneca, *Epitulae morales ad Lucilium*, XCV, 33, trans. by R. M. Gummere, The Loeb Classical Library.

51) 같은 책, XCV, 52. 여기서 스토아사상의 범신론적인 면이 엿보인다.

52) Marc Aurel, *Meditations*, VI, 44.

든 스토아적 이상들이 실현되고, 따라서 그 안에서 순수한 자연법이 통용되는 자연 상태를 찾아볼 수 있다. 그러나 시민국가는 실정법으로서의 노예제도를 가진 것으로서, 그 안에서 자연법이 지속적인 효력을 갖긴 하지만 더 이상 독자적으로 지배하지는 못하는 상태였다.53)

■ 자연법과 로마법의 관계

스토아철학의 영향 아래에서 자연법은 당시까지 가장 위대했던 법, 세계를 두 번씩이나 지배했던 법이라고 할 수 있는 로마법 안으로 흘러들어 갔다. 로마법의 황금기의 가장 위대했던 법학자들은 대부분 철학자들이기도 했다. 이들은 스토아철학의 매개를 통하여 정의에 대한 아리스토텔레스의 이론과 『법에 관하여(*De legibus*)』라는 제논의 저술, 그리고 무엇보다도 스토아의 대중 철학자인 치체로의 저술들을 알고 있었다. 뿐만 아니라 법률가들은 또한 철학적 관심을 가지고 있었으며, 법정에서의 변론을 통해 그들의 법철학을 과시했다. 이들 가운데 치체로가 첫 번째 자리를 차지했다. 이러한 철학적 경향은 법학자들이 철학자들을 자주 인용하는 데에서도 드러난다. 예컨대 가이우스(Gaius, Cajus)는 아리스토텔레스와 크세노폰을, 울피아누스(Ulpianus)와 첼수스(Celsus)는 치체로를, 반면에 파울루스(Paulus)는 대체로 그라에치(Graeci)를 언급한다. 법학자들의 독특한 기능, 즉 판사와 소송 당사자들을 법적으로 자문하고 응대하는 일54)은 법학자들로 하여금 이러한 깊은 지적 노동을 하도록 하였던 것이다. 그러므로 **스토아철학은 로마**

53) R. W. Carlyle and A. J. Carlyle, *A History of Medieval Political Theory in the West* (6 vols.), Edinburgh and London: William Blackwood & Sons, 1903-36, Vol. 1, p.23f 참조.

54) W. W. Buckland, *The Main Institutions of Roman Private Law*, Cambridge University Press, 1931, p.14f.

법학의 어머니이다. 그리고 이 비유를 계속하자면, 로마 법학은 마치 엄마 젖처럼 자연법(jus naturale) 이론을 빨아먹었던 것이다.[55)]

치체로 이전 시대까지는 자연법은 로마법에 실제로 아무런 영향을 끼치지 못했다. 그러나 그 이후 자연법 이론은 넓게 퍼져 나갔다. 후기 스토아 학자들에게 자연법은 **태초부터 영원히 사물의 본성 속에 들어 있는 규범**이다. 왜냐하면 자연법은 사물들 속에서 스스로 드러내어지며, 사물들 속에서 발견될 수 있기 때문이다. 이들에게는 **우주의 질서의 영원한 법칙**이라는 **스토아의 이념**이 현존하는 것이었다.

무엇보다도 **자연법은 법률가들이 그들의 법적 대응(Responsa)에 있어서 무력해진 예전의 법을 대체하는 마술적인 공식이 되었다.** 예전의 법들은 이 법률가들의 영향 하에 있던 행정관들의 포고령과 황제의 칙령에 의해, 또 자연법(lex naturalis)과 **공정성**(aequitas)의 개념 하에 도입된 새로운 법에 의해 이미 무력해졌다. 뿐만 아니라 이 새로운 법은 내적인 이성적 진리, 자연적인 본성과의 일치, 민족과 시대를 초월하는 숭고함이라는 장점을 가지고 있었다. 법률가들에게 있어 **공정성은 자연법의 메아리**였다. 즉, **내면의 소리의 명령**이었다. 이 내면의 소리를 통하여 이성은 사물에 내재하는 사물들의 본성(natura rerum)에게 말한다. 공정성은 법적 양심이다. 법적 양심은 실정적 규범이 자의적일 때 목소리를 낸다. 왜냐하면 실정적 규범이 바로 실정법의 '의미'이기 때문이다. 따라서 법 적용은 일반적 규범에 따르는 논리적이고 자동적인 추론이 아니라, 공정성에 비추어 본 해석이다.[56)]

법학자들은 자연법의 내용을 친족 관계(결혼 및 가정), 신뢰와 믿음, 조정, 즉 **이익의 배분**(suum cuique, 각자에게 자기 몫을 주는 것), 의지 표명 형식에 관한 법의 형식주의에 반대하는 법적 주체의 실제 의지의

---

55) H. Rommen, *Die ewige Wiederkehr des Naturrechts*, S.38.

56) 같은 책, S.40.

진정한 의미, 예컨대 원초적 자유와 평등 및 정당방위(vim vi repellere, 힘에는 힘을 되돌려 줌) 등으로 표시했다.[57]

파울루스, 울피아누스, 마르시안 같은 법학자들은 **민법**(jus civile)이 특별한 힘을 가진다고 보았다. 그러나 그들에 따른다 하더라도 충돌이 있을 경우에는 자연법이 우선하지 않을 수 없었다. 자연법이 금하는 것을 민법이 허용할 수는 없다('자연법의 부정적 규칙들은 영원히 변할 수 없다'는 스콜라철학의 가르침을 참고할 것). 물론 이 문제는 아무런 갈등도 일으키지 않았다. 왜냐하면 법률가들의 대응이 이른바 입법적 힘을 가졌기 때문이다. 그래서 그들이 가르친 자연법은 곧 그 대응에 있어서의 선고 및 판결과 더불어 확고한 지위를 차지하게 되었다. 그것은 또한 판례(lex casus) 속에서 실정적 성격을 갖추었고, 거기에 따라 이제 행정관들이 유사한 사건들을 처리했다. 또한 비슷한 방식으로 앵글로색슨(족) 지방의 '왕실' 법관은 법, 즉 자연법을 '자기 가슴의 신전에' 품고서, 실정적 성격의 판결을 내리는 데 있어서 '판례의 규칙(Rule of the Case)' 안에 있는 자연법을 참고했던 것이다.[58]

피지배 민족의 법 제도에 대해 관용적이었던 로마제국은 법률가들에게 또 하나의 중요한 판결 근거를 제공하였다. 그것은 불문율로 된 **만민법**이다. 만민법은 실제 상황들로부터 나왔고, 근본적으로 법률가들과 행정관들에 의해 발견된 것이다. 형이상학적, 윤리적 성찰에서 나온 자연법은 개별 민족들의 법 안에 있는 보편적 요소와 동일한 의미를 지닌 것으로 드러났다. 이와 같이 **법의 이념**이 실정법을 위한 목적론적 아프리오리(Apriori)로서의 윤리적 성찰에서 나온 것처럼, 그것은 개별 민족의 법들을 축약함에 있어서 실정법 **안에 있는** 법의 **개념**으로서 나타나게 되었으며, 이것이 **만민법**으로 연결되었던 것이다. 그러므로 철학적

57) 같은 책, S.40 참조.

58) 같은 책, S.41.

사고에 의해 로고스, 이성(ratio), 자연계(rerum natura) 등으로부터 연역된 것이 실정법 안의 법이념과 일치되는 것으로 드러났다. 이 법이념은 보편적이고 법을 만들어 내는 인간 사회(societas humana)의 산물이며, 또 그 안에서 작용하고 있는 이성의 산물이다.

따라서 가이우스 때 나타난 **자연법과 만민법의 동일시**는 여기에서 기원한 것이다. 반면에 울피아누스는 자연법을 "자연이 모든 생명체에게 가르쳐주는 것(quod natura omnia animalia docuit)"이라고 규정했다.[59] 그러나 이것은 만물의 질서(ordo rerum)이다. 그러므로 **만민법은 인간에게 통용되는 자연법의 한 부분이다.** 그러나 만민법은 일반 이성의 의지의 산물이지, 특정한 역사적 입법자의 의지의 산물은 아닌 것이다.

로마의 법률가들은 아직 법과 도덕을 분명하게 구분하지 못했다. "신을 숭배하라"는 규범도 법에 속했고, "명예롭게 살라"는 것도 마찬가지였다. 사실 그들에게 있어서 법학은 "신적인 것과 인간적인 것에 관한 지식이며, 정의로운 것과 정의롭지 못한 것에 관한 학문"[60]이었던 것이다.

그리스인들에게 있어 법의 주체가 오직 폴리스의 시민들이었던 데 반해, 로마인들에게 있어서는 로마 시민들(civis Romanus)뿐만 아니라 인간 사회(societas humana, 스토아철학자들의 세계 공동체)의 모든 구성원이 진정한 의미에서 법의 주체였다. 따라서 그들은 모든 인간이 **자연권**(自然權, jus naturale)의 소유자라고 생각했다. 자연권은 인간이 부자유한 상태에 있을 때에도 계속해서 지니는 것이다. 이로써 노예제도는, 아리스토텔레스와는 반대로, 그 존재 및 당위에 걸맞게 극복될 수

59) Ulpian, *Digest*, I, I, 1-4; R. W. Caryle and A. J. Caryle, *A History of Medieval Political Theory in the West*, Vol. 1, pp.34-44 참조.

60) Ulpian, *Digest*, I, I, 10.

있고 또 극복되어야 할 하나의 실정법적 제도에 불과했던 것이다.

후기 로마제국(유스티니아누스, 527-565)에서 제정(帝政)이 부활된 후까지도, 자연법은 최우선의, 최고의, 진실한 법규범이자 인간관계의 기본법이며, 입법자의 입장에서는 실현되어야 할 모범이자 이상이었다. 그러나 그 이후 자연법은 법에 의존하는 판사의 입장에서는 그렇지 않았고, 시민의 입장에서도 그렇지 않았다. 그들에게는 실정법만이 효력이 있었다. 그래도 자연법의 이념은 강하게 남아 있었다. 가령 홉스와 같은 근대 절대주의와는 대조적으로, 입법자는 자연법을 단지 공허한 형식으로서가 아니라 알찬 내용의 규범 체계로서 존중했던 것이다.[61]

서구에 있어서 최고의 법인 로마법이 자연법을 가장 깊은 사고로 감쌌고 또 가장 고상한 언어로 가르쳤다는 것은 자연법의 영원한 진리에 대한 하나의 웅변적 증거로 남아 있다. 스토아철학처럼 로마법 또한 이러한 이념을 계속해서 새로운 그리스도교 시대와 스콜라철학의 시대로 전하였다. 그리고 스콜라철학은 참된 영원한 철학(philosophia perennis)[62]으로서 이로부터 자연법의 영원한 고향으로 남게 되었다. 그리하여 메마른 실증주의가 자연법을 세속적 법학으로부터 축출했을 때 스콜라철학은 자연법을 위한 성소(聖所)가 되었다. 인간 정신이 단순한 사실에 대한 끝없는 추구에 지쳐서 다시금 학문의 여왕인 형이상학으로 방향을 돌릴 때, 자연법은 항상 새로이 세속적 법학으로 되돌아오곤 하였다.

서양 고대의 정신은 스토아사상 안에서 헤라클레이토스와 플라톤,

---

61) H. Rommen, *Die ewige Wiederkehr des Naturrechts*, S.43 참조.

62) 이 말은 라이프니츠와 네오 스콜라철학자들에 의하여 잘 사용된다. A. Reinhardt, *Realistic Philosophy*, Milwaukee: The Bruce Publishing Co., 1944, p.17; Fritz-Joachim von Rinteln, *Philosophia Perennis*, Regensburg, 1930, I. ix; J. Maritain, *An Introduction to Philosophy*, trans. E. Watkin, New York, pp.99-101.

아리스토텔레스와 온건한 소피스트들이 자연법에 대해 생각했던 모든 것, 즉 영원법, 올바른 이성, 자연법(lex naturalis: 본성적 법, 즉 도덕법을 의미한다), 자연권(jus naturale: 자연법으로 번역되기도 한다. jus는 권리를 의미한다)과, 이것들과 실정법의 관계, 그리고 실정법에 대한 이것들의 평가 능력에 관해 가르쳤던 모든 것을 망라했다. 이렇게 고대의 정신은 '로고스의 씨앗'을 보존했고, 언어의 틀을 발견했다. 이 틀 속에 **그리스도교 정신**은 자신의 이념을 불어넣었으며, 이로부터 고대의 정신은 자신의 새로운, 그러나 연관된 자연법 이론을 성숙시킬 수 있었다.63)

사려 깊은 사람이라면, 비록 완전하게 구별하지는 못할지라도, 누구라도 적어도 법의 법칙과 도덕법칙의 구분을 할 수 있을 것이다. 그러나 서양 고대에서는, 구별은 고사하고, 그러한 최소한의 구분조차 없었다는 것은 확실히 놀라운 일이다. 아리스토텔레스는 그의 덕론에서, 정의란 — 이 맥락에서 그는 정의를 아주 좁은 의미로 이해하는데 — '타인을 향한' 것이며, 본질적으로 사회질서와 관련된 것으로서, 인간과 그의 동료 인간과의 관계를 규정하는 것이라고 말한다. 그러나 그는 더욱 빈번하게 정의를 일컬어, 모든 타인을 포용하고 인간을 유덕하게 만들며 최고의 목적으로 인도하는 일반적 덕이라고 말한다. 여기서 그는 소크라테스를 좇아, 의로운 사람은 법에, 즉 성문법과 불문법의 인륜 규범에 복종한다고 말한다. 또한 그는 여기에 인간의 자기 자신과의 관계, 예컨대 정욕의 억제와 함께, 제사 의식의 법과 신에 대한 경배 등을 포함시켰다.

이러한 견해는 근본적으로, 인간의 이데아의 유일한 도덕적 완성은 오직 시민에게서만 찾아볼 수 있다는 사실에 근거하고 있다. 그래서 노

---

63) H. Rommen, *Die ewige Wiederkehr des Naturrechts*, S.38.

예는 본성적으로 시민됨에 부적합하다고 보았다. 노예는, 아리스토텔레스적 의미로는, 덕을 지니도록 교육될 수는 없다. 유덕한 삶은 인간의 목표이다. 그러나 이러한 목표는, 인간이 오직 폴리스의 시민으로서, 그리고 법을 따름으로써만 도달될 수 있다. 따라서 모든 교육과 덕성의 훈련은 정치학이 되며, 정치학은 곧 윤리학이다. 서양 고대인들은 오직 국가적, 법적 도덕만을 알았다. 폴리스는 최종적이고 절대적인 최고의 스승이며, 인간의 도덕적 존재의 완성이다. 인간의 인격의 이념은 가장 깊은 의미에서는 고대인들에게 알려지지 못했고, 불멸하는 영혼의 영원한 초세계적 목표 또한 알려지지 못했다. 그리고 그들은 세계로부터 구별되는 최고의 입법자로서의 인격신에 대해서도 단지 어렴풋하게만 알고 있었을 뿐이며 구원의 중재자로서의 교회도 전혀 몰랐다. 폴리스와 그 신의 숭배가 그들에게는 전부였다. 인권의 이념이 들고 일어서는 곳에서는, 가장 온건한 소피스트 사상과 스토아 사상에서, 그 이념은 혁명적이 되고, 폴리스를 와해시키거나 인류의 세계 공동체의 꿈을 키웠다. 이 세계 공동체를 위해서는 물론 그 의미 자체에 대한 물음이 반복되었다. 이와 같이 서양 고대인들은 **자연법과 자연 도덕법을 구분하는 데까지는 이르지 못하였다.**

그러나 자연법에 대한 문제의식은 분명히 처음부터 존재했다. 회의주의자, 에피쿠로스, 카르네아데스의 실증주의는 항상 되풀이되는 그 두 가지 근거로 자연법에 반대되는 것이었는데, 플라톤 및 아리스토텔레스에서와 같은 형이상학적인 것과, 초기 소피스트 사상에서와 같은 개인주의적인 것이다. 그리고 "법은 의지이고, 법은 이성이며, 법은 진리이고, 법은 자율이다."라는, 계속 재등장하는 '법'의 정의들이 있었다. 이것들은 오늘날까지 법철학적 사고를 사로잡는다. 원초적 자연 상태에 대한 이론은, 개인주의자에게는 근본적인 이론이지만 다른 사상가들에게는 단지 이해를 돕는 정도의 가치밖에 없는 이론으로서, 이미 소피스트들 사이에서 등장했던 것이며, 스토아 학자들 사이에서도 비슷한 근거에서 등장하긴 했다. 그러나 그것은 실은 다른 목적을 가진 것이었으며, **원초적 자연법**과 **이차적 자연법**을 구분하기 위한 것이었다. 이러한 구분은 중세 교부들에게는 매우 가치 있는 것이었으며, 스콜라철학자들로 하여금 자연법의 자명한 원리들을 **이성적 추론**을 통해 얻어진 결론들과 구분하게 하는 데 기여하였다. 그리고 그 결론들 속에서 자연법의 내용은 좀 더 명확하게 규명되었다.[64]

치체로가 기억에 관한 플라톤의 이론을 우리가 타고난 '덕의 씨앗(semina virtuum)'에 관한 사상으로 확대해 나가고, 윤리적 기본 이념들은 타고나는 것이므로 '자연의 빛(lux naturae)'을 이루며 '자연의 소리(vox naturae)'가 된다고 말한 것[65]을, 우리는 "다른 민족들의 양심이 증언하고 … 율법에서 요구하는 행위가 자기들의 마음에 쓰여 있음을 보여줍니다."(로마서 2:15)라는 사도 바오로의 말에서 찾아볼 수 있다.[66]

이렇게 본래 타고난 이념으로서의 자연법을 각자의 마음속에 옮겨놓은 것은 엄청난 결과를 가져왔다. "자연법을 모르는 자는, 성문화되어 있든 아니든, 불의(不義)한 자이다."[67]라고 말할 정도로 당시에는 자연법을 모른다는 것은 생각할 수 없으며, 결코 용서되지 않는 것이 되었다. 자연법은 앞에서 살펴본 것처럼, 여러 과정을 거친 후 서양 중세에 들어와서 토마스 아퀴나스에 의해 찬란한 빛을 비추게 되었다.

---

64) 같은 책, S.46 참조.

65) Cicero, *de finibus*, V, 21, 59; *de legibus*, I, 16, 44; *Tusc.*, III, 1, 2; I, 13, 30.

66) H. Welzel, *Naturrecht und Materiale Gerrechtigkeit*, S.47 참조.

67) Cicero, *de legibus*, I, 15, 42.

II 장
서양 중세의 자연법: 스콜라철학 시대의 자연법

1. 왜 스콜라철학 시대에 자연법은 대두되었는가?

이 글은 자연법사상의 원숙기인 스콜라철학 시대에 자연법이 어떻게 논의되었는가를 초기, 중기, 후기로 나누어 고찰해 보려고 한다.

서양 고대의 찬란한 철학이 음울한 신비주의에 빠져들어 가면서 해체의 위기를 맞이했던 시대에 유대-그리스도교 사상이 등장했다. 그러나 그리스도교 신앙이 등장하면서 곧바로 새로운 철학과 새로운 세계질서가 나타나지는 않았다. 왜냐하면 초기 그리스도교인들의 대부분은 고대사회의 붕괴, 더 정확히는 부패 과정으로부터 **종말론적인 사상**을 가지고 있었기 때문이다. 그래서 그리스도교의 가르침의 변혁하는 힘은 초기에는 그 사회에서 제대로 발휘될 수가 없었다. 그리고 “나는 율법

* 이 장은 진교훈, 「스콜라철학 시대의 자연법사상」, 『이성과 신앙』 54호, 2013 여름, 수원가톨릭대학교 이성과신앙연구소, pp.321-377을 수정 보완한 것이다.

을 폐하러 온 것이 아니라 완성하러 온 것이다."(마태오 5:17)라는 성서의 말씀을 생각나게 하듯이 그리스도교는 초기에는 사회의 변혁을 원하지 않았던 것으로 보인다.

그러나 스콜라철학 시대에 들어와서 다음과 같은 사상들은 자연법사상을 문제 삼지 않을 수 없게 만들었다. 첫째로, 현실세계를 초월하는 **인격신**이 바로 율법을 제정한 자라는 사상, 둘째로, 그것의 영원한 목표가 국가와 법과 또한 도시의 풍습을 초월하는 그리스도교의 인격성이라는 사상, 셋째로, 국가와 나란히 존재하면서도 신앙과 도덕의 차원에 있어서는 국가의 의지를 초월해서 존재하는 구원의 제도인 교회라는 사상이다.

이 사상들은 모두 지속적으로 자연법을 문제 삼지 않을 수 없었다. 이는 자연법의 혁신을 가져오기 위해서가 아니라, 자연법을 좀 더 깊게 파고들어 가고, 좀 더 나은 근거를 찾고, 내용적으로 좀 더 보완을 하기 위한 것이었다.[1)]

그래서 자연법사상의 역사는 이미 초기에 그리스도교를 통하여 자연법을 받아들였음을 보여준다. 이방인의 사도인 바오로는 유대인의 '시나이 율법'(십계명)을 지키지 않는 이방인에게도 이미 **마음 안에 동일한 율법**이 자리 잡고 있고 이 사실은 **양심**을 통해 알려지게 되는 것이라고 말하고 있다. 이 율법은 이방인에게나 유대인에게나 모두 타당한 것이다. 왜냐하면 이 율법은 본성(natura) 안에, 즉 인간의 본질 안에 근거하고 있기 때문이다.[2)]

---

1) 그리스도교 철학과 자연법에서 이성과 초성적(초자연적) 계시의 관계에 관해서는 Etinne Gilson, *The Spirit of Mediaeval Philosophy*, trans. by A. H. C. Downes, New York: Charles Scribner's Sons, 1936, p.37; Etinne Gilson, *Christianity and Philosophy*, trans. by Ralph MacDonald, New York and London: Sheed and Ward, 1939, p.101; Johannes Messner, *Die Soziale Frage*, Wien: Tyrolia, 1938, S.492 참조.

우리는 서양 중세 시대의 자연법사상을 초기 스콜라철학 시대, 중기 스콜라철학 시대, 후기 스콜라철학 시대로 나누어 살펴볼 수 있다.

2. 초기 스콜라 시대의 자연법사상: 교부들의 자연법사상

초대 교회의 교부들은 스토아학파의 자연법을 사용하였다. 교부들은 스토아학파의 자연법 안에서 영원한 율법과 양심의 소리와 이성 안에 드러나 있는 자연적인 도덕법의 입법자인 인격적 창조신에 관한 그리스도교 교리를 선포하기 위한 '진리의 씨앗(σπέρματα του λόγου)'을 발견하였다.

그래서 예컨대 크리소스토무스(John Chrysostomos, 349?-407)가 다음과 같이 말한 것을 우리는 읽어 볼 수 있다: "입법자가 결혼, 살인, 계약, 위탁 재물, 상호 이용 금지, 그리고 그 밖의 많은 것에 관한 규범에 관한 법률들을 어디에서 가져온 것인지 말해 보라! 당연히 그것은 전승(傳承)으로부터 나온 것이다. 그런데 여기서 좀 더 소급해 가 보면 궁극적으로 양심에 도달하게 된다. 입법자는 하느님이 인간을 창조할 때 인간에게 부여한 규범에 근거하여 율법을 선포하였다는 것은 자명하다. 법률가들은 판결과 형법을 이러한 근본적인 율법에 의존한다."[3)]

---

2) 로마서 2장 12-16절 참조.

3) J. Chrysostomos, *Ad pop. Ant.*, XII, 4. Stanley Bertke, *The Possibility of Invincible Ignorance of the Natural Law*, The Catholic University of America Studies in Sacred Theology, Dissertation, 1941(1943), p.8에서 재인용. 버트케의 이 연구는 자연법의 전체 문제에 대하여 매우 공헌이 크다고 핸리(Thomas R. Hanley)는 말한다. 핸리가 번역한 롬멘의 *The Natural Law*에서 그는 독일어 원문에 없는 "우리는 이교도들에 대항하여 논쟁을 할 때, 성서뿐만 아니라 이성도 사용한다. 이교도들의 쟁점은 무엇인가? 그들은 양심에 관한 법을 가지고 있지 아니하며, 자연에는 신에 의해 심어진 법이란 없다고 그들은 말한다."라는 문장을 크리소스토무스의 원저에서 찾아서 가

교부들은 스토아학파가 제1자연법과 제2자연법을 별도로 구분한 것도 받아들였다. 교부들은 이 제1자연법을 신학적으로 파악하여 확고한 본성을 가지고 있는 위치에 있는 것으로 간주하였다. 제1자연법의 원리는 "**선을 행하고 악을 행하지 말라**", "존재의 질서를 보존하라", "너의 의무를 다하라"는 등의 지상명령이다. 제2자연법은 제1자연법의 원리의 적용으로 나타나는 결과를 말하는데, 구체적으로 무엇이 선이고 무엇이 악인가를 지시해 주는 것이다. 예컨대, "살인하지 말라", "도둑질하지 말라", "부모를 공경하라"고 하는 제2자연법은 법, 노예제의 강제력과 더불어 신학적으로 타락한 본성의 차원에 있는 것으로 보았다. 상처받기는 했지만 파괴되지는 않은 이 본성은 도덕성과 자연법의 제일원리를 인식할 수는 있다. 그러나 제2자연법에서 제1자연법의 원리로부터 추론하는 것은 단지 이성의 연역적 사고를 통해서만 가능한 것이다. 실천이성도 약화되기 때문에 법이 엄격한 강제적 성격을 띠게 되고 국가가 칼자루를 쥐게 된다. 그러나 "교부들의 생각에 대한 앞뒤 문맥이 맞지 않는 글의 인용과 오해가 전통이 없는 시대가 있었다는 주장을 허용하는 것처럼, 국가가 죄의 결과는 아니다."[4]라고 우리는 생각해 볼 수 있다.

요컨대 교부들은 윤리와 법학을 체계적으로 수립하는 일을 추구하지 않았다. 교부들의 사변적 사유는 몰락한 서양 고대의 온갖 신비 제식(神秘祭式, Mysterienkulte)들의 신비스러운 설들이 몰아닥침으로 말미암아 흔들릴 위험에 처한 신앙의 진리를 설명하는 일에 온통 몰두하였던 것이다. 또한 교부들은 그리스도교 신앙의 박해 시대에 힘들게 사목활동을 해야 했기 때문에 윤리적, 법철학적 문제에 대한 정밀한 이론적 논구를 할 시간적 여유가 없었을 것이다.[5]

필(加筆)하였다.

4) Heinrich Rommen, *Die ewige Wiederkehr des Naturrechts*, SS.48-49 참조.

그렇지만 확실히 아우구스티누스(Augustinus, 354-430)는 예외적인 인물이었다. 아우구스티누스의 뛰어난 정신 안에서 고대의 철학은 다시 한 번 살아나서 그리스도교적 정신으로 모습을 갖추게 되었다. 펠라기아스주의(Pelagianismus)[6]와 마니교적인 이단과의 투쟁, 그리고 로마제국의 몰락이라는 충격적 경험 등이 이 위대한 주교로 하여금 윤리적, 법적 문제에 더욱 천착할 수 있도록 해 주었다.

플라톤이 천상의 위치에 살도록 한 실체적 관념들, 즉 이데아는 아우구스티누스에게서 하느님의 사상으로 되었고, 마침내 스토아학파의 비인격적인 세계 이성은 인격적이고 전지전능한 하느님이 되었다. 아리스토텔레스의 이성(νοῦς)은 세계를 초월하는 창조신(創造神)이 되었다. 이 창조신은 세계를 항상 그의 전능으로 보존하고, 예지를 통해 통제하며, 영구법을 통해 다스리는 것이다.

이 **영구법(영원법**, lex aeterna)은 아우구스티누스에게서 최고의 이성, 영원한 진리, 하느님의 이성과 같은 의미를 가진다. 이 법에 따라 내적인 신적 삶이 완성되고 하느님의 활동이 외적으로 완성되고 통제된다. 하느님의 이성은 질서이다. 그래서 하느님의 법은 이 본질-질서, 즉 존재와 본질성과 가치들의 질서를 통제한다. 이 규범은 불변하며 자신 안에 머무는 하느님의 본질과 동일하기 때문에, 하느님 **위에 있는 것이 아니라** 하느님과 더불어 주어진 것이며 하느님과 마찬가지로 불변하는 것이다. 어떤 권능, 우연, 심지어는 모든 사물의 완전한 붕괴마저도 이 규범을 변화시킬 수는 없다. 서양 고대 사람들이 생각하듯이 — 그리스 사상이나 스토아 사상에서 — 어떤 숙명(μοῖρα), 필연(ἀνάγκη,

5) 같은 책, S.49 참조.

6) 원죄설을 부정하고 인간의 자유의지를 적극적으로 주창했던 펠라기우스(Pelagius, 360-420?)의 사상은 아우구스티누스에 의하여 논박되고 이단으로 취급되었다.

운명), 음침하게 숨어 있는 운명 같은 것이 하느님 위에 군림할 수는 없는 것이다. 영구법, 즉 신법(神法)을 통해 하느님은 외적으로 작용하며 세상을 이끌어 간다. 최고의 이성, 불변의 존재, 전능한 의지는 하느님 안에서 최고의 형태로 하나인 것이다.[7)]

인간이 **신법**(lex divina, divine law)에 참여하는 한, **자연법**(lex naturalis, 도덕적 자연법)[8)]과 자연법의 내용인 법적 **자연권**(jus naturale)은 바로 인간을 고려한 신법이다. 맹목적인 필연(Müssen)으로서 영구법은 이성이 없는 자연 안에 존재한다. 그러나 당위(Sollen), 즉 자유로운 도덕적 행위의 규범으로서 영구법은 이성적으로 자유로운 존재인 인간의 마음에 새겨지게 된다. 인간의 도덕적인 이성적 본성 안에서 영구법은 '나타나게' 된다. 이성적 영혼 안에 영구법은 쓰여 있는 것이다. 아무리 타락한 영혼이라도 이성적으로 생각할 수만 있다면 하느님은 **양심**에 호소한다. 그래서 인간의 행위 중에 선한 것과 악한 것이 있을 수 있다. 법이 그 행위를 그런 식으로 단정해서가 아니라 행위 자체가 선하거나 악할 수 있는 것이다. 왜냐하면 그러한 행위는 자연 질서를 혼란시키는 것이기 때문이다. 그렇기 때문에 입법자는 형벌의 위협을 가해서 그러한 행위를 금지하는 것이다. 이를 통해 형벌의 위협은 도덕적 정당성을 확보하게 된다. 지상적인 입법자의 의지가 아니라 자연 이성과 모순된다는 사실이 특정 행위의 내적 부도덕성의 근거가 된다.[9)]

---

7) St. Augustinus, *de libero arbitrio* I. 6, 14 참조; H. Welzel, *Naturrecht und materiale Gerechtigkeit*, S.84 참조.

8) lex naturalis는 영어로 natural moral law, 본성적인 도덕법으로 윤리적인 의미로 사용되며, jus naturale는 natural law로 번역되기도 하지만, 법률적으로 사용되며, 자연권을 가리키며, 핸리는 이를 자연법의 구성 내용이라고 한다. Thomas R. Hanley, *The Natural Law: A Study in Legal and Social History and Philosophy*, St. Louis: Herder, 1955, pp.337-338 참조.

9) H. Rommen, *Die Ewige Wiederkehr des Naturrechts*, S.51 참조.

자연법은 스콜라주의가 번성할 때까지 교부들뿐 아니라 **로마법** 연구와 **교회법**의 발달을 통해 계속 전해져 왔다. **시민법**(corpus iuris civilis)의 고전 저자들은 자연법적 사고방식과 매우 밀착되어 있었다. 자연법은 그들의 저술에서 단지 과정으로만 다루어지는 것이 아니라 보편타당한 법, 무조건 지켜야 하는 법으로 선언되었다.

그러나 스콜라주의가 발흥하던 초기 무렵에는 신학을 위한 로마법 연구는 터부시되었고, 때로는 금지된 적도 있었지만, 그라티아누스(Gratianus)의 교령 형식(1148)[10]의 교회법은 커다란 영향력을 행사하였다. 이 교회법에서는 '자연법(jus naturale)'과 도덕(mores)을 구분하였다. 자연법은 십계명과 복음서 안에 들어 있는 것으로 하느님으로부터 연원하는 것이다. 그리고 이 자연법은 인간의 본성에 근거하는 것으로 모든 인간에게 공통적이고 인간적 규약과 무관하게 타당한 것이다. 자연법과 의무는 실정법에 의해 좀 더 상세히 규정되어야만 했다. 그러나 자연법과 의무는 실정법에 대한 척도가 된다. 실정법은 인간에게는 관습법과 윤리와 마찬가지로, 시간, 지역, 민족에 따라 다른 것이다. 그라티아누스가 기여한 것은 사실 오래된 전통의 산물이지 새로운 것은 아니다.[11]

서양 중세의 스콜라철학[12]과 더불어 자연법은 그 절정에 이르게 되

---

10) Gratian's Decretum(Decretum Gratiani). 그라티아누스는 볼로냐 대학에서 교회법을 가르친 사제로서 생몰연대는 불분명하나 교회법의 아버지로 불린다.

11) H. Rommen, *Die Ewige Wiederkehr des Naturrechts*, S.52 참조.

12) 스콜라철학은 아리스토텔레스 사상의 주류를 따르며, 일원론과 범신론, 초현실주의, 유명론, 관념론, 감각주의, 실증주의에 반대하며, 사유와 사물, 정신과 물질의 이원론을 변호하며 온건한 실재론을 옹호하며, 유물론적이지 않으면서 경험적이며, 선험적이 아니면서도 객관적이며, 주관적이지 않다. Celestine N. Bittle, *Reality and the Mind*, Milwaukee: The Bruce Publishing Co. 1936, p.146 참조.

고 사상적인 정점에 이르렀다. 초기 스콜라철학들의 시대부터 토마스 아퀴나스(Thomas Aquinas, 1225-1274)에 와서 자연법은 첫 번째 학문적 발달의 정점에 이르렀다. 그러나 14세기에 들어와서 영국의 둔스 스코투스(Johannes Duns Scotus, 1266-1308)와 오컴(William of Ockham, 1300?-1349?) 등에 의하여 스콜라철학의 내부로부터 자연법의 이념은 심각한 공격을 받기도 했다. 그러나 자연법은 다시 부흥하였다. 자연법학자로서 후기 스콜라주의자 중 가장 저명한 이름만을 열거하면 프란시스코 데 비토리아(Francisco de Vitoria, 1483?-1546), 벨라르미노(Roberto Francesco Romolo Bellarmino, 1542-1621), 수아레즈(Francisco Suarez, 1548-1617), 바스케즈(Gabriel Vasquez, 1549-1604) 등에 의하여 자연법은 두 번째 학문적 발달의 정점에 이르렀다. 이 시기를 지나서, 근세의 스콜라주의 부흥기의 위대한 학자들에 이르기까지의 정신사를 살펴보면, 유행 철학과 사회학 혹은 정치학과 결부된 법학과는 본질적으로 구분이 되는 하나의 통일된 학문적 발달이 있어 왔음을 보여준다.

스콜라철학은 자연법의 문제를 속속들이 깊이 다루었다. 일반적으로 덕에 관한 논의와 관련된 언급을 하였고, 전문적으로 「법에 관하여(de legibus)」와 「법과 정의에 관하여(de jure et justitia)」라는 주제를 다루기도 했으며, 도덕적 자연법(lex naturalis)과 법적 자연법(jus naturale)에 특별한 구분을 하지 않고 연구를 하기도 했지만, 로마법에서 전수된 형식에 따라 자연권(jus naturale)과 만민법(jus gentium)을 다루지 않는 스콜라철학자들은 없었다. 이러한 사실은 할레스의 알렉산더(Alexander von Hales, 1185-1245)로부터 토마스 아퀴나스를 거쳐, 후기 스콜라철학의 위대한 학자들에 이르기까지 다 마찬가지였다. 더 나아가 영원한 철학(philosophia perennis)을 신봉하는 신학자와 철학자들도 마찬가지로 그러했다. 푸펜도르프(Samuel Pufendorf 1632-1694)와 토마지우스

(Jakob Thomasius, 1622-1684)와 같은 시대의 학자들, 사비니(Friedrich Carl von Savigny, 1779-1861)와 같은 시대의 학자들은 물론, 19세기 이래로 여전히 주목받아 온 부활한 스콜라철학의 대표자들에 이르기까지 다 마찬가지로 자연법을 다루었다.

이러한 학설의 발달 과정을 쫓아가 보면 다음과 같은 주목할 점들이 발견된다. 즉, 법-이성(lex-ratio)과 법-의지(lex-voluntas)의 대립은 신학적 사유(思惟)의 세계와 엄밀한 의미에서 도덕적 자연법을 포괄한 자연법과 연관되면서 신론(神論)과 구조적으로 일치한다는 것이다.[13] 그리고 훗날 자연법이 신학의 세계를 벗어난 시기에, 다시 말해서 세속화가 된 후에도, 토마스 아퀴나스의 『신학대전(神學大典)』의 중세적 형식을 벗어나 좁은 의미의 법을 다루는 데에도 동일한 사유 구조가 반복되고 있다는 것이다. 결론적으로 자연법은 의지보다는 **지성**을 선호하며 법(Gesetz)은 이성이라고 간주하였으며, 사물의 본질성과 사물의 본질적인 질서의 인식 가능성, 사물의 형이상학적 존재, 그리고 가치 서열적인 우주 등에 관한 신학적 혹은 **인간학적 학문의 결과물**이라는 것이다.[14]

이에 반하여 **실증주의**는 신론과 인간론에 있어서 지성보다 **의지를 선호한 결과물**이다. 그래서 의지(voluntas)는 단순한 의지가 아니라 열정과 비이성적 추구 능력을 의미한다. 실증주의는 사물의 본질성의 인식을 포기한 유명론(唯名論)[15]을 의미하며, 따라서 형이상학과 가치 서열을 포기하는 것도 의미한다. 비록 여러 가지 명칭 안에 숨어 있지

---

13) 라틴어의 voluntas(의지)는 독일어로 흔히 Wille(의지)로 번역된다. 스콜라철학자들은 voluntas를 단순한 의지(Wille)가 아니라 열정과 비이성적 추구 능력을 의미한다고 이해하였으며, 도미니코 학파는 이성을 의지보다 우위에 두었고, 프란치스코 학파는 이성보다 voluntas를 우위에 두었다.

14) H. Rommen, *Die Ewige Wiederkehr des Naturrechts*, SS.54-55 참조.

15) 개체만이 실재하고 보편은 그 개체로부터 추상하여 얻은 명목일 뿐이며 실재하지 않는다는 오컴 등의 주장.

만 실증주의는 19-20세기의 동일한 사유 구조 속에서도 찾아볼 수 있다. 예컨대, 윤리학의 상대주의, 법실증주의, 국법과 시민법의 의지론, 인식론과 형이상학의 불가지론, 그리고 최근의 자연법칙의 형식을 갖추고 등장한 생물학적 실증주의 등이 실증주의의 전선을 형성했다.

다른 한편으로는 도덕성과 법의 불변하는 원칙, 법철학의 대상으로서의 법이념, 사물의 본질성의 인식 가능성, 객관적 가치와 존재와 당위의 궁극적 일치, 참다운 신정론(神政論, Theodizee)에 대한 확신도 엄연히 존재하는 것이다. 그런데 이러한 실증주의와 자연법의 대립은 점점 더 첨예해져서 국가 형태에 관한 학문에까지 이르게 된다. 영미 계통의 국가에서 '판결을 내리는' 법관들이 법을 의지적으로 정하는 입법자들과 대립하는 것은, 궁극적으로 법은 의지가 아니라 이성이며, 또한 법은 자연과 사물 안에서 인식되고, 입법자의 의지, 그리고 이러한 의지와 이러한 명령을 표현한 법조문이 아니라, 법에 의해 지명된 법제도 안에서 존립한다는 철학적 관점에 근거하는 것이다. 영미 계통의 국가(구체적으로 미국)에서의 판결과, 이들 나라의 법관의 자연법적 사고에서 한 번도 사라진 적이 없는 이러한 형식으로 표현된 것은 늘 반복되어 나타나고 있다.[16)]

롬멘은 "자연법(lex naturalis)과 자연권(jus naturale)의 불변성에 관한 주제는 이를 통해 주어지는 특정한 행위의 내적 부도덕성과 불법성 그리고 이를 통해 배제된 자연법 규범의 면제를 이유로, 비록 구약성서의 도덕적 내용이 면제의 가능성을 제시하는 것이기는 해도 구약성서에 나오는 예화들과 충돌을 일으키게 된다."[17)]고 말한다. 이처럼 구약

---

16) Chares Grove Haines, *The Revival of Natural Law Concepts*, Cambridge: Harvard University Press, 1930, pp.104-234; Benjamin Fletcher Wright, Jr., *American Interpretations of Natural Law*, Cambridge: Harvard University Press, 1931, pp.292-306; 오경웅(John C. H. Wu), 서돈각 옮김, 『정의의 원천: 자연법 연구』, 박영사, 1958, pp.211-322 참조.

성서에 나오는 예화로는 야훼가 아브라함에게 아들 이삭을 제물로 바치라는 이야기(창세기 22:2), 구약 시대의 선조들의 일부다처제, 예언자 호세아가 창녀를 받아들이는 이야기(호세아 1:2, 3:1), 이집트를 탈출할 때 무엇보다도 은으로 된 그릇들을 가지고 나와도 좋다고 하고 또 그래야만 한다는 이야기(출애굽기 3:21, 11:2, 12:35-36), 모세의 율법에서 선조들에게 사실상 허락된 이혼에 관한 이야기(신명기 24:1-4), 자신이 "위대한 아나니아의 아들인 아자리아스이다."라고 내용적으로나 형식적으로나 거짓말이나 다름없는 말을 한 라파엘 천사의 대답에 관한 이야기(토빗기 5:18) 등이 있다. 그래서 그는 이 모든 경우에 있어서 자연법의 불변성, 즉 본질에 관한 의문을 신학-해석학적인 차원에서 엄밀하게 설명하고 있으며, 이와 동시에 **자연법의 내용을 규정할 때 지나치게 교조적으로 해석해서도 안 된다**고 경고하기도 한다.[18)]

스콜라주의자들은 처음에는 윤리학, 법, 사회, 가정, 국가의 형태, 그리고 사회학과 국가론의 근거를 찾는 철학적 관심에서 시작하였다. 그렇지만 그들은 구약성서의 해석학과도 이미 깊은 연관을 맺고 있었다. 할레스의 알렉산더는 성 아우구스티누스의 학설을 되돌아보면서 **영구법**은 하나의 인장(印章)이고 자연법은 이 인장이 이성적 인간의 본질에 각인(刻印)된 것이라고 하며, 나아가 하느님의 모상이라는 아름다운 형상을 발견한다. 다시 말해서 마치 변할 수 없는 사유의 규범인 사유 법칙들이 사변적인 이성, 즉 지성을 지배하는 것처럼, 지성이 지성의 본성인 진리의 인식에 봉사해야 한다면, 이 법칙들은 직접 비추어지고 확실하며, 실천이성의 영역에서 또한 의욕과 행위를 위해서도 밝히 비추어 주고 확실한 최고의 도덕 원칙이 존재한다는 것이다. 그래서 모든 행위가 이 원칙에 따라 수행되는 경우에만 모든 행위는 도덕적인 것이

17) H. Rommen, *Die Ewige Wiederkehr des Naturrechts*, S.56.

18) 같은 책, S.57 참조.

된다. 이러한 내적인 자연법은 결코 파괴될 수 없다. 그렇지만 개별 인간들이 최상의 원칙으로부터 벗어나 더 추론해 나가게 되면 자연법을 만든 분인 하느님으로부터 멀어짐으로 말미암아 어둠에 빠지게 되고 만다. 여기서 할레스의 알렉산더는 플라톤적인 비유를 들고 있다. 즉, 이것은 태양이 언제나 변함없이 존재하지만, 구름이 태양 앞을 스쳐 지나가거나 일식 때 달이 태양 빛이 지구에 도달하는 것을 방해하는 것과 같다는 것이다.

할레스의 알렉산더는 제일원리의 불변성에 대한 확신을 간직한 채, 구약성서와 그 밖의 자료에서 발견할 수 있는 더 이상의 추론의 변화 가능성을 교부들을 통해 전수된 스토아학파적인 구분, 즉 타락 이전의 제1자연법과 타락 이후의 제2자연법을 구분하는 논리에 따라 설명해 보려고 하였다.

사실 완전한 자연 상태(status naturae integrae), 즉 신학적으로 말하자면 타락 이전의 자연 상태(Naturzustand)는 이미 성 아우구스티누스가 설파한 대로 공동생활, 결혼, 가족 그리고 국가 형태의 공동체를 형성했을 수도 있다(이러한 자연 상태는 개인주의와 더 나아가 문명 상태(status civilis)와도 크게 구분된다). 그러나 이러한 자연 상태 안에 재화 공동체, 평등한 인격적 자유, 그리고 강제력 없는 법질서가 지배했다면, 이미 그 상태는 현실화되었을 것이다. 타락한 본성의 상태에서, 즉 타락 이후에 비로소 사유재산, 자유 제한, 국가의 강제력, 개인적 불평등 등이 나타나게 된 것이다. 그렇다고 해서 이러한 것 때문에 자연법 자체가 변화되는 것은 아니다. 왜냐하면 지금도 여전히 "평화롭게 살아야 한다(pacifice est vivendum)"는 근본적인 규범은 타당하기 때문이다. 그러므로 이러한 규범 자체가 변화하는 것이 아니라 이러한 규범의 적용에서 변화가 있었을 뿐이다. 제2자연법, 즉 십계명 중 두 번째 석판에 쓰인 내용은 타락의 결과라는 것이다.[19)]

그러나 이러한 설은 완전히 사라지지 않을 수 없었다. 왜냐하면 이러한 설의 전개는 원래 달성했어야 하는 것, 즉 구약성서에 나타난 자연법에 모순되는 것들에 대한 도덕철학적 논증에 실패했기 때문이다. 그래서 할레스의 알렉산더는 알베르투스 마그누스(Albertus Magnus, 1193-1280)와 다른 초기 스콜라 학자들과 마찬가지로 하느님의 최고의 의지와 모든 법에 우선하는 하느님의 통치의 이론의 도움을 받게 된 것이다. 이러한 논의를 펼칠 경우 전체 이론의 구조가 부실해질 것이라는 사실을 느끼고는 있었지만 어찌 할 수는 없었다. 이러한 난제의 해결을 위해 토마스 아퀴나스의 천재성을 무엇보다도 필요로 하게 되었다.[20] 그러므로 우리는 이제 토마스 아퀴나스의 자연법사상을 살펴보지 않을 수 없다.

3. 중기 스콜라 시대의 자연법사상

1) 주지주의적 관점에서 본 토마스 아퀴나스의 자연법사상[21]

토마스 아퀴나스는 인간이 하느님의 모상(模像)이라는 전제에서 출발한다. 사유(思惟)와 자유의지는 인간을 모든 지상의 피조물과 구분해 주는 가장 본질적인 것이다. 바로 이 속에 인간은 특별히 하느님의 모

---

19) 십계명 중 앞의 3계명은 첫 번째 석판에, 나머지 7계명은 두 번째 석판에 새겨졌을 것이라는 것은 단순히 관행적인 것이다. 성서 자체는 이 사실에 관하여 아무런 정보를 주지 않기 때문에, 우리는 십계명이 두 석판에 어떻게 배열되었는지를 모른다. Louis Hartman, C.S.S.R., "The Enumeration of the Ten Commandments," *The Catholic Biblical Quarterly*, VII, 1945, p.105, note 1 참조.

20) H. Rommen, *Die Ewige Wiederkehr des Naturrechts*, S.58.

21) 토마스 아퀴나스의 자연법사상에 관해서 Gustaf J. Gustafson, S.S. *The Theory of Natural Appetency in the Philosophy of St. Thomas*, The Catholic

상이며 동등한 모습을 가진 존재라는 것이 들어 있다. 인간의 지성과 자유의지는 창조 안에서 하느님의 최고의 모방이다. 토마스 아퀴나스는 모든 피조된 존재는 비록 신적인 것과는 전혀 다른 종류의 것이기는 하지만 동일한 존재의 모상이며 신적인 존재에 참여하고 있으며, 무기적(無機的)인 단순한 무생물적 존재부터 시작해서 하느님이 자신의 모상으로 창조한 인간에 이르기까지 늘 실체의 유추(analogia entis)라는 사고로부터 즐겨 출발했다.

여기서 목적론적 사유가 자리를 잡게 된다.[23] 신적 이성에 의해 사유된 이념의 예화인 사물의 본질성은 동시에 사물의 목적도 구성하게 된다. 즉, 사물의 완성은 그 본질성이다. 형상의 원인과 목적은 하나인 것이다(즉, 형상인(形相因, causa formalis) = 목적인(目的因, causa finalis)이다). 창조주의 의지에 의해 창조된 피조 세계의 본질 존재 안에 이 세계 내의 존재의 규범도 침잠해 있다. 본질 **존재** 안에 본질 **당위**도 뿌리를 내리고 있다. 모든 이성적인 존재의 행위와 모든 이성적 피조물의 운동의 제일원인(causa prima)으로서 세계를 조정하고 이끄는 한, 심지어 하느님의 지혜인 **영구법**(lex aeterna)도 이 안에 존재한다. 하느님의 의지와 지혜에 의한 세계의 지배가 영구법이다. 그래서 이 법은

University of America Philosophical Series, Vol. LXXIV, Washington D.C., 1944, pp.84-90; Walter Farrell, O.P., *The Natural Moral Law According to St. Thomas and Suarez*, Ditchling, England: St. Dominics Press, 1930; *A Companion to the Summa* (4 vols.), II, New York: Sheed and Ward, 1938, pp.365-389; Hans Meyer, *The Philosophy of St. Thomas Aquinas*, trans. by Frederic Eckhoff, St. Louis: Herder, 1944, pp.455-473; 특히 H. Rommen, *Die Ewige Wiederkehr des Naturrechts*, SS. 59-71 참조.

23) 목적론에 대한 우수한 논의에 관해서는 R. Garrigou-Lagrange, O.P., *God: His Existence and His Nature* (2 vols.), trans. by Bede Rose, O.S.B., St. Louis: Herder, 1934-36, I, pp.199-204; K. F. Reinhardt, *A Realistic Philosophy*, pp.87-89 참조.

이 세계의 질서가 된다. 그리고 하느님에 의해 창조된 본성에 따라 피조물은 이 법을 준수하는데, 죽어 있는 무생물로부터 말없이 살아 있는 것을 포함하여 이성적이고 자유로운 피조물까지 이에 해당된다.[24]

이 영구법은 이성적이고 자유로운 존재인 인간이 인지하고 의지할 수 있도록 완성해 주는 법칙으로, 말하자면 이론적, 실천적 이성의 법칙이다. 인간은 '어떻게 보면 모든 것(quodam modo omnia)'이므로— 이 말 속에는 인간이 모든 것 중에서 우월한(eminenter omnia) 신의 모상이라는 말이 들어 있다— 육체적, 감각적 그리고 이성적 존재로서, 심지어는 그 본질성(Wesenheit)에 따라 인간은 영구법에 종속되는 것이다. 맹목적인 강압이나 필연성이 아니라 당위가 인간이 법을 따르게 하는 방법이 된다. 이리하여 자유로운 이성적 존재인 인간에게 영구법은 **도덕적 자연법**이 되는 것이다. 그래서 토마스 아퀴나스는 자연법은 "이성적 피조물에 있어서 영구법의 참여(participatio legis aeternae in rationali creatura)"라고 하였다.[25] 하느님이 인간의 본성(Natur)에 부여한 인간 본질(Wesen)의 완성은 인간 스스로가 자신의 이성을 통해 인식하고 의식한 대로 의욕하고 실현해야 하는 것이다.

자연법은 그 본래적 의미에서 우선 '법칙', 즉 따라야 할 규범이다. 그러나 법칙은 맹목적으로 따라야 하는 것은 아니다. 현대의 '자연법칙'은 전용된 의미에서만 법칙일 뿐이다. 왜냐하면 법칙은 행위의 규범이자 척도인데, 이를 행하는 것은 오직 이성적 피조물만이 할 수 있기 때문이다. 이 이성적 피조물의 근본 규범은 다름이 아니라 "너의 이성적 본성에 따라 행동하라"는 것이다. 왜냐하면 이성적 본성은 자의식(自意識) 안에서 인식되고 인간의 본질 당위(Wesenssollen)이기 때문이

24) H. Rommen, *Die Ewige Wiederkehr des Naturrechts*, S.61 참조.

25) 영구법에 관해서 Thomas Aquinas, *Summa Theologica*, I-II, q. 91, a. 1 및 q. 93, a. 3 참조.

다. 본질 당위의 자유로운 실현을 통해서 인간은 인간, 즉 자유로운 이성적 존재자가 된다. 인간의 본질 이념 안에 신의 지혜와 인식뿐 아니라 의지도 계시된다.

토마스 아퀴나스는 선에 관한 형이상학적인 개념을 통해 마찬가지의 결론에 도달한다. **이성**이야말로 어떤 행위의 도덕적 질을 평가하는 데 있어서 가장 우선되는 규정이다. 한 행위는 그것이 이성과 본성에 본질적으로 합치할 때 도덕적이고 이에 반하면 비도덕적이다. 그러면 이성은 무엇을 기준으로 하나의 행동이나 대상이 본질에 일치하는지를 측정할 수 있는가? 이에 대한 답을 토마스 아퀴나스는 다음과 같이 하고 있다. 모든 행위자는 현실성이 있는 이성과 의지의 자유를 소유하고 있고, 그것을 전제하고 어떤 목적을 위하여 행위한다. 여기서 움직이게 하는 원리, 즉 목적은 어떤 선한 것으로 인식되고 의욕된다. 그러나 목적이란 그것이 선한 한에 있어서만, 그것을 추구하는 것이 사람들로 하여금 행위하는 것을 가치 있게 하는 것이다. **선은 행위를 하게끔 한다. 선은 궁극적으로 그 자체가 추구하고 욕구할 만한 가치를 지닌 것이다.** 마치 인식이 존재를 향하듯이, **의지는 선을 향한다**. 그리고 지성이 존재하는 물질을 인식하듯이, 의지는 추구할 만한 것으로 인식된 사물을 선으로 파악한다. **모든 존재는 선하다**(omne ens est bonum).[26] 존재는 본질의 성질(Wesensnatur)에 수렴되는 것으로 나타나는 한, 선이다. 모순율, 심지어는 직접적으로 명료한 사유 원칙 등과 같은 사변적 이성의 최고 원칙들이 이성과 사유를 이끌듯이, 토마스 아퀴나스는 최고의 원리, 즉 실천이성인 의지에 대한 '법칙'도 있다는 것을 인지하고 있었다. 즉, **선은 행해져야 하는 것**이라는 것이다. 이론이성이 존재로 인식하고 그 안에서 인식과 존재가 일치한다는 진리가 파악된 존재도, 의지, 즉

---

26) *Summa Theologica*, Ia, 5.1.

실천이성에게는 선으로 드러난다. **존재하는 것은 반드시 존재해야만 하는 것이다. 선한 존재와 참된 존재는 호환적이다**(ens et bonum et verum convertuntur).[27]

그래서 선을 실천해야 한다는 것은 자연적인 도덕법칙의 최고의 계명이 되며, 최고의 규범이다. 좁은 의미의 자연법의 기본규범은 다음과 같은 명제로 표현될 수 있다. 즉, **정당한 것은 행해져야 한다**는 것이다. 그런데 이것은 너무나 일반적인 원칙이다. 그러므로 구체적 행위를 통해 추구되는 것이 얼마만큼 참된 선일 수 있겠는가 하는 규정이 필요하다. 예를 들면 다음과 같은 삼단논법으로 표현해 볼 수 있을 것이다. 이 행위는 선하다. 이 행위는 선을 추구한다. 그러므로 그 행위는 행해져야 한다. 물론 이 삼단논법이 항상 합리적으로 진행되는 것은 아니지만, 선은 행해져야만 한다는 것이다. 여기서 **선은 본질 본성**(Wesensnatur)**에 일치하는 것**이다. 한 사물의 본질은 창조 질서 안에 그 목적을 드러내며 완전한 성취 안에 성장과 생성의 목적도 있는 것이다. 본질 본성이 바로 척도가 된다. 이 본질 본성에 일치하는 것은 선한 것이고, 본질 본성에 일치하지 않는 것은 선하지 않은 것이다. 그러므로 그것은 하나의 사물의 본질 이념이며, 여러 행위와 다른 사물과 이 본질 본성과의 관계가 선함(Gutsein)의 척도가 되는 것이다. 다시 말해서 선을 행해야 한다는 말은 바로 "너의 본질 본성을 실현하라!"라는 말과 같은 것을

---

27) *Summa Theologica*, Ia. IIae, q. 94, a. 2. 구스타프선은 "토마스에게서는 진리와 선은 하나이다. 즉, 선의 학인 진리의 학이 있다. 따라서 의무를 수반하는 참된 행위가 있다. 물론 지식과 행동 간에는 구별이 있으나, 사변적이면서도 실천적인 하나의 지성만이 있는 것이다. 그러므로 우리는 성 토마스의 윤리학의 목적은 인간이 참으로 존재하는 대로 어떤 행동을 하여야 하는가, 즉 인생을 인생의 참된 목표에로 바르게 지시하는 것이라고 정의를 내릴 수 있을 것이다. 이러한 토마스의 견해야말로 완전히 현실적이다."라고 말하였다. G. J. Gustafson, *The Theory of Natural Appetency in the Philosophy of St. Thomas*, p.100.

의미한다. 이 본질 본성은 실재와 본질(existentia und essentia)에 있어서 하느님의 창조 의지와 지혜로부터 나오기 때문에, 그 명제는 더 계속해 나간다: "이로 말미암아 너에게 본질 본성의 인식을 진리에 맞게끔 알려 준 신의 의지를 너는 실현하라." 그러므로 동일한 존재가 이론이성에는 참 존재(Wahr-Sein)이며, 실천이성에는 선 존재(Gut-Sein)이다.[28]

이러한 사고방식은 더 확대되어 나간다. 본질 본성과 그 목적에 일치하기 때문에 그 자체로 선하고 도덕적이고 정의로운 행위가 존재한다. 그렇지만 반대로 본질 본성에 거스르기 때문에 그 자체로 선하지 않고 비도덕적이고 부당한 행위도 존재한다.[29] 다시 말해서 물론 이것은 하느님과 인간 안에서 의지가 아니라 지성이 우위에 있다는 신학과 인간학의 전제 아래에서만 그러하다.[30] 그러므로 본질성 자체가 불변일 경우에만 자연법(lex naturalis)은 불변의 근본 규범이 되고, 본질 본성은 도덕적인 것과 정의로운 것의 타당한 척도가 될 수 있다는 것이다. 그러나 이것은 본질 본성이 그의 이념, 그의 본질, 그의 현존을 신 자체의 불변하는 본질성에 힘입고 있다는 것이 전제된다. 사실 이것들은 이 신

28) *Summa Theologica*, I, qu. 82, 2. ad 1. 구스타프선은 이 대목을 "행하여야 하는 것을 선으로, 피하여야 하는 것을 악으로 보는 것은 인간이 이성과 의지에 의하여 드러나는 인간의 본성이다. 그러므로 그의 본성에 따라 선을 행하고 악을 피하는 명령에 따르는 것이야말로 자연법의 가르침의 명령이다."라고 해석하였다. G. J. Gustafson, *The Theory of Natural Appetency in the Philosophy of St. Thomas*, p.101 참조.

29) 실천이성의 첫 번째 정언명법은 "선을 행하고 악을 피하라"이다. 여기서 선은 인간 본성과 일치하는 것이다. Walter Farrel, *A Companion to the Summa Theologia*, II, p.380f.

30) 여기서 "인간이 무엇을 행하여야 하는 것을 알기 위해서는 무엇보다 먼저 인간이 무엇인가를 알아야 하고, 그의 본성, 그의 필요, 그의 가능성과 한계를 알지 않으면 안 된다."고 보는 인간학의 전제를 도덕적 자연법과 결부시키는 것에 우리는 유의해야 할 것이다.

의 본질성의 모방이다.

그래서 캐스레인(V. Cathrein)은 “인간 본성이 도덕적 선의 직접적인 척도가 된다면, 영원에 대한 신적 인식에 근거하여 인간의 본성이 인간적인 것의 이념을 구현할 때 비로소 불변하는 윤리적 판단의 규범이 성립될 수 있다. 신적 인식 안에서의 사물의 이념은 그 내용에서 단순한 모상일 뿐이다. 신은 이 모상을 통해 자신의 본질을 흉내 낼 수 있도록 한 것이다. 이는 인간의 이념에 관해서도 타당하다.”[31]라고 말한다.

신적 본질과 동일한 활동(uno actu)에서 신적 인식과 이를 통해 동일한 활동에서 알려진 신의 창조 의지는 본질 본성과 그의 불변성의 근거가 된다. 그래서 클로이트겐(J. Kleutgen)은 “하느님이 우리가 자연법이라고 부르는 법칙을 필연적으로 부여하고 변화시킬 수 없다고 하는 것은 하느님의 의지가 하느님의 가장 완전한 본질성을 지양할 수 없기 때문이며, 또 하느님은 자기 자신과 갈등을 벌일 수 없고 사도들이 말한 대로 자신을 부인할 수 없기 때문이다.”[32]라고 말한다. 이 말이야말로 도덕 실증주의와 법실증주의를 거부하는 근본적인 이유가 된다. 의지는 율법이 아니라, 반대로 이성과 지성에 의해 하느님 안에서도 통제될 수 있을 때에만 올바른 법이 될 수 있을 뿐이다. 성 토마스 아퀴나스는 이와 관련하여 “정의가 오직 의지를 통한 규정이라고 말하는 것은 하느님의 의지가 지혜의 질서에서 나오는 것이 아니라고 주장하는 것과 같

---

31) Viktor Cathrein, S.J., *Moralphilosophie*, I, Freiburg: Herder, 1904, S.185f. 카트라인은 “우리가 우리 자신의 선을 부정하지 않는 한, 우리는 하느님을 부정하지 못한다.”라고 한 토마스 아퀴나스의 말을 상기시킨다. Thomas Aquinas, *Summa contra Gentiles*, Bk. III, chap. 122.

32) H. Rommen, *Die Ewige Wiederkehr des Naturrechts*, S.65. 롬멘은 클로이트겐(J. Kleutgen, 1811-1883)의 말을 인용한다. 클로이트겐은 예수회 회원이자 프라이부르크 대학 윤리학 교수이며, 제1차 바티칸공의회 문헌 작성자이다.

다. 그리고 이렇게 말하는 것은 신성모독이다."[33]라고 말한다.

"선을 행하고 악을 피해야 한다."는 자연법의 근본 규범은 **공리적**(公理的, axiomatisch) 성격도 가진다. 문제는 이것을 구체적인 사례에 적용하는 것이다. "가장 보편적인 원리는 모든 것에게 지표이다(principia communissima, quae sunt omnibus nota)."는 **자연법의 제일원칙**의 다른 표현으로 토마스 아퀴나스는 하느님 사랑과 이웃 사랑을 열거한다. 인간은 이러한 다른 원칙을 추론적 사고를 통해서 비로소 알게 된다. 그러나 이런 추론이 절대적으로 오류가 없는 것은 아니다. 왜냐하면 사변적 이성과는 반대로 실천이성은 열정, 죄에 빠지는 경향에 의해 그 명징성(明澄性)이 위협당하기 때문이다.[34]

■ 십계명과 자연법

토마스 아퀴나스에 의하면 자연법에 다가가는 두 번째 접근 방법이 있다. 그는 **십계명**을 자연법에 포함시킨다. 왜냐하면 십계명은 원리 추론(conclusiones ex principiis)으로부터 도출될 수 있기 때문이다.[35] 이 십계명은 자의적인 신의 명령에 의해 규정된 것이 아니라 선과 악의 근원적인 구분을 바탕으로 한 것이기 때문에, 이 십계명에는 필연적인 추론이 담겨 있다. 첫 번째 석판(石板)[36]에는 신 숭배에 관한 윤리적 규범의 내용이 담겨 있다. 그런데 이것이 두 번째 석판에 비해서는 내용이 명확하지 않은 것이어서 토마스 아퀴나스는 이를 위해 별도의 특별한 공표가 필요했을 것이라고 추론했다. 이에 비해 두 번째 석판의 내용은 인간 상호 간의 관계와 인간의 본성의 본질과 목적에 기초한 것이

---

33) Thomas Aquinas, *De veritate*, q. 23, a. 6.

34) H. Rommen, *Die Ewige Wiederkehr des Naturrechts*, S.66 참조.

35) *Summa Theologica*, II, 1, q. 100, 1과 3.

36) 제3계명. 출애굽기 31장 18절 참조.

기 때문에 좀 더 쉽고 좀 더 많은 증거를 바탕으로 이해할 수 있는 것이었다. 모든 인간 사회는 정의롭게 수립되어야만 한다. 십계명(특히 두 번째 석판)은 관계의 본질 본성에서 연원하고, 또다시 이성적이고 자유의지를 가진 사회적 존재인 인간의 본질 본성과 더불어 주어진 규범들을 묘사하고 있다. 실질적 내용의 규범인 이러한 규정들은 생명(제5계명), 남편과 아내라는 가장 고귀한 의미에서 인격(제6계명), 사유재산(제7계명), 명예(제8계명) 등을 보호하고 있다. 그리고 마지막으로 (제9계명과 제10계명은) 특히 욕망으로 유출되어 있는 재물에 대한 탐욕을 금하고 있다. 그렇지만 이 계명들을 어길 경우 제4, 제5, 제8계명을 어길 경우에 야기되는 것과 같은 본질적 공포(naturalis horror)가 야기되지는 않는다는 것이다.[37)]

이러한 결론에서 나오는 추론들이 명증(明證)을 위해 전제되는 보편적 특성을 개별적 규정들로 말미암아 필연적으로 상실해 버리기 때문에, 이러한 추론들이 그 자체로 이와 동일한 명증성을 가진 것이 아니라는 것을 토마스 아퀴나스는 자명한 것으로 여겼다. 그래서 한 걸음 더 나아가서 이 추론들은 **명백하게 인식될 수 있는 것도 아니며**, 그렇기 때문에 개별적 추론이나 전체 추론에 있어서 오류가 성립할 수도 있는 것이다.[38)] 그러므로 이 추론들은 가장 공통적인 원리(principia communissima)와 십계명 내용의 결론의 불변성의 특전에는 관여하지 못한다. 예컨대 개인의 소유권(depositum)을 돌려주어야 한다는 것은 법 제도의 본질이며 이성과 제7계명에서 보장된 일반적인 의미의 사유

37) H. Rommen, *Die Ewige Wiederkehr des Naturrechts*, S.67 참조. 십계명의 번호를 붙이는 문제에 관해서는 Louis Hartman, C.S.S.R., *The Catholic Biblical Quarterly*, VII, 1945, pp.105-108 참조.

38) 좀 더 상세한 논의는 Jaques Maritain, *The Rights of Man and Natural Law*, trans. by Doris C. Anson, New York: Charles Scribner's Sons, 1943, pp.62-64 참조.

재산권과의 일치로부터 추론된다. 그렇지만 토마스 아퀴나스가 주장하는 것처럼 개인의 소유물은 조국을 배신할 목적으로 사용될 가능성이 있을 경우에는 돌려주지 않아도 된다.[39] 여기서 비록 이성에 따른 행위의 보편 규범인 "각자에게 그에게 속한 것을 준다(suum cuique)."라는 원칙이 명백히 적용된다고 할지라도, 여기서 더 나아가는 결론은 적절하지 않다는 것이다. "이와 같은 원칙에서 멀리 떨어진 추론에 대한 판단을 위해서는 가장 다양한 상황에 대한 세심한 관찰이 필요하다. 그리고 **이러한 일은 아무나 하는 것이 아니라 현인(賢人)이 맡아서 할 일**이다."[40] 보편 원리를 어떤 특수한 것(aliquod particulare)에 적용할 경우, 틀리거나 불충분한 추론에 따라 오류가 발생할 수가 있다. 혹은 선을 어둡게 만드는 열정, 나쁜 습관 등에 의해서도 그렇다.[41] 여기에 그러한 방해 요소에 의해 영향을 덜 받는 이론적 이성과 명백히 구분되는 점이 있다.

토마스 아퀴나스는, 하느님은 그의 절대적 힘으로 십계명의 교훈으로부터 특면(特免)을 받을 수 있는가를 묻고 다음과 같이 답한다. 그는 이 물음에 대하여 십계명은 여하간 어떤 특면도 허용하지 않을 것이라고 응답한다. "십계명의 교훈들은 하느님이신 입법자의 근본 의도를 담고 있다. 하느님께로 우리를 인도하는 제1석판(십계명)의 교훈들은 공동선과 최종 선에 이르는 근본 명령을 담고 있다. 반면에 제2석판의 교훈들은 사람들 가운데서 관찰되는 정의의 명령을 담고 있다. 즉, 부당한 짓은 누구에게도 행하지 말며, 각자에게는 자기가 하여야 할 일이 주어져 있다. 우리가 십계명의 교훈을 받아들여야 하는 것은 이러한 의미에서이다. 결과적으로 십계명의 교훈은 어떤 특면(特免)도 허용하지

---

39) *Summa Theologica*, I-II, q. 94, a. 4.

40) *Summa Theologica*, I-II, q. 100, a. 1.

41) Thomas Aquinas, *De veritate*. q. 16, a. 2.

않는다."[42)]

그러나 구약성경에는 자연법으로부터 특면을 내포하는 구절들이 있지 않은가? 토마스 아퀴나스는 이에 대하여 하느님의 주권은 사람들과 구체적인 인간의 행동들과 제도들에 미친다는 것을 지적한다: "십계명의 교훈들은 그들이 포용하고 있는 정의의 개념과 마찬가지로 불변하는 것이다. 그러나 **개별적 행동**에 대한 적용에서 어떤 결정을 내릴 때, 예컨대 이 짓 또는 저 짓이 살인이라든가, 절도라든가, 간통이라든가 또는 아니라고 하는 경우에 **변화가 허용된다**. 때로는 **거룩한 권위에 의해서만 결정된다**. 즉, 결혼과 같은 거룩한 제도에 대해서는 배타적이다."[43)] 그렇다고 해서 이것이 토마스 아퀴나스가 17-18세기의 합리주의적 자연법의 과장(誇張)을 완전히 멀리하고 있다는 것만을 의미하는 것은 아니다. 왜냐하면 그의 주장에 따르면 **십계명만이 자연법의 내용에 속하는 것**이기 때문이다. 이것은 자연법(lex naturalis) 내지 자연권(jus naturale)이 실정법을 필요 없는 것으로 만들지 않고 오히려 요구한다는 사실을 의미하기 때문이다. 토마스 아퀴나스는 **자연 상태설에 대해서는 거의 관심을 기울이지 않았다**. 왜냐하면 자연법을 증명하기 위해 그는 그런 자연 상태설을 반드시 필요로 하지 않았기 때문이다. 추론이 가장 공통적인 원리에서 멀어지면 멀어질수록 판단의 여지도

---

42) 같은 책, q. 100, a. 8. 토마스 아퀴나스에 의하면 십계명의 교훈들은 하느님의 의지에 달린 것이 아니다. 이들은 명시적이 아니라 묵시적으로 타당하다. 왜냐하면 자연도덕법은 모든 법처럼 본질적으로 이성의 작품이지 의지의 작품이 아니기 때문이다. 여기서 이성이란 변화될 수 없는 신적 이성이다. Walter Farrell, O.P., *The Natural Moral Law According to St. Thomas and Suarez*, Clumy Media LLC, 2019, p.120.

43) *Summa Theologica*, ad 3, q. 94, a. 5, ad 2. 토마스 아퀴나스는 이러한 경우에 하느님은 입법자로 행동하는 것이 아니라, 인간의 삶을 주관하시는 주님으로 행동하신다는 것을 시사한다. Jaques Leclercq, *Les droits et devoirs individuels*, Namur: Maison d'Edition Ad., 1937, p.53f 참조.

그만큼 다양해지는 것이다. 그러므로 실정법이 구체적 상황에서 어떤 것이 바른 적용과 추론인지를 좀 더 정밀하게 규정하지 않을 수 없는 것이다.[44]

■ 자연법과 실정법의 관계

이러한 규정이 더욱 필요한 이유는 인간의 본성이 원죄[45]에 의해 비록 파괴되지는 않았다 해도 상처를 입었기에 선을 가까이하고 악을 멀리해야만 하며 내적인 목적을 지향하는 가운데에서도 역시 그래야 하기 때문이다. 선을 행하도록 자기 수련을 하고 습관을 기르는 일은 **보통 인간이 '감당할 수 있는 소관 사항'이 아니다.** 그래서 인간은 구체적으로 지시되고 형벌을 통한 제재를 갖춘 규범 체계가 필요한 것이다. 이 규범은 그 내적 본질에 있어서는 정의에 기여하고 개별적으로는 인간의 본질 본성의 완성에 기여하는 것이기 때문에 도덕적 권위와 권능을 가진 것이다.

실정법(positives Gesetz) 역시 시민의 덕성을 키우는 것을 목표로 하기는 한다. 질서와 외적인 평화도 유지되어야 할 뿐 아니라 법은 시민 교육 수단으로서 법적 동료들이 완전한 시민이 되도록 해야 한다. 그리고 이를 위해서 바로 실증적 규범, 강제 규정, 일반 법칙이 적용되어야 하는 상황에 대한 구체적인 규정 등이 필요한 것이다. 그래서 무엇이 도둑질인가를 규정하기 위해서는 사유재산의 타당성이 규정되어야 하는 것이다. 그러나 도둑질에 따르는 형벌의 경우, 재판을 통해 과연 도

44) H. Rommen, *Die Ewige Wiederkehr des Naturrechts*, S.68 참조.

45) 원죄에 관해서는 J. M. Herve, *Manuale theologiae dogmaticae*, II, nos, Paris: Berche et Pagis, 1935, pp.429-443; John A. Ryan, *Original Sin and Human Misery*, New York: The Paulist Press, 1942, pp.39-42 참조. 가톨릭 교회의 가르침에 의하면 원죄는 적극적인 것이 아니라 하느님이 인류의 원조인 아담에게 내려주신 초성적인 것의 결핍이며, 불가사의 선물이다.

둑질이 실제 발생했는지를 판결해야 하고 판결과 집행을 하는 데 있어서는 자의적인 판단을 피하기 위해서 더욱 상세한 법률적인 규정이 필요한 것이다. 그리고 이 규정은 시대, 문화, 민족에 따라 변화한다.

토마스 아퀴나스는 법(Recht)[46]에 관해 논의하는 경우에도 인간의 본질 본성을 문제 삼았다. 실정법은 이성의 산물이며 본질적으로 공동생활과 상관된다. 실정법은 인간이 이렇게 저렇게 행동할 것을 요구한다. 즉, 실정법은 외적 재판정(forum externum, 혹은 vis directiva, 지도력)과 상관된다. 그리고 법은 강요되는 규범이다. 강제(vis coactiva, 강제력)야말로 윤리가 아닌 법에는 고유한 것이다.[47]

실정법의 자연법과의 내적인 상관성으로부터 토마스 아퀴나스가 실정법이 자연법을 위배해서는 안 된다고 결론을 내린 것은 지당한 것이다. 실정법이 자연법, 즉 불변의 규범과 모순이 된다면, 그것은 더 이상 법이 아니며, 따라서 **양심**에 따라 법을 지켜야 할 의무를 가지지 않을 수 있는 것이다. 왜냐하면 양심의 의무 안에도 법의 힘과 의미가 성립하고 있기 때문이다.[48] 그럼에도 불구하고 올바르지 못한 실정법(자연법을 거스르지는 않는)을 따르는 것이 옳은 일일 수도 있다. 왜냐하면 좀 더 상위에 있는 자연법적 규범이 보편적 선을 위해 개별적인 선을 개별적인 경우에 희생할 것을 요청할 수도 있기 때문이다. 보편적 선은

---

46) 독일어에서는 법률(Gesetz)과 법(Recht)을 구별하며, positives Gesetz와 positives Recht은 구별되지만, 영어로는 이를 구별하지 못하며 똑같이 positive law라고 사용하고 있다. Gesetz는 때로는 도덕과 무관할 수 있으나, Recht는 도덕적이다. 여기서 우리는 독일인과 영미인의 법의식의 차이를 들여다 볼 수 있다.

47) *Summa Theologica*, II, 1. q. 90, 1. ad 3; H. Rommen, *Die Ewige Wiederkehr des Naturrechts*, S.70 참조.

48) *Summa Theologica*, II, 1. q. 1. ad 2: "synderesis dicitur lex intelletus nostri." 토마스 아퀴나스는 syndresis와 conscientia를 구별한다. 전자는 오류가 없으나, 후자는 착오를 일으킬 수 있다.

예를 들면 법 수호, 외적 평화 질서 등과 같은 개인의 권리보다 더 높은 가치를 지닌 것이다. 올바르지 못한 법은 지킬 의무가 있는 것이 아니라, 평화와 공동체 유지라는 더 높은 규범만이 지킬 의무가 있는 것이다.

그래서 구체적인 개별화에 이르기까지 자연법에 관한 모든 법은 영구법과 연관되어 있으며 영구법으로부터 영향을 받는다. 실정법에서도 올바른 실천(rectitudo practica), 즉 인간의 본질과의 관계인 이성성(理性性, Vernünftigkeit)은 역시 본질 요소이며 또한 본질 요소여야만 하는 것이다. 토마스 아퀴나스에게서 법은 이성이지 단순한 자의적 의지가 아니다.[49]

토마스 아퀴나스는 법에 대한 개념 정의를 시도하면서, 법이 의지에 더 가까운 것인가, 아니면 이성에 더 가까운 것인가의 물음을 제기했고, 그는 명확히 이성 쪽에 기울어진 대답을 했다. 만일 법이 이성에 의하여 규정되지 않은 의지로부터 법을 정의하고자 한다면 불법에 이르게 될 것이다.[50] 의지란 이성으로 하여금 그 계획을 수행하게 하는 수단일 뿐이다.[51]

자연법은 실정법의 척도이다. 그러나 이는 자연법의 불변성, 인간의 지속하는 본질 본성, 그리고 신과 인간 안에서 의지보다 지성이 앞선다는 사실과 아주 밀접하게 연결되어 있다.

■ 토마스 아퀴나스의 자연법사상의 한계

토마스 아퀴나스는 아리스토텔레스가 목적론적 형이상학과 자연 개

---

49) 여기서 토마스 아퀴나스는 관습과 법의 조화를 도모한다. *Summa Theologica*, Ia. IIae. q. 97, a. 3 참조.

50) *Summa Theologica*, II, 1. q. 90, 1. ad 3.

51) *Summa Theologica*, II, 1. q. 17, 1.

념을 통해 제시하고자 했던 방법을 이용하여 자연법을 규명한다. 모든 존재가 추구하는 것은 선이기 때문에 그는 "선을 행하고 악을 피하라",[52] "이성에 따라 행하라"[53]는 명령에 자연법을 기초한다. 그러나 그가 제시하는 자연법에서 자연 개념은 다의성과 불확실성을 피하지 못한다. 왜냐하면 자연은 단지 목적적인 형상, 즉 완벽하게 형성된 존재일 뿐만 아니라 또한 몰가치적인 면도 가지고 있기 때문이다. 그는 "인간의 자연적인 성향이 원하는 모든 것을 이성은 자연적으로 선으로 파악하고, 그 반대를 악으로 파악한다. 자연법의 질서는 자연적인 성향의 질서에 따르는 것이다."[54]라고 말한다. 그런데 모든 자연적인 성향들이 가치적인 면에서 '자연에 합당'한 것이 아니라, 좋은 성향들만이 '자연에 합당'한 것이 되기 때문에, 자연 개념은 선과 악에 대한 기준을 제공할 수 있느냐는 의문이 생긴다. 문제는 자연에 합당한 것이 선의 구체적인 내용을 정의하는 것이 아니라, 선이 비로소 자연에 합당한 것이 무엇인가를 규정해야 하는 것이 아니냐는 반문이 생긴다. 여기서 우리는 그의 자연법이 순환논법에 이르게 된다고 생각해 볼 수 있다. 이미 선한 것으로 여겼던 것을 자연에 합당한 것으로 제시하고 선의 인식 근거로 사용하는 것이다.

토마스 아퀴나스는 노예제도와 사형제도에 대해 아리스토텔레스와 교부들의 견해에 동조했다.[55] 이것은 훗날 전통 신앙인에 대한 나쁜 영향을 막기 위해 불신자에 대한 전쟁을 허용해야 한다[56]는 주장과 함께, 식민지 전쟁을 정당화해 주는 논거를 제공했다는 비판을 받는다.[57] 칸

---

52) *Summa Theologica*, II, 1. q. 94, 2: "bonum est faciendum et prosequendum, malum vitandum."

53) *Summa Theologica*, II, 1. q. 4: "secundum rationem agere."

54) *Summa Theologica*, II, 1. q. 94, 2.

55) Thomas Aquinas, *Summa contra gentiles* III 81.

56) *Summa Theologica*, II, 2. q. 10, 8.

트는 아리스토텔레스, 아우구스티누스, 토마스 아퀴나스, 칼뱅 등을 싸잡아 "이단자 재판관을 향해 양심이 없는 사람"이라고 비판했다.[58] 토마스 아퀴나스의 낙관적인 이성 중심적인 주지주의에 반대하여 둔스 스코투스는 토마스 아퀴나스의 노예제도와 사형제도 용인과 십계명의 해석 등을 사랑의 원리인 자연법에 위배되는 것으로 거부하고 의지 중심적인 주의주의(voluntarism)를 제시하고 나섰다.

2) 주의주의적 관점에서 본 둔스 스코투스와 오컴의 자연법에 대한 견해

둔스 스코투스(Johannes Duns Scotus, 1266-1308)가 **의지가 지성에 앞선다**[59]는 주장을 하면서부터 자연법사상에 또 하나의 사유(思惟)의 흐름이 나타나게 되었다. 이러한 사유는 이후 수 세기에 걸쳐 법철학의 영역에서 세속화된 형태로 반복해서 나타났다. "법은 의지이다."라는 명제는 법실증주의와 법학의 의지론을 통해 세속의 입법자와 연관이 된다.

둔스 스코투스는 도덕성은 하느님의 의지에 근거하는 것이라고 보았다 어떤 것이 선한 이유는 그것이 하느님의 본질이기 때문이거나 유추적으로 인간의 본성에 일치하기 때문이 아니라, 신이 그것을 원하기 때문이라는 것이다. 그래서 자연법도 내용적으로는 다른 것일 수 있다는

57) J. Hoeffner, *Christentum und Menschenwuerde*, 1947 참조.

58) Immanuel Kant, *Religion innerhalb der Grenzen der blossen Vernunft*, Philo. Bibliothek, S.218 참조.

59) J. Duns Scotus, Opus, *Oxoniense*, IV d. 49 q. 4. 중요 문헌으로는 Joseph Klein, "Intellekt und Wille als die naechsten Quellen der sittlichen Akte nach J. D. Scotus," *Franziskanische Studien*, 1916, 1919, 1920, 1921; G. Stratenweth, *Die Naturrechtslehre des J. D. Scotus*, 1951.

것이다. 왜냐하면 자연법은 이성적으로 자기의식적인 하느님의 본질과 가장 내면적인 차원에서 관계가 없는 것이기 때문이라는 것이다. 그렇기 때문에 둔스 스코투스는 십계명의 두 번째 석판에 쓰여 있는 율법이 불변의 것은 아니라고 해석했다.[60)]

이리하여 신학의 난제, 즉 구약성서에서 언급되고 하느님에 의해서 주어진 자연법의 사면(赦免, dispensation)의 문제, 예를 들어 이삭을 제물로 바치려던 일, 호세아의 아내의 간통, 조상들의 일부다처제의 문제 등은 이제 쉽게 설명될 수 있는 것으로 해석되었다. 그러나 사실 토마스 아퀴나스도 이런 것을 알고 있었을 것이라는 해석도 있다.[61)] 그러나 유명론(唯名論, nominalism)의 주동자인 오컴(William of Ockham, 1300?-1349?)이 등장하면서 약 3세기 동안 자연법사상은 단순한 도덕 실증주의로, 심지어 허무주의로 끌려 다니게 되었다. 오컴에 의하면 의지는 더 고귀한 권능(nobilior potentia)이고 지성은 단지 주인인 의지를 섬기는 횃불을 밝히는 존재에 불과한 것이다. 하느님의 본질성과 인간의 본질성 간에는 창조 사실 외에 아무런 내적 관계, 즉 실체의 유추(analogia entis)가 없다는 것이다. 그러므로 사물의 본질, 존재 질서, 가치 질서에 근거하는 **불변의 도덕 질서라는 것은 존재하지 않는 것이 된다.** 모든 존재가 하느님의 존재성에 참여하지 못한 채로 하느님의 단순한 자의적(恣意的) 의지에 근거하는 것처럼 모든 당위도 그러한 하느님의 자의적 의지에 근거하는 것이다. 당위는 사물의 근거(fundamentum in re)가 없다는 것이다. 이는 마치 **보편**(die Universalien)이 단지

---

60) H. Rommen, *Die Ewige Wiederkehr des Naturrechts*, S.71 참조.

61) 같은 책, S.72 참조; Walter Farrell, O.P., *The Natural Moral Law According to St Thomas and Suarez*, pp.120-130 참조. "자연법의 원리는 현시적이 아니라 묵시적으로 타당하다."고 말하면서 토마스 아퀴나스를 변호하기도 한다.

말소리(flatus vocis)에 불과하며 하느님 안에 있는 이념의 필연적 존재의 이상적인 모상이 아닌 것이라는 것이다. 이리하여 오컴은 한 단계 진보한 초자연주의에 이르게 되었지만, 자연적인 것(das Natürliche)을 거의 완전히 무가치한 것으로 만들어 버렸다.[62)]

오컴에게서 자연법은 실정법이며 하느님의 의지이다. 하나의 행위는 그것이 하느님의 인간에 관한 모범적인 이념이 인간에 의해 존재와 당위에 따라 드러나는 곳인 인간의 본질 본성에 일치하기 때문이 아니라, 하느님이 그것을 바랐기 때문에 선한 것이다. 하느님의 의지는 반대되는 법을 의지하고 규정할 수도 있었다. 그리고 이 법에도 현행법과 마찬가지로 역시 의무적인 권위가 부여되고, 이 법은 하느님의 자의적 의지가 규정하는 정도에 따라 타당한 것이 되는 것이다. **법은 의지이다.** 즉, 실재에, 본질 본성에 근거가 없는 단순한 의지인 것이다. 그래서 죄는 부도덕성의 내적 계기를 전혀 가지고 있지 않다. 불법 또한 불의(不義, Ungerechtigkeit)의 계기를 전혀 가지고 있지 않다. 이 두 가지는 모두 하느님의 의지에 대항하는 외적인 위반일 뿐이다. 우르반(Urban)은 유명론을 '자유의 역사적 변증법'의 한 패러다임으로 보고 자연법사상의 하나의 전개 형태로 평가하고 유명론을 가톨릭 사상에서 빼놓을 수 없는 것으로 이해한다.[63)]

그래서 둔스 스코투스는 보편, 즉 본질성의 개념이 아니라 **개별**[64)] 현

---

62) H. Rommen, *Die Ewige Wiederkehr des Naturrechts*, S.72 참조; William of Ockam, *Sent*. III q. 11; H. Welzel, *Naturrecht und Materiale Gerechtigkeit*, SS.123-127 참조.

63) Claus Urban, *Nominalismus im Naturrecht*, Düsseldorf, 1979, SS.15-18, 108 참조.

64) J. Duns Scotus, *Oxoniense*, II d. 3 q. 7 n.: "in principalibus autem entibus est a Deo intentum individum principaliter." 그는 개별적인 것은 경험될 수 있을 뿐이며 보편적인 이성 개념으로 도출될 수 없으며, 개별성은 보편성보다 우위에 있다고 주장했다.

상만을 보기 때문에 전체 창조 안에, 특히 인간 안에 내재하는 하느님을 지향하는 목적론적(teleologisch) 질서, 나아가 그러한 질서의 인식 가능성도 인정하지 못한다. 둔스 스코투스에게서는 **참되고 선한 실체**(ens, verum et bonum)의 **단일성**(Einheit)이란 존재하지 못한다. 도덕적 선은 하느님의 자의적 의지와의 단순한 외적인 일치에 의해 성립하는 것이다. 그리고 이 자의적 의지는 하느님의 자의적인 결정에 종속되는 것이기에 언제나 변할 수 있다는 것이다.[65]

인간을 구속하는 실정법이 인간을 지배하기 때문에 인간은 죄를 짓게 된다. 하느님은 죄를 지을 수 없다. 왜냐하면 그것이 하느님의 신성에 모순되기 때문이 아니라, 하느님을 지배하는 법이 없기 때문이다. 그래서 **불변의 자연법은 존재하지 않는다**는 것이다. 즉, 실정법을 내적으로 통제하는 자연법이란 존재하지 않는다는 것이다. 실정법과 사실상 **또 다른 실정법**인 자연법은 서로 내적인 관계를 전혀 맺고 있지 않다는 것이다.[66]

우리는 여기서 마키아벨리의 『군주론(*Principe*)』, 홉스의 『리바이어던(*Leviathan*)』, 그리고 그를 지배하는 그 이상의 규범이 없기 때문에 "최고 군주의 의지가 곧 법"이라고 주장하는 근세의 실증주의의 의지론과 일치하는 사유 구조가 명확히 드러나는 것을 찾아볼 수 있다.[67]

지성과 의지 중 어느 것이 더 높은 권능(nobilior potentia)인가에 관한 논쟁은 오컴 학파의 도덕 실증주의에서 스콜라주의의 자연법론을 깊은 심연에 이르도록 분열시켰다. 그러나 종교개혁 시대에 들어와서

65) H. Rommen, *Die Ewige Wiederkehr des Naturrechts*, S.73.

66) 같은 책, S.74 참조.

67) 둔스 스코투스와 오컴의 입장에 대해서는 Anton Hermann Chroust, "Hugo Grotius and the Scholastic Natural Law Tradition," *The New Scholasticism,* XVII, 1943. pp.101-112 참조.

새로워진 스콜라주의는 은총론과 신론에 있어서 토마스 아퀴나스의 학설로 돌아간 것과 마찬가지로 사변적이고 존재론적인 것에 근거한 자연법의 재정립에 성공을 거두었다. 그러면 우리는 어떻게 영구법의 체계를 약화시켰던 유명론을 박차고 17세기에 들어와서 스페인에서 후기 스콜라철학이 등장하면서 다시 자연법이 부흥하게 되었는가를 살펴보기로 하자.

4. 후기 스콜라 시대의 자연법사상

1) 수아레즈, 바스케즈, 벨라르미노의 자연법사상

후기 스콜라주의에서는 법철학이 심도 있게 다루어졌다. 이러한 작업에 관여한 여러 유명한 학자들 가운데 특히 스페인 출신인 프란시스코 데 비토리아(Francisco de Vitoria, 1483?-1546), 수아레즈(Francisco Suarez, 1548-1617), 바스케즈(Gabriel Vasquez, 1549-1566), 그리고 이탈리아인 복자(福者) 벨라르미노 추기경(Roberto Francesco Romolo Bellarmino, 1542-1621) 등은 걸출한 인물들이다.

그들이 자연법과 법철학에 천착하게 된 데에는 많은 이유가 있었다. 우선 이론적 이유가 있었다. "**오컴주의는 신학뿐 아니라 형이상학과 윤리학을 황폐화시키는 데 영향을 끼쳤다.** 여기서 이성은 더 이상 풍요한 것이 되지 못했다. 소위 종교개혁가들은 오컴주의를 통해 신학에 결정적인 타격을 입히고 결국은 이성(ratio)을 경멸하며 신학에 의지주의를 도입하게 되었다. 또한 원죄에 의해서 파괴된 본성(natura deleta)의 이론까지 내세우기에 이르렀다. 이러한 이론에 따르면 전통적인 자연법은 사변적으로 성립 불가능한 것이 된다."[68]

르네상스 시대의 정신은 세속적 사유, 세속적 지혜를 해방시키고 이를 하느님에 관한 지식과 대립시키기 위하여 오컴이 신앙과 지식을 분리한 것을 이용하였다. 폼포나티우스(Pomponatius, 1462-1530)는 이중적 지혜에 관해 언급하였다. 자연법은 실증적인 신의 자의적 행위로 간주되면서, 법은 실증적으로 영구법(lex aeterna)과 분리되었다. 마키아벨리(Niccolò Machiavelli, 1469-1527)는 법을 세속화시켰고, 정치에 영향을 미치게 하였다. 오컴이 말한 신의 절대 권능(potentia absoluta)은 홉스(Thomas Hobbes, 1588-1679)에 와서 왕의 절대 권력으로 변모되었다. 여기에는 현실적인 이유가 있었다. 이념적으로 뿐만 아니라 현실적으로도 그리스도교 세계(orbis christianus)는 '세계'로서의 종말을 고했다. 즉, 스페인과 포르투갈이 인도와 미 대륙을, 그리고 그곳에서도 **씨족**(氏族, gentes)을 발견하게 되었고, 이로써 시민법(jus gentium)의 외연, 즉 범위에 커다란 새로운 문제를 던져 주게 되었다. 스페인의 프란시스코 데 비토리아는 「전쟁과 인도(印度)에 관하여(de bello et de Indis)」라는 시민법에 관한 논문을 최초로 발표하였다. 초기 자본주의 시대에 급격히 세력을 넓혀 가던 교역은 후기 스콜라주의의 윤리학에 새로운 문제를 안겨 주었다. 봉건 군주제에서 절대 왕조 국가로 이행하는 정치적 변혁 과정도 그에 못지않은 영향을 주었다. 그래서 그 당시 대부분의 학자들이 쓴 논문의 제목들이 「법에 관하여(de legibus)」, 「법과 정의에 관하여(de jure et justitia)」 등이었다.

후기 스콜라주의자들의 과제는 스콜라주의의 절정기의 토마스 아퀴나스와 연계하여 고대인들이 근본 이론에서 묵시적으로 가르친 것을 계승하고 완전하게 발전시키는 것이었다. 그들은 이러한 작업을 자연법

---

68) 자연법 질서와 초성적 질서(은총)는 밀착된 관계에 있으므로, 하느님에 의해서 주어진 인간의 본성은 사회질서의 인식의 근원이다. Oswald von Nell-Breuning, S.J., "Reorganization of Social Economy," *The Social Encyclical Developed and Explained*, trans. by B. W. Dempsey, S.J., Milwaukee: The Bruce Pub. Co., 1937, p.17, note.

론에 관련시켜 보았으며 성취시켰다. 17세기의 스페인 학자들은 신론(神論)과 인간에 관한 이론에 있어서 하느님의 지혜는 모든 도덕 질서의 근원이며 따라서 지성이 의지보다 더 높다고 간주한 토마스 아퀴나스의 이론에서 출발하고 있다. 단순한 자의(恣意) 의지가 아닌 본질성과 이성에, 즉 절대 권능(potentia absoluta)에 자연법의 기초를 놓았다. 하느님의 전능은 하느님의 지혜의 조언에 따르게 되어 있다. 따라서 사물의 본질성과 마찬가지로 하느님의 지혜는 불변한다. 질서 권능(potentia ordinata)을 통해 하느님은 모든 가능성 중에서 현재 있는 세계와 존재 질서를 창조한 것이다. 절대 권능을 통해 하느님은 자기 모순적이지 않은 모든 것을 창조할 수 있었다. 그러므로 하느님은 인간의 죄에 함께 작용을 할 수 없으며, 인간의 모든 죄의 원인은 더더욱 될 수 없다. 지성은 한 사물의 이른바 순수 본질성, 즉 즉자(卽者, Sosein)를 파악한다. 그래서 단순한 실존만을 보지 않는 것이다. 이에 비해 의지는 존재를 단지 실존으로만, 즉 현존(Dasein)으로 혹은 현존 안에 존립시키는 것(Setzende)으로 파악할 뿐이다. 의지는 특별한 것(das Besondere), 개별적인 것(Individuelle)을 지향한다. 지적 파악은 '비물질적(immaterialius)'인 것이고 본질 존재(esse essentiae)를 파악한다. 의지는 대상을 직접 파악하는 지성에 비해 맹목적인 것이다. 의지는 대상이 지성을 통해 인식되고 가치 있는 선(Gut)으로 표상되고 난 후에야 비로소 대상을 파악한다. 바로 여기에 자연법, 즉 불변의 자연법(lex naturalis)의 성립 가능성에 관한 문제가 연관된다. 따라서 법과 도덕의 실증주의는 인식론의 **불가지론**과 일치한다.[69)]

이리하여 하느님의 이념과 마찬가지로 법이념은 오컴의 실증주의로부터 정화(淨化)되었다. 후기 스콜라주의에서 법은 의지보다는 이성에

---

69) H. Rommen, *Die Ewige Wiederkehr des Naturrechts*, S.77 참조.

속하는 것이었다. “의지가 비록 모든 능력을 행위로 나아가게 하지만, 맹목적이다. 질서(ordinare)와 통제(dirigere)는 이성에 속하는 것이다. 의지는 왕인 지성에 마주선 왕비와 같다. 여왕인 의지(voluntas)는 왕에게 소망(desideria)을 보여주고 움직인다. 그러나 왕인 지성은 법을 성립시킨다.”[70]

그러므로 자연법은 단순히 하느님의 의지에 실증적으로 속한 것이 아니라 하느님의 이성에 속한 것이며, 그 이성의 유출(流出)이 영구법이고, 그에 속하는 것이 다시 자연법이고, 마지막으로 모든 도덕법과 법률이어야 하는 것이다. 자연법은 인간의 본질 본성(Wesensnatur)을 가장 가까운 원칙으로 가지고 있다. 이 본질 본성은 도덕적 행위와 본성의 일치에 관한 이성의 판단이다. 그런데 이 본질 본성은 이와 동시에 선한 것은 반드시 실천되어야 한다는 것을 보여준다. 인간적 본질 본성을 이성과 의지를 구비하여 창조한 하느님은 동시에 입법자로서 인식된다. 다시 말하자면 하느님의 본질성에 맞는 의지로서 영구법이 하느님 안에서 능동적인 것처럼 자연법은 인간 안에서 수동적으로 있으면서 본질성에서 유출하고 있는 것으로, 그 본질에 주어져 있는 법이다. 바스케즈는 어떤 행위의 본질 본성과의 일치 혹은 모순을 나타내주는 것은 자연 이성의 빛만 가지고는 충분하지 않다고 말하며, 수아레즈와 벨라르미노는 이성적 통찰이 겸비되지 않으면 안 된다[71]고 말한다. 이러한 논쟁에는 매우 심오한 뜻이 담겨 있다. 즉, 이성과 본성에 일치하는 행위는 하느님의 의지와 일치하는 것이다.

수아레즈와 벨라르미노는 존재와 본질 본성에 합당하게 행위하기를 바라는 입법자인 하느님의 인식의 길에 있어서 자연법과 영구법의 내적 통일을 강조한다. 스페인의 아우구스티누스 성인으로 불리는 바스케

70) 같은 책, SS.77-78. 그는 벨라르미노가 한 말이라고 인용한다.

71) G. Vasquez, *Controversiae illustres* I. cap. 27, n. 11.

즈는 이성적 본성을 하느님의 실증적 의지는 고려하지 않고 자연법의 의무의 제일 근거로 간주했다. 그래서 바스케즈에게는 자연법이 엄격한 의미의 법, 즉 미리 정해져 있는 법(lex praecipiens)이 아니라, 단지 지시 법(lex indicans)이었다. 후기 스콜라주의에서 매우 드문 이러한 관점은 합리적 자연법[72]에서는 매우 중요한 것이었다. 이미 그로티우스(Hugo Grotius, 1583-1645)는 자연법의 불변성을 올바르게 주장하기 위해서, "비록 신이 없다 할지라도(etsi Deus non daretur)" 타당한 것이라고 주장하였다. 여기서 우선은 영구법과 자연법의 분리를 통해 규정된 추상적 인간 이성과 개인주의적 자연법의 윤리적 법적 합리주의의 자율성이 발전하기 시작하였다. 이러한 발전은 수아레즈가 바스케즈와의 논쟁에서 이미 예견한 것이었다. 이러한 이성의 분리와 더불어 이제 사유와 추론의 합리주의적 광기가 이렇게 고립되고 나중에 가서는 더욱 개인주의적인 경향을 가지게 된 단순한 이성 본질에서 나타나게 된 것이다. 이러한 광기에 의해 모든 역사적인 것(Geschichtlichen)의 수정을 위한 균형추는 하느님의 예지 작용의 영역으로부터 멀어지게 되었다. 합리주의적 자연법은 이신론(理神論, Deismus)과 일치하는 것이 되었다.[73]

그래서 자연법은 이성의 판단이 되었고, 이성의 주인에 의하여 허락된 행위와 금지된 행위를 구분한다. 왜냐하면 이성의 빛(lumen rationis)이 행위들을 인간의 본질 본성에 일치하거나 일치하지 않는 것으로 지적해 주기 때문이다. 그와 동시에 그 안에서 하느님이 본성에 일

72) A. H. Chroust, "Hugo Grotius and the Scholastic Natural Law Tradition," p.114f 참조.

73) 수아레즈의 자연법론에 관해서는 H. Rommen, *Die Staatslehre des Franz Suarez*, M. Gladbach, Volksvereins Verlag, 1927, SS.43-77 참조; Walter Farrell, O.P., *The Natural Moral Law According to St Thomas Aquinas and Suarez*, pp.48-72, pp.147-155.

치하는 것을 바라며, 본질 존재가 실현되어야 함을 이성은 판단을 내린다. 그래서 벨라르미노에 의하면 **자연법은 본질과 이념의 내용에 있어서 무조건적으로 하느님의 이성에 종속되어 있고, 현실적 실존에 있어서는 하느님의 의지에 종속되어 있다는 것이다.**[74)]

이렇게 영구법과 자연법의 관계는 미래를 위해 확립되었다. 그리고 현재는 오컴 학파 출신의 종교개혁론자들에 맞서 참다운 법의 성격을 가지게 되었다. 왜냐하면 오컴 학파의 사람들은 자연법을 단순히 성서 말씀으로만 이해했기 때문이다. 파괴된 본성(natura deleta)의 이론을 가지고 이들은 자연적으로 선한 도덕법에 이를 수가 없었다. 이러한 관점에서 잘못 해석된 그라티아누스의 명제인 "자연법은 복음과 율법(십계명) 안에 있다(lex naturae quod in Evangelio et lege(Dekalog))."라는 명제는 사라지게 되었다. 또한 울피아누스의 명제인 "(자연법은) 모든 동물적 본성을 교육하는 것이다(quod natura omnia animalia docuit)." 라는 명제 역시 소멸되었다. 그리고 이제 **만민법**(jus gentium)의 해명이 등장하게 되었다.

자연 도덕법의 내용으로 토마스 아퀴나스와 마찬가지로 후기 스콜라주의자들도 십계명을 들었다. 이들의 주장에 따르면 십계명의 내용 전체가 자연법에 속한다는 것이다. 이와 연관하여 후기 스콜라주의자들은 최고의 원칙, 즉 선을 행하고 악을 멀리하는 것과 명백하기는 하지만 덜 보편적인, 즉 구체적인 종류의 선함(das Gutsein)을 파악하는 원칙을 구분하였다. 예를 들면 "**각자에게 그의 것을 주어라**(suum cuique)", "하느님은 경배되어야 한다(deus est colendus)", "정의는 지켜져야 한다(justitia servanda)", "계약은 지켜져야 한다(pacta sunt servanda)" 등이 있다. 이에 기초한 추론에 따라 추가적인 계명이 나오는데, 이 계명

---

74) Franz Xaber Arnold, *Die Staatslehre des Kardinals Bellarmin*, München, 1934, SS.13-75 참조.

들은 개별 사물과 그를 둘러싼 시설들과 관련된 것으로 도둑질, 거짓말, 간음, 위증 등이 항상 포함된다. 왜냐하면 이것들은 그 자체로 사악하고 금지된 것이기 때문이다.[75)]

후기 스콜라주의자들은 자연법과 실정법의 관계에 대해 논할 때 대부분 국가론, 특히 국가의 목적과 연관하여 말한다. 이리하여 그들은 법의 본질에 관한 문제를 도덕과의 관계와 연관시켰다.

자연법에 위배되는 모든 실정법은 도덕적인 의미에서, 즉 양심에서 구속을 받을 수 있는 법이 아니라는 것은 자명하다. **금지 자연법**(jus naturale prohibitivum), 혹은 **부정적 자연법**(jus naturale negativum), 즉 금지하는 법에 모순되는 실정법들은 효력이 없는 것이다. 그래서 실증적으로 살인, 위증 등을 명하는 법은 도무지 법이 아니므로 준수할 필요가 없는 것이다. 그러나 **긍정적 자연법**(jus naturale affirmativum)의 경우는 이와는 다르다. 비록 어떤 질서가 부당한 법에 근거한 것이라 하더라도, 저항을 통해 이미 부당한 법에 의해 혼란스러워진 그 질서를 더욱 혼란스럽게 만들 가능성이 있을 경우 시민은 부당한 국가권력의 행사, 예를 들면 조세법 등을 따라야 한다. 오직 부정적 자연법을 위배한 법을 제정한 권위만이 법적 의미의 권위를 상실할 뿐이다. 이 권위는 폭군적인 것이다. 단순한 폭력이 내적 복종의 의무를 부여할 수는 없다. 그러나 이것은 인디언들에게 자연법에 위배되는 법이 지배하고 있다는 사실과는 아무런 관계가 없는 것이다. 왜냐하면 이 법은 피지배자들과 법률가들에 의해 인정된 입법자들이 제정한 것이기 때문이다. 이 입법자들이 부도덕하고 악해서가 아니라 이성적 통찰의 부족과 열정으로 인해 흐려진 양심을 통해 그 법의 내적 사악함을 파악하지 못했을 것이다. 이러한 것을 바로 토마스 아퀴나스는 자연법의 추론에서 발

75) H. Rommen, *Die Ewige Wiederkehr des Naturrechts*, S.81 참조.

생할 수 있는 가능성으로 인정했다.76)

이와는 반대로 상처받은 본성(natura vulnerata)의 사실로부터, 한편으로는 공동체 생활의 목적으로부터, 다른 한편으로는 특히 국가의 도덕적 특성과 목적으로부터, 인간이 만든 실정법은 제일원리로부터 더 정밀하고 분명히 인식할 수 있는 질서의 확립을 위하여, 지속적으로 추론을 하기 위하여, 그리고 이를 위해 설립된 공동체 생활을 위한 제도에 필수적이라는 결론이 나온다. 예컨대 자연법적인 간통의 금지는 동시에 결혼을 긍정하며 이 결혼이 제도가 되기에 필요한 보편적인 규범을 인정하는 것을 의미한다. 또 "훔치지 말라"는 계명은 사유재산의 제도를 중세의 봉건주의나 근세의 자본주의적 소유 질서가 아니라 자연법적으로 전제하는 것이다. 그러나 동산이나 부동산에 관한 구체적인 세부 규정, 사유재산 매매의 형식은 실정법의 과제이다. 왜냐하면 자연법은 보편적인 규범만 정하기 때문이다.

그래서 이와 연관하여 후기 스콜라주의자들은 법의 본질에 관한 논의도 활발하게 하였다. 그들은 도덕적 자연법(lex naturalis)과 법적 자연법(jus naturale)을 동의어로 사용하였다. 그러나 바스케즈는 이를 구분하기도 했다.77) 수아레즈는 인디언들이 법적 질서를 손상시킨 것이 '정의로운 전쟁'의 근거가 될 수 없으며, 그리스도교 제후들이라 하더라도 이 민족(gentes)이 법을 위반했다는 명분으로 복속시킬 수는 없다고 주장했다. 다만 자연법을 위반했을 때에만 그러한 행위가 정당화되

76) 같은 책, S.82 참조.

77) Gabriel Vasques, *Kommentar zur Summa Theologica*, II, 1, disp. 150, cap. 3, n. 26. 바스케즈는 lex(법)라는 말을 자연법과 연관 짓기를 피하려고 했다. 왜냐하면 lex는 legere(읽다), 또는 eligere(선택하다)에서 왔기 때문에 인간의 정신적인 활동을 의미하며, 따라서 lex는 실정법을 표시하는 데만 사용하고 자연법에 대해서는 jus를 써야 하기 때문이라는 것이다 그러나 그도 관례적인 언어 사용에 순응하여 혼용하여 사용할 뿐이라고 하였다.

는 것이다. 국가는 여기에서 마치 개인과 마찬가지로 병존하는 것이며, 인디언 국가도 법적으로 보았을 때 올바른 국가인 것이다. 그래서 법은 다른 것과의 관계를 통해 도덕의 전체적인 그림에서 벗어나게 되는 것이다. 법이 목적으로 삼고 있는 덕은 정의(正義)이다. 이것은 본질적으로 이웃을 지향하고 있다. 공동 정의(justitia commutativa)는 사회적인 관계에서의 평등과 관계있고, 법 정의(justitia legalis)는 권위자의 법과 관계된다. 법 정의는 권위자가 법을 통해 부하들을 존중할 것을 명한다. 분배 정의(justitia distributiva)는 권위자가 분배를 하는 데 있어서 모든 사람들이 그 기능과 존엄성에 알맞게 전체 질서 안에서 자신의 권리를 찾을 수 있도록 한다. 그래서 규범은 인간과 집단의 공동생활, 사회적 단위, 질서 그리고 사회적 기능과 관련되는 것으로 정의와 법의 대상이 된다. 이 질서가 공동체적 삶(vita oeconomica)(즉 결혼, 가족, 공동선과 민족의 평화 질서 구축을 위한 사회적 기능에 따른 지위)과 정치적인 삶(국가 민족 공동체) 안에서 인간의 본질성과 본질 완성에 직접적으로 필수적인 것이 될 때 자연법은 이러한 규범이 된다. 이러한 질서가 필수적인 것이기 때문에 그의 실현, 완성, 그리고 범법자로부터 보호하는 일은 권위자가 강요할 수 있다. 법은 이러한 일이 실현되는 것을 바란다. 법이 그러한 도덕성을 요청하기 때문만은 아니다. 그래서 정의에 근거한 법적 당위(debitum justum ex justitia)는 신앙에 근거한(ex pietate) 법, 감사에 근거한(ex gratitudine) 법, 즉 감사하는 것은 본질상 강요될 수 없다는 사실에 근거하여 채무자에게 강요하는 것은 도덕적 행위가 되지 못한다는 것 등과는 구분이 된다.[78]

후기 스콜라주의자들의 위대한 업적은 **만민법**(萬民法, jus gentium)에 있다. 후기 스콜라주의자들은 그로티우스 이전에 로마법이 수백 년

78) Suarez, *De legibus et Deo legistore* II, cap. 13; cap. 14, n. 18.

동안 해결하지 못한 다의적(多義的)인 구분을 말끔히 하였다.[79] 비록 만민법이 지시하는 것은 분명히 민족 공동체의 질서를 위한 것이지만, **만민법은 원래 의미에서 자연법이 아니다.** 이렇게 구분해 보면 만민법은 국제법의 공동체의 실정법이며, 관습과 계약에 의한 약속에 근거하는 것이며, 이 실정법적 만민법의 근본 규범은 자연법의 실질적 원리와 더불어 "계약은 준수되어야 한다(pacta sunt servanda)."라는 명제 속에 잘 나타나고 있다. 이 실정법적 만민법에는 전쟁, 휴전, 평화에 관한 이론이 들어 있으며, 국제법적인 상행위(商行爲), 상(商) 계약, 그리고 나아가 파견법(派遣法) 등이 다루어지고 있다. 전쟁이 정당할 수 있다는 주장, 민족 공동체가 상업을 장려해야 한다는 주장 등은 실정법적이다.

이러한 만민법의 가장 특수한 규정(jus gentium propriissime dictum)은 국제 사법(私法, Privatrecht)과 구분된다. 국제 사법은 법 제도에 관한 규범을 담고 있다. 이러한 규범은 거의 모든 민족에게 공통적인 것이고 그래서 자연법에 가깝다.

모든 법 제도의 보편적인 형식적 규정에 맞는 구매, 임대, 의무, 계약, 사적 소유, 가정, 간통 등에 관한 것이 이에 해당한다. 세밀한 부분에서는 차이가 나지만, 개별 국가의 다양한 규정에도 불구하고 자연법적인 근본적 기초에 관한 많은 공통점이 거의 모든 민족에게 있다. 그러므로 서양 중세뿐만 아니라 **현대 국가의 공법**(公法)**과 민법**(民法) **등은 자연법을 근간**으로 할 때 비로소 법의 권위가 존중될 수 있다고 하겠다.

79) H. Rommen, *Die Ewige Wiederkehr des Naturrechts*, S.85 참조.

2) 그로티우스의 자연법사상

‘국제법의 아버지’라고 불리기도 하는 그로티우스(Hugo Grotius, 1583-1645)는 내면적으로는 여전히 앞선 시대의 학자들과 밀접한 관련을 맺고 있었으며, 더욱이 **국제법** 안에서 자연법과 실정법을 최초로 형식적으로 총괄함으로써, 형이상학적 자연법에서 합리적 자연법으로 이행하는 시기에 위치한다. 그로티우스는 “비록 신이 없다 할지라도(etsi Deus non daretur)” 자연법은 여전히 유효해야 한다는 생각을 갖고 있기는 하였으나 이와 함께 주어진 **인간 이성의 완전한 자율성을 자연법의 유일한 원천이라고 공언하지는 않았다**. 그러나 그는 여전히 하느님을 자연법의 최고 원천으로, 또한 성서를 이성과 동등한 권리를 갖는 인식 근거로 간주한다. 이신론적(理神論的) 방식으로 자연법을 구성할 수 있었을 때처럼, 그로티우스는 여전히 완전하게 전통 속에 그리고 전통과 함께 살았다.[80] 그는 올바른 이성을 위대한 스페인 학자들이 이해한 방식과 동일하게 이해하였다. 그의 유명한 자연법 정의는 바로 그가 살던 시절 많은 논의가 이루어진 수아레즈와 바스케즈 간의 논쟁에 대한 타협을 시도한 것이라고 할 수 있다. 그는 다음과 같이 말했다: “자연법(jus/ius naturale)은 올바른 이성의 명령이며, 이 명령은 행위에 대해, 이성 본성 또는 사회 본성에 대한 동의(同意) 또는 부동의로부터 나오는 어떤 윤리적 비난 또는 불가피성까지도 행위 속에 내재해 있고, 결과적으로 그러한 행위는 하느님의 명령을 통해 지시되거나 금지된다는 사실을 지시한다.”[81] 이 부분은 한때 누락되어 있었는데 롬멘이 찾

---

80) A. H. Chroust, “Hugo Grotius and the Scholastic Natural Law Tradition,” p.125: “그로티우스는 성 아우구스티누스로부터 수아레즈로 뻗어 나갔고, 성 토마스에게서 절정을 이룬 위대한 자연법 전통을 구성하고 직접적으로 지속시켰다.”

아낸 것이다.

'지시하는 법(lex indicans)'에 대한 바스케즈의 학설은, 자연법의 특성을 법이 타당하게 되는 가운데서, 즉 법의 실존 안에서 하느님의 의지로부터 기인하는 법으로 입증한 수아레즈의 견해와 여기서 실제로 결합한다. 그리고 중요한 형용사 '**사회적**(socialis)'은 바로 후기 스콜라 철학에서 'lex naturalis(도덕적 자연법)'와 'jus naturale(법적 자연법)'를 구별하기 위해 등장했다. 그로티우스에게 있어서 이성적 본성의 사회성은 자연법의 유일한 원천이 아니었다. 그의 **인간학**에서도 그로티우스는 스콜라철학을 따랐으며, 이중의 일치(대상에 대한 지성의 일치(intellectus cum re ipsa)와 지성에 대한 의지의 일치) 속에서 이성의 정확함을 수립하였다. 그럼에도 불구하고 영국의 제임스 1세(1603-1625)의 절대주의적 교의를 정당화하려는 의도는 그로 하여금 다시 의지에 우선권을 쫓도록 만들었다. 그래서 그는 유명론적인 학설을 다음과 같이 정당화했다: 본래 악한 행위는, 그 행위가 내적으로 하느님의 본성(Wesenheit)에 모순되기 때문이 아니고 그 행위가 하느님에 의해 금지되었기 때문에 악하다는 것이다.

후기 스콜라철학은 법과 도덕의 관계를 덕으로부터 규정하려고 하였다. 법은 다른 주덕(主德)(예컨대, 신중, 절제, 용기)과 구분되는 정의의 특수한 대상이다. 정의는 세 가지 형식, 즉 교환, 분배, 법률로, 사회적

81) H. Grotius, *De jure belli ac pacis*, Bk. I. Kelsey의 영어 번역판과 심지어 번역 대본으로 삼은 이 책의 원문 라틴어판에서도 이 부분이 빠져 있는 것을 롬멘은 찾아내어 그의 책에 수록했다: "Ius naturale est dictamen rectae rationis indicans actui alicui, ex eius convenientia aut disconvenientia cum ipsa natura rationali ac sociali inesse turpitudinem aut nessessitatem moralem, ac consequenter ab auctore Deo talem actum aut praecipi aut vetarieia." 바로 이 대목은 그로티우스의 자연법사상을 이해하는 데 중요한 부분이다. H. Rommen, *Die Ewige Wiederkehr des Naturrechts*, S.87.

관계들, 예컨대 동등권을 가진 자, 국민에 대한 국가 권위, 국가 권위 내지 국가에 대한 시민의 관계를 규정한다. 그로티우스에게서 사회(socialitas)는 우월한 지위에 있었다. 법은 사회의 욕구(appetitus socialis)로부터 결과하는 것이다. 도덕은 사회와 덜 관련을 갖는다. 그래서 도덕은 사물의 가치와 비가치에 대해 규범적으로 판단을 내린다.82) 그로티우스는 수아레즈와 마찬가지로, 신앙으로부터 나온 의무(das debitum ex pietate)를 정의의 의무로 간주하지 않았다. 왜냐하면 신앙으로부터 나온 의무는 소송을 제기할 수 없고 강제할 수 없기 때문이다(nec armis deposci posse). 이로써 곧바로 다시 정의를 덕으로 간주하는 고대 사상이 그리스인들에게처럼 스콜라철학자들에게 나타났다. 그래서 자연법은 자연적인 도덕 전체를 포함하게 되었다.

스콜라철학자들이 항상 강조했던 '상황(circumstantiae)'을 그로티우스가 간과한 것은 그에게는 불운이다. 사태와 조건은 자연법을 확언적으로 지시할 때 그 자체로 불변하는 규범의 적용을 규정한다. [예를 들어 수아레즈는, 전시에 국가에 대한 복종은 부모를 염려하는 자녀의 자연법적인 의무보다 선행한다고 말했다.] 스콜라철학자들은 다음과 같은 학설을 전개하였다: 오직 제1원리만이 분명히 명백하며, 결국 최근접한 결론[십계명]은 이 원리와 일치한다. 열정 때문에 부정적인 경우가 발생할지라도 실정법의 필요성이 인정된다. 실정법은 우리에게 의무를 알려 주고, 열정에 영향 받는 우리를 형벌 제재를 통해 피할 수 있는 악으로부터 멀어지게 한다.

그로티우스는 이성주의자이다. 그는 의지에 의무를 부과하기에 충분한 힘을 가지고 있는 이성법의 올바른 체계를 사람들이 매우 논리적으로 추론할 수 있다고 믿었다. 그 체계에는 채권법과 물권법, 가족법과

82) A. H. Chroust, "Hugo Grotius and the Scholastic Natural Law Tradition," pp.131-133 참조.

상속법 등과 같이 개별적으로 전개된 규정들이 담겨 있다. 그러나 스콜라철학자들은 결혼, 재산, 의무 그 자체와 같은 보편적인 제도만을 자연법에 포함시켰고, 결혼법, 가족법, 소유, 사유재산 형식 등과 같은 특수하게 전개된 규정들을 포함하지는 않았다.

그로티우스는 국제법을 체계화하고 국제법의 자연법적 기초를 견고히 하는 데 크게 기여하였다. 그는 선배 학자, 특히 프란시스코 데 비토리아[83]와 수아레즈에게 경의를 표했다. 그는 매우 야만적인 전쟁(30년 전쟁) 시기, 즉 그리스도교 국가(die civitas christiana)가 모든 다른 시민전쟁처럼 매우 잔인하게 그리고 법규범의 지배를 받지 않은 채 반복적으로 대규모 시민전쟁을 벌인 시기에, 법 지배의 이념을 전쟁 중에도 매우 강력하고 강렬하게 설득력 있는 체계로 제시했다. 이를 통해 그는 그리스도인으로서의 자신의 모습조차도 산산조각이 난 후, 다시 한 번 그리스도교의 위대한 전통, 즉 항상 이성을 존중하는 바로 그 전통으로부터 서양의 정신적 통일을 일깨웠다. 그리고 그는 이미 부서진 신앙의 연대성의 대체물로서 이성의 정신적 연대성을 만들어 냈다.

그러므로 다음과 같이 말할 수밖에 없다. 즉, 그로티우스는 만민법(jus gentium)의 관점에서 볼 때, 바로 이 이성주의 때문에 스콜라철학처럼 그렇게 행복하지는 않았다. 그는 푸펜도르프에게서 자연법과 국가법을 동등한 것으로 만들기 위하여, 수아레즈가 전해 준 것, 즉 국가법의 내용을 자연법적인 내용과 실정법적인 내용으로 명백히 구분하는 것으로부터 다시 부분적으로 멀어졌다. 그러므로 그로티우스는 두 위대한 시기의 여명(황혼)에 서 있다. 여전히 여러 면에서 앞 시대와 관련되어 있으면서 그는 그 시대의 고유한 특징(이성주의, '사회성', 정치적 목적 설정)을 새로운 시대의 자연법 이론에 전달했다. 다른 한편 그는

83) 프란시스코 데 비토리아(Francisco de Vitoria, 1483?-1546): 스페인의 신학자이자 철학자로 도미니코회의 수사이다.

데카르트와 유사하다. 데카르트가 특별히 스콜라철학의 인식론 및 형이상학과 밀접한 관련을 맺고 있다는 사실은 최근의 연구를 통해서 비로소 재발견되었다. "자연은 뛰어넘음이 없다(Natura non facit saltus)."라는 격언은 사상사(思想史)에서도 타당하다. 철학사가는 유감스럽게도 매우 자주 단지 강조점만을 가지고 구분한다. 그로티우스는 **후기 스콜라철학 시대와 서양 근세철학에 겹치는 철학자**라고 하겠다. 그러므로 우리는 서양 중세철학의 자연법사상을 논할 때 그로티우스의 사상을 논하지 않을 수 없을 뿐만 아니라, 또한 서양 근세철학의 자연법사상을 논할 때도 그를 언급하지 않을 수 없다.

결론적으로 스콜라철학 시대의 자연법사상의 발흥은 사람들로 하여금 우주론적, 자연주의적, 미신적인 이해 방식을 거부하게 만들고, **양심과 이성에 따라 살아야 한다**는 것을 행동의 지침으로 받아들이게 하였다. 이것은 인류 사상사에서 크나큰 의미를 가진다.

자연법은 보편타당해야 할 뿐만 아니라 현실에서도 힘을 발휘할 수 있어야 할 것이다. 스콜라철학의 전성기에서는 오로지 '제일의 원리'들만이 자연법의 성격을 가졌다. 그러나 현실의 문제를 가지고 추론되는 것들은 제일의 원리들로부터 멀어지게 되고 자연법의 본래의 성격을 불분명하게 만들었다. 그러나 후기 스콜라철학자들은 추론된 결론들도 모두 자연법으로 보았다.

이성과 의지 사이에서 또 이념적 질서와 구체적 결정 사이에서 스콜라철학 시대의 자연법사상은 서양 중세 전성기의 거대한 체계 안에서 발전했다. 자연법은 스콜라철학 초기와 특히 토마스 아퀴나스에 의해서 플라톤적-아리스토텔레스적 이념적 접근으로 이성의 자율성(autonomy)과 자족성(autarky)을 믿고, 자연법을 주지주의적으로, 보편적인 이성으로 파악할 수 있다고 생각했다. 그러나 둔스 스코투스와 오컴은 주의주의(主意主義, voluntarism)적인 관점에서 자연법을 이성으로 파악할 수 있는 것이 아니라 개별적인 의지만으로 파악할 수 있다고 생각했다.

그래서 중기 스콜라철학에서 자연법은 '이성과 보편자를 우위에 둘 것이냐', '의지와 개별자를 우위에 둘 것이냐'를 두고 대결 양상을 펼쳤다. 스콜라철학 후기에 들어와서는 윤리와 법을 둘러싸고 활발한 논쟁이 전개되었다. 이러한 논쟁은 그 후 오늘날에 이르기까지 윤리성과 법의 근원을 논할 때마다 되풀이되며 항상 자연법의 올바른 이해를 요청하게 된다. 후기 스콜라철학에서 이미 도구적 합리주의 사상이 대두하면서 자연법사상은 논란이 되기 시작하였다.

우리는 왜 서양 근세에서 자연법사상이 쇠퇴하였는가를 살펴보기로 하자.

III 장
서양 근세의 자연법사상

서양 중세에서 스콜라철학과 더불어 자연법은 그 절정에 이르게 되고, 특히 토마스 아퀴나스에 이르러 사상사적인 면에서 정점에 이르렀다. 토마스 아퀴나스에 의하면 자연법은 "이성적 피조물에 있어서 영구법의 참여"이며, 하느님이 **인간의 본성에 부여한 인간 본질**의 완성은 인간 스스로 자신의 이성을 통해 인식하고 의식한 대로 실현하는 것이다. 그러나 둔스 스코투스와 오컴에 의하면 자연법은 의지와 개별자를 근간으로 주의주의적으로 전개되었다. 그리하여 오컴에 의하여 스콜라철학의 내부로부터 **존재론적** 자연법의 이념은 비판을 받기도 하였다. 그러나 다시 존재론적 자연법은 바스케즈, 벨라르미노, 수아레즈 등 후기 스콜라철학자들에 의하여 부흥하였다. 그러나 인간이 이성의 빛을 통하여 자연법을 인지하는 데 있어서 자연적 이성의 빛만으로 충분한

* 이 장은 진교훈, 「왜 서양 근세에서 자연법사상은 쇠퇴하였는가?: 서양 근세의 자연법사상 I(17-18세기)」, 『이성과 신앙』 55호, 2013 겨울, 수원가톨릭대학교 이성과신앙연구소, pp.139-194를 수정 보완한 것이다.

가에 관하여 바스케즈는 이를 긍정적으로 보았고, 수아레즈와 벨라르미노는 소극적인 견해를 피력하였다.

근세에 들어와서 인간의 자연적 이성의 충족론(充足論)을 편 바스케즈의 견해는 그 후에 그로티우스의 매개로 발전하였으나, 계몽주의 사조가 대두하면서 푸펜도르프 등에 의하여 개인주의적이며 이성주의적인 근세의 세속적 자연법사상이 펼쳐졌다.

서양 근세의 자연법론은 자연법에 흠결(欠缺)을 가져왔고, 마침내 자연법의 하강(下降)을 가져왔다. 우리는 서양 근세에서 자연법이 쇠퇴한 원인을 규명해 보기 위하여, 먼저 서양 근세 사상의 배경을 살펴보고, 그다음 세속적 자연법사상의 내용을 검토해 보고, 개인주의와 도구적 합리주의가 자연법사상에 끼친 영향을 비판적으로 검토해 보기로 하자.

1. 서양 근세의 자연법사상의 배경

서양 근세는 세계를 신성한 유기체로 보지 않고 하나의 **메커니즘**으로 보기 시작했고, **이성**(ratio)[1]에 대한 신뢰를 바탕으로 과학을 문화의 토대로 삼았다. 우리는 서양 근세 사상의 특징을 다음과 같이 요약해 볼 수 있다: 이른바 서양의 **모더니즘**은 이성이 진리와 지식의 안정된 기초를 발견하고 이를 기반으로 해서 철학과 문화가 세워진다는 **이성주의(합리주의)**의 토대 위에 근거하고 있는 체계이며, 과학과 기술의 확실성을 철학적 인식을 통해서 확립하려는 시도라고 할 수 있다. 데카

1) ratio는 원래 계산, 타산, 수량, 재산 목록, 출납부, 거래, 고려, 설명, 관심, 방법, 조리, 규정, 지각, 이유, 근거, 의도, 지식, 논거 등을 가리키는 말이며, 후세에 와서 사고력, 또는 이성의 뜻으로 사용되고, 감정과 의지를 배제한다. rationalism은 영국에서는 경험론을, 유럽 대륙에서는 관념론을 의미하나 계량적 사고를 중시한다.

르트의 이성주의적 인식론과 베이컨, 로크 등의 경험주의적 인식론은 근대화, 즉 **산업화**를 촉진시켰다. 서양 근세의 모더니즘은 **계몽주의**에 이르러 절정에 이르렀다. 계몽주의는 유물론적인 과학적 자연주의 및 실증주의와 공리주의를 지향하면서 철저한 **계량적**, **도구적** 이성주의(rationalism)를 낳았다.

데카르트(René Descartes, 1596-1650)는 서양 근대철학사의 출발점에 서 있는 철학자로 평가되고 있다. 그는 인간이 세계를 인식할 수 있는 근거를 자아의식(cogito)으로 보았다. 데카르트는 "나는 생각한다. 그러므로 나는 존재한다(cogito ergo sum)."라고 선언했다. 우리는 데카르트의 말에서 주관과 객관을 대립시키는 인식론적인 사고방식인 **이원론**과 **유아론**(唯我論)이 비롯되는 것을 찾아볼 수 있다. 데카르트의 **물심 이원론**은 **정신**과 **물질**을 서로 무관계한 것으로 만드는 논리를 확립했던 것으로 생각되어 왔다. 이로부터 과학은 정신과는 무관한 것으로, 유물론적인 세계만을 다루는 독자적인 세계로 발전을 하게 되었다. 데카르트의 사고의 패러다임에서는 'cogito'는 '사유(思惟)적 존재자(res cogitans)'로 정의되며, 이것에 대비되는 물질로서의 세계의 사물은 '연장(延長)적 존재자(res extensa)'로 정의되고 있다. 연장적 존재자란 **용적**(容積)을 가지고 있는 것인데, 즉 공간에 일정한 부피를 가지고 있는 것을 의미한다. 그러므로 그의 사상은 처음부터 하나로 아우러질 수 없다. 근대과학에 바탕을 두고 있는 서양 의학은 마음의 문제를 일체 배제한 **기계론적**, **기능주의적** 의학의 체계를 만들어 왔는데, 이것은 데카르트로부터 나온 것이다. 데카르트의 논법에서 몸과 영혼의 작용이 잘 연결되지 않고 있다는 것은 당시에 가상디(Pierre Gassendi, 1592-1855)도 비판했고,[2] 파스칼도 이를 혹평했다.

2) O. -R. Bloch, "Gassendi critique de Descartes", in *RPhFE*, 156, 1966, pp.217-236.

서양 근세철학의 주류는 **스콜라철학에 대하여 가장 적대적인 입장**을 취한 소위 '**계몽주의**' 시대의 산물이다. '계몽주의'란 말 자체가 서양 중세 사상을 암흑으로 보는 데서 유래한 것이다. 우리가 서양 중세에서 '신성(divinum)을 명백하게 신봉(信奉, Bekenntnis)'하는 신 중심적(theocentric) 사고를 본다면, 서양 근세에서는 이와는 반대로 '인간성(humanum)을 열광적으로 신봉하는' 인간 중심적(homocentric) 사고를 볼 수 있다. 서양 근세에서 인간성에 대한 일방적인 강조는 하느님을 극단적으로 부인(否認)하는 무신론으로, 마침내 그들이 내세웠던 인간성조차 파멸하는 데 이르게 되었다.[3)]

서양 근세의 이러한 풍조는 자연법사상에도 심대한 영향을 끼쳤다. 서양 근세의 자연법사상은 있는 그대로의 자연이나 하느님과 결부된 자연법에 대한 이론이 아니라, **자연 상태**에 있어서의 인간을 초월한 인간 본성 또는 이성에 기초한 자연법에 대한 사상이다. 그래서 **근세의 자연법사상**은 **인간 중심적**인 3대 요소를 지녔다고 볼 수 있다. 첫째는 하느님이 아닌 **인간에 대한 관심**이며, 둘째는 인간의 **이성에 대한** 전폭적인 신뢰이며, 셋째는 사회계약으로서의 국가에 대한 관심이다.

모더니즘의 선구자인 데카르트는 마치 '기계에 의거하여 하느님(deus ex machina)'[4)]을 축출할 수나 있는 것처럼 **자아 자체로 향하는 새로운 철학**을 정초하였다는 견해는 철학사에서는 오랫동안 통용되었었다. 그러나 이 견해는 근거 없는 것으로 판명되었다.[5)] 롬멘은 다음과

3) Johann Fischl, *Geschichte der Philosopkie*, Graz and Wien: Anton Pustet, 1947, S.384. 그는 근세철학은 중세철학의 위업을 무시했다고 주장한다.

4) deus ex machina(god from a machine): (연극이나 소설에서) 진퇴유곡의 위급한 장면에 갑자기 나타나서 위기에서 구해 주는 사람[힘]. 옛날 그리스 로마 연극에서 갑자기 무대 장치(machine)에서 신이 나타나 착한 사람을 위기에서 구해 준 것에서 나온 문구이다.

5) Max Wundt, *Die deutsche Schulmetaphysik des 17 Jahrhunderts*, 1939,

같이 말한다: "데카르트의 체계는 결코 '무(無)로부터(ex nihilo)' 창조된 것이 아니다. 최근의 연구에 따르면 데카르트는 **스콜라철학**과 분명히 관련되어 있다. 데카르트 이전에 '스콜라철학의 궤변과 억지의 황무지'가 있었던 것이 아니라, 위대한 스콜라철학이 있었으며, 데카르트는, 특히 문제의 역사가 증명하는 것처럼, 여전히 이 철학의 흐름 속에 서 있다고 말할 수 있다."[6)]

그러나 후기 스콜라철학에서 두 적대적인 방향, 즉 주지주의와 주의주의가 서로 반목하는 가운데, 신을 가설적으로 존재하지 않는 것처럼, "비록 신이 존재하지 않는다 할지라도"[7)] 자연법과 자연법칙이 성립한다는 이성의 내재성으로 세계를 설명하는 논의가 있었다.[8)] 이러한 사고방식은 나중에 근세과학에서 더욱 극명해졌다.

서양 근세의 자연법사상은 유명론적 **개인주의**[9)]와 합리주의, 그리고 자연과학의 영향을 지대하게 받는다. 그럼에도 불구하고 이러한 근세철학의 조류와는 무관하게 17세기 말까지는 여전히 스콜라철학은 유럽을 지배하였고 자연법도 스콜라철학의 영향을 받았다. 그러나 그 후 영국의 경험론이든 대륙의 이성론이든 간에 **합리주의적 인식론**과 유물론이 대두되면서 **도덕적인 자연법사상**은 세상 사람들의 관심으로부터 멀어지게 된다.

S.16. 분트는 P. Petersen, K. Eschweiler의 저서를 소개하면서 스콜라철학이 데카르트에게 준 영향이 매우 강하다는 것을 밝히고 있다.

6) H. Rommen, *Die Ewige Wiederkehr des Naturrechts*, S.86; H. Welzel, *Naturrecht und materiale Gerechtigkeit*, S.108 참조.

7) Hugo Grotius, *De jure belli ac pacis*, Prolog 11 참조.

8) 같은 책, I. cap. 1. 10.

9) Otto Gierke, *Natural Law and the Theory of Society*, trans. by E. Barker, Boston: Beacon Press, 1957(원서 *Das deutsche Genossenschaftsrecht*의 5부분을 발췌 번역), pp.95-96 참고.

무엇보다도 서양 근세 자연법사상에 가장 큰 영향을 미친 것은 **유물론적 자연과학**과 그 연구 방식의 방법론이다. 이것은 세상사를 해석하는 방식이 근본적으로 달라짐을 의미한다. 즉, 목적론적인 선험적 세계 해석으로부터 내재적인 경험적 세계 해석으로 가게 되는 것이다. 자연적인 운동 이론에서 물체의 운동은 하느님 안에 있는 선험적 원천과 관련되어 있다. 그것은 물체가 그 자연적인 목적으로 향하도록 물체에 각인시킨 하느님의 의지와 관련되어 있으며, 최고의 목적으로 하느님에 관련되어 있다. 다시 말해서 이 세상에서 일어나는 모든 일은 언제나 완벽성을 추구하면서 하느님의 궁극목적을 향해 가도록 되어 있다는 것이다.[10] 그러나 근세에 들어와서 세계의 질서가 이제 세계 내적으로 설명된다는 것은 자연법조차도 **인과율적**, **수학적**으로 표현될 수 있는 형태로 설명되어야 한다는 것이다.

아리스토텔레스 이래로 중세를 거쳐 그로티우스에 이르기까지 자연법사상은 **형이상학적**, **존재론적인 목적론**에 의거한 정신과학(Geistwissenschaft)이었다. 그러나 근세에 들어와서 인과론(因果論)적인 자연과학적 사고가 토머스 홉스를 통해 도입되면서 직관을 수학적 분석으로, 목적론을 인과론으로 대체하는 **유물론**(唯物論, Materialismus)이 나타나게 되었다. 홉스에 따르면 모든 존재물은 오직 '물체'로만 이루어진다. 따라서 모든 생성 과정은 인과론적, 기계론적 필연성에 따르는 '물체 운동'에 불과한 것이다. 이로써 근세의 자연법사상은 위험한 방향으로 접어들게 되었다.

영구법(lex aeterna) 대신에 이성법이, 계시된 하느님의 의지 대신에 국가의 의지가 서양 근세의 자연법사상에 등장한다. 그래서 우리는 법률의 선험성을 법률의 **내재성**으로 대치하는 것이 서양 근세의 자연법

10) H. Welzel, *Naturrecht und materiale Gerechtigkeit*, S.119 참조.

사상의 특징이며, 서양 근세의 자연법사상은 자연법사상의 **세속화** (Säkularisierung)[11]라고 말할 수 있다.

우리는 서양 근세의 자연법사상을, 시대의 전회를 보여준 세속적 (profanen) 자연법사상의 대두, 개인주의와 도구적 합리주의가 자연법사상에 끼친 영향, 그리고 자연법사상의 하강으로 나누어 살펴볼 수 있다.

2. 세속적 자연법사상의 대두: 17-18세기를 중심으로

1) 홉스의 자연법사상

자연법사상에 처음부터 내재해 있는 이성과 의지 사이의 이율배반은 근세 자연법사상에 크게 영향을 미친다. 둔스 스코투스와 오컴이 주장했던 **주의주의**는 영국의 홉스(Thomas Hobbes, 1588-1679)의 합리주의 (rationalism)적인 사상에 스며들었다.

홉스의 주요 관심사는 **이상적인 질서가 아니라 현실적인 질서**를 이루는 것이다. 그는 『리바이어던』에서, 자신의 모든 저작의 유일한 목적은, 실정법의 위반이 어떤 구실로도 용서될 수 없다는 것을 증명하는 것이었다고 말하고 있다.[12]

그에 의하면 선험적 자연법론은 현실의 질서를 바로잡을 수 없었을 뿐만 아니라 기존의 법질서들의 구속력을 상대화시킴으로써 오히려 질서를 더 혼란시킨다는 것이다. 그는 "가장 이상적인 질서가 만인의 만인에 대한 투쟁을 극복할 힘을 가지지 못한다면 무가치하며, 반면 아주 불완전한 긴급 질서라도 적어도 자연 상태의 혼란을 극복하고 현실적

---

11) 같은 책, S.107.

12) Thomas Hobbes, *Leviathan*, cap. 47.

인 질서를 복구한다면 이것은 바로 현존재를 보장해 주는 질서로서 법 가치를 지닌다."13)고 하였다.

홉스에 의하면 인간은 위험한 존재이며 늑대이기 때문에 오직 타자에 대한 권력욕에 의해서만 지배된다. 우리가 여행을 할 때 무기를 휴대하고 동반자를 구하거나, 밤에 대문과 창문을 잠그는 것은 인간이 본래 악하기 때문이라는 것이다.14) 기계론자인 홉스는 국가란 만인의 만인에 대한 투쟁으로 이끄는 권력욕과 이로부터 생기는 상호 간의 공포의 결과로 생겨난 것이며, 개인을 보호할 수 있기 때문에 또한 명령할 수도 있다는 것이다. **보호와 복종의 관계**는 홉스의 법체계의 토대를 이룬다.15) 국가 공권력의 필연성은 기하학적 진리의 확실성으로 증명될 수 있다.16) 그러나 국가질서의 내용은 우연적인 것이 된다. 철저한 **유명론자**인 홉스에 의하면 선과 악, 그리고 정의와 불의에 대한 기준은 영원한 진리가 아니라 **공권력의 의지 결정**으로부터 나온다.17) 따라서 "진리가 아니라 권위가 법을 만든다."18)는 것이다. 그러므로 '좋은 법률(bonae leges)'은 '올바른 법률(justae leges)'과 다른 것이다. 왜냐하면 어떤 법률도 부당할 수는 없지만 악할 수도 있기 때문이다.19) 그래서 공권력을 가진 자의 행위는 아무리 사악할지라도 결코 부당할 수 없다는 귀결은 필연적이다. 무죄인 자를 공권력의 명령으로 죽이는 일조차도 부당한 행위는 아니라는 것이다.20) 그는 "신이 대체로 죄진 자를

13) 같은 책, cap. 18.
14) 같은 책, cap. 13 참조.
15) 같은 책, cap. 21 참조.
16) 같은 책, cap. 20 참조.
17) 같은 책, cap. 18 참조.
18) 같은 책, cap. 21 참조: "auctoritas non veritas facit legem."
19) 같은 책, cap. 30 참조.
20) 같은 책, cap. 21 참조.

죽이기까지 하면서 벌하지만, 우리는 신이 때로는 죄를 짓지 않은 자도 정당하게 벌하고 죽일 수 있다는 것을 인정하지 않을 수 없다."[21]고 말했다. 여기서 우리는 철저한 유명론적 사고가 나타나고 있음을 찾아볼 수 있다. 요컨대 홉스에게서는 국가의 전능은 신의 전능에 상응하는 것이다. 그에 의하면 십계명은 바로 신적인 힘과 국가적인 힘이 직접 맞닿는 연결고리가 되었다. 그는 "지배자의 의무는 신적인 자연법적인 둘째 판의 계명들을 모방하는 것이다."[22]라고 말하기도 했다.

■ 홉스의 자연법사상의 한계

"홉스에게서 법률의 선함이란 국민의 행복을 위하여 절대 필요한 것을 법률이 규율한다는 데 있다. 국가의 안녕 복지는 지배자의 행복과 국민의 행복이 일치하는 데서 생긴다. 그러므로 홉스는 전체주의 정치의 옹호자이거나 현대 독재자의 선구자가 아니며, 국가가 오직 개인을 보호하기 위하여 생겨났다는 생각에 관한 한 그는 진지했다는 것이다."[23] 홉스는 『리바이어던』의 마지막 부분에서 자기 저서의 의도를 요약하면서 모든 시민들은 그들이 최고의 권력을 위탁한 자의 의지에 따라, 그들의 지배자를 위해서가 아니라 그들 자신의 이익을 위해서 국가를 보존하고 방위하는 데 전력을 다해 기여해야 한다고 적었다.[24]

라이프니츠는 "홉스의 논의는 신이 왕인 국가, 즉 그 왕만을 사람들이 모든 면에서 신뢰해도 되는 그런 국가에서만 타당하다."고 비판했다.

라드부르흐의 말대로, "실정적인 것이 올바른 법의 개념에 속한다."[25]고 본다면, 홉스의 주의주의적 법론은 법의 실정성에서, 즉 현실

21) Thomas Hobbes, *De cive*, cap. 15, 5.

22) Thomas Hobbes, *Leviathan*, cap. 30.

23) H. Welzel, *Naturrecht und materiale Gerechtigkeit*, S.119.

24) Thomas Hobbes, *Leviathan*, cap. 30 참조.

적인 질서로 기능한다는 점에서 공로를 인정받을 수도 있을 것이다. 그러나 질서의 힘만으로 법의 가치가 정당화될 수는 없는 것이다.

홉스의 이론 그 자체 안에서도 모순이 발견된다. 예컨대 그의 주장대로 "국가가 오직 개인을 보호하기 위하여 생겨났다."[26]고 한다면, 그리고 "국가가 보호해 줄 수 있는 한, 개인의 복종이 가능하다."고 한다면, 어떻게 국가가 개인에게 그의 생명의 위험을 무릅쓰는 행위(군복무 등)를 하라고 의무를 부과할 수 있겠는가? 이것은 모순이다.

2) 그로티우스의 자연법사상

그로티우스(Hugo Grotius, 1583-1645)[27]는 후기 스콜라 시대에서 서양 근세철학으로 넘어가는 분기점에 위치한다. 그로티우스의 주저는 『전쟁과 평화의 법률에 관해서』[28]이다. 그에 의하면 인간은 본성적으로 사회적이다. 사회를 이루려는 충동에서 객관적인 기준들이 생겨나고, 이런 기준에 법률은 근거한다. 그래서 법률의 첫 번째 근원은 인간의 이성적이고 **사회적인 본성**이다. 하느님은 본성을 처음으로 만드신 분으로서 그 기준을 정해 주신다. 그래서 법률의 두 번째 근원은 **하느님의 의지**이다.[29]

그로티우스는, 자연법은 선천적 그리고 후천적으로도 확정지을 수 있다고 생각한다. 선천적이라고 하는 것은 자연법의 원리들이 저절로 밝혀지고 **자명**하기 때문이며, 후천적이라고 하는 것은 철학자, 역사가,

---

25) Gustav Radbruch, *Rechtsphilosophie*, 3 Aufl. 1932, S.71.

26) Thomas Hobbes, *Leviathan*, cap. 21.

27) 라틴어로는 후고 그로티우스, 네덜란드어로는 Huig de Groot(하위흐 더 흐로트)라고 부르기도 한다.

28) Hugo Grotius, *De jure belli ac pacis*, 1625.

29) 같은 책, I. 1. §3, 10 참조.

시인, 변론가들의 의견을 살펴볼 때 일종의 보편적 합의(consensus communis)가 이루어지기 때문이다.[30)]

그는 "비록 신이 없다 할지라도" 자연법은 여전히 유효해야 한다고 보았고, 자연법은 모든 인간에게 공통된 것이고, 신앙에 차이를 두지 않는다고 주장했다.[31)] 그러나 그는 인간에게 주어진 이성의 완전한 자율성이 자연법의 가장 가까운(proxima) 원천이긴 하나, 여전히 하느님을 자연법의 최고 원천으로, 성서를 이성과 동등한 권리를 갖는 인식 근거로 간주하였다.

그러나 영국의 제임스 1세[32)]의 절대주의적 교의를 정당화하려는 의도는 그로티우스로 하여금 다시 의지에 우선권을 주도록 몰고 갔다. 그래서 그는 **유명론적인 학설을 다음과 같이 정당화했다.** "본래 악한 행위는, 그 행위가 내적으로 하느님의 본성에 모순되기 때문이 아니고, 그 행위가 하느님에 의해 금지되었기 때문에 악하다." 물론 그는 왜 하느님의 자유가 인간의 탐구로는 대답할 수 없게 결정되는가 하는 추가 물음을 제기했다. 후기 스콜라철학은 법과 도덕의 관계를 덕으로부터 규정하려고 하였다. 법은 다른 주덕(主德, 기본 도덕, Kardinaltugend)과 구분되는 정의의 특수한 대상이다. **정의**(justitia)는 세 가지 형식(① 교환 형식, ② 분배 형식, ③ 법적 형식)으로 사회적 관계(① 동등한 권리자의 관계, ② 국민에 대한 국가 권위의 관계, ③ 국가 권위 또는 국가에 대한 시민의 관계)를 규정한다. 그로티우스는 사회성(socialitas)을 매우 중시하였다. 법은 사회적 욕구(appetitus socialis)로부터 나오지만,

---

30) 같은 책, I. 1. §12; *Prolegomena*, Nr. 39f 참조; H. Welzel, *Naturrecht und materiale Gerechtigkeit*, S.128 참조.

31) 같은 책, II, cap. 15, 8 참조; H. Welzel, *Naturrecht und materiale Gerechtigkeit*, S.124 참조.

32) 제임스 1세(James I, 재위 1603-1625): 영국 스튜어트 왕조의 왕. 엘리자베스 여왕에 의하여 사형당한 스코틀랜드 메리 여왕의 아들이다.

도덕은 사회와 덜 관련을 갖는다. 다시 말해서 도덕은 오히려 사물의 가치와 무가치에 대해 규범적으로 판단한다.[33)]

그로티우스의 불멸의 공적은 국제법을 체계화하고 국제법의 자연법적 기초를 견고히 한 것이다. 그로티우스는 자연법 철학과 사회계약 철학에 지대한 영향을 끼쳤고, 아리스토텔레스의 사상을 계승하여 인간의 이성과 그 이성의 힘을 매우 강하게 믿었으며, 실용적 외교관으로서 비록 혼란스럽고 야만적인 시기에 외교 활동을 하긴 했지만 전쟁 시기와 평화 시기에 국가가 어떻게 행동해야 하는지를 매우 잘 알고 있었다.

그런가 하면 그로티우스는 그의 스승 에라스무스(Desiderius Erasmus, 1466-1536)를 본받은 휴머니스트이다. 에라스무스는 전쟁과 폭력의 잔인함과 무법성을 혐오했고, 그리하여 그는 전쟁 행위를 문명화할 뿐만 아니라 전쟁의 합법성을 명백히 제한하려고 하였다.

자연법 철학자로서 그로티우스는 스콜라철학보다는 스토아철학과 더 가깝다. 스토아철학에서처럼 그는 자연법의 기본 원리를 신의 질서로부터가 아니라 **이성**으로부터 이끌어낸다. 그 이성은 인간 지성 안에서 발견된다. "자연법은 신에 의해서조차도 바뀌지 않을 정도로 불변한다."

그로티우스는 국가 간의 관계에서 유린된 어떤 특정한 질서 원칙을 재건하기 위한 이론적 기초를 자연법 교의에서 얻었다. 그는 또한 자연법 교의로부터 인간의 이성에 대한 믿음, 그리고 사회생활과 국제 생활에 부합하게 더 나은 사회를 건설하는 인간의 잠재성에 대한 믿음을 얻었다. 그는 물론 그 당시 어떠한 법적 권위도 국가의 의지보다 우월하지 못했다는 점을 잘 알고 있었다. 따라서 그는 각 국가를 공통의 행위 표준으로 구속할 수 있는 어떤 원칙을 발견해야 할 필요가 있었다. 그는 이 원칙을 "약속은 지켜져야 한다(pacta sunt servanda)", 즉 주어진

33) A. H. Chroust, "Hugo Grotius and the Scholastic Natural Law Tradition," pp.131-133 참조.

약속과 서명한 조약에 대한 존중에서 발견했다.

■ 그로티우스의 자연법사상의 한계

그로티우스는 한편으로는 주지주의적인 이성의 우위에 대한 근본적인 승인을 하면서도, 다른 한편으로는 유명론적인 개별적 주의주의적 논의들을 용인함으로써 이 두 영역 간의 긴장들을 불균형한 채로 남겨두었다.

그로티우스는 자연법 원리들을 많이 형식화하였으나, 그가 말하는 원칙들은 불가피하게 어떤 특정한 정치적 주장을 불변의 질서로 승화시키는 약점을 가지고 있다. 그중에는 타인의 소유에 대한 존중, 그것으로부터 얻은 것에 대한 배상, 개인 또는 국가의 과실로 인해 발생한 손해에 대한 배상, 처벌의 기본 원칙 등이 있다. 정치적 영향을 받는 이러한 원칙들을 마치 자연법의 내용으로 간주하고 불변한 질서라고 주장하는 것은 잘못된 것이다. 그로티우스가 해상에서의 자유를 주장할 때도 자연법은 정치적으로 변색되었다. 이 주장은 해상 국가로 성장하는 네덜란드의 이익을 위한 것이었다.

메스너(Johannes Messner, 1891-1984)는 **그로티우스의 합리주의적 자연법 체계는 바로 자연법 이념을 결과적으로 해치는 것**이 되었으며, 자연법이 이로 말미암아 변질되었다고 주장했다.[34] 자우터(Johannes Sauter, 1891-1945)도 이성주의에 의한 자연법의 **시스템화의 경향**을 **불운**(不運)이었다고 지적했다.[35] 티메(Hans Thieme, 1905-2000)는 완벽한 **시스템에로의 노력**이 결국 서양 근세의 자연법사상을 타락하게 만든 근원이었다고 비판했다.[36]

---

34) Johannes Messner, *Naturrecht*, Wien, 1966, S.228.

35) Johannes Sauter, *Die Philosophischen Grundlagen des Naturrechts*, Wien, 1932, S.222; H. Welzel, *Naturrecht und materiale Gerechtikeit*, S.180 참조.

3) 푸펜도르프의 자연법사상

우리가 앞에서 살펴본 토머스 홉스와 그로티우스의 자연법사상은 근세의 세속적 자연법사상의 초반부터 말기에 이르기까지 영향을 미치고 있다. 근세의 자연법사상들은 그 시대의 요구로부터 나오는 과제들을 다루지 않을 수 없었다. 1680년을 전후한 시기부터 유럽은 정신적 위기를 겪게 되는데, 1760년까지, 더 나가서 1789년까지도 혁명적으로 보이는 온갖 권리 이념들이 쏟아져 나왔다: 개인의 양심의 권리, 비판의 권리, 이성의 권리, 인권, 시민권 등.[37)]

자연법사상은 이 새로운 시대에 중심부에 서 있었으며, 다음과 같은 네 가지 과제에 직면했다:

① 자연주의적 사회학과 정신과학 사이에서 미래의 자연법사상의 노선을 확정하여야 했다.

② 여전히 지배하고 있는 신 중심적 스콜라철학과 논쟁을 하지 않을 수 없었다.

③ 전반적으로 자연법 체계를 발전시키려는 그로티우스의 기획을 완성하여야 했다.

④ 그러한 체계를 위한 실질적인 기반을 해명하여야 했다.[38)]

이러한 과제를 해결하려고 시도한 사람이 바로 푸펜도르프(Samuel Pufendorf, 1632-1694)[39)]였다.

---

36) Hans Thieme, "Die Zeit des späten Naturrechts," in *Zeitschrift der Savigny-Stiftung für Rechtsgeschichte: Germanistische Abteilung*, Bd. 56, 1936, S.202; *Das Naturrecht und die europäische Privatrechtsgeschichte,* 1947, S.19 이하 참조.

37) Paul Hazard, *Die Krise des europäischen Geistes,* Hamburg, 1947, S.24 참조.

38) H. Welzel, *Naturrecht und materiale Gerechtigkeit*, S.130.

그의 첫째 과제는 홉스의 체계가 가져온 위험, 즉 근세 자연과학의 압박을 받아 자연법을 자연화하는 위험을 극복하기 위하여 물리적 존재 양식(entia physica)과 도덕적 존재 양식(entia moralia)을 구별하는 것이었다.[40] 그래서 그의 자연법사상은 자연과학과 다른 고유한 연구 범위를 확보하게 되었다.

그의 두 번째 과제는 프로테스탄트 교단에서 여전히 지배적인 스콜라철학에 반대하여 세속적 자연법을 관철시키는 것이었다. 법을 모든 특수한 종교로부터 벗어나서 추상화시킴으로써 모두에게 파악될 수 있게 한다는 것이다.[41] 그는 자연법과 도덕 신학을 구별하였다. 그는 의도적으로 자연법을 이승(세상)의 삶에 한정시켰다. 왜냐하면 "오로지 우리 힘만으로 이룰 수 있는 정당함을 통해 영원한 구원을 얻을 수 있는 것은 아니기 때문이다."[42]라는 것이다. 그는 독실한 루터교도답게, 하느님은 그 어떤 공적도 없이 오로지 은혜로써만 베푸는 것이며, 이를 위한 전제는 예수 그리스도에 대한 신앙이라는 말도 하였다.[43] 그에 의

---

39) 푸펜도르프는 독일의 법학자이며, 근대적 자연법론의 개조(開祖)로 알려져 있다. 하이델베르크 대학 교수를 지냈다. 그는 인간의 이성에 바탕을 두고 계약(契約)에 의해 국가 주권이 형성된다고 하여 도덕과 구별되는 합리적 자연법을 제창하였다. 그리고 이 견해를 국제사회에도 적용하여, 국제사회는 자연 상태에 있으며 국제법은 그와 같은 자연 상태에 적용되는 자연법이라 하였다. 저서로 『보편적 법학원리』(1660), 『독일제국 헌법론』(1667), 『자연법과 국제법』(1672), 『자연법에 바탕을 둔 인간과 시민의 의무』(1673) 등이 있다. 이 글에서는 그의 주저 *De jure naturae et gentium* (8 vols., Lund, 1672)을 1744년판 *Eris scandica* (Mascovius ed.)에 따라 쪽수를 표기한다.

40) Pufendorf, *De jure naturae et gentium*, I, cap. III, 6. *Eris scandica*, p.76f 참조.

41) Pufendorf, *Eris scandica*, p.288.

42) Pufendorf, *Eris scandica*, p.111.

43) Pufendorf, *Jus feciale*, §51, §54; H. Welzel, *Naturrecht und materiale Gerechtigkeit*, S.136 참조.

하면 종교의 내적 본질은 윤리와는 분명히 다르며, 자연법은 인간 상호간의 외적인 행위들만을 대상으로 삼는다는 것이다.44) 그는 합법성과 도덕성을 구별했다. 그에 의하면 선과 악은 그 자체로 존재하는 것이 아니라 선하거나 악할 수 있는 행위의 주체와 관련해서만 존재할 뿐이다.45) 그에 의하면 "인간의 본성은 합리적인 이념이 아니라, 신적인 의지의 우연한 창조이다."46) 그러나 그는 이렇게 인간의 합리적 본질 개념을 부인함으로써, 합리적인 자연법의 기반을 스스로 허물었다는 비판을 받게 되었다.47)

그는 세 번째 과제로 그로티우스의 기획을 이어 가려고 하였다. 그는 자연법의 최상의 원리를 인간적인 자연, 즉 **인간의 본성**에서 도출한다. 이 본성의 특성은 **나약함**(imbecillitas)이다. 인간이 혼자만의 힘으로 살아갈 수 없는 이 나약함에서 그는 자연법의 최상의 원리로서 사회성(socialitas)을 이끌어 낸다. 이 사회성이란 인간이 다른 사람들과 함께 사교적으로 살지 않을 수 없는 필연성이다.48)

푸펜도르프는 자연법의 최상의 원리를 인간의 본성에서 도출했으나 인간의 본성에 대한 그의 개념은 스콜라철학에서처럼 목적론에서 규정된 **인간 본성의 총체성의 맥락**에서 인간을 파악하는 것이 아니었다. 공동사회의 삶은 사회에 대한 본성적 성향으로부터 **내적 필연성**에 의해 사회적인 공동체적 삶이 발현한다는 과거의 사상들에서처럼 **인간은** 본

---

44) Pufendorf, *Jus feciale*, §52; H. Welzel, *Naturrecht und materiale Gerechtigkeit*, S.137 참조.

45) Pufendorf, *Eris scandica*, p.82, p.232, p.268, p.324. H. Welzel, *Naturrecht und materiale Gerechtigkeit*, S.138에서 재인용.

46) Pufendorf, *Eris scandica*, p.325 참조.

47) H. Welzel, *Naturrecht und materiale Gerechtigkeit*, S.139 참조.

48) Pufendorf, *De jure naturae et gentium*, II, cap. III, 16. H. Welzel, *Naturrecht und materiale Gerechtigkeit*, S.139에서 재인용.

성적으로 **사회적인 것이 아니다**. 오히려 인간은 **사회성**, 즉 **사교성**(Geselligkeit)을 개발시켜야 한다는 것이다. 왜냐하면 사회성은 인간에게 **유익**하기 때문이다. 인간은 **사회적일 수 있는**(sociabile) 동물이지, (본성상) **사회적**(sociale)인 것은 아니라는 것이다. 그러므로 앞선 시대의 사상가들에게서 내적이고, 타고난 본성이며, 적절한 시기에 그 본성을 실현하는 표지였던 것은 새로운 (근대의) 자연법에서는 단순한 가능성이자 단순한 충동일 뿐이었다. 그러므로 **경험적 자연과 어떤 충동 내지는 일종의 능력이 푸펜도르프의 사고의 출발점이 되었다.**[49]

그가 적용한 방법은 급속히 퍼져 나갔다. 그의 방법은 현실의 문제에 접근하는 다양한 논의를 가능케 함으로써 당대의 젊은이로부터 환영을 받았다. 푸펜도르프는 자연법사상의 다면적 체계를 발전시키고자 했던 그로티우스의 기획을 실제로 관철시켰다는 평을 듣는다. 그는 형법, 국가법, 국제법의 보편 원칙을 사회성의 원리로부터 도출하여『자연법과 만민법』8권을 저술하였다. 그는 개인에서, 개인의 성격과 능력, 권리와 의무에서 출발하여, 가족과 혼인이라는 공동체를 거쳐서, 국가 그리고 국가들 간의 공동체로 넘어갔다. 그의 체계는 프로이센 보통법의 모형이 되었고 오늘날까지도 독일 법학에 영향을 미치었다.

그는 근세의 자연법사상이 한 세기를 위한 길을 닦아 놓았을 뿐만 아니라, 결정적으로 18세기의 정치 이념, 자유권과 인권을 위한 바탕을 놓았으며 가장 포괄적인 자연법 체계를 수립한 학자라는 평을 듣기도 한다.[50]

그는 네 번째로 법체계를 위한 실질적인 기반을 **인간 본성의 존엄**(dignitas naturae humanae)에 두며, 인간의 존엄성을 인간의 자유와 평등에서 구현시키려고 했다.[51] 그가 말하는 평등은 홉스가 말하는 힘의

49) H. Rommen, *Die ewige Wiederkehr des Naturrechts*, S.108 참조.

50) H. Welzel, *Naturrecht und materiale Gerechtigkeit*, S.140 참조.

평등이 아니라, 법 안에서의 평등과 사교성의 의무가 모든 인간을 똑같이 구속하는 데 기초하는 평등을 의미한다. 왜냐하면 이 의무는 인간의 본성 그 자체와 결부되어 있기 때문이다.[52)]

인간의 존엄(dignitas humana)[53)]을 이루는 윤리적 자유에서 자연법적 평등이 나오고, 자연법적 평등에서 자연법적 자유가 따른다. 윤리적 자유에 기초한 인권 이념은 푸펜도르프의 자연법 체계의 중심에 놓여 있다. 인권 사상은 그의 사회성 사상의 내용을 이루고 있으며, 그의 체계에 나타나는 모든 법적 관계에 대한 판단을 관통하고 있다.

그의 인권 사상은 동시대 및 후세 사람들, 특히 미국의 인권선언에 큰 영향을 미쳤다. '미국 민주주의 아버지'라고 불리었던 와이즈(John Wise, 1652-1725)[54)]는 푸펜도르프의 열렬한 추종자로서 푸펜도르프의 자연법사상에 의거하여, 그의 『자연법과 국제법』의 한 편을 몽땅 인용하면서 인권 이념과 민주주의 이념을 발전시켰다고 말했다. 이렇게 푸펜도르프는 역사적으로 미국의 인권선언을 준비하는 데 결정적인 영향을 주었다.[55)] 그러나 푸펜도르프는, **순수한** 민주주의는 자연적인 자유와 평등에 가장 가까이 있는 국가 형태이긴 하지만, 최선의 것이라는

---

51) Pufendorf, *De jure naturae et gentium*, II, cap. I, 5 참조. H. Welzel, *Naturrecht und materiale Gerechtigkeit*, S.141에서 재인용.

52) Pufendorf, *De jure naturae et gentium*, III, cap. II, 1,

53) dignitas humana는 푸펜도르프가 처음 착상한 것은 아니며, 피코 델라 미란돌라(Pico della Mirandola)가 그의 *De dignitate homini*(1486)에서 언급한 말이지만, 푸펜도르프가 처음으로 자연법의 중심 개념으로 삼았다. 토마스 아퀴나스도 *Summa Theologica*, II, 2, qu. 64. 2에서 인간 존엄을 언급하고 있으나, 인간 일반이 아니라 죄를 지은 인간이 아닌, 오직 덕이 있는 인간만을 가리킨다.

54) Vernon L. Parrington, *Main Currents in American Though*t, I, 1927, p.118f.

55) John Wise, *A Vindication of the Government of New England Churches*, Boston, 1717(1880). 존 와이즈는 그의 저서에서 자연법을 소개하면서 시작 부분에서 푸펜도르프를 인용하고 있다.

당연한 결론에 항의하기도 했다.[56] 왜냐하면 민주주의에서는 개인의 기본권이 언제나 다수의 결정을 통해 빼앗길 수 있기 때문이다. 이것은 자유주의와 민주주의 사이의 내적 긴장 관계에 대하여 멀리 내다본 판단이라고 하겠다.

"푸펜도르프의 자연법사상은 그의 **국제법 이론**을 통하여 분명해진다. 국왕들과 국가들은 **자연 상태** 속에 살고 있는데, 왜냐하면 아직은 어떠한 도래하는 사회(status adventicius), 시민국가(civitas maxima)도 거기에는 없기 때문이다. 따라서 국제법은 오직 자연법으로만 구성되며, 어떠한 (세계) 정부도 없기 때문에 실정법이 전혀 존재하지 않는다."[57]

■ 푸펜도르프에 대한 비판

푸펜도르프에 의하면 구체적인(**개별적인**) 시민법 내용 전체, 즉 빚, 재산, 가족, 상속, 더 상세히 말하자면 재산의 취득 양식, 유언 및 상속에 의한 양도에 관한 법, 돈의 가치에 대한 규범(학설), 유상 계약에 관한 규범 등에 필요한 것으로 간주되는 실정법 내용 전체가 자연법으로 된다. 그러나 올바른 실정법은 자연법일 수 있으나 실정법 전체가 자연법과 일치할 수 없으므로 푸펜도르프의 그러한 주장은 마치 전제군주가 자기가 명한 것이 법이며 자기가 만든 모든 법이 하늘의 뜻이라는 궤변과 유사한 잘못된 것이다. 이것은 스콜라철학 시대의 자연법이 **근본 규범**(Dekalog, 모세의 십계명)에만 그 위엄과 고귀함이 부여되었던 것과는 크게 다른 것이다.

---

56) Samuel Pufendorf, *De jure naturae et gentium* VII, cap. V, 4. 그의 이상은 헌법적으로 제한된 정부 체제이다. H. Welzel, *Naturrecht und materiale Gerechtigkeit*, S.143, note 48 참조.

57) H. Rommen, *Die ewige Wiederkehr des Naturrechts*, S.110.

라이프니츠는 푸펜도르프를 "법률가로 보기 어렵고 철학자는 더더욱 아니다."라고 비판했다. "푸펜도르프는 전통을 전적으로 유기(遺棄)했다. 사실상 그는 도덕철학이 그 부분인 자연법(jus naturale)과 더불어 존재론인 형이상학의 계속이며, 존재론은 이성적 인간의 자유의지에 적용되면 당위의 학이 된다는 전통적 견해를 이해한 적이 없었다."[58]는 것이다. 그러나 이로 말미암아 그의 무제한적이고 비역사적인 이성주의가 이루어졌다. 그는 **영구법의 학설을 결코 이해하지 못했다**. 그러므로 푸펜도르프에게서 자연법은 영구법에 참여하는 하느님의 본질과 무관한 것이 된다. 오히려 그것은 전형적으로 유명론적 방식으로 하느님의 의지 안에 놓여 있다. 그것은 사실상 사교성의 외부적 질서와 관계한다. 하느님이 이와 같이 인간을 창조하였고 하느님이 의도하는 바대로 그것은 효력이 생긴다. 아직 인간이 존재하지 않았을 때 그것은 효력이 없으며 존재하지 않는다. 그것은 하느님의 본질에 영원히 존재하는 신법에 관여하지 아니하며, 오히려 그것이 인간과 같이 있는 한에서만 '영원한' 것이다. 그러므로 인간이 존재했던 이후에만, 하느님이 인간을 창조했던 이후에 있어서만 그것은 효력을 지닌다. 이러한 입장은 신이 존재하지 않을지라도 자연법이 여전히 상당한 타당성을 지닐 것이라고 보는 그로티우스의 견해에 대한 가장 강력한 반대이다.

푸펜도르프는 극단적인 합리주의의 기초를 형성했다. 왜냐하면 이제 자연법의 원천은 하느님의 본질이 아니라 인간의 본성이기 때문이며, 단지 추상적으로만이 아니라 실존적으로도 그렇다는 것이다. 그런 까닭에 자연 상태 안의 인간을 위한, 논리적으로 연역된 법의 난해한 사고(思考)의 유희도 발생했다. 푸펜도르프의 법이념으로서 자연법사상은 단순히 머릿속으로 그려졌거나 비역사적으로 한 번 존재했을 것이라고

58) 같은 책, S.111.

여겨지는 **자연 상태**로부터 역사적 예증의 고려 없이 이론적으로 연역된다. 그래서 실제로 이것은 좋고 유용하며 필요하다고 간주되는 개정과 보충으로서 **역사적 실정법**이 자연법으로서 나타난다는 것이다. 자연법에 관한 계몽철학 유(類)의 의미심장한 법 정치적 기능이 여기에 의거한다. 이것은 마침내 자연법의 하강을 초래했다.

4) 토마지우스의 자연법사상

토마지우스(Christian Thomasius, 1665-1728)[59]는 독일의 계몽주의의 초기 단계에서 자의식(Ich-Bewusstsein)을 내세우고 유아론(唯我論)을 주장하며 아리스토텔레스의 형이상학과 스콜라철학에 반기를 들고, 세계를 밝혀 주고 모두에게 행복을 가져다줄 수 있는 것은 오로지 이성이라고 간주했다. 그는 푸펜도르프의 제자였지만 **푸펜도르프의 사교성(개념)을 공리주의적으로 해석하고, 법과 도덕은 엄격히 구별했다.** 그에 의하면 윤리학의 목적은 격정을 지배하는 것이다. 왜냐하면 격정은 일시적 행복, 즉 개인의 평화 속의 삶을 위협하기 때문이다. 그래서 최고의 중심적인 원칙이 나온다. "인간의 삶을 길고 행복하게 만드는 것이라면 (그것이 무엇이든) 행해져야 하며, 삶을 불행하게 만들고 죽음을 재촉하는 것이라면 (그것이 무엇이든) 중지되어야 한다."[60] 그는 그로

---

59) 토마지우스는 독일의 법학자, 철학자이며, 계몽주의의 선구자이자 푸펜도르프에서 출발한 자연법사상가이다. 그는 법과 도덕을 엄격히 구분하였는데, 법은 외면성과 강제성을 지니는 반면, 도덕은 내면적이며 강제 불가능성을 가졌다고 했다. 또한 그는 교회의 권위에 반대하여 신학과 과학의 분리를 주장했으며, 범죄인에 대한 고문제도 폐지를 주장했다. 그는 법률의 원천으로서 신법(lex divina)을 배제하고, 자연법과 실정법을 철학적, 법률적으로 이해하여 법률과 신학을 구별함으로써 자연법에서 종교적 색채를 배제하고자 노력했다.

60) C. Thomasius, *Fundamenta juris naturae et gentium*, Prooemium, IX, 1979.

티우스가 말하는 사교성 또는 사회적 성향(appetitus socialis)은 더 이상 자연법의 원천이 아니며, 오히려 전형적인 계몽주의 방식으로 **개인의 행복이 자연법의 원천이라는 것이다. 쾌적하고 걱정이 없는 삶, 이것이 행복이다.** 행복이란 존경할 만하고 예의범절에 맞으며 올바른 삶, 즉 성실(honestum, 존경받음), 우아(decorum), 정의(iustum)를 통해서 도달될 수 있을 뿐이다. 내면적 평화가 유지되도록 인간은 존경할 만하게 살아야 하며, 다른 사람이 도움을 얻을 수 있도록 예의범절에 맞게 살아야 하며, 다른 이가 화나지 않고 외면적 평화가 파괴되지 않도록 올바르게 살아야 한다. 그러므로 **법이란 외면적인 것이며, 도덕과는 무관하다.** 도덕이 내면적 의무를 발생시키는 반면에, 법은 외면적 의무만을 발생시킨다. **법적 의무는 강제적 의무이지만, 도덕적 의무는 양심을 통한 구속에만 지배된다.**[61] 그러므로 **국가는 개인의 유용성에 대한 고려에서부터 계약에 의해 발생한다.**

토마지우스는 자연법의 최후 근거로서 신으로부터 오래된 공식을 끌고 나온다. 그러나 이것은 그에게는 다음과 같은 사실만을 의미했다. 즉, 자연법조차도 그 존재가 만물의 창조자로서의 신의 덕택이라는 것이다. 그러나 타당성의 근거는 **신의 의지**가 아니다. 왜냐하면 개인에게 신의 뜻이 무엇인지는 자연적 이성으로서는 알 수 없고 오직 계시를 통해서만 안다고 하기 때문이다. 그러므로 자연법의 원칙은 매우 주관적으로 채색된, 한정된 시간의 행복에 머문다는 것이다.[62] 따라서 토마지우스에게서 **자연법의 형이상학은 완전히 자취를 감추었다.** 연역적이고 **자율적인 이성**이 이제부터 아무런 제지 없이 자연적이고 상세한 법체계로 발전해 갈 수 있다는 것이다. 개인주의적 계몽주의 정신이 실정법으로 삼기에 좋다고 간주한 모든 것과 '법적 이행(de lege ferenda) 가

---

61) 같은 책, XI, XII.

62) H. Rommen, *Die ewige Wiederkehr des Naturrechts*, SS.113-114 참조.

치'가 있다고 간주한 모든 것이 불변의 최고 요청으로서 법체계 안으로 들어간다.[63]

■ 토마지우스에 대한 비판

토마지우스와 더불어 영국의 경험론과 심리주의와 공리주의가 독일 철학에 영향을 미치기 시작하였다. 세속화된 시민의 생활감정이 독일 계몽기의 첫 번째 시기를 이룩했다. 그는 법질서도 유용성이라는 관점에서 충동적인 삶과 정동적인 삶의 질서에 지나지 않는다고 생각한다. 인간의 명예욕, 소유욕, 쾌락욕 등은 개인으로 하여금 오직 자기 자신만을 생각하기 때문에, 법질서가 필요하다고 한다. 그러므로 그에게서 법이란 그 어떤 초월적인 배경을 가지고 있는 내면적인 윤리적 의무를 지우는 것이 아니라 모든 개인들의 총체를 고려하여 균형 잡히고, 국가의 권력에 의해 강제되는 유익한 것이라는 것이다.[64] 이것은 바로 계몽시대의 시민들의 사고방식이며 속물이 되어 버린 쾌락주의의 전형이라고 하겠다.

17-18세기의 자연법사상의 흐름은 그 전제와 동기, 내용 등에 있어서 어떤 하나의 관점에서 일관되게 파악하기에는 매우 다양한 모습을 띠고 있다. 그러나 17-18세기의 자연법사상의 주류는 개인주의와 도구적 합리주의(이성주의)라고 하겠다. 우리는 이를 좀 더 자세히 검토해 보기로 하자.

---

63) 같은 책, S.114 참조.

64) J. Hirschberger, *Geschichte der Philosophie*, Neuzeit und Gegenwart, 11, Auflage, 1981. 강성위 옮김, 『서양철학사』, 하권, 이문출판사, 1988, pp.380-382 참조.

3. 개인주의와 도구적 합리주의가 자연법사상에 미친 영향

1) 계몽주의의 대두와 개인주의의 발달

근세에 들어와서 자연법사상은 **개인주의**에 의하여 극심한 영향을 받는다.[65)]“**개인주의에 사로잡힌 자연법**(jus naturale)은 많은 관점에서 전통적인 자연법(lex naturalis)과는 구별된다. 그 근거들은 새로운 자연법의 특이한 이상 발달(異常發達, Hypertrophie)에서, 당시의 정치적 환경과 정신사적 환경으로부터 복잡하게 생겨났다.”[66)] 이미 후기 스콜라철학 시대에 오컴 등에 의한 이성에 대한 의지의 우위론과 성서의 개인적인 해석을 강조하는 사조(思潮)가 발생하면서 초성적(超性的, 초자연적)인 존재론적 자연법은 비판을 받게 되었다. **개인주의**에 사로잡힌 자연법사상은 과거의 그리스도교 사상의 전통을 올바르게 이해하지 못했던 근세의 철학자들과 법 실무자들에 의하여 논해지면서 자연법의 이념에 손상을 끼쳤다.

근세에 대두된 **계몽주의**는 민족에 따라 영국과 독일과 프랑스에서 여러 가지 변형들이 있었다. 그러나 대체로 “**이성의 빛**을 넓게 퍼뜨려라. 그러면 행복이 손에 잡힐 것이다.”라는 구호는 계몽주의자들의 신념이다.[67)] 그들은 법칙들을 분명하게 인식하는 것을 필요로 했다. 계몽

65) Otto Gierke, *Das deutsche Genossenschaftsrecht*, trans. by Ernest Barker, *Natural Law and the Theory of Society 1500 to 1800*, Boston: Beacon, 1957, p.96 참조.

66) H. Rommen, *Die ewige Wiederkehr des Naturrechts*, S.92. 그는 근세의 자연법은 ‘im Banne des Individualismus(개인주의 마력에 빠진)’ 자연법이라고 하면서 그의 책 제4장, SS.92-127에서 상론한다.

67) Pierre Bayle, *Dictionnaire historique et critique*, 1697. 베일은 형이상학을 거부하고 ‘encyclopédistes’(d’Alembert, Diderot)의 모범이 되었다. W. Kraus und H. Mayer, *Grundpositionen der französischen Aufklärung*, 1955.

주의는 **이성**을 근간으로 삼았으며, 이성은 **자율성**(Autonomie)과 **자기 충족성**(Autarkie)을 가지고 있다는 것이다. 그래서 법(Recht)도 이성 안에 놓여 있다는 것이다. 이 이성은 **자기**(**자아**)로부터, 이성의 추상적 성질 자체의 성찰로부터 **공리적**(公理的, axiomatisch)으로 모든 법칙(Gesetz)과 모든 도덕과 모든 법(Recht)을 이끌어 낼 수 있다는 것이다. 설사 신이 없다고 할지라도, 다시 말해서 신은 도덕과 법의 궁극적 원천으로 나타나지 않는다고 할지라도, 이성은 그렇게 할 수 있다는 것이다. 사유(思惟)의 순전한 열광주의로 말미암아 이제는 전체 도덕 체계와 법체계가 개별적인 규범에 이르기까지 파악된다는 것이다. 계몽주의자들은 개인주의를 옹호하는 이성의 전능과 절대화를 주장하는 '**도구적 합리주의자**(insrumental rationalist)'들이다.[68]

중앙집권적인 군주 국가의 행정기구에서 필수적이었던 법률이란 적어도 이성주의자들의 입장에서 보면 더 이상 존립할 수 없었던 것으로 보였다. 왜냐하면 이러한 법률은 지역과 사회계층의 **이해관계**에 따라 분열되기 마련이기 때문이다. 이러한 법의 봉건 형태는 신흥 **자본주의**에서 보면 시대에 뒤떨어진 것이 되어 버렸다. 그래서 그러한 법은 면책특권이 부여된 길드(guild, 동업조합)의 경우에는 시대에 맞지 않는 고루(固陋)한 것이 되어 버렸다. 이 기괴한 제국법(Reichsrecht)에 대해서 푸펜도르프는 그의 가명으로 쓴 『제국에 관하여(*De statu imperii*)』라는 저서에서 아주 극적으로 조롱하기도 했다고 하지만, 그에게 동조하는 사람들이 적지 않았다.[69]

계몽주의는 근세에서는 무엇보다 지배계층, 귀족과 당대의 지성인인 **법원 서기**(Clerks)와 **과학자들**의 관심사였다. 과학자들은 지배자(군주)

68) H. Rommen, *Die ewige Wiederkehr des Naturrechts*, S.93 참조. 필자는 '도구적 합리주의'라고 번역한다.

69) 같은 책, S.93 참조.

로부터 후원을 받았다. 자유를 갈망하는 진영의 분노에서 표명된 슬로건에서 말하듯이, **계몽된 전제주의**는 자연법사상의 큰 후원자였다. 왜냐하면 그러한 자연법사상은 국가의 통합된 질서를 방해하는 귀족과 지방의 길드의 계급적 특권을 깨트릴 수 있는 무기를 전제주의(군주)의 손에 쥐어 주었기 때문이다. 여기서 말하는 자연법이란 대체로 오늘날의 의미로 불리는 **이성법**이다. 더 나아가 교육을 지지하는 계몽주의는 중상주의(重商主義)의 의미에서 국가를 '부유하게' 할 수 있도록, '경찰' 기관을 통하여 시민을 교육할 과제를 국가에 부여하였다. 그래서 이러한 **개인주의에 뿌리를 둔 자연법사상**은 무엇보다도 전통적이고 경직된 사회질서를 해소하는 데 적합하며, 영주(領主)에게 '신민(臣民, Untertanen)'을 만들어 주는 데 적절한 것으로 여겨졌다. 물론 이 신민들은 자의적으로 대할 수 있는 단순한 대상이 아니라 타고난 주체로서의 권리를 지닌 권리주체로서 계몽이라는 한층 고상해 보이는 인간 이념으로 교육목표의 대상으로 삼는 데도 적절한 것으로 간주되었다.70)

계몽주의자들 중에는 **이신론**(理神論, Deismus)을 지지하는 자들도 있었으나, 그들은 **유물론에 기울었고 형이상학을 거부**하고 **유아론**적이었고, 그리스도교의 가르침을 거부하고 끝내 자연법을 폄훼(貶毁)하였다.

2) 개인주의적 자연법사상에 대한 비판적 성찰

(1) 개인주의와 자연 상태론

인간 이성의 자율성에 대한 테제와 당시에 통용되고 있던 실정법의 연계는 계몽주의 시대 초기의 사회철학적 **개인주의**와 밀접하게 연관되

70) 같은 책, S.96 참조.

어 있다. 그런데 이 개인주의는 **자연 상태** 이론에서 가장 분명하게 드러난다. 자연 상태는 자연법에 관한 숙고(熟考)의 출발점이 되었다. "법 이념으로서의 자연법이 불가피한 실정법 **안에**(in), 그리고 실정법 **위에**(über) 있다면, 자연 상태의 법으로서의 자연법은 실정법 **앞에**(vor), 그리고 실정법 **위에**(über) 있다."[71]는 것이다. 그러므로 이러한 자연법적 체계의 고유한 방법의 출발점도 또한 자연 상태론이다.

이전 시대에는 사회적 본성 안에 결혼, 가족, 국가, 세계 공동체와 같은 사회적 제도의 전체 질서와 사회적 제도의 근본 규범이 실체적 형상으로 주어져 있었으므로, 사회적 본성은 다양한 '불완전한 사회(societas imperfecta)'들을 거쳐서 '완전한 사회(societas perfecta)'로 나아가는 사회적 형태의 완성에서 비로소 실현되었다. 그러나 개인주의에서는 인간의 사회적 본질성(Wesensnatur)에서 출발하지 않을 뿐만 아니라, 출발점은 오히려 경험적이고 추상화된 자연이다. 개인주의에서는 **심리학적 동인**으로서의 자연으로부터 도덕과 자연법의 체계가 합리적으로 연역된다. 예컨대 홉스에게서는 **이기심**, 푸펜도르프에게서는 단순한 형식적인 사회성으로서의 **사교성**(Geselligkeit), 토마지우스에게서는 **행복**(유쾌하며 근심 없는 삶)으로부터 도덕과 법이 연역될 수 있다는 것이다. 자연법 안에서 계약에 관한 민법, 가족법, 상속법과 물권법, 그리고 절차법과 특히 헌법이 다루어진다. 이러한 근세의 자연법사상의 체계는 자연과 이성에 입각하여 구축되어 있는데, 장차 개혁되어야 할 기존 제도와 맞서 있으며, 고대 스토아학파의 자연 상태에 대한 찬미와도 쉽게 연결된다.[72] 이 자연 상태를 홉스가 "만인에 대한 만인의 투쟁

---

71) 같은 책, S.94 참조.

72) Thomas Ahnert, "Zum Epikurianismus im Naturrecht der deutschen Frühaufklärung," in V. Fiorillo und F. Grunnert, hrsg., *Das Naturrecht der Geselligkeit: Anthropologie, Recht und Politik im 18. Jahrhundert*, Philoso-

(bellum omnium contra omnes)"이라고 해석하지 않았다면, 에피쿠로스가 말한 것처럼, 자연 상태는 찬미될 만한 것일 수도 있을 것이다.[73]

(2) 자연 상태론에 대한 비판

개인주의적인 자연법사상은 바람직한 결과를 보여주지 못했다. 그 결과는 루소의 체계와 프랑스혁명에서도 나타나며, 또한 로크와 독일의 초기 자유주의의 자연법사상에서도 나타난다. 교육 기능을 지닌 경찰국가에 속하든, 자유의 기능을 지닌 자유주의적 최소 국가에 속하든, **전통적인 자연법과의 심화된 단절은 잘못된 정치적 결과를 초래했다**. 이러한 새로운 개인주의적 자연법사상은 세속적 도덕 이론 및 국가 이론에 대한 최초의 시도이다. 그러나 홉스의 시도는 **독립적인 본래적 자연법**을 파기(破棄)하는 것이며, 군주제도에서 나타나는 전능하고 유일한 국가 통치자를 자연법에 종속시키거나 통합시키는 것이다. 이 계몽 군주제는 교회를 사회적으로 실천적으로 중요한 것으로 인정하면서도, **교회를 절대 군주 국가에서 단지 문화와 교육 분야의 일부에 불과**한 것으로 보았다. 이 시기에 **자연의 법**(jus naturae: lex naturalis와 jus naturale와 구별된다)이란 **도덕철학**에 있어서도 동일한데, 그 독특한 전체주의적 성격은 교회를 국가에 봉사하도록 강요하는 수단으로 보았다. 더욱이 이성주의와 계몽주의는 직접적으로 신(神)적인 기원이라는 불확실성으로부터 생겨난 오래되고 신비한 토대가 국가와 군주의 권력에 기여할 수 없다고 간주한다.[74]

자연 상태론은 다양한 **계약 이론**과 함께 시민(부르주아)사회로의 이행에 관하여 새로운 기초를 마련해 주었으나 불확실하고 위험한 것이

---

phische Schriften, Bd. 73, Berlin, 2009, S.39 참조.

73) H. Rommen, *Die ewige Wiederkehr des Naturrechts*, S.95 참조.

74) 같은 책, S.97 참조.

다. 이 자연 상태론은 홉스에게서 국가 절대주의에 기여하였으며, 푸펜도르프에게서 오랫동안 전승된 국민의 저항권을 부인하는 계몽 군주제의 토대에 기여하였고, 루소에게서 단지 허용될 수 있는 민주주의적 국가의 전능의 토대에도 기여하였다. 이러한 사고 유형은 1789년 프랑스 혁명 시기의 사람들에게서 국가권력의 최소화와, 그 밖에 승인된 인간의 권리와 시민권(1792년과 1793년 헌법에서)과 국가권력에 대한 저항권에도 기여하였다. "기요틴(단두대)을 통하여 세계를 개선한다는 설교와 같은 매우 유치하고 빈약한 이론들과 프랑스의 침략 전쟁들은 '이성의 법'이라는 이름으로 이루어졌다. 자연법은 하나의 정신적인 방향을 정해 주는 것이었지, **한결같게 제시되는** 하나의 학설이 아니다."[75]

이와 같은 개인주의에 기반을 둔 자연법사상은 계몽 군주들과 루소와 같은 사회혁명가들의 출발점이 되었다. 그러한 자연법사상은 기본법인 헌법에 기입되었으며, 당시 포괄적인 법전 편찬에 있어서도 자연법사상은 계급에 의한 사회질서를 깨뜨리고 근대 시민사회의 질서 구축에 기여하였다. 그러나 고유한 학문이자 **보편적인 신념으로서의 자연법**은 급속하게 사라졌다. 왜냐하면 그들에게서 혁명을 원하거나 혁명적으로 강조된 자연법사상의 정치적 목적이 달성되었기 때문이며, 프랑스에서 1793-1796년의 봉기 사건 이후 여신(女神)으로 받들던 **이성**이 권리를 박탈당했을 뿐만 아니라, 소위 **역사학파**(Haller, de Maiste, Donoso Cortes 등)에 의해서 **'역사'**라고 하는 섭리(攝理)가 다시 고양(高揚)되었기 때문이다.

이 새로운 자연법사상이 **영원한 자연법**(jus naturale perenne)과 구별되는 것은, 이 새로운 자연법의 정치적 목적뿐만 아니라 본질적으로 자연 상태론이 갖고 있는 함축이다. 이 자연 상태론은 심지어 다니엘 디

---

75) Leopold Pfaff und Franz Hofmann, *Commentar zum österreichischen allgemeinen bürgerlichen Gesetzbuch*(ABGB), Wien, 1877, 서문.

포의 『로빈슨 크루소』(1791)에서조차도 알려질 정도로 뜻밖의 인기를 얻는다. 이 자연 상태론으로부터 이념이 파생되는데, 그 이념은 **자유와 평등**이다. 여기에 또 새롭게 이해된 이신론(理神論, Deismus: 신의 존재를 인정하나 그 섭리와 예배를 인정하지 않음)의 도덕철학이 상응하는데, 칸트에게서 그것은 자연법의 제목 속으로 숨고, 처음에는 영구법(영원법)을 고려하지 않거나 '배제'하다가 결국에는 이성의 **완전한 윤리적 자율성**에까지 이른다.[76)]

개인주의적 출발점은 또한 필수적인 사회생활 형태까지도 오해하게 만든다. 과거에는 사회생활 형태가 인간의 이념과 함께, 마치 싹트는 것처럼 함께 주어지는 것으로 여겨졌다면, 이제는 사회생활 형태란 자유로운 개인에 의해 단지 '도래하는 상태(status adventicii)'로, 다시 말해서 다양한 본질적이지 않은 근거로부터도 생겨날 수 있다고 간주될 수 있다는 것이다. 그래서 사회생활 형태는 **유용성** 또는 단순히 외적인 완성 때문에 사회성(socialitas)이라는 것이다. 이러한 사회생활 형태는 근원적인 자유에 직면하여 그 본질에 있어 필수적인 것으로 더 이상 인식될 수 없고, 그 내용이나 실존에 따라 단지 자유로운 결합, 즉 개인의 자유로운 계약에 의해 근거 지어질 수밖에 없다는 것이다. 이러한 자연법사상에서 계약 형식은 구체적인 사회 형태 속에서 '실제 입장'을 위한 기초이며 동시에 그것의 규범적 내용을 위한 기초이다. 따라서 사회형태의 본질은 객관적인 것이 아니며, 그것의 실존처럼 개인의 의지에 의존한다. 거기에는, 이미 말한 것처럼, 인간의 정언적 사회성(socialitas)은 결코 존재하지 않으며, 매우 정확히 말한다면, 단순한 **군집**(sociabilitas)만이 있을 뿐이다. 이러한 견해에 따르면, 국가론은 두 가지 극단적인 양상을 보여준다: 홉스의 **전제군주**와 루소의 **전제 민주**

---

76) H. Rommen, *Die ewige Wiederkehr des Naturrechts*, S.99 참조.

정이 그것이다. 다시 말해서 홉스의 지도자의 극대화된 경찰국가와 루소의 입헌적인 극소화된 법치국가이다. 그래서 자연 상태론에 따르면 시민국가(status civilis)에서 구제해 주는 불가침의 인권을 받아들이거나, 아니면 홉스에게서처럼 결국에 가서는 정치적인 국가 계약과 복종 계약에 승복하고 마는 것이다.[77)]

개인주의적 자연법론들은 또한 사회적 동물의 **본질에 의거하는 사회 생활 형태의 단계 질서**에 대해서 이해를 하지 못한다. 예컨대 그 **고유의 목적**을 가지고 있는 **사회제도로서의 가정[가족]**에 대한 아무런 이해도 보여주지 못한다. 그것들은 단지 결혼과 양친 관계만을 다룰 뿐이다. 그것들은 직업적 또는 기업적 토대, 나아가 국가와 개인 간의 모든 생활 영역에 놓여 있는 다양한 사회 형태를 위한 이해도 제시하지 못한다. 그래서 그 이론들은 잘 알려진 **보조성**(Subsidiarität)**의 원리**[78)]를 이해시키지도 못한다. 이 **자연법론들은 단지 개인과 국가 간의 날카로운 대립만을 알 뿐이다.** 그 이론들은 완전한 사회로서의 교회의 고유한 존재에 대한 이해도 결여하고 있다. 그것들은 교회를, 단지 '국가의 부분'이거나 자유로운 신앙 단체 정도로 간주할 뿐이다.[79)]

이 독특한 그리고 그 결과에 있어 매우 다양한 유형을 보이는 새로운 자연법론은 매우 명백하게 홉스에게서 염세적인 인간학으로, 루소에게서 낙관적인 인간학으로, 푸펜도르프와 토마지우스에게서 계몽된 전제정(專制政)의 그늘로, 그리고 최종적으로 칸트에게서는 많은 다른 것들이 혼합된 형태에 관하여 침묵하기 위한 것으로 나타난다.

---

77) 같은 책, S.100 참조.

78) 최상위 공동체와 국가는 다른 하위 집단이 그들의 기능과 목적을 충족하도록 보조해야 한다는 원리. 진교훈, 『현대사회윤리연구』, 울력, 2003, pp.231-232 참조.

79) H. Rommen, *Die ewige Wiederkehr des Naturrechts*, S.101 참조.

그러므로 여기서 바로 **전통의 단절**이 발생한다. 푸펜도르프 시대 이후로 사람들은 '학자의 기벽(奇癖)'[80]을 즐기고 있다. 그 후로 반(反)아리스토텔레스적 유명론(唯名論)이 철학의 기초가 되었다. **전통에 대한 경시**(輕視)는 얼마 후 19세기에 이러한 자연법 사유의 몰락을 통해 보복받았다는 점을 우리는 믿어도 좋을 것이다. 참으로 전통에 대한 이러한 몰이해는 19세기에 들어와서 17세기와 18세기의 자연법론을 반박함으로써 2천 년 이상의 전통을 가지고 있는 자연법 자체를 반박하는 것을 용인하지 않을 수 없게 만들었다.[81]

홉스의 전제 이론은 마침내 **근본적으로 자연법을 부인하기에 이르렀다.** 홉스는 자연 상태를 야만적이며 규칙이 없는, "만인의 만인에 대한 전쟁 상태", 즉 혼돈 상태로 설명한다. 여기서 다시 인식론과 도덕철학의 상응이 일어난다. 홉스와 오컴 학파의 유명론(唯名論)은 이성이란 보편적인 이념[이데아]을 결코 인식할 수 없다고 본다. 보편 개념이라고 생각되는 단어는 **단순한 이름**에 불과하며, 의미 표현의 혼란을 정돈하기 위하여 이성은 **존재 안에 기초**(fundamentum in re)**함이 없이**, 결국 **자의적**(恣意的)으로 정한다는 것이다. 그리고 도덕철학에서는 **열정**(passiones)이 첫째 자리를 차지한다. 인간은 그의 본질의 근본에서 자연 상태가 보여주는 바와 같이, 늑대이고 악하며 이기주의만을 따른다. 따라서 자연 상태에는 규칙 없는 개인만이 존재하며, 사회적 삶을 위한 어떠한 토대도 존재하지 않는다. '만인에 대한 만인의 늑대'는 매우 장중하게 가르쳐 왔던 '모든 이에게 모든 이의 법'의 이면(裏面)이다. 그러므로 실제적으로, 루소의 꿈과 푸펜도르프와 그의 많은 제자들의 환상적인 결론에서 볼 수 있는 것처럼, **그 자체로서의 자연 상태의 법이란 존재하지 않는다.** 이와 같은 이기주의와 보다 더 큰 유용성과 평안

---

80) 오늘날 '학자의 기벽'은 언론 출판이 조장하고 대학을 유린하고 있다.

81) H. Rommen, *Die ewige Wiederkehr des Naturrechts*, S.102 참조.

함에 대한 숙고는 개인들을 **계약**의 길로 가게 하는데, 이 계약을 통해 개인들은 시민 상태로 들어가며 자신들의 권리를 '모두' 양도하며, 이로써 평안함이 가능해진다고 한다. 이로써 평안함이 가능해질 수도 있을는지 모르지만, 모든 계약자들은 자신들의 권리를 통치자, 즉 국가수반에게 — 그 국가수반이 계약을 통해 군주적으로 결정되든 또는 민주적으로 결정되든 간에 — 양도하지 않으면 안 된다는 것이다. 따라서 자연법은 여기저기서 인용되고 계승된 모든 형식들에도 불구하고 홉스에게서는 "**합의는 지켜져야만 한다**(pacta sunt servanda)."는 명제로 진술된다. 이 기본 명제에 의해 이제 전능한 국가 의지가 정초되며, 차차 모든 **입법**만이 권위가 있게 되고 실증적인 국가 입법이 된다는 것이다. 스튜어트 왕조의 절대정(絶對政)을 이데올로기적으로 정당화하려고 한 홉스의 자연법 이론의 정치적 목적은 이로써 명백하게 드러난다. "합의는 지켜져야 한다."는 명제로부터 홉스는 자신의 개인주의에서 계약의 요소가 법률을 정초하는 유일한 가능성이라는 점을 추론했고, 나아가 아버지에 대한 아들의 복종 의무까지도 추론했다.82)

우리는 홉스의 **숙고(熟考)를 상실한 이성주의**를 여기에서도 볼 수 있고, 다음과 같은 요구, 즉 인간은 사유를 할 때 인간을 버섯처럼 땅에서 솟아나는 그런 존재로, 즉 불쑥 성장하는 존재로 간주하는 데서부터 출발해야 한다는 요구에서도 볼 수 있다. **홉스의 개인주의**는 동업자 조합[길드]에 반대하는 그의 야만적 의지와도 상응한다. 홉스에 따르면, 동업자 조합은 절대주권을 나누어 갖거나 위축시키는 것으로서 바로 **자연법에 어긋나는 것**이다. 홉스는 동업자 조합을 "살아 있는 인간의 내장 속에 있는 구더기[기생충]"라고 묘사하였다. 따라서 홉스에게서 자연법은 역설적으로 쓸모없는 법(jus inutile), 즉 사회계약과 주체 계

---

82) 같은 책, S.103 참조.

약의 단일 법 형식 속으로 몰아넣을 수 있는 법이 된다.[83)]

이러한 **홉스의 자연법론과는 거의 모순되는 자연법론을 루소**(Jean Jacques Rousseau, 1712-1778)**는 제기한다**. 전제주의를 찬양하는 홉스의 학설에 대해서 루소는 강하게 반발한다. 루소의 노선은 자연적 권리들의 극단적인 표현에 이른다. **홉스에게 있어서 자연 상태는 만인에 대한 만인의 투쟁**인 반면에, 몽상가인 **루소는 낙원 같은 자연 상태를 설파한다**. 홉스에게서 자연 상태로부터 "늑대 같은 인간들"의 파멸을 구하기 위하여 국가는 법질서로 성립한다면, 루소에게서 시민사회와 객관적이고 강요된 국가 안의 부자유한 질서는 곧바로 타락한 인간 본성의 상태이다.[84)] 루소에 의하면 자연 상태는 낙관적으로 전망되는 인간 본성으로부터 바로 존재해야 하는 상태이다. "자연으로 돌아가라"는 구호는 루소에게서 신사인 체하는 데 싫증이 난 어떤 귀족 계층의 사냥 놀이 이상의 의미가 있다. 문명은 여기서 글자 그대로 이해하면 '시민(civis)'이 되는데, 자유와 평등과 같은 본래적이고 타고난 권리들이 사회계약의 본질적인 유보 조건이 된다면, 그런 경우의 문명은 단순히 부패한 것은 아니다. 사람들이 사회계약을 맺을 필요는 없다. 왜냐하면 사람들은 사회계약을 자유롭게 받아들일 수 있고, 만인에 대한 투쟁으로부터 어떤 어두운 충동에 의하여 절대주의의 강요된 평화로 이끌려 가지 않기 때문이다. 그리고 사람들은 사회계약을 맺을 수 있는데, 이는 사회계약이 모든 사람들의 의지이며, 이제 생겨난 '일반의지(volonté générale)' 안에 모든 사람들의 의지가 들어 있기 때문이라는 것이다.[85)]

루소에게서 근본적으로 역사적인 시민사회는 원죄 이후의 세계이다.

---

83) 같은 책, S.103 참조.

84) J. J. Rousseau, *Cotrat social*, I. 6 참조.

85) Ernst Cassirer, "Das Problem J. J. Rousseau," *Archiv für Geschichte der Philosophie*, Bd. 41, 1932, S.210f; J. J. Rousseau, *Cotrat social*, I. 6 참조.

그러나 자연 상태는 낙원(에덴동산)이다. 따라서 루소에게서 국가는 인간적인 사물의 질서로서 결코 필수불가결하고 윤리적인 제도는 아니다. 오히려 국가는 인간의 권리들에 대한 봉사자이다. 따라서 사람들은 혁명에 대한 권리를 또한 갖는데, 자연적인 권리들이 실정법에 의해 손상될 때 그러하다. 자유 및 덕과 권리에 대한 루소의 열망은 1793년 공포정치 시대에 로베스피에르와 같은 사람들에게 깃들어 있었다. 루소에게 있어서 자유와 불변하는 인간의 권리들에 대한 열정은 자신의 저서들의 몇몇 부분보다도 크게 영향을 미쳤다. 또한 루소는 자연법 시대의 사고나 자연법과 만민법에 관한 수많은 논문보다는 저널리스트들과 정치적 저술가에게 더 큰 영향을 미쳤다.[86]

앞에서 우리는 개인주의에 사로잡힌 자연법사상은 자연 상태에서 그 특징이 잘 나타나고 있음을 살펴볼 수 있었다. 그러나 개인적인 자연 상태에서 보편적인 규범과 법을 찾는다는 것은 공상에 불과한 것이고 실제로 사회생활에서는 찾아볼 수 없는 것이다. 그리고 개인주의적인 자연법사상이 영구법(lex aeterna)과 자연법(lex naturalis)을 분리시키고 윤리성과 법을 분리시킨 것은 나중에 비윤리적인 실정법과 실증법을 초래하게 하는 단초를 열어 놓았다. 결과적으로 개인주의에 사로잡힌 자연법사상은 마침내 자연법의 하강을 가져왔다.

3) 도구적 합리주의(이성주의)에 의거한 자연법사상에 대한 비판적 성찰

근세의 자연법사상과 본래의 전통적인 자연법의 결정적 차이점은 개인주의와 자연 상태론에서 극명하게 드러나며, 영구법(lex aeterna)과

86) H. Rommen, *Die ewige Wiederkehr des Naturrechts*, S.105 참조.

자연법(lex naturalis)의 분리, 도덕성과 법의 분리에서 나타나며, 인간 **이성의 자율성과 충족성을 전제**로 하는 **도구적 합리주의**(**이성주의**)에서 나타나고 있다. 이러한 차이점은 특히 근세의 법철학의 주도적 인물인 푸펜도르프와 토마지우스에게서 잘 나타나고 있다.

푸펜도르프는 자기 자신과 타인에 대한 의무의 목록을 작성했다. 타인에 대한 의무는 예를 들어, **약속을 지켜야 한다**는 것, 거짓 맹세를 해서는 안 되며, 말함에 있어 **정직해야 한다**는 것이다. 그래서 재산의 취득과 사용, 결혼, 가족, 그리고 상속에 대한 규범은 **이성적으로 추론할 수 있고 또 해야만 한다는 것이다.**

푸펜도르프에 의하면 실정법은 일부 인간의 죄를 범하기 쉬운 성향 때문에 필요하다. 왜냐하면 일부 인간은 자연법의 인식과 자연법에 대한 경외심만으로는 불충분하여 질서가 잡히지 않기 때문이다. 그래서 정부는 자연법이 지켜질 수 있도록 법률(실정법)을 제공한다는 것이다. 그래서 국가의 원초적 계약을 통해 그리고 복종 계약을 통해 정부가 수립되자마자 인간은 "합의는 지켜져야 한다(pacta sunt servanda)."는 자연법의 기본 원칙에 의하여 실정법에 복종해야 한다. 금지하는 특성이 있으며 직접적 구속력이 있는 자연법에 속하는 규정 외에도 또한 가설적인 자연법(고대인들에게 허용된 자연법, jus naturale permissivum)이 있다는 것을 구별함으로써 푸펜도르프는 모든 실정법을 **가설적 자연법**으로서 설명할 수 있었다. 이러한 방법을 통해 구체적인(개별적인) 시민법 내용 전체, 즉 빚, 재산, 가족, 상속 관련 법과 규범 모두 자연법이 된다는 것이다.[87]

라이프니츠가 푸펜도르프를 "법률가로 보기 어렵고 철학자는 더더욱 아니다(parum iuris consultas, minime philosophus)."라고 비난한 것처

87) H. Rommen, *Die ewige Wiederkehr des Naturrechts*, SS.109-110 참조.

럼, 푸펜도르프는 **전통 사상을 완전히 내팽개쳤다.** 사실상 그는 전통적인 도덕철학은 자연법(jus naturale)과 더불어 존재의 학(學)인 형이상학의 계속이며, 형이상학은 이성적 인간의 자유의지에 적용되면 당위의 학이 된다는 것을 바르게 이해하지 못했다. 그러나 그는 이로 말미암아 임의로 그의 무제한적이고 비역사적인 극단적 **이성주의**의 기초를 형성했다. 그에 의하면 자연법의 원천은 **신의 본질이 아니라 인간의 본성**이며, 단지 추상적으로만이 아니라 실제로도 그렇다는 것이다. 그런 까닭에 그는 자연 상태 안의 인간을 위한, 논리적으로 연역된 법의 난해한 사고의 유희(遊戲)를 시도하였다. 그의 이러한 법에 대한 이념은 역사적인 법 체제 안에 살아 있지 않았다. 왜냐하면 영원히 유효한 자연법(lex naturalis)은 법률적 형태 안에서 예증(例證)을 통해 본질적 규범으로서 인식되는 것은 아니기 때문이다. 그럼에도 불구하고 그는 오히려 단순히 머릿속으로 그려졌거나 비역사적으로 한 번 존재했을 것이라고 여겨지는 자연 상태로부터, 역사적 예증의 고려 없이 이론적으로 자연법을 연역해 냈다. 그래서 그는 좋고 유용하며 필요하다고 간주되는 개정과 보충으로서 **역사적 실정법**이 자연법으로서 나타난다고 주장했다. 이러한 추론에 의거하여 자연법의 정치적 기능이 부각되고, 이는 자연법의 하강을 의미하는 것이었다.[88)]

푸펜도르프의 제자인 토마지우스에 이르게 되면 푸펜도르프의 사교성(社交性) 개념은 **공리주의적으로 해석되며, 법과 도덕은 더욱 엄격히 구별된다.** 토마지우스는 법 개념을 오로지 실정법에만 적합하다고 주장했다. 그는 자연법의 법으로서의 성격을 철저하게 거부하고 모든 법의 실정성만을 주장한다, 이러한 주장은 자연법이 법이라는 주장을 포기하게 만들었다.[89)]

---

88) 같은 책, SS.111-112 참조.

89) C. Thomasius, *Fundamentum juris naturae et gentium*, I, cap. V, 25.

개인주의적 자연법사상은 **칸트의 이성주의**에 이르러 최후의 정점에 도달한다. "계몽이란 인간이 그들 스스로의 책임으로 미성년으로부터 빠져나옴을 말한다. 미성년이란 남의 지도 없이는 스스로 자기의 이성을 사용할 수 없음을 말한다. … 용기를 가져라. 너 자신의 이성을 사용하라! 그러므로 이 말이 계몽의 모토이다."[90] 칸트는 독일 자연법론자 중에서 가장 명백하게 **개인의 자유**로부터 출발한다. 자유와 자율은 원래 개개인에 의하여 그의 인간성에 귀속하는 유일한 권리이다. 칸트에 의하면 개인의 윤리적 자율은 도덕 세계의 기본법칙이다.[91] 권리에 대한 최고의 준칙으로서 다음 공식이 나타난다: "보편적 법칙에 따라 너의 의지의 자유로운 행위가 다른 모든 사람들의 자유와 공존할 수 있도록 행동하라."[92]

칸트에게서 근대 윤리학을 특징짓는 커다란 변화가 일어난다. 그것은 소위 칸트의 위대한 성취라고 알려지는 **도덕과 법의 구별, 도덕성과 적법성 사이의 구별**이다. 법은 외면적 질서와 관계한다는 것은 '오랜 전승'이다. 그에 따라 법적 의무는, 가령 사랑이나 감사, 충성과 같은 의무와는 달리, **국법에 대한 복종은 물론 강요될 수 있다.** 어떠한 자기모순도 없이 실질적 권력 수단을 통해 강제가 가능하다는 것은 역시 마찬가지로 '오랜 전승'이다. 그러나 항상 이 두 가지 모두는 도덕적 의무로서 받아들여져 왔다. 그전까지는 법적인 의무는 없었고, 예컨대 감사와 같은 도덕적 의무만이 존재했다. 비록 윤리적 의무와 법적 의무를 구별할 줄은 알았지만, 그것들 사이의 예외적 **상충**에 대해서는 전혀 몰

---

90) Immanuel Kant, "Beantwortung der Frage: Was ist Aufklärung?"(1783), in *Was ist Aufklärung?*, Reclam, 1784, S.9.

91) Immanuel Kant, *Kritik der praktischen Vernunft*, S.90.

92) Immanuel Kant, *Grundlegung zur Metaphysik der Sitten*, S.56; *Kritik der praktischen Vernunft,* S.168 참조.

랐다. 법적 의무는 강제적이다. 왜냐하면 강제 가능성이 없이는, 사회적 동물로서의 인간 이념을 완성시키는 사회적 질서가 지속적으로 존재할 수 없으며. 법의 위반은 사회질서의 부정이기 때문이다.

그러나 사회질서가 있어야만 하는 바로 그 이유 때문에, 법적 의무의 이행은 항상 또한 윤리적 의무이기도 한 것이다. 결과적으로 국가는 단순한 강제적 기구인 것이 아니라, 오히려 항상 윤리적 공동체이기도 한 것이다. 그리고 국가가 법률 속에 생존하기는 하지만, 법에 의해 생존하는 것은 아니며, 모든 사회적 덕목의 수행에 의해 생존하는 것이다. 그러므로 옛날엔 시민을 덕스럽게 만들어야 한다는 본질적 과제를 항상 국가에 부여했다.

칸트에 의하면 외면적 자유는 반드시 강제적 법률을 요구한다. 이 점에 있어서는 그의 주장이 전승된 바와 일치함을 스스로 확인한다. 그러므로 외면적 평화의 조건, 즉 법률은 순수하게 외면적인 것이다. 의무[정의, 이웃사랑, 효, 자애]의 차이를 통해서가 아니라 오히려 **입법의 차이를 통해서, 도덕성과 법은 구별된다**. 도덕의 입법 동기는, **이성의 자율**에서 파생되며, 정언명법의 형식으로 나타나고, 칸트에 의해 바로 신성시되는 의무이다. 법률의 입법 동기는 도덕성이 아니라, 오히려 외면적 자유를 바로 보존하는 것이며, 그것을 위해 필요한 강제를 수행하는 것이다. **법적 질서에 도덕적 성격은 결여되어 있다**. "그러므로 그러한 측면에서 내면적인, 즉 윤리적인 입법은 전혀 외면적인[신의 의지조차도 아니다] 것이 아니다." 이리하여 비개인적이고 형식적인 **정언명법이 영구법을 대신한다**. 그러므로 칸트에게서 **자연법은 자연 도덕법으로 영구법과 관계를 갖지 않게 된다**.[93)]

"자연법의 출발점 및 원칙으로서 **자유**는 그 순수하게 형식적인 성격

93) Wolfgang Ritzel, *Immanuel Kant*, Berlin, 1985, SS.345-346; H. Rommen, *Die ewige Wiederkehr des Naturrechts*, S.118 참조.

안에서 실질적 자연법 — 실질적 내용을 지닌 — 을 **불가능하게 한다.**" 이것은 또한 칸트에 의하여 확립된 **이론이성과 실천이성의 이원론적인 인식 내용**에서 유래한다. **이론이성**은 사물의 본질에 대한 확실한 인식을 전혀 제공하지 않으며, 외부적 실재의 존재만을 공준(公準)으로서 줄 수 있을 뿐이다. **실천이성**이 비로소 형이상학적인 것에 대한 확신을 준다. 실천이성은 신, 자유 및 불멸 — 참으로 이론이성은 엄격히 그리고 반드시 현상계로부터 이것을 인식하지도 증명하지도 못한다 — 을 믿는다. 왜냐하면 그것들이 없이는 도덕성이 불가능할 것이기 때문이다. 실천이성의 이러한 우위는 의지가 지성보다 더 높은 능력이며 신법처럼 초자연적 신앙도 지식과 행동의 **실증주의적 규칙이라고 할 수 있는 유명론적 주장에 거의 상응한다.** 오컴에게서처럼 칸트에게서도 합리주의적 지성으로부터 통제 없는, 그리고 결과적으로 현실의 구속을 받지 않는 연역은 실천이성의 우위에 의존한다. 그렇지 않다면 지성이 사물 속에서 이념을 인식할 수 있어야만 하고 존재자를 의지에 대하여 본래적 의미 안에서 존재 당위로서 제시할 수 있어야만 할 것이기 때문이다. 칸트의 형식주의, 즉 인식의 순수한 조건과 윤리의 자율적 자유에 관한 이론은 칸트 윤리학의 이러한 특성을 위한 토대이다. 이러한 **형식주의는 칸트로 하여금 실질적 가치에 이르도록 하지 못했고,**[94] 어떤 조건 하에서 가치들이 주어질 수 있는가에 대한 학설에만 이르도록 해 주었을 뿐이다. **자유의 원리는 너무 형식적이고 불모(不毛)적이어서 인식에 대해서든 혹은 의지에 대해서든 실질적 질서를, 예컨대 당위 혹은 본질적 존재의 질서를 구체화할 수 없었다.** 형이상학적 존재는 사유에 대하여 아무런 통제를 가할 수 없으며, 연역적인 자유로운 사고는 합리적 구조 속에서 스스로를 잃어버린다.[95] 켈젠(Hans Kelsen)[96]이나 슈

---

94) Max Scheler, *Der Formalismus in der Ethik und die materiale Wertethik*, 1916. 그는 칸트의 윤리학의 형식주의를 극복하기 위하여 이 책을 저술했다.

타믈러(R. Stammler)[97]의 저술에서 신칸트주의의 형식적인 **순수 법학**으로부터 확인할 수 있는 것처럼, 형이상학적 존재는 이성으로부터의 순수한 연역, 즉 절대적으로 타당한 것들의 미광(微光)과 함께 다만 너무도 자주 경험적이고 역사적인 내용의 옷을 입는 것을 우리는 찾아볼 수 있다.[98]

칸트에게서도, 시민적 상태(시민사회)와 대비되는 자연 상태가, 일반적으로 개인주의적 자연법에서 그렇듯이 커다란 역할을 한다. 칸트에 따르면 **자연 상태는 이미 사회적인 것이다**. 칸트에게 **자연법의 규범은 사법(私法)으로서 유효하다**. 따라서 사법에서는 소송과 판결뿐만 아니라 이성으로부터 추론할 수 있는 법률, 예컨대 결혼, 가족, 상속, 계약, 재산 그리고 그 취득 방식 등에 관한 법률이 다루어진다. 여기서 시민국가는 원천적인 것이 아니라 부가적인 것으로 여겨진다. 시민국가는 **공법**(公法)의 조항을 통해 나의 것과 너의 것이 창조되는 것이 아니라 보호되는 공법의 영역이다. 공법은 다음과 같은 중요한 기능을 가진다. 즉, 사회적인 자연 상태 위에 혹은 안에 투영되는 사법의 규범들을 국가적 입법을 거친 공공의, 즉 실정적인 강제적 법으로서 신성하게 내세우는 것이다. 자연 상태에 존재하는 유효한 권리와 제도들이 국가에 의해서 강제를 통하여 비록 최대한 보호되지만, 국가에 의해 본질적으로 변화되거나 폐지되는 것은 아니다. 국가 자체는 단지 자유로운 계약에서 발생하는 '제도'에 불과한 것이다. 국가는 본래 인간의 이성과 본질로부터 반드시 출발하지는 않으며, 스토아주의의 의미에서 일반적으

---

95) Johannes Hessen, *Wertlehre*, München and Basel, 1959. 진교훈 옮김, 『가치론』, 서광사, 1992, pp.208-209; 진교훈, 『현대사회윤리연구』, pp.66-67 참조.

96) Hans Kelsen, *Reine Rechtslehre*, Wien, 1960(1934).

97) Rudolf Stammler, *Lehrbuch der Rechtsphilosophie*, Berlin, 1928.

98) H. Rommen, *Die ewige Wiederkehr des Naturrechts*, SS.118-119 참조.

로 합리주의에 의해 무가치한 것으로 여겨지는 격정이 자연 상태를 그 존재 속에서 위협하는 한, 그리고 그것 때문에 강제가 필요하도록 만드는 한, 국가는 기껏해야 행복주의자와 공리주의자의 동기로부터 생겨난다.[99)]

그래서 "18세기의 대부분의 자연법 교사들과는 대조적으로 스콜라 전통과 밀접하게 관련을 지니고 있었던 가톨릭 사제인 데싱(Anselm Desing, 1699-1722)은 명목상의 **자연법사상이란 실제로는 이성의 명령이 결코 아니며**, 오히려 저자가 속해 있는 그 국가의 법인 **당시의 실정법의 어설픈 흉내를 낸 것**이라는 것이다. 그러므로 그것은 주장된 바와 같이 오직 이성으로부터 길어 낸 것이 전혀 아니며, 오히려 철학과 도덕 이론의 약탈품으로 꾸며진 **시민법**이라는 것이다."[100)]라고 롬멘은 질타했다. 17-18세기의 자연법사상은 도구적 이성주의에 매몰되어 존재론적 자연법을 멀리하게 되었다. 교황 레오 13세는 그의 회칙 「인간의 자유의 본질(Libertas Præstantissimum)」(1886)에서 18세기의 합리주의를 가리켜 "신성하고 영구적인 이성에 순종하기를 거부하고 그 자신의 독립을 선언하여 자신이 최고의 원칙이며 판결자라고 하는 인간성의 패권을 의미한다."고 준열히 비판했다.

4) 유아론과 이분법적 사고의 문제점과 자연법사상의 하강(쇠퇴)

18세기의 자연법사상은 **개인주의와 인간의 이성의 자율성을 내세우**

---

99) W. Ritzel, *Immanuel Kant*, SS.346-347 참조; H. Rommen, *Die ewige Wiederkehr des Naturrechts*, S.121 참조.

100) Anselm Desing, *Allgemeine, ausführliche und von den spätesten bis auf unsere Zeiten zusammengetragene Reichshistorie*, 1741. H. Rommen, *Die ewige Wiederkehr des Naturrechts*, S.124에서 재인용.

고 미국과 프랑스의 인권선언에서 큰 성과를 거두었고, 시민의 자유와 평등이라는 그 시절의 이상과 사회적 조화의 조건으로서 경제적 자유, 그리고 길드법과 단체의 경직된 속박으로부터의 해방으로 갈채를 받았다. 이러한 **개인주의적 자연법사상**이 세계사적 의미를 가지게 된 것은 18세기에서 특히 정치경제적인 목적 때문에 중요한 것으로 여겨졌다. 개인주의적 자연법사상은 **증세(增稅)법**과 **조합법**과 같은 전승되어 온 경직된 형태를 계몽주의적 절대군주의 개혁 입법 속에서 해체시켰다. 개인주의적 자연법사상은 계몽주의와 공동으로, 중세 시대 초부터 법적인 삶의 영역을 황폐하게 한 간섭, 즉 마귀 미신을 제거했고, 마귀 미신 안에서 범죄자가 가질 것으로 추정되는 광란에 기초한 고문 권리를 박탈했다. 그리고 개인주의적 자연법사상은 독일에서는 개혁적인 방법으로, 프랑스에서는 혁명적인 방법으로, '모든 면에서 제왕들이 뛰어나다는 절대주의'에 대항하여 존중된 인권과 시민의 권리에 대해, 그리고 입헌국가의 이념에 대해 승리를 가져다주었다는 점은 높이 평가되어야 할 것이다.

그러나 개인주의적 자연법사상이 현실 사회를 지배하게 되자 그 하강의 싹을 배태하게 되었다.101) 수천 년 이래로 윤리와 법에 근본적으로 동일하게 제기되는 올바른 행위의 내용에 대한 실질적인 물음들은 '자연법'이라는 이름 아래에서 다루어져 왔다. 그러나 푸펜도르프 등은 법과 윤리신학을 엄격하게 구별하면서 합법성과 도덕성을 구분했다. 그들은 법을, 즉 그가 말하는 자연법(개인주의적 자연법)을 인간의 외적 행위에 국한시켰다. 그러나 윤리신학은 이와는 근본적으로 달리 인간의 내적 행위를 탐구하며, 또한 외적으로는 합법적이지만 나쁜 동기에서

---

101) Hans Thieme, *Das Naturrecht und die europaeische Privatrechtgeschichte*, 1947. H. Welzel, *Naturrecht und materiale Gerechtigkeit*, S.162에서 재인용.

출발한 행동을 비판한다. 개인주의적 자연법은 **계몽적 폭정**의 경찰국가를 시민의 보호 감독이라는 구실로 궤변을 통해서까지 변호했다는 것을 간과해서는 안 될 것이다. 개인주의적 자연법은 도덕과 법을 구별하면서, 법을 국가에 할당하고 또 도덕을 개인에 할당한 것은 결정적으로 경찰국가의 억압에 협력한 것이 되며, 국가는 내적인 사태인 시민의 도덕을 돌보지 않아도 된다는 것이다. 신앙과 도덕성이 특히 부가된, 자유로운 공동체로서 교회가 잘못하거나 또는 승인되지 않는다고 전제하면서, 도덕과 법을 구별한 것은 쉽게 국가로 이행되었다. 그 결과 국가는 성인(成人)의 윤리적 인격의 영역과, 국가를 초월하는 인격의 목적과 존재를 더 이상 고려하지 않게 되었다.[102]

그렇기 때문에 개인주의적 자연법은 정치적 삶과 실정법에 있어서 그것의 목적을 실현하면서 오히려 중요성을 점점 잃어 갔다. 이것은 개인주의적 자연법이 스스로 전승(傳承)을 배반한 것에 대한 보복을 받은 것이라고 볼 수도 있을 것이다. 왜냐하면 개인주의적 합리주의는 다양한 이론을 전개함에 따라 인간 이성의 불충족성을 스스로 입증하였고, 19세기 전반을 통하여 개인주의적 자연법사상이 세계적인 과학과 더불어 '바로 그' 자연법으로 타당성을 얻고, 그래서 그것에 대한 싸움은 '그' 자연법에 대한 싸움으로 간주되었기 때문이다. 이 싸움을 통하여 접어드는 도구적 이성주의 산물인 실증주의는 자연법에 대항하여 너무 쉽게 월계관을 쓸 수 있었다. 왜냐하면 실증주의는 실로 단지, '자연법적'인 것이라 명명된 법철학의 이러한 역사적 형태를 논리적으로 극복할 수 있었기 때문이다.

그러나 이러한 형태의 법철학은 자연법 자체의 이념을 다룬 것이 아니었다. 자연법 자체의 이념은 도구적 이성주의의 연역에 대한 열정으

---

102) H. Rommen, *Die ewige Wiederkehr des Naturrechts*, S.126 참조.

로 뜨거워진 세기 동안에도 **구원(久遠)의 철학**에 의해 계속해서 전해졌다. 구원의 철학은 실증주의의 피로와 함께, 형이상학의 소생과 함께, '19세기 정신의 붕괴'와 함께 새로워져 다시 돌아올 때까지 각각의 역사적 문제 제기 속에서 새로운 확신을 추구했다.

우리는 욕망의 대상을 추구할 권리를 가지고 있다고 주장하는 **개인주의**(individualism)의 여러 표현에서 **유아론**을 찾아볼 수 있다. 이 유아론은 근세의 자아중심설과 개인주의를 배태(胚胎)하고, 나와 너, 물질과 정신을 구별하는 **이원론**(dichotomy)과 주관주의에 빠지며 **가치상대주의**를 발호하게 만들며, 아노미 현상과 윤리학적 회의주의를 초래하며 끝내 자연을 정복의 대상으로 삼고 자연을 파괴하고, 생태학적 위기와 인간성 상실을 초래하게 만든 원인을 제공했다. 근대철학은 형이상학을 배격하고 특히 실증주의가 명확한 실증이 없는 것을 부정하면서 **윤리학은 도구적, 계량적 합리주의에 몰입**되어 버리면서 사회생활을 규율하는 역할을 제대로 할 수 없게 되었다.

이상에서 살펴본 것처럼 자연법은 근세에 들어와서 개인주의와 도구적 이성주의에 의하여 하강하게 되었고, 다음 세기에는 도구적 이성주의의 산물인 **과학만능주의**와 함께 **무신론적인 실증주의**의 득세로 말미암아 더욱 하강의 길을 밟게 된다.

4. 19세기의 자연법사상의 하강: 역사법학파와 법실증주의의 대두

1) 19세기 역사법학파의 대두

서양 근세철학 사상은 19세기에 들어와서 초기에 도구적 합리주의, 특히 칸트와 헤겔 등의 독일 관념론은 주지주의적 **형식주의**에 빠짐으로써 추상적인 공리공담(空理空談)에 흘렀다. 이때 정태(靜態)적인 사회구조에 동태(動態)적인 산업혁명이 대두하면서 도구적 합리주의가 배태한 **과학만능주의**(scientism)가 횡행하면서 사람들은 쉽게 진보 신앙과 무신론적인 **실증주의**(實證主義) 사상에 기울게 되었으며, "인간은 **본질적 본성**(Wesensnatur)을 가지고 있지 않으며 인간의 본성은 한마디로 역사에 의해 정해진다."[103]는 소위 **역사학파**가 등장했다.

서양 근세의 자연법론은 17-18세기에 인간 이성의 자율성과 자기 충족론을 내세우면서 개인주의와 도구적 합리주의에 빠지게 되고 이미 존재론적 자연법으로부터 이탈하기 시작했다.[104] 19세기에 들어와서 자연법론은 존재론적 자연법으로부터 더욱 멀어지게 되는데, 그 과정을 우리는 **역사법학파**와 **법실증주의**를 통해서 살펴볼 수 있다. 여기서 우리가 유념하여야 할 것은 역사법학파와 법실증주의가 18세기의 자연법론의 관념론이 허구성에 빠진 것을 문제 삼아 실정법(實定法)만이 법이라는 명제를 내세우게 되었다는 것과, 법실증주의 과녁은 근세 초기의 합리주의적 자연법론에 대한 것이었다는 것이다. 우리는 역사법학파와 법실증주의가 초래한 **상대주의**가 **윤리학적 회의주의**와 존재론적 자연법에 끼친 영향에 주목하지 않을 수 없다.

우리는 먼저 19세기에 들어와서 역사법학파가 어떻게 자연법으로부터 이탈하는가를 역사법학파의 주요 내용을 통해서 살펴보고, 그다음 19세기를 풍미했던 **실증주의** 사상이 제2차 세계대전 이후 자연법이 다시 부흥하게 되기까지 자연법에 끼친 영향을 살펴보기로 하자.[105]

법사상은 서양 근세 초기(17-18세기)에는 **계몽주의**의 오만한 도구적

---

103) F. J. Stahl, *Philosophie des Rechts*, I, 1830, S.112: "인간의 본성이란 개성, 환경, 운명, 시간, 물질 등에 의해, 한마디로 역사에 의해 정해진다."

104) 진교훈, 「왜 서양 근세에서 자연법사상은 쇠퇴하였는가?: 서양 근세의 자연법사상 I」 참조.

105) 진교훈, 「19세기의 자연법사상의 하강: 서양 근세의 자연법사상 II」, 『이성과 신앙』 57호, 2014 겨울, pp.201-242.

이성주의와 개인주의에 의해 휘둘렸다면, 후기(19세기)에 들어와서는 **낭만주의**와 **역사법학파**에 의해 휘둘렸다. 역사법학파는 자연법에 대해 적대적으로 행동했지만, 19세기 초에는 아직 실증주의의 지배를 받지는 않았다. 베르크봄(Karl Bergbohm, 1849-1927)에 의해 이 점은 충분히 분명하게 밝혀졌다.[106] 그러나 베르크봄과 그와 함께 많은 사람들이 간과했던 것은 **역사법학파**(법학에서는 역사학파(historische Schule)라고 부른다)가 실제로는 개인주의적 자연법사상에 대해서만 대항했다는 점이다. 역사법학파의 잘못은 저물어 가는 19세기의 반형이상학적 정서와 함께, 위대한 서양의 자연법 전통에 대한 전반적 무지(無知)에 있었다고 롬멘은 비판한다.[107]

19세기에 들어와서 법학은 **자기 민족의 과거**에 탐닉했다. 역사법학파인 사비니(Friedrich Carl von Savigny, 1779-1861)는 당시의 법에 대하여 "법적 형태의 난잡한 세계는 언어, 예술, 풍습처럼 의욕적, 자연적 숙고, 유용성에 대한 이성적 고려에 의해서 발전하는 것이 아니라, **민족 공동의 신념**으로부터, 내적 필요에 대한 동일한 감정 — 우연적이고 자의적인 발생에 대한 모든 생각을 배제하는 — 으로부터 발생한다."[108]고 말했다. 그래서 국가는 법을 창조하지 않고, 단지 정리하기만 해야 했다. **법적 의식**(意識)**과 그 내용이 바로 법**이라는 것이다. 따라서 법은 법적 동료(시민)들의 공동 의지이며, 민족정신이 인간의 법의 원천이 된다. 그렇기 때문에 어느 한 민족의 언어가 다른 민족의 언어와 다른 것처럼, 각 민족의 법은 다양하다는 것이다.

사비니의 추종자인 푸흐타(Georg Friedrich Puchta, 1798-1846)는

---

106) Karl Bergbohm, *Jurisprudenz und Rechtsphilosophie*, Leipzig, 1892, S.230.

107) H. Rommen, *Die ewige Wiederkehr des Naturrechts*, S.128.

108) F. Carl von Savigny, *Vom Beruf unserer Zeit für Gesetzgebung und Rechtswissenschaft,* Heidelberg, 1814, S.26.

"독일 민족에게는 독일의 법이 들어맞는다."고 말했다. 법 안에도 언어에서처럼 사투리가 있다는 것이다. 그래서 **관습법**(慣習法)은 민족정신이라는 '어두운 작업장'으로부터 등장하는 **최초의 법적 형태**가 된다. 법은 국가에 의해 비로소 발생하는 것이 아니며, 비록 국가가 법을 필수적으로 보완한다 할지라도, 오히려 국가가 하나의 법적인 의식, 법을 전제로 현존한다는 것이다.109)

2) 역사법학파의 주요 사상과 그 문제점

역사법학파는 세 가지 법의 원천, 즉 **관습법, 공포된 성문법**(成文法)과 **법학**만을 인지한다. 역사법학파는 소위 법학의 길에서 법을 의식 안으로 끌어들였다. 역사법학파에 따르면 이러한 원천들은 시간적 순서에 따라 흘러간다. 맨 처음에 **관습법**이 나타나며, 관습법은 법적 공동체의 법의식으로, 소위 **상위법**으로 나타난다. 그다음으로 문화가 발전하는 과정에서 국가가 법에 대한 특별한 임무를 알게 되면서, 국가는 생활영역을 입법의 방식으로 규제하게 되고 **성문법**이 생겨난다. 마지막에 비로소 **법학**이 다가오는데, 법학은 관습법을 모으고, 성문법을 해석하며, 법조인 계층과 공동으로 **관습법과 성문법의 일치**를 형성한다.

역사법학파는 이러한 법적 원천들의 일종의 위계를 주장한다. 국가의 입법에 앞서 이미 사람들 사이에서 통용되는 관습법이 가장 높은 것이다. 왜냐하면 국가는 사람들에게 새롭거나 낯선 법을 세우는 것이 아니라, 의심이 나는 경우에 일반적인 의지로 간주되는 것을 결정하는데, 자신이 그것을 고수하기 위해서이기 때문이다. 법학은 법적 원칙을 법의식 안으로 가져오는데, 법적 원칙은 시민들에게 인식되는 구체적이고

109) G. F. Puchta, *Das Gewohnheitsrecht*, Vols. 1-2. Erlangen, 1828-37, 서문 참조.

직관적인 법적 규칙들의 풍부함 속에, 그리고 국가의 법률 속에 숨겨져 있다. 왜냐하면 그것은 추상화될 위험이 너무나 많기 때문이라는 것이다. 그러므로 입법의 천재와 법학의 천재 그 둘은 사람들의 일반적 법의식 속에서, 법이 아주 잘 살아 있는 곳에서 법을 찾으려고 한다. 그래서 법은 발견되어야 하는 것이다. **법은 추상화와 이성적 연역의 방법으로 공허한 원칙으로부터 추론될 수 없다는 것이다.** 왜냐하면 법은 어두운 심연이라고 할 수 있는 민족정신만을 원칙으로 가지기 때문이라는 것이다.110)

그러므로 **역사법학파는 실정법만을 인정한다.** 역사법학파의 법철학자 슈탈(Friedrich Julius Stahl, 1802-1861)은 "실정법 외에 다른 법은 없다. 자연법의 제시에 기초가 되는 것은 신적인 세계 질서의 사고와 명령이며, 법의 이념이다. 하지만 이것들은 필요한 명확성도, 법의 구속력도 가지지 않는다. 그것들은 일반 상태의 성인 교육을 위한 동기는 되지만, 일반 상태의 이미 타당한 규범들을 위한 동기는 아니다. 그러므로 법에 대한 이성적 요구는 있지만, 이성적 법률은 없다."고 주장했다. 그는 이어서 "법적 사고에 자유롭게 특정한 형태를 줄 수 있는 인간 공동체는 신적인 세계 질서의 사고와 명령으로서의 법의 이념을 반대하고 전도시킬 수 있으며, 올바르지 않거나 비이성적인 것을 정돈할 수 있으며, 이러한 신에 어긋나는 조건에서도 법이 강제적 세력을 유지한다. 법의 구속적인 세력이 신적인 세계 질서이기는 하지만, 그것의 거주지는 실정법이며, 실정법은 신적인 우주 질서와 충돌할 수도 있다."111)고 기술했다.

이것은 개인주의적 자연법사상에 대하여 실증주의적 정신이 보여준

---

110) H. Rommen, *Die ewige Wiederkehr des Naturrechts*, SS.129-130 참조.

111) F. Julius Stahl, *Philosophie des Rechts*, I, 1830, S.112f. H. Rommen, *Die ewige Wiederkehr des Naturrechts*, S.131에서 재인용.

첫 번째 반응이었으며, 특히 의도적으로 자연법 이념에 대해서 그러했다. 슈탈은 "복종의 한계가 있다고 하더라도, 그리고 그 한계가 무엇이든, 그리고 활발한 저항이 허락된다고 해도, 사람들이 정부에 복종해야 하는 실정법이 있다. 그 실정법의 구속력을 넘어서는 최고의 원칙은 실정법을 초월하여 존재한다. 그러나 그것은 자연법적인 것이 아니라 도덕적인 것이다. 그러므로 각자는 **자신의 양심에 따라** 신 앞에서 자기 힘으로, 실정법을 어떻게 지켜야 하는지 판단하게 된다"고 기술하기도 했다.112)

그러나 이러한 생각은 구조적으로 보면 이성법의 사고방식과 비슷하다. 국가에 의해 주어지지 않고, 국가에 앞서서, 국가 위에서 지배하는 상위의 규범으로서 관습법은 상위법이다. 그래서 관습법으로부터 자신의 규범을 얻어내는 성문법과 법학자의 법은 최소한 그러한 방식이어야 했을 것이다. 역사법학파는 자신의 보수적인 태도에서 벗어나지 않고, 전체 낭만주의처럼 반혁명적으로, 실정법과 자연법 내지 도덕의 충돌이라는 결정적인 문제 앞에서 다음과 같이 말하지 않을 수 없었을 것이다: "신민(臣民, Untertanen)들은 개별적으로 혹은 집단적으로, 자연법에 근거를 두고, 실정법을 위반해서는 안 된다. 이것은 혁명의 죄일 것이다."113)

역사법학파에 속하는 볼프(Christian Wolff, 1679-1754)도 일찍이 자연 상태의 보수적인 자연법사상이 영주들의 성문법과 관계되어 있듯이, 관습법도 국가의 성문법과 관계되어 있다고 보았다.114) 그러나 관습법

---

112) H. Rommen, *Die ewige Wiederkehr des Naturrechts*, S.132.

113) 같은 책, S.133. 슈탈은 자연법을 도덕이라고 불렀다고 한다.

114) Christian Wolff, *Institutiones juris naturae et gentium*, Halle, 1750(ND Hildesheim, 1969), §89f; Dieter Hunig, "Die Begründung des Strafrechts in Christian Wolffs Naturrechtslehre," in V. Fiorillo und F. Grunnert, hrsg., *Das Naturrecht der Geselligkeit: Anthropologie, Recht und Politik im 18.*

은 역사적으로 통용되어 온 원칙이었으며, 추상적 원칙으로부터 연역된 추상적 법이 아니었다는 점에서 성문법과는 결정적인 차이가 난다. 반혁명적 시대의 역사를 좋아하는 낭만주의는 자연법을 더 이상 필요로 하지 않았다. 왜냐하면 낭만주의는 개혁을 좋아하는 시대의 이성적 법률가처럼 느끼지는 않았기 때문이다.

그러나 아직 한 가지 더 유념해야 할 것이 있다. **영구법**은 역사법학파에게 원래 구속적 규범이 아니다. 슈탈은 실정법이 신에 어긋난다 할지라도 의무를 부여한다고 선언했다. 그래서 역사법학파에게서도 법률은 민족정신에 '역사 형이상학(Geschichtsmetaphysik)'이 있음에도 불구하고, 이성이라기보다는 의지이며, 좀 더 정확히 말하면, 법률은 분명하고 냉정하며 비역사적인 이성의 성과라기보다는, 역사적으로 생성되는 생동하는 비이성적인 충동의 성과이고, 역사적인 필요의 산물이며, 민족적인, '의욕되지 않은 채로' 작용하는 정신력의 결과라는 것이다. 비록 역사법학파는 실증주의적이지만, 정의를 부정하지는 않으며 정의를 도덕철학에 내맡긴다. 역사법학파의 의도는 영원히 변하지 않는 자연법 대신에 자연법의 옷을 입고서, 혁명적이고 개혁을 압박하는 정치평론가들의 요구들에 반대하여, 세계시민적이고 계몽주의적인 열정을 가지고, 실증적인, 역사적인, 민법의 다채로운 풍부함을 내놓는 것이었다. 그러나 역사법학파는 현행의 역사적인 법에 대한 윤리적 판단의 정당성을 부인할 수 없었다.[115] 그래서 슈탈은 "자연법의 표상을 기초(基礎)로 하는 것은, 바로 **신의 세계 질서**의 사상과 계명, 즉 법적 이념이다."[116]라고 명확하게 말했다. 그래서 그는 모든 인정에 의거하지 않고 타당하게 하는 공정의 인식을 법철학에 위임했다.

Jahrhundert, Philosophische Schriften, Bd. 73, S.183.

115) H. Rommen, *Die ewige Wiederkehr des Naturrechts*, S.133 참조.

116) 같은 책, S.133 재인용.

그러므로 낭만주의와 같은 정신으로부터도 그러했고, 역사법학파의 투쟁에도 불구하고, 경험주의의 승리와 형이상학에 적대적인 자연과학적 사유의 승리에도 불구하고, 자연법이 그리스도교 도덕철학의 구역으로, 그리고 영원의 철학의 신봉자의 구역으로 곧 회귀하게 되도록 자연법이 정화(淨化)된 형태로 다시 나타났다는 것은 놀랄 일이 아니다.

이와 같이 자연법의 이념은 19세기를 관류하며 살아 있었다. 물론 자연법이라는 명칭 자체의 이용이나, 자연법에 대한 공공연한 고백은 전면에 나타나지는 않았다. 하지만 철학적 법률의 체계, 개념적이거나 순수한 법의 체계, 법 그 자체의 체계는 자연법 이념의 생명력의 특징이다. 19세기는 푸펜도르프 이래로 단지 개인주의적 자연법사상만이 알려졌으며, 특히 독일 관념론과 칸트에 의해 정리된 자연법사상만이 알려졌다. 반면에 자연법과 과거의 법철학은 알려지지 않았고, 단지 몇몇 예외 말고는 싫증나게 만드는, 반복적이고 틀에 박힌, 마음에 와 닿지 않는 공식만이 알려졌을 뿐이다. 주지하는 바와 같이 동시대의 철학에 대하여 가혹하게 비난하면서 주장했던, 예링(Rudolf von Jhering, 1818-1892)이 불평했듯이, 이러한 현저한 전통의 제한은 17세기 내부에서부터 파괴적으로 작용했다. "예링은 과거의 철학을, 특히 토마스 아퀴나스를 알았더라면, 『법의 목적』이라는 자신의 책을 아마 쓰지 않았을 것이다."[117]라고 롬멘은 말한다. 그 이유는 "이 위대한 사상가 '토마스 아퀴나스'의 저서 안에는 예링이 자신의 저서에서 제시하려 했던 모든 것을 가장 완성된 방식으로 말하고 있기 때문"이라는 것이다.[118]

117) 같은 책, S.135.

118) 예링은 "목적은 모든 법의 창조자이다."라는 명제를 내세웠다. 그는 한때 역사법학파의 기반 위에서 공리주의 사상의 영향을 받은 적도 있지만, "법이 민족정신의 소산(所産)이다."라는 역사법학파의 입장으로는 유럽에서의 로마법의 계수(繼受)를 설명할 수 없다고 비판하고, 오히려 인간의 목적이야말로 인간의 사회생활의 원동력이며, 일체의 제도와 문화의 창조자라는 관점에

그럼에도 불구하고 우리는 자연법이 계속해서 존재할 수 있었던 첫 번째 이유를 다음과 같은 사실에서 확인할 수 있다. 이 시대는 이미 자연과학적 사고가 득세하면서, 그 이전의 유물사관론에서 자연법의 이름을 부끄러워한 것이 드물지 않았지만, **실정법에 앞서 있고** 실정법을 **초월하는 실제적인 법의 사실 자체를 부정하지는 않았다**는 것이다. 특히 **형법학**에서 이러한 이념이 주장된다는 것은 흥미롭다. 모살(謀殺), 고살(故殺), 위증죄(僞證罪), 절도, 결혼 파기[간통죄] 등에서 다만 실정법이 그것을 규정했기 때문에 법률 위반이라고 하는 것은, 다음과 같은 사실보다 주장하기가 확실히 더 어렵다. 예컨대 증여(贈與) 약속이 법적 타당성을 위해서는 서식(書式)이 필요하다는 사실, 또는 실정법이 그것을 명령하기 때문에 자유로운 유언(遺言)을 단지 서식에 작성할 수 있으므로 이것은 정의롭다고 하는 사실이다. 실정법은 그 범죄들을 금하고 가장 무거운 형벌로 위협하는데, 어떤 약정이나 규약도 범죄들을 허락할 수 없을 것이며, 그 **범죄들은 그 자체로 옳지 않기 때문**이라는 것이다.

이와 같은 방식으로 자연법의 이념은 국제법에 대해서 계속 적용된다. 여기에서도 역시 **세계 공동체를 통치하는 규범이 실정법만으로 구성되지 않았다는 것**이며, 실제적인 관행 그 자체도 충분하지 않았다는 것이다. 특히, 국제법의 제1의 원칙, 예컨대 국가들에게 무척 적절한 원칙은 법치(法治)인데, 그것은 어떤 국가의 의회가 그것을 정했기 때문이거나 또는 하나의 관례가 있었을지도 모르기 때문이 아니라는 것이다. 오히려 그것은 **법적 양심이 여기에서 여전히 회피하지 않는 힘을 가지고 권력을 정의[법]로 만드는 것에 저항하기 때문이다.**[119)]

서 로마법의 계수를 설명함으로써 역사법학파를 극복하고 목적법학을 수립하였다. 개념법학에서의 실정법(實定法)과 현실의 괴리, 실정법의 논리적 완결성이라는 환상을 지적한 것은 목적법학의 주요한 공적이라 할 수 있다.

순수하고 절대적인 법의 가면(假面) 속에서 자연법이 계속해서 존재할 수 있었던 두 번째 이유는, 토마지우스와 칸트에 의해 시작된 **윤리와 법의 구별이 지속될 수 없었던 환경이다.** 법 안에서 도덕성을 보전하는 자연법의 위대한 기능은, 이 시기 동안에도 항상 계속 실행되었다. 자연법 이념이 밖으로 보기에 그다지 중요하지 않아 보였지만, 19세기 초의 위대한 **법전 편찬**(Kodifikation)들은 윤리적이며, 참으로 자연적인 법의 원칙을 거의 예외 없이 그리고 명확하게 일반적인 약관(約款) 안에 포함시켰으며, 그래서 윤리성이 법에 병합되어 있었다는 것이다.[120)]

19세기의 마지막 10년 전까지도 하나의 커다란 전통의 고향 안에서 살고 있는 자연법은 그리스도교적 자연법론 밖에서도 유지되었다. 예를 들어 아리스토텔레스주의자인 트렌델렌부르크(Friedrich Adolf Trendelenburg, 1802-1872)[121)]에 의해 자연법사상은 윤리적 바탕 위에서, 하나의 주의 깊은 자연법 테두리 안에서 가르쳐졌다. 존재론적인 자연법은 이미 푸펜도르프와 토마지우스에 의해서 조롱당하기도 했지만, 19세기 전체를 통틀어서 자연법의 전통은 구원(久遠)의 철학 안에서는 존속했다.

교황 비오 9세는 그의 교서(Syllabus)에서 "인간의 법률이 자연법과 일치 속에서 제정된다든가, 혹은 인간의 법률이 신으로부터 의무를 부여하는 힘을 가진다는 것은 전혀 필요하지 않다."(56조) "권리는 실질적 사실 속에 존재하고, 모든 인간적 의무란 공허한 단어일 뿐이며, 모든 인간적 사실은 법적인 힘을 가진다."(59조) "모든 권리의 근원과 원천으로서의 국가는 제한되지 않은 권리를 가진다."(39조) 등 **역사법학파의 주장들을 거부했다.**[122)]

---

119) H. Rommen, *Die ewige Wiederkehr des Naturrechts*, S.135 참조.

120) 같은 책, S.136 참조.

121) F. A. Trendelenburg, *Das Naturrecht aufdem Grunde der Ethik*, 1860.

이와 더불어 교황 레오 13세 휘하에서 **토미즘**적인 철학의 부흥과 함께 도덕철학과 연관되는 자연법에 대해 새롭게 몰두하는 것이 생겨났다. 이로 말미암아 **자연법 제도들**(Institutiones juris naturalis)이라는 명칭으로 자연법에 관한 다수의 주목할 만한 중요한 문헌들이 출판되었다. 교황 레오 13세는 국가론과 사회적 문제들에 대한 그의 회칙에서 법학의 내부로부터 실증주의의 강력한 공격에 내맡겨져 있었던 자연법 이념의 힘에 서광이 비치는 선례(先例)를 보여주었다. 요컨대 **자연법은 그리스도교적 사회론의 수립뿐만 아니라 사회정책을 정초하는 데 대단한 결실을 입증해 주었다**. 레오 13세와 비오 11세의 사회윤리적인 회칙들, 「새로운 사태(Rerum novarum)」와 「40주년(Quadragesimo anno)」은 바로 이에 대한 중요한 증거이다. 이러한 회칙들과 부분적으로는 기초가 되는 수많은 저술에서 도출된 사회적 문제에 대한 처방들과, 개인주의적 자연법사상의 화석화(化石化)와 개인주의적이고 순수하게 경제에 기초를 둔 자유주의와의 대결은, 동시에 그리스도교적 자연법의 가르침의 생명력에 대한 강력한 증거이다.

이와 아주 밀접하게 관련하여 자연법의 가르침 안에서 체계적으로 전승되고 기초가 놓인, 소위 자연법적 국가론이 발전하고, 사회적 형이상학 안에서 사회학의 정초가 다시 세워졌다. 이에 관한 내용은 페쉬(Heinrich Pesch, 1854-1926)의 평생 과업에서 발견된다. 그는 가톨릭 사회운동과 그 운동의 문헌에서 이론적, 실천적 사회 정책과 사회 개혁에 대해서 자연법의 가르침의 중요한 부분을 아주 생동감 있게 보여준다.[123)]

---

122) 비오 9세 교황 교서, *Allocution maxima quidem*, 1862년 6월 9일, 56과 59조.

123) Heinrich Pesch, S.J., *Liberalismus, Socialismus und Christliche Gesellschaftsordnung*, Vol. 2, Herder, 1900; *Lehrbuch der Nationalökonomie* (5

3) 법실증주의의 대두와 그 주요 사상

(1) 법실증주의의 대두

실증주의(實證主義, positivism)는 고대 그리스의 소피스트의 회의주의 사상과 중세기의 오컴(William of Ockham, 1300?-1349?)의 유명론(唯名論, nominalism)에서 그 싹이 나타났고, 영국의 베이컨(Francis Bacon, 1561-1626) 등의 경험론과 프랑스의 계몽주의자들에서 퍼졌으며, 특히 콩트(Auguste Comte, 1798-1857)가 제창한 이후 19세기 유럽의 거의 모든 학문의 분야를 휩쓸었다.

실증주의는 단일한 개념으로 정의하기가 어려우나, 대체로 실증적으로 '주어져 있는 것(positum)', 즉 **감각적인 경험 속에서 파악될 수 있는 것**과 실재로 직접적으로 주어져 있는 것만을 인정할 수 있다는 주장을 한다. 따라서 실증주의는 형이상학적인 선천적, 규범적 원리들을 거부하고, 철학은 단지 개별 과학들처럼 **감각적인 경험에 직접적으로 주어져 있는 것**, 즉 실증적인 것을 보편적인 실재와 연관시키는 과제만을 가지고 있다고 주장한다. 그러나 실재의 연관들 자체는 주어져 있는 것이며, 경험 속에서 강제적으로 나타난다는 것이다. 다시 말해서 실증이 어떤 것인지에 대해서는 매우 무비판적이며, 논자에 따라 다양한 서술이 있을 뿐이다. 실증적이라는 말은 논리학에서는 '긍정 판단(positives Urteil)'에서, 법철학에서는 실증법(實證法, positives Recht)에서 사용된다. 특히 실증법은 상이한 개념으로 사용되기도 하지만, 주로 자연법과 이성법에 대한 반대 개념으로 사용된다.

실증주의는 19세기와 20세기에 활발히 논의되었으며 개념 정의와 사

---

vols.), Freiburg im Breisgau: Herder, 1905-23; *Ethik und Volkswirtschaft*, Herdersche Verlagshandlung, 1918; H. Rommen, *Die ewige Wiederkehr des Naturrechts*, S.138 참조.

태에 따라 일의적(一義的)이지 않으나 대체로 콩트가 주장한 바를 따르고 있다. 콩트는 최초의 원인이나 궁극적인 목적에 대한 절대적 인식을 포기하고 **관찰**과 **추리**를 통해서 '계기와 유사의 관계'의 법칙을 탐구하는 것만을 의미 있는 것으로 보고, 이용의 목적에서 현상들을 '예측(豫測)하기 위해서 관찰하는 것(voir pour prevoir)'을 근본 임무로 삼아야 한다고 주장한다. 이러한 주장의 원리는 '과학적 경험주의'이다.[124] 과학만이 타당한 지식을 얻게 하며, 따라서 지식의 가능한 대상과 근거는 사실만이라는 것이다.[125]

실증주의는 이성을 현존재로 향하는 **기술적, 도구적 오성**(Verstand)으로 환원시키며, 철학자나 과학자의 사고를 **실증적으로 주어진 것**(das positiv Gegebene)으로 국한시키려고 한다. 이러한 실증주의를 법학에 적용하는 것을 **법실증주의**(Rechtspositivism)라고 할 수 있다. 법실증주의는 **가치와 도덕 판단을 배제하고 경험적으로 관찰할 수 있는 법칙성만을 중시한다**.

콩트를 필두로 벤담(Jeremy Bentham, 1748-1832), 밀(John Stuart Mill, 1806-1873), 스펜서(Herbert Spencer, 1820-1930) 등과 같은 공리주의자들에 의하여 19세기를 거쳐 전개된 실증주의는 **고전적 실증주의**라고 불린다. 20세기에 들어와서 실증주의는 '빈학파'라고 불리는 슐리크(Moritz Schlick, 1882-1936), 카르납(Rudolf Carnap, 1891-1970) 등에 의하여 '신(新)실증주의(Neupositivismus)' 또는 '논리실증주의(logischer Positivismus)'로 펼쳐지며, 비트겐슈타인(Ludwig Wittgenstein,

124) A. Comte, *Discours sur l'esprit positif*, Paris, 1923, p.20f; *Historisches Wörterbuch der Philosophie*, hrsg. J. Ritter, Bd. 7, Basel, 1989, S.1119 참조.

125) N. Abbagano, "Positivism," in P. Edwards, ed., *Encyclopedia of Philosophy*, Vol. 6, New York, 1972, p.414 참조.

1889-1951)과 포퍼(Karl Popper, 1902-1994)와 같은 언어 분석가(언어 분석철학자)들이 이에 가세한다.[126] 이 신실증주의도 반(反)형이상학적이며, 경험주의에 더욱 철저하려고 하였다. 사실적 언표의 의미는 검증(檢證) 가능성(verifiability)에 달렸다고 주장하였다. 다시 말해서 어떠한 명제(문장)도 관찰적 언표나 '조서적(調書的) 명제(Protokolsatz)'로 환원(還元)되지 않으면 의미가 없다는 것이다. "하나의 명제의 의미는 그 명제의 검증의 방법이다."라는 말은 신실증주의의 표어였다. 이 신실증주의는 논리실증주의라고도 불리는데, 논리주의(Logizismus)를 받아들이기 때문이다.

콩트나 밀과 같은 고전적 실증주의자들은 논리나 수학도 경험주의로 환원시키려고 했다. 그러나 비트겐슈타인에 의하면 논리학이나 수학의 형식적 명제는 경험과는 관계없이 논리 필연적으로 그 진위(眞僞)가 밝혀진다는 것이다. 그래서 논리실증주의자는 사실(事實) 명제와 형식적 명제가 경험으로 환원되지 않지만 논리적으로 진위가 밝혀지면 검증 가능하다고 보고 사실 명제와 형식적 명제만이 의미 있는 명제라고 주장하였다.

그러나 논리실증주의가 주장하는 "하나의 명제의 의미는 그것의 증명의 방법"이라는 검증 가능성의 원리 그 자체가 과학적 명제가 아니라는 비판을 받게 되었다. 또 '검증 가능성'이라는 문제도 검증의 사실상의 한계 때문에 적극적으로 의미의 규준이 될 수 없다. 그래서 포퍼는 검증 가능성 대신에 '반증 가능성(falsifiability)'[127]을 내세웠다.

실증주의는 모든 가치 문제를 '이모티브(emotive, 감정적)'한 것으로만 간주한다. 그래서 실증주의는 자연법뿐만 아니라 사회철학, 윤리학,

---

126) 같은 논문, 같은 곳 참조.

127) Karl Popper, *Logik der Forschung* (Impressum), 1935. 영문판 *The Logic of Scientific Discovery*, Routledge, 1959, p.19.

법철학을 외면하였다. 그러나 실증주의자들이 중시하는 경험적 인식도 궁극적으로는 가설에 불과한 것이다. 자연법칙도, 검증 가능성도 반증이 나올 때까지만 타당하다고 할 수 있을 뿐이다. 그러므로 실증주의는 그 자체로 절대적인 것을 주장할 수 없고, 그 스스로 상대론에 떨어지고 만다. 그래서 실증주의는 '상대적 실증주의' 또는 '비판적 실증주의'라고 말해지기도 한다.

그럼에도 불구하고 실증주의는 19세기 후반에 들어와서 과학만능주의에 곁들여 막강한 사조(思潮)가 되고 주류를 이루었다. 실증주의에서는 검증이 되지 않아 보이는 **가치론**, 성스러운 가치, 도덕적 가치, 미적 가치 등은 학적 인식에서 추방되고, 사실과 경험적으로 관찰될 수 있는 법칙성만이 중시되었다.

이러한 실증주의는 19세기 후반에 들어와서 더욱 막강한 조류(潮流)가 되었고, 자연과학에서 독립된 학문의 존립을 위협했으며, 드디어 법학에서도 법을 '실증적으로 주어진 것'에만 구축하려는 법실증주의를 내세우게 되었다. 그러면 법실증주의의 주요 사상과 기본 원리가 어떤 것인가를 살펴보기로 하자.

(2) 법실증주의의 주요 사상의 기본 원리

법을 실증적으로 주어진 것에 국한시킨다는 법실증주의도 실증주의처럼 일의적(一義的)으로 규명하기가 어렵다. 법이 환원될 수 있다는 사실로서 '실증적으로 주어진 것'이라는 말을 무엇으로 해석할 것인가에 따라 다양한 법실증주의로 구분해 볼 수 있다. 심헌섭에 의하면 법실증주의는 심리(학)적 법실증주의, 공리적 법실증주의, 사회적 법실증주의, 일반법학과 순수법학을 주장하는 법실증주의, 법률 지상주의를 주장하는 **법률 실증주의**(Gesetzpositivism) 등으로 나누어 살펴볼 수 있다.[128] 회페(Otfried Höffe, 1943-)는 법실증주의를 네 가지로 분류한

다: 분석적 법실증주의, 방법론적 법실증주의, 법률 기술적(der gesetztechnische) 법실증주의, 결정론적 절대주의적 법실증주의.129) 실증주의 철학의 기본 원리에 의거하고 있는 법실증주의는 한 가지로 이해될 수 있는 것은 아니지만, 오늘날 법실증주의는 대체로 **법률 지상주의**를 내세우는 **법률 실증주의**를 가리킨다.

법실증주의의 주요 사상을 우리는 '**분석적 법실증주의**'의 대표라고 할 수 있는 하트(Herbert Lionel Adolphus Hart, 1907-1992)에서 찾아볼 수 있다. 그의 법실증주의의 기본 원리를 요약하면, 법은 신이나 자연, 하늘의 명령이 아니라 **인간의 명령**이며, '있는 법'과 '있어야 하는 법', 즉 **법과 도덕 사이에는 필연적 관계가 없으며**, 분석적 법실증주의의 과제는 법 개념의 분석 및 의미를 연구하는 것으로서 법의 원인과 시원(始原)에 대한 역사적 탐구나, 법과 다른 사회적 현상과의 관계에 관한 사회학적 탐구나, 사회적 목적, 기능 등을 이유로 행하는 법의 비판이나 평가로부터 구별하여야 하며, 하나의 법체계는 하나의 완결된 논리적 체계이므로, 법적 결정은 사회적 목적, 정책, 도덕적 기준에 대한 고려 없이 먼저 결정된 법적 규정으로부터 **논리적 수단**에 의해 정확하게 연역될 수 있다는 것이다.130)

하트의 법실증주의의 원리들은 법실증주의의 사상을 잘 대변해 준다고 법철학계에서 인정받고 있지만, 그의 법실증주의에 대한 설명은 법실증주의 전체를 대변해 주는 것은 아니며, 심리주의적 법실증주의나 법사회학적 관점에서 보는 법실증주의를 설명해 주지 못하고 분석적

128) 심헌섭, 『법철학 I』, 법문사, 1982, pp.275-278 참조.

129) O. Höffe, "Das Naturrecht angesichts der Herausforderung durch den Rechtspositismus," in *Marcic-Gedächtnisschrift*, S.311f 참조.

130) H. L. A. Hart, "Positivism and the Separation of Law and Morals," *Harvard Law Review*, Vol. 71, 1958.

법실증주의에 집중되고 있다. 법실증주의의 기본 사상을 우리는 다음과 같이 간략하게 살펴볼 수 있다.

첫째로 법실증주의는 자연과학적 태도를 고수(固守)하는 법 연구의 방법에 관한 이론을 제기한다. 따라서 법실증주의는 이상적인 법이나 법체계가 아니라 현실적인 것을 다루며, 법은 윤리적으로, 정치적으로 중립적이며 몰가치적이어야 한다고 주장한다. 이러한 태도는 공리주의자인 벤담과 오스틴(John Austin, 1790-1859) 등의 '분석법학', 베르크봄의 '일반법학', 켈젠의 '순수법론', 법사회학 등을 망라한다.

둘째로 법실증주의는 '법 명령설'(홉스의 command theory)을 주장한다. 즉, 법을 주권자의 **명령**으로 간주한다. 비에를링(Ernst Rudolf Bierling, 1841-1919), 예링 등이 여기에 속한다.

셋째로 법실증주의는 법적 결정이란 기존하는 **법 규정**으로부터 획일적으로 정확하게 결정되는 것이며, 법원은 해당 법규와 관계 사실과의 결합에서 **논리적 연역**을 통해 결정을 이끌어 내는 곳이라고 본다. 법률이란 법 개념으로 나타나는 것이며, 따라서 법 개념의 충분한 분석과 종합을 통해 법체계가 구성된다고 보는 것이다. 푸흐타, 빈트샤이드(Bernhard Windscheid, 1817-1892) 등이 주장하는 개념법학파가 여기에 속한다.

넷째로 법실증주의는 법률에 특별한 규정이 없는 한, 법률의 내용이 부도덕하거나 부당하다고 해서 효력이 없다거나 법이 아니라는 결론을 내릴 수 없다고 본다. 그래서 켈젠은 **"어떠한 임의의 내용이든 법이 될 수 있다."**[131]고 하며 **법과 도덕의 완전한 분리를 주장하고**[132] **자연법을 부인한다.**

다섯째로 법실증주의는 어떤 법이 부도덕하고 부당하고 강압적이라

131) Hans Kelsen, *Reine Rechtslehre*, 2. Aufl., 1960, S.201.

132) 같은 책, S.68f 참조.

고 하더라도 그 법에 무조건적으로 **복종할 의무**가 있다고 주장한다. 여기에는 고전적 법실증주의자들뿐만 아니라 신실증주의자들도 망라한다.

여섯째로 법실증주의는 법의 효력을 **논리적 적법성**(Legalität) 또는 실효성(Wirksamkeit)으로만 보려고 한다.

앞에서 살펴본 것처럼 법실증주의는 법의 **현실적인 면**만을 중시하고 너무나도 일방적으로 실증적인 법 제정에만 주목하고 있음을 우리는 알 수 있다. 따라서 법실증주의는 절대적이고 보편적인 법을 찾는 것을 포기하고 **상대론**에 빠졌으며, 심지어 악법도 법이라는 강변을 한다. 법실증주의는 결과적으로 나치스 정권 등 독재정권의 온갖 '법률적 불법(ungesetzliches Unrecht)'을 인정하기에 이르렀으며, 더 나아가서 **독재정권의 온갖 악법 제정의 방법 수단으로 전락하게 되었다.** 그러나 법실증주의는 20세기에 들어와서 불법 개념 논쟁을 야기했으며, 마침내 롬멘, 마리탱 등에 의하여 영원한 자연법의 회귀를 환기시켰다. 우리는 아래에서 법실증주의와 자연법의 논쟁을 살펴보기로 하자.

4) 법실증주의에 대한 비판적 성찰

(1) 도덕법 및 자연법에 대한 실증주의의 비판

자연법에 대한 실증주의의 공격은 여러 측면에서 일어났다. 첫 번째는 **자연과학적인 경험주의의 측면**에서였고, 두 번째는 **도덕과 사회과학 간의 갈등을 통해서**였고, 세 번째는 포이어바흐(Ludwig Feuerbach, 1804-1872)와 마르크스(Karl Marx, 1818-1883)로 대표되는 **철학적, 역사적 유물론**(唯物史觀)을 통해서였는데, 특히 독일 철학의 '거장들의 추락'에서, 심지어는 셸링(Friedrich Wilhelm Joseph von Schelling, 1775-1854)과 헤겔(Georg Wilhelm Friedrich Hegel, 1770-1831)에 의한 독일 관념론의 세력이 후기 칸트학파의 노력에도 불구하고 붕괴되면서 실증주의는 거세게 일어났다.

형이상학을 불가능한 것이라고 비난하는 인식론의 **경험주의**는 자연과학에서 승리한 이후, 사회과학에서도 올바른 방법론이라고 사람들은 믿었다. 경험주의는 법철학에 역사법학파로서 적절하게 스며들었다. **역사법학파**는 어떤 면에서 경험주의의 선구자라고 볼 수 있다. 빈딩(Karl Binding, 1841-1920)[133]에 의하면 "현재뿐만 아니라 과거에 통용되는 법에 대한 엄밀한 분석이 참된 인식에 이르는 유일한 길이다." 따라서 법철학은 단지 외적인 경험에 근거할 뿐만 아니라 그것에 대해 제한되어야 한다고 한다. 그러므로 그에 의하면 **외적 경험을 넘어서는 모든 의도는 형이상학으로서 거부되었다.**

(2) 법실증주의의 한계와 문제점

그러나 법철학은 궁극적이고 최상의 법 원리들에 대한 인식을 추구한다. 다시 말해서 법철학은 법의 본질과 '본성', 법적 강제력의 근원, 옳고 그름의 본질적인 차이에 대한 인식을 추구하는 것이다. 그러나 실제로 우리의 법에 대한 **경험**은 그와 같은 법의 본질적 인식에 대해 어떤 것도 말해 주지 않는다. 왜냐하면 경험은 언제나 헌법에 입각한 기관들에 의하여 이런 법 또는 저런 법이 부과되었다는 사실을, 그리고 이런 것과 저런 것이 법으로 일단 승인되었다는 사실만을 말해 주기 때

133) 빈딩(Karl Binding, 1841-1920): 독일의 형법학자. 주요 저서로 『형법요의(*Entwurf eines Strafgesetzbuches*)』(1885), 『규범과 그 위반(*Die Normen und ihre Übertretung*)』(1920) 등이 있다. 특히 악명 높은 안락사를 합법화하는 『살 가치가 없는 생명의 섬멸의 해방(*Die Freigabe der Vernichtung lebensunwerten Lebens*)』(Leipzig, 1922)은 나치 정권의 안락사 교본이 되었다. 그는 형벌 법규와 규범을 엄격히 구별하고, 규범의 독자성을 주장하여, 범죄를 규범의 위반으로 보는 규범설을 주장하였다.

문이다. 반면에 법에 대한 온전한 인식은 보다 많은 것을 요구한다. 다시 말해서 법에 대한 온전한 인식은 왜 이 법이 궁극적으로 '옳은 것'인가, 왜 이 법이 **양심의 의무**가 될 수 있는가에 대한 인식을 요구한다. 따라서 법적 경험주의가 상대주의로 되며, 더 나아가서 회의주의로 떨어지는 것은 결코 놀라운 일이 아니다. 따라서 어떤 실정법도 영원한 이념으로서 존재하지 않으며, 단지 경험적으로 알려질 뿐이며, 이성적으로 인식될 수는 없는 실정법들만이 존재하게 된다. "우리가 지금 모르는 것은 앞으로도 알지 못할 것이다(ignoramus et ignorabimus)."라는 **자연과학의 명제는 법철학을 침해(侵害)한다.** 법적 동료들[시민]의 형식적인 공동 의지인 국가의 의지는 법의 근원이자 척도이다. 그리하여 환경의 기계론과 이익의 갈등에 의거하여 사회학은 곧바로 의지로부터 이러한 규범이 의욕된다는 근거가 도대체 어디에 놓여 있는지에 대한 확장된 물음에 대해 설명한다. 그리하여 결국에 가서는 **유물사관은 법을 생산방식과 계급투쟁의 단순한 반응** 내지 이들 간의 **경계 설정으로 환원시킨다.**134)

실증주의는 두 가지 형태로 구별해서 볼 수 있다. 첫째, 경험적 제한에 의거한 결과, 즉 **방법론으로서의 실증주의**, 둘째, **형이상학적 방식**[포이어바흐, 뷔흐너, 헤켈] 내지 **역사 · 경제적 방식**[마르크스]**과 같은 유물론**으로서 가장 극단적인 형식의 '세계관'으로서의 실증주의를 구별해서 볼 수 있다. 두 번째 형식은 역사적으로 보면 지속적으로 중요한 역할을 수행해 왔다.

방법론으로서 실증주의는 이미 **역사법학파**에서 존재했다. 실증주의는 자연과학적 사고의 승리와 더불어 발전했다.135) 이러한 자연과학적

---

134) H. Rommen, *Die ewige Wiederkehr des Naturrechts*, SS.139-140 참조.

135) J. Maritain, *The Degrees of Knowledge*, trans. by Bernard Wall and Margot R. Adamson, New York: Charles Scribner's Sons, 1938, chap. 1 참

사고는 도덕과 법이 '기하학적 방식'으로 이해되었던 연역적인 수학적 합리주의처럼 모든 과학적 사고에 표준이 되는 방법의 틀이 되었다. 그래서 경험적인 것의 천박성, 즉 **개별 사물에 대한 경험**과 그에 대한 제한이 본질적인 것이 되어 버렸다. 따라서 실증적인 규범만이 법적으로 방법론적으로 타당하게 존재한다. 그 밖에 아직 존재할 수 있는 것이 있다면 그것은 도덕일 뿐인데, 그것은 법이 아니라는 것이다. 왜냐하면 그것은 직접적으로 경험할 수 있는 것이 아니기 때문이라는 것이다. 이러한 태도는 '도덕철학' 그 자체가 아직 '실증주의적'이지 않는 한 위험하지 않다고 말할 수도 있을 것이다. 그러나 이러한 경우일지라도, 방법론적 실증주의로부터 도덕의 이면(裏面)에 있는 자연법은 추방되고 말며, 유물론적 견지의 세계관이나 아니면 자기부정의 회의주의가 생겨난다. 실증주의는 과거에 도덕에 떠넘겼던 것을 이제는 새로 생겨난 사회학에 떠넘겼다. 그래서 실증주의는 사회학을 통하여 법의 토대에 관한 인간성의 물음에 대한 책임으로부터 해방되기를 추구했다.136)

유물론의 법 이론은 실증주의를 끌어들이지 않을 수 없다. 왜냐하면 유물론에 있어서 인간은 단지 고등하게 진화된 동물이며, 영혼은 불멸의 실체가 아니라 **뇌의 다양한 기능**에 대한 한갓된 '경제적 사고의 개념(denkökonomischer Begriff)'에 불과하며, 유물론은 인격적인 신 대신에 비인격적인 '영원한 힘' 내지는 자연법칙이라는 맹목적인 필연에 따라 변화되는 물질의 영원한 순환을 가르치기 때문이다. 그러므로 유물론에서는 **자유의지도 없으며,** 이로 말미암아 플라톤 학파나 아리스토텔레스 학파 그리고 로마 법학자들과 전체 그리스도교 전통의 의미에서 볼 수 있는 **도덕성이라곤 존재하지 않는다.** 유물론에서는 이념으로서의 법과 정의의 질서는 신, 불멸, 의지의 자유처럼 거의 실재성이 없

조.

136) H. Rommen, *Die ewige Wiederkehr des Naturrechts*, SS.141-142 참조.

는 것이자 이념에 불과할 뿐이다. 오로지 현존하는 실정법, 즉 강제력이 있는 법 — 왜냐하면 현실적으로 강제되는 것만이 법이므로 — 은 단지 국가의 창작품일 뿐이라는 것이다. 게다가 국가 자체는 총체 인격으로 또는 윤리적인 현상으로 인식되지 않는다. 오히려 국가 자체는, 유물사관에서 말하듯이, 생산관계라는 사회적 힘들의 진화에 기인하는 필연적인 결과일 뿐이다. 다시 말해서 국가는 엄밀한 의미에서 자연의 산물이며, 그 존재 방식에서 국가는 다만 지배계급의 사태이다.[137)]

굼플로비치(Ludwig Gumplowicz, 1838-1909)에 의하면 "실정법은 국가 내에서 힘과 영향력을 얻기 위해서 투쟁하는 사회 조직들에 의해 그 지배권과 영향력에 대한 그때그때 결정된 한계이다."[138)] 이러한 한계는 지속적으로 변한다. 따라서 윤리적이고 법적인 공동의 이념 내용은 존재하지 않는다는 것이다. 여기서는 강자(强者)의 법이 지배할 뿐이다. 이와 같은 주장은 이미 오래전에 소피스트인 칼리클레스(Callicles, B.C. 484?-?)가 언급한 바 있다.[139)] 칼리클레스는 강자의 법을 '자연의 법'인 것으로 설명했다. 왜냐하면 그들은 '자연'을 '정신'에 상반되는 것으로 간주했기 때문이다. 그러므로 그들에게 영원한 정의란 없는 것이며, **불변하는 도덕법칙도 없는 것**이다. 단지 사회적 계급들에 의한 투쟁의 산물이자 그때그때 지배계급의 하수인인 국가가 도덕과 법의 창조자일 뿐이다. 그러므로 국가의 질서는 그때그때의 도덕적 질

137) 같은 책, S.143 참조.

138) L. Gumplowicz, *Grundriss der Soziologie*, 1885, 참조. 굼플로비치는 그라츠 대학의 사회학 및 법철학 교수로서, 사회학은 사회집단의 상호관계를 취급하는 학문이라고 하였다. 그는 개인을 집단의 단순한 사물이라고 규정하였고, 사회의 문화적 진화는 집단 간의 투쟁에 기인한다고 주장하고 계급투쟁에 자연과학적 방법을 적용하였으며, 사회다원주의의 입장을 취하였다.

139) 칼리클레스는 약자에 대한 강자의 지배가 자연의 법에 합당하며 정의롭다고 말하며(Platon, *Gorgias*, 483d), 이러한 맥락에서 트라시마코스도 "정의란 강자의 이익"이라고 말한다(Platon, *Politeia*, 338c).

서이며, 조야(粗野)한 권력의 산물인 국가의 이기주의가 도덕성의 요소라는 것이다. "인간이 지닌 최고의 선들, 평화, 즉 자유, 재산, 가족, 사적 권리 등, 이 모든 것은 국가의 덕택이다."라고 굼플로비치는 주장한다.140)

그러므로 유물론자들에 의하면 법은 참된 규범은 아니며, 법은 당위를 말하는 것이 아니라 지배계급의 실제적이고 심리학적인 힘이 미치는 범위의 표시(기호)에 불과한 것이다. 법은 사회적 현실을 말하는 것이며, 유물론적 법론의 외적 형식일 뿐이다. 법은 이성도 아니고 의지도 아니며, 단지 **사회적 관계에 대한 경계 설정**일 따름이다. 따라서 육체적이든 정신적이든 실제적인 **강제**가 필연적으로 법의 본질적 특징이다. 법은 단지 실제적으로 강제된 것이지, 강제할 수 있는 것은 아니다. 법 이론은 형이상학적-신학적 시대로부터 전승되었으나 순수한 경험과학인 유물론적 사회학에 있어서는 적절치 않은 표현이다. 왜냐하면 유물론적 사회학은 사회 안에서 국가 통치 조직의 수단을 얻기 위해 투쟁하는 조직들의 현재의 힘의 구도가 어떻게 놓여 있는가를 말해 주는 것에 불과하기 때문이다.141)

이러한 유물론적 실증주주의에 대하여 **온건한 실증주의**가 맞섰다. 온건한 실증주의는 단순하게 실정법을 단지 법적으로 의무 지어진 것만을 인정하였으며, 법적 의무의 근거에 대한 물음을 포기할 수 있다고 믿었다. 요컨대 법은 국가의 의지이며, 국가의 의지는 명백하게 헌법에 입각한 형식으로 실현되며, 적절하게 공포되는 것으로 설명된다는 것이다. 그러나 확장된 기준, 가령 어느 정도 내적인 정의, 즉 법으로부터

---

140) H. Rommen, *Die ewige Wiederkehr des Naturrechts*, S.143에서 롬멘은 출처를 밝히지 않고 굼플로비치를 인용한다.
http://www.britannica.com/biography/Ludwig-Gumplowicz 참조.

141) H. Rommen, *Die ewige Wiederkehr des Naturrechts*, S.143 참조.

명령된 행위의 윤리적 허용 여부는 법의 영역, 다시 말해서 국가에 의한 법의 창조, 행정과 시민을 통한 법의 실현, 재판관을 통한 법의 적용에 있어서는 받아들여지지 않는다. 그것은 이른바 **의지론**(意志論)에 의해서 나타난다. 의지론은 헌법과 국제법에서 특별한 부대 조항을 만들어 내며, 국가의 절대 주권과 법적인 국가 인격성이라는 개념에서 가장 강한 표현으로 발견되며, 그러한 주권은 그 스스로를 자연적이고 신적인 법에 연계되어 있다고 생각했던 절대군주의 주권보다 훨씬 큰 것이었다.

그러나 좀 더 정확하게 본다면, **주권 이론**은 홉스의 방식에 따라 국가를 자기보존(conservate ipsum)이라는 유일한 준칙을 갖는 한갓 자연상태로 전환시키는 것이다. 이론적으로 헌법에 입각한 대다수(과반수)가 모든 것을 무한정 결정할 수 있는 것처럼, 국제법은 매 순간 국가들의 실제적인 긍정(찬성)이나 부정(반대)에 의존한다. 그러므로 법은 **이성에 입각한 참된 규범이 아니며**, 사물의 '본질(Wesenssein)'이나 '사태의 본성(Natur der Sache)'과는 무관한 심리학적인 의미에서 단지 **실제적인 의지일 뿐**이다. 우리는 이러한 실제적인 의지를 앵글로-색슨의 사법적(司法的) 전통에서 찾아볼 수 있다.[142)]

이와 같은 견해들은 법의 어떤 형이상학적 토대도 인정하지 않는 피로한 불가지론(不可知論)으로부터 발생할 수 있는 것이며, 근대 자연법의 합리주의적 연역에 대한 강한 거부감에서 발생할 수 있는 것이다. 그러한 견해들은 또한 종종 근대 자연법사상의 혁명적 요소에 반대하는 보수적인 관점에서 생겨난 적대감의 결과이기도 하다. 그래서 국가의 정신적 가치와 고귀한 권위도 더 이상 정당화도 필요로 하지 않게 되며, 결국은 국가에 위험을 초래했다. 그러한 견해가 생긴 이유는 근

---

142) 같은 책, S.145 참조.

대의 자연과학적 정신의 전형적인 태도, 즉 현존하는 것, 즉 사실에 의거한 부단한 탐구를 고집하는 것에 대한 자기만족, 다시 말해서 사실이라는 것에 대한 맹목적인 우상숭배의 결과[143]라고 하겠다.

또 다른 법학도들은 이와는 달리 법의 **확실성**을 중시하였다. 그들은 무가치한 법과 그러한 법의 적용은 공익(公益)을 위해서는 법적 동료들, 즉 재판관과 법률가의 입장에서 보면 어떤 통일된 관점과 확신도 주지 못하는 자연법과 도덕원칙의 요청에 따르는 실정법의 '구멍 난 것(Durchlöcherung)'보다 더 유익하다고 주장한다. 처음에 소위 불가지론자라고 불리었던 사람을 제외하고는 법의 확실성을 강조하는 법학자들도 결코 정의의 가치와 윤리적 규범의 타당성을 부정하지는 않는다. 옛날 사람들이 자연법이라고 불렀던 것은 그들에게 있어서도 윤리적 규범이다. 그러나 그들은 실정법에 포함되지 않는 한, 이러한 윤리적 규범들을 법에서 제외시켰다. 그들에게서 법과 정의, **법과 '옳은 것' 내지는 '올바른 것'은 동일한 것이 아니다**. 물론 입법자는 어떤 부당한 법도 공포해서는 안 된다. 그러나 설사 입법자가 부당한 법을 입안한다 할지라도, 부당한 법도 그야말로 법이라는 것이다. 그래서 사람들은 자연법이 아니라 다만 윤리학으로부터 부당한 법을 강제할 수 없는 것으로 간주했다. 그러나 각자는 스스로, 자신의 양심으로 부당한 법을 결정해야 한다. 그들에게서 실제적인 법으로서의 자연법이 실정법과 나란히 있거나 우월하다는 법의 '이원론'은 단호하게 거부되었다.[144]

이와 같은 **온건한 실증주의**는 종내 19세기와 20세기 초의 산만(散漫)한 철학의 의식을 마비시켜 버렸다. 이러한 철학의 혼란은 심지어 도덕철학에서도 나타났으며, **도덕철학 자체도 실증적이 되게 만들려고 했다**. 그래서 사람들은 도덕철학에 대해서 파울젠(Friedrich Paulsen,

143) 같은 책, S.146 참조.

144) 같은 책, S.146 참조.

1846-1908)의 말대로, "도덕은 본능과 같이 상이한 삶의 과제들을 해결하는 목적적인 방법"145)에 불과하다고 생각하거나, 실용주의의 형식에서 선은 유용한 결과에 놓여 있고, 악은 나쁜 결과에 놓여 있다고 **생물학주의**(Biologismus)에처럼 표현하지 않을 수 없었을 것이다. 그러나 이러한 사상(실증주의나 실용주의)은 실질적이고 **불변하는 윤리학**과, 실증적이고 이익을 고려하는 **역사적인 도덕**, 가령 기사들의 도덕, 중산계급의 도덕, 농부들의 도덕 사이의 차이를 구별할 수 없었다. 그래서 이러한 사상에서는 윤리학의 **상대주의**와 모든 형이상학의 거부에 직면하여 자기를 부정하는 실증주의 이외에 어떤 다른 가능성도 법에 남아 있지 않게 되었다.146) 그래서 철학에서 독일 관념론의 사변적인 대발전은 순전한 형식적 인식의 비판에 굴복하고 말았다. 형식적 인식의 비판에서는 사상의 내용이란 중요하지 않았으며, 형식적 인식의 비판은 오히려 회의적으로 관념의 내용에 대한 과학적 인식을 얻을 가능성조차도 의심하게 만들었다.

그러나 법실증주의가 대세를 이루었던 19세기 중엽에서도 자연법론이 여전히 나타나고 있음을 우리는 찾아볼 수 있다.147) 예컨대 역사법

---

145) Friedrich Paulsen, *System der Ethik*, Berlin, 1889. trans. by Frank Thilly, *A System of Ethics*, New York: Charles Scribner's Sons, 1899, p.346.

146) 윤리적 상대주의와 관련하여 파울젠은 다음과 같은 일반적인 결론에 도달한다. "그러므로 모든 도덕철학은 그 문명권이 그 사실을 인정하든 인정하지 않든 간에 그것이 유래한 문명권에서만 타당하다." Friedrich Paulsen, *A System of Ethics*, trans. by Frank Thilly, p.25.

147) 예컨대, H. Ahrens, *Naturrecht oder Philosophie des Rechts und des Staates*, 1. Aufl., 1837, 6. Aufl., 1870; K. Röder, *Grundzüge des natürlichen Recht oder Rechtsphilosophie,* 1856; A. Trendelenburg, *Naturrecht auf dem Grunde der Ethik*, 1860; C. L. Michelt, *Naturrecht oder Rechtsphilosophie als praktische Philosophie*, 1866. 이들 책에 대해서는 A. Lasson, *System der Rechtsphilosophie*, 1882, SS.107-108; A. Verdross, *Abendländische Rechtsphilosophie*, 2. Aufl., 1963. SS.182, 184f. 또한 S.237

학파를 대변하는 슈탈의 법철학은 1878년에 마지막 판(제5판)이 출판되었고, 아렌스(H. Ahrens)의 법철학은 1860년에 재판(최종판)이 출판되었으며, 뢰더(K. Röder)의 자연법 역시 1860년에 재판(최종판)이 출판되었다. 그리고 아리스토텔레스주의자인 트렌델렌부르크에 의하여 이미 언급된 자연법은 윤리학에 기초를 두고 있는데, 1866년 최종판이 출판되었다.[148] 19세기 말에 최초의 철저한 실증주의자인 메르켈(A. Merkel)에 의해서 편찬된 널리 알려진 홀젠도르프(Holger Henrik Holzendorf, 1846-1908)의 『법률백과사전』 속에 법철학을 다룬 제1권이 들어 있다는 것은 또한 특기할 만한 것이다. 그래서 자연법의 이론적 학설인 법철학은 전적으로 철학의 발전에 상응하여, 하나의 일반적인 법 이론이나 형이상학이 배제된 일반화론과 비교법학이 되고 말았다.[149]

5) 법실증주의와 자연법의 대결

관행(慣行)과 한갓 역사적인 것에 대한 일방적인 선호(選好)를 지닌 **역사법학파**가 오랫동안 최소한의 요건도 만족시킬 수 없었던 것처럼,

---

주 1, S.238 주 2 참조.
이들 중 여러 판을 거듭했던 아렌(H. Ahrens)의 저서 첫 부분에는 다음과 같이 쓰여 있다: "법철학 또는 자연법은 인간과 인간 사회의 본질 및 존재 의의에서 법의 최고 원리 또는 이념을 도출하고, 그래서 그것을 사법 및 공법의 모든 영역에 대한 여러 원리의 체계에까지 전개하는 학문이다."(S.1) 또 다른 곳에서는 이렇게 말한다: "법이란 그의 최고 이념에 따르면 신적 세계질서에 따라서 정해진 특수한 생활 질서이다."(S.284) 그러나 대체적으로 자연법은 실정법에 의해 실현되어야 할 법 이상(Rechtsideal)으로서 생각되고 있었다(S.5).

148) A. Trendelenburg, *Das Naturrecht auf dem Grunde der Ethik*, 1860.

149) H. Rommen, *Die ewige Wiederkehr des Naturrechts*, S.148 참조.

법실증주의도 마찬가지다. 입법가(立法家)의 형식적 의지의 외적 표시는 결코 항상 거듭 제기되는 옳음과 그름의 내적인 차이에 대한 물음에 답할 수 없다. "법적 규정은 그것이 올바른 것으로 증명되기 위하여 어떤 기준에 의거하여 측정되어야만 한다." 또한 "기존의 법이 이성에 입각한 것인가 하는 의심은 단순히 옆으로 밀어놓을 수는 없다."(슈타믈러) **현존하는 법은 또한 존재 당위로 존재할 수 있어야 한다.** 그리고 다수가 인정하는 **법의식은 법의 창조자가 아니라 (법의) 존재 사실 또한 존재 당위로 인식되고 승인된다는 표시이다.**

우리가 전적으로 어느 편을 들지 않고, 이해관계에서 자유로우며, 법의 목적에 따라 좋은 법과 나쁜 법을, 또 내적인 기준에 따라 옳은 법과 그릇된 법을 구분하고자 하는 그러한 경우에조차도 우리가 결코 신중하게 생각하지 못한다는 사실은 항상 되풀이되는 경험이다. 하지만 그 구별은 이러한 내적 판단 기준이 옳고 그름의 조건에 대한 근거가 되는 그러한 경우에만 가능하다. 따라서 그 때문에 실증주의는 결코 '순수한' 것으로 실행되지 않았으며, 판사가 전적으로 형식적 법에 의존하도록 하는 국가들에 있어서도 마찬가지다. **단지 판사가 규칙을 적용하는 자동기계라는 것은 '참된 판사'라는 개념에 반(反)하는 것이며, 실정법은 언제나 되풀이하여 도덕성과 자연법적 규범을 의존했으며, 또 의존하고 있다.** 그러므로 **실증주의의 전제, 즉 성문법의 완전함(빈틈없음)은 확증되지 않는 것이다.**

오스트리아의 일반 민법, 바덴의 민법과 교회법과 같은 법전들은 자연법적 원리를 참조할 뿐만 아니라, 법 자체가 신의(神義, 참된 신앙)와 건전한 도덕을 의거한다. 이러한 언급에 있어서는 단지 예의 바른(도덕적인) 것, 특정한 시대에 '도덕적인(anständig)' 것으로 간주되거나 사회의 도덕으로 특정한 계층에 기인하는 것에 대한 어떤 사고(思考)도 없다. 오히려 자연법으로부터의 결론 및 확장된 결론의 추론은 종종 문제가 되기도 하며, 적용되기도 한다. 실증주의에 충실한 원칙으로부터 설명하고자 하는 경우, 입법가가 의도하는 것에 대해서는 어떤 것도 달라지지 않는다. 이러한 논의에서 사람들은 현실적인 입법가가 아니라 관념적인, 즉 정의를 의욕하는 입법가를 전제한다. 슈타믈러에 의하면 "개별적인 법에 관한 경험은 명료한 파악에 있어서 보편타당한 법의 개념에 의존한다. 하지만 그 역(逆)은 성립하지 않는다. **법의 개념은 특수한 법의 경험으로부터 (귀납이나 비교를 통해) 이끌어 낼 수는 없는 것이다.** 이는 후자(특수한 법의 경험)가 전자(법의 개념)를 통해서 주로 가능하기 때문이다."[150] 자연법은 법률가들이나 법철학자들보다 우선한다. 법률가나 법철학자가 법을 창조하는 것은 아니다. 오히려 거꾸로 **자연법은 법 제도의 존속 및 법철학에 대한 전제이며, 기반이 되어야 할 것이다.**

자연법사상은 19세기 중엽에 이르러서도 여전히 나타나고 있다.[151] 예컨대, 아렌스의 『자연법 또는 법철학과 국가철학』, 뢰더의 『법철학의 자연스러운 법의 요강(要綱)』, 트렌드부르크(A. Trendburg)의 『윤리학을 근거로 하는 자연법』, 미켈트(C. L. Michelt)의 『실천철학으로 자연법 또는 법철학』, 라손(A. Lasson)의 『법철학체계』, 페르드로스(A. Verdross)의 『서구 법철학』 등.

자연법의 역사는, 자연법은 인간 정신의 불멸의 소유에 속한다는 것을 우리에게 밝혀 주고 있다. 자연법은 어떤 시대에도 완전히 소멸한 적이 없고, 철학에서는 물론이고, 법학에서도 그 작용력을 상실한 적이 없다. 우리는 이러한 엄연한 사실을 베르크봄의 탐구 정신에서도 찾아볼 수 있다. 그는 어디서나 자연법을 발견했고, 심지어는 19세기 말 자신이 살던 가장 엄밀한 실증주의 시대에서도 찾아내었다.

---

150) 롬멘이 인용한 것을 재인용. 같은 책, S.149 참조.

151) 각주 148 참조.

자연법을 궁극적으로 몰아내도록 교육받은 베르크봄은 그의 자연법에 대한 치밀한 공격이 그의 당초의 의도와는 반대로 오히려 자연법에 대립되는 법실증주의의 존립 불가능성에 기여했다는 것이다.152)

롬멘의 『자연법의 영원한 회귀』의 영어 번역자인 핸리(Thomas R. Hanley)는 그 책의 6장 '실증주의 승리'를 번역한 후, 독자들로 하여금 실증주의 문제점을 바르게 이해하게 하기 위하여, 저자인 롬멘의 양해를 구하고 독일어 원문에 없는 다음과 같은 해설을 삽입한다.153)

"본 장에서 소위 '실증주의의 승리'에 대해 논의하였으나 실증주의가 모든 지적, 도덕적, 정치적 전선에서 결정적이고 전체적인 승리를 한 것은 아니다. '실증주의의 승리'란 칸트주의적 비판과 경험주의에 의한 형이상학의 최종적인 침해와 그리스도교적 유산의 점진적 가치 저하의 결과라고 할 것이다. 근대 사상에 있어서 이러한 경향의 직접적 결과는 불가지론적이고 회의적인 상대주의였다. 그러나 실증주의의 전제가 우세하지 않은 어느 곳에서는 자연법의 이념은 감추어지긴 했지만 그 명맥을 유지해 왔다.

누군가가 일상적인 사회생활에서 엄격하고 일관된 실증주의를 실현하고자 한다면, 그가 취할 수 있는 유일한 태도는 견딜 수 없는 냉소주의가 되고 말 것이다. 스스로를 실증주의자라고 공언하는 사람의 경우에도, 정치적, 경제적, 사회적 개혁을 위해서는 종종 자연법의 이념이나 불

152) H. Rommen, *Die ewige Wiederkehr des Naturrechts*, S.224 참조. 롬멘은 콜러(J. Kohler)가 한 말이라고 인용한다. 이 책의 S.151에서도 40년 동안의 베르크봄의 실증주의의 옹호가 실패한 것이라고 언급한다.

153) Thomas R. Hanley, *The Natural Law*, Herder Book, 1947, pp.133-134. 핸리는 롬멘이 『자연법의 영원한 회귀(*Der ewige Wiederkehr des Naturrechts*)』를 저술하게 된 동기에 대해 권력 지향적인 나치의 책동 등에 대항하기 위해서라고 하며, 자연법이야말로 초자연적인 영원한 질서의 기반이라고 천명한다.

변하는 정의의 기준에 호소한다. **'과학주의적 정신'은 자연법의 존재를 부정하지만**, 사도 바오로가 말했듯이, **자연법은 인간의 마음에 기록되어 있고, 각인되어 있으며**, 우리의 마음은 자연법의 존재를 확언해 준다.

실증주의는 경제적으로 안정되고, 정치적으로 확고하며, 견고하게 확립된 **지배계급의 전형적인 부산물**이다. 그러나 정의에 대해 누를 수 없는 갈망을 지닌 사람은 그러한 태도에 만족할 수 없을 것이다. 정의에 대한 열망과 갈망은 부단한 진리에의 추구만큼이나 절실한 것이다. 그러므로 자연법의 이념은 눈 속에 묻혀 있다가 실증주의라는 춥고 황량한 겨울이 형이상학이라는 끊임없는 봄에 굴복하자마자 싹을 틔우는 씨앗에 비유될 수 있다. 자연법의 이념은 영원한 것이다."

제1차 세계대전을 겪은 후, **도구적 합리주의**에 대한 불신이 커지면서 '이성 또는 지성은 권력의 시녀 또는 창녀'라든가, '법은 권력의 도구' 또는 '주구(走狗)'라는 말이 사람들의 입에 오르내리면서 **영원한 법인 양심법**에 대한 동경이 일기 시작했다. 특히 제2차 세계대전 후, 전범(戰犯)을 재판하면서 자연법의 중요성이 대두하게 되었고, 마침내 유엔에서 국제인권선언문이 선포되면서 인권선언문의 핵심인 자연법은 다시 각광을 받게 되었다.[154)]

사람들은 어떤 나라의 실정법의 인권유린을 비판할 수 있는 근거를 자연법에서 찾으려고 하였다. 왜냐하면 자연법의 이념은 인간의 본성에서 나오는 영원한 것이기 때문이다.[155)]

---

154) 국제인권선언문 초안 작성자인 마리탱과 오경웅(吳經熊)의 저서 참조. J. Maritain, *Man and State*, The University of Chicago, 1956: John C. H. Wu, *Fountain of Justice: A Study in the Natural Law*, Sheed and Ward, 1955, 서문.

155) 사도 바오로는 이를 두고 이렇게 말했다. "다른 민족들이 율법을 가지고 있지 않으면서도 본성에 따라 율법에서 요구하는 것을 실천하면, 율법을 가지고 있지 않은 그들이 자신들에게는 율법이 됩니다." 로마서 2장 14절 참조.

IV 장

현대의 자연법사상: 자연법의 부활과 재건

1. 20세기 자연법 부활의 배경

한 사회가 동요되고 하나의 **전환기**에 다다르게 되면, 자연법사상의 대두는 필수적인 현상이 되는 것을 우리는 역사에서 찾아볼 수 있다. 그래서 현대사회의 아노미 현상을 극복하고 사회의 근본 질서를 회복하기 위하여 자연법의 **부활**과 자연법의 **재생**이 요청되고 있다. 실정법이 어떤 특정한 국가가 제정한 법인 데 반하여, **자연법은 시대와 장소를 초월하여 국가가 있기 전부터 자연히 존재하는 법이다.**

자연법사상은 인간의 사회질서를 규율하기 위하여 실정법사상과 병행하여 예로부터 오늘에 이르기까지 부단히 지속하여 왔다. 자연법이라는 말은 서양 고대에서는 플라톤, 아리스토텔레스 등의 철학자가 제창한 이념에 의한 도덕적 자연법이, 서양 중세에서는 그리스도교의 교리에 입각한 신학적 자연법이, 서양 근세에 들어와서는 민주주의적 사회제도를 이룩하려는 정치적 자연법이 인간의 사회생활을 규제했다. 그러나 근대의 자연법사상가들은 **도구적 합리주의** 사상을 끌어들여 근대사회의 실정법의 체계를 이룩하면서 오히려 본래적인 자연법은 실정법적으로는 무의미한 것이 되어 버렸다. 그래서 법이란 오로지 **성문법**(成文法)이라는 형식으로 이루어진 **실정법**(實定法)만을 의미하게 되었다. 현대에 들어와서는 법실증주의가 현대의 실정법을 지배하게 되었고, 소위 '일반법학', '분석법학', '순수법학'이 현대 법학의 주조를 이루게 되었다. 그래서 메르켈은 자연법의 존재를 부인하고, 실정법만이 법으로 합당한 것이라고 주장하였고, 오스틴에 의하면 법학이란 실정법의 개념을 정밀히 분석하는 것이며, 켈젠은 철저한 규범 논리에 의한 실정법의 순수 이론만이 법학의 과제라고 주장하기에 이르렀다.1)

그러나 지금까지의 법학의 전통적 조류(潮流)이던 논리적 정합성에 의거하는 **개념법학**은 두 가지 전제를 가지고 있다. 그 하나는 모든 인간은 이성을 구비하고 있다는 것이며, 또 하나는 모든 국가가 제정한 성문법은 완전할 것이라는 것이다. 그래서 국가가 그 입법기관을 통하여 법을 제정하면 이성을 가지고 있는 국민들은 그 법이 내포하고 있는 개념을 파악하여 그 법이 명하는 대로 잘 지키면 사회생활은 질서정연하게 규율될 것이라고 생각하였다. 그러나 이러한 개념법학의 낙관적 기대는 무너지고, 국가가 제정한 법과는 다른 생활을 국민들은 하게 되었다. 사회에는 성문법 이전에 **자연발생적인 사회질서**가 있으며, 사람들은 자연발생적인 사회질서에 따라 관습 내지 도덕에 의거해서 사회생활을 영위해 나갔다. 20세기에 들어와서 반인륜적인 양차(兩次) 세계대전의 참상을 겪으면서 근대의 실정법만으로는 인류의 사회생활을 규율하는 것이 불충분하다는 것을 인정하지 않을 수 없게 되면서 자연법의 회귀는 필연적인 현상이 되었다.

---

1) 이항녕, 『법철학적 인간학』, 평민사, 1978, p.18 참조.

우리는 먼저 오늘날 왜 사람들이 실정법을 불신하게 되는가를 성찰해 보기로 하자.[2] 현대에서 실정법이 불신을 당하게 되는 이유는 무엇인가?

첫째로 실정법은 **현실의 사회생활과 유리**되어 있고, 특히 **윤리적 의식을 배제**하였다는 점이다. 법이란 사회생활을 규율하는 것이므로 사회생활을 떠나 있을 수 없는 것이다. 그러나 근대 실정법의 체계는 형식적으로 논리적 정합성에 맞추어 사회생활과 법이 일치할 것이라고 생각하고, 법을 사회생활에 적용하는 것이 사회생활을 합리적으로 규율할 것이라고 생각했으나, 실제로 **법은 급변한 사회에 부응하지 못하였을 뿐만 아니라 사회생활을 규율하는 기능을 상실하였다.** 그래서 실정법 이외에 관습이나 조리(條理)를 하나의 법원(法源)으로 인정하게 되고, 실정법 그 자체 속에 소위 일반조항이라는 것을 부기(附記)하고 있는 것은 바로 실정법의 규정으로는 원만한 사회생활을 완전하게 규율하지 못하고 있음을 반증하는 것이다.

도덕적인 자연법은 오로지 실천이성의 자연적인 경향(Neigung, inclinatio)에서 성립한다. 인간은 자기의 행동의 모든 예견될 수 있는 결과에 대해 책임을 져야 할 것이다.

둘째로 법은 만인에게 공정하여야 하고 불편부당해야 하는데, 실정법은 실제로 **제정 과정에서 어떤 특정 집단의 이익을 도모하는 이데올로기의 영향을 받는다는 것이다.** 이렇게 제정된 법은 국민 전체의 사회생활을 규율하기 어려우며, 신뢰받기 어렵다는 것이다. 왜냐하면 법을 제정하는 국회의원의 의사가 국민의 총의와 합치하지 않을 수 있기 때문이다. 특히 입법 과정에서 국회의원들은 당대의 중요한 이익집단의 압력의 영향을 받으며 공명정대한 심의를 하지 않고 야합에 의하여 법

2) 진교훈, 「왜 오늘날 법은 불신을 받는가?」, 『이성과 신앙』 60호, 2016 여름, 수원가톨릭대학교 이성과신앙연구소, pp.353-373 참조.

률을 제정하고 있기 때문이다. 특히 한국의 입법 과정을 보면 더욱 신뢰하기 어렵게 되어 있다. 그러므로 이러한 잘못된 입법 과정에 대한 불신은 시대와 장소를 초월하여 존재하는 인류의 이상인 자연법에 대하여 관심을 가질 수밖에 없게 만든다.

셋째로 실정법의 **실행과 그 운영에 있어서** 불신이 생긴다. 실정법은 입법기관에 의하여 제정되고 행정기관과 사법기관에 의하여 운영되는데, 그 운영되는 방식에 있어서 그 **실정법이 국민의 이익을 위해서 운영되기보다는 관료의 기술로서 운영되는 경향**이 현대사회에서 늘어나고 있다는 것이다. **실정법의 체계는 복잡다단할 뿐만 아니라 법률적 표현이 전문화**되어 일반 시민의 상식적인 용어와는 다른 것이 많으며, 때로는 보통 사람들이 이해하기 어렵도록 의도적으로 난해한 표현을 사용하고 있기 때문에 일반 시민은 법률의 체계와 법률 용어의 의미를 쉽게 이해할 수 없게 되고 이 법률을 이해할 수 있는 사람은 특별히 법률을 공부한 직업적인 전문가나 법조인에 국한되게 되어 있다. 이러한 법률 전문가만이 법을 이해하고 법을 운영할 수 있기 때문에 법은 일반 시민과는 관계없이 법률 전문가들에 의해서 적당히 해석되고 조작될 수 있다는 것이다. 그래서 현대사회에서 법학은 하나의 전문적인 학문 내지 기술이 되었고 이 전문적인 기술을 공부한 사람만이 법을 운영하는 행정기관과 사법기관에서 활동하게 되어 있다. 그러므로 행정 관리와 법관들은 하나의 법률 전문가로서 기술 관료(technocrat)로 구성되고, 법은 관료들에 의해서만 운영되도록 되어 있다. 이로 말미암아 실정법은 직업 수단화되고 일반 시민과는 먼 거리에 있게 되고, 단지 전문적인 관료만이 법을 집행함으로써, 일반 시민은 법을 이해할 수 없고 법이 어떻게 운영되는가를 알 수 없게 되었다. 결과적으로 법은 일반 시민의 권익을 위하여 있는 것이 아니라 **관료를 위하여 있는 이익물**로 전락되고 말았다. 관료들은 법의 이름으로 자의(恣意)를 행할 수 있게 되어 버리고 일반 시민은 소외되었다.

우리는 형식주의 법학의 추상성과 폐쇄성을 비판했던 로델(Fred Rodell, 1907-1981)이 쓴 『통탄하도다, 법률가들이여』[3]라는 책에서 실정법의 문제점을 좀 더 여실하게 찾아볼 수 있다. 로델은 이 책에서, 당시 미국의 주류적 법학 방법론이던 **'과학적 법학'**을 정면으로 겨냥하였다. 20세기 초 미국 법학은, 법이란 정치나 사회의 문제로부터 분리된 일종의 **'논리과학'**이라는 **지적 형식주의**의 지배를 받고 있었다. 로델은 이러한 형식주의를 비판하며 **법이 자랑하는 과학성과 논리성이 사실은 허구에 지나지 않음을 폭로했다.** 그는 이 책에서 법이 추구하는 논리, 일관성, 체계성이란 사실은 일종의 지적 환상에 지나지 않는다고 통박했다. 법은 과학적인 법의 명제에 근거를 두고 논리 필연적인 해답을 도출한다고 자부하고 있으나, 실제로는 법이 자랑하는 논리와 명제란 법률가들이 임의대로 만들어 낸 것으로, 거기에는 일관성도 체계성도 없다는 것이 로델의 주장이다. 또한 그는 법이 난해한 용어와 논리를 내세워 법을 모르는 일반인 위에 군림하고 권위를 확보한다는 것을 비판하고 있다. 그는 법이란 사실성과 일관성을 지켜야 하는데, 법을 운영하고 관리하며 심판하는 이들의 보이지 않는 **속임수**에 의해 억울하고 통탄할 심판을 낳고 있다고 비난했다. **"오늘날 사용되는 영어 가운데 법의 언어만큼 공허하고, 혼란스러우며, 그 담긴 의미를 파악하기 어려운 것도 없다.** 법률 언어는 **모호함**과 **전적으로 이해 불가능함** 사이의 어딘가에 있다."[4] 그가 예일 대학의 헌법학자로서 미국 법률 단어의

3) Fred Rodell, *Woe Unto You Lawyers*, 1939, p.197. 이 책의 제목은 마태복음 23장 13절과 15절에 나오는 "불행하여라, 너희 위선자 율법학자"에서 따온 것인데, 한국어로 "저주받을지어다, 법률가들이여"라고 번역한 사람도 있다. 로델은 예일 대학 법대 헌법학 교수를 지냈다.

4) 같은 책, 같은 곳.

모호함과 이해 불가능함에 대해 이렇게 통탄했다면, 일반인에게 다가오는 법률 용어와 법률 이론은 얼마나 어렵겠는가. 법률 용어 및 법 해석, 법의 절차 및 판결문 등은 이해하기 쉽게 전달되어야 함에도 불구하고 특히 일본이나 한국의 법률 용어는 일반인이 이해하기 어렵도록 의도적으로 난삽한 표현을 사용하고 있다. 법의 이론도 난해하지만 용어도 이해하기 어려운 것이 한두 가지가 아니다. 어휘적인 면에서 법률 용어를 들여다보면 쉽게 인식이 안 되고 연상도 안 된다. 한국의 법률 용어는 독일에서 들어와 일제강점기 일본어로 옮긴 법률 용어를 그대로 차용하고 있기도 하고, 현대에 이르러서는 미국 유학파들이 증가하다 보니 미국식 법률 용어 및 법의 이론과 해석이 주류를 이루고 있다고 보이며, **한국의 전통적인 법사상과도 유리**되어 있다.

다음은 한국사회에서 실정법과 재판에 대한 불신의 감정을 토로한 글이다.

> "한국에서 법관은 대부분 많은 고난을 딛고 법관 등용문에 합격하고도 연수원, 법률가 선발 과정이라는 몇 차례의 난관을 뚫어야만 했기에 그들은 능력과 권력이라는 자부심과 우월감에 빠져 있을 것이다. 법의 이론과 해석, 그리고 경험에 의한 법의 심판이 공정하고 상식에 맞게 이루어져야 마땅하지만, 실제로는 그렇지 않다는 것이다. 최종 심판을 내리는 판사에게 (보이지 않고 알아차릴 수 없을 정도로 교묘하게 숨긴 상태에서) 이해관계가 있는 피고인이 있다면, 판사는 과연 피고인에게 어떠한 형량을 내릴 것인가? 그리고 돈과 물질을 장악하고 있는 재계의 수장이 협의 및 판결을 기다리고 있는 상황에서 판사는 과연 피고에게 어떤 판결을 내릴 것인가? '유전무죄, 무전유죄'라는 말이 인구에 회자되고 있다. 법조계에선 전관예우가 문제되고 있다. 오늘날 많은 변호사들은 이익을 극대화하는 법률 거래를 하는 회사, 소위 로펌에 속하여 있으

며, 변호사 사무실 운영비는 엄청나다. 아무튼 동일한 사건일지라도 가해자와 피해자의 상황에 따라 얼마든지 법의 해석과 심판이 달라질 수도 있어 보이는데, 과연 법률가 및 법관은 누구의 손을 들어 주고 형량을 누구에게 적게 내릴까 하는 의문을 갖게 한다. 법관 및 법률가는 일반인들의 시선으로 보면 신뢰하기 어려운 존재이다. 심지어 법률업은 부정하게 돈을 버는 고등 사기술에 지나지 않으며, 법률가들은 범죄의식도 없다는 극언까지 사람들 입에 오르내리고 있다.

오늘날 돈과 물질을 숭배하는 세태이다 보니 법의 해석과 절차와 판결도 실용성과 경제성에 맞춰져 있다고 보인다. 공정한 법의 룰에 따라 법의 이론과 해석이 존중되어야 하지만, 매끄럽고 확실하지 못한 법의 심판으로 인해 사법계에 대한 일반인들의 원성과 불만이 가중되어 가고 있다. 한국도 이제는 **정치공학적인 법의 심판을 지양하고 사법계가 독립적인 존재로서 누구 눈치 보지 않고 엄격함과 공정함, 신뢰감을 형성해 가야 할 것이다.**"[5]

이상에서 살펴본 것처럼 실정법이 불신을 당하고 무질서가 난무하는 시대에 새로운 사회질서를 대망하는 것은 우리 시대의 필연적인 숙명이고 과제이다. 이 새로운 사회질서의 재건을 우리는 자연법에서 찾아볼 수 있다. 그러나 현대사회에서 자연법의 부활은 고대의 자연법을 그대로 재생시키는 것만으론 충분하지 않다. 왜냐하면 사회생활의 질서는 원래 **종합적인 사고**를 요하기 때문이다. 근대 이후부터 실정법이 종교로부터, 더 나아가 도덕으로부터 독립하여 독자적인 영역을 고집하고, 또 사회질서의 근간인 **윤리**도 종교와 법과, 경제와 정치로부터 독립하고 도구적 합리주의의 영향을 받아 논리적 정합성만을 주장한 나머지 법학도 윤리도 특수 영역으로 되어 버리고 현대사회는 신뢰할 수 있는

---

5) 진교훈, 「왜 오늘날 법은 불신을 받는가?」, pp.364-365.

사회규범이 없는 사회, 이른바 무규범(아노미) 사회가 되어 버렸다. 그러므로 사회의 질서를 제시하는 규범인 법과 윤리는 독립적인 학문이 되어서는 안 되며 인간을 **총체적인 관점에서 다루는 철학적 인간학**의 토대 위에서 인간의 본성법인 자연법을 재생시켜야 할 것이다.

법의 보편성에 회의적인 역사학파로 알려진 사비니(Friedrich Carl von Savigny, 1779-1861)조차도 법의 보편적 과제는 **인간성의 도덕적 사명**이라고 갈파하였다. 그는 법의 내용으로 인간성의 공통한 것에 기초를 둔 보편적 요소를 분명히 승인하고 이것은 결국 그리스도교적 인생관에 귀결하지 않을 수 없다고 밝혔다. 그가 관습법을 인정한 것도 사실은 관습법을 통하여 자연법을 현현(顯現)하려고 한 것이라고 볼 수 있다.

법실증주의와 가치 상대주의를 주창하였던 라드브루흐(Gustav Radbruch, 1878-1949)도 제2차 세계대전 후 실증법(實證法)이 나치에 의하여 이용되었던 것을 비판하고 나서, 법학은 다시 천여 년 전으로 돌아가 실정법보다 더 높은 법, 즉 고대의 자연법, 중세의 신법(神法)이 있었다는 오랜 전통의 지혜를 되새겨야 한다고 주장하고 자연법론을 전개하였다.[6)]

쉬라이(Heinz Horst Schrey, 1911-1993)는 "제2차 세계대전의 참화를 겪은 후 가장 강하게 대두된 문제들 중의 하나는 국가의 본질과 경계를 규명하고 폭군과 세력의 정당화를 회피하고 무정부적인 자유에 대항하는 성채(보루)를 세우는 법에 대한 새롭게 받아들일 수 있는 느낌을 획득하는 방법이며, 그것이 **자연법의 재생**(再生)"[7)]이라고 말했다.

6) Josef Höffner, "Johannes Messner und die Renaissance des Naturrechts," in *Naturrechtsordnung in Gesellschaft, Staat, Wirtschaft*, München: Tyrolia, 1961, S.18; 김상용, 『자연법론과 법정책』, 피앤씨미디어, 2015, pp.241-245 참조.

이항녕(李恒寧)은 "현대사회는 전환기에 있다. 그러므로 자연법이 대두한다는 것은 필연적인 추세라고 할 수 있다. 자연법의 현대적 의의는 관료의 법으로부터 민중의 법으로 환원되는 점에 있으며, 따라서 법학도 관료법학에서 민중법학에로 전환되어야 할 것이다."[8]라고 말했다. 여기서 이항녕이 말하는 민중법학이란 바로 불문율로 전해지고 있는 인간의 본성에서 나오는 자연법을 가리킨다.

법학자들은 실정법 이외에 관습이나 조리(條理)를 하나의 법원(法源)으로 인정하며, 자연법의 필요를 느끼지 않을 수 없었다. 이러한 자연법은 위대한 철인들의 두뇌에서 나오는 것이 아니라 민중의 생활 속에서 대두하고 있다는 것이다. 근대 이후 실정법은 법을 종교와 도덕과 구별하고 법률 전문가의 독점물로 만들고 있으나, 이제 우리는 법과 종교와 도덕과의 관계를 회복해야 할 것이다.

19세기부터 20세기 중엽에 이르기까지 법학계에서는 법실증주의의 조류가 주류를 이루고 있었으나, 양차 세계대전을 겪으면서 법을 통한 국가권력의 남용과 횡포를 뼈저리게 경험한 후 자연법은 부활하게 되었다. 그러나 자연법에 대한 이해는 학자에 따라 여러 갈래로 나누어지고 있다. 21세기의 자연법론의 주류는 신토마스주의자들이라고 할 수 있다. 제2차 세계대전 이후 강력하게 대두된 자연법론은 **존재론적인 면에서 존재와 당위의 관계**를 논하면서 전통적 자연법론을 현대사회에 걸맞도록 재해석하는 데 역점을 두고 있다.

현대 자연법사상은 몇 가지 유형으로 나누어 살펴볼 수도 있다: **법학적 자연법, 윤리학적 자연법, 신학적 자연법, 형이상학적(존재론적) 자연법, 목적론적 자연법, 인간학적 자연법** 등이다. 이러한 구분은 편의상

---

7) Heinz Horst Schrey, "Die Wiedergeburt des Naturrechts," *Theologische Rundschau*, XLX, 1951, S.2lf.

8) 이항녕, 『법철학적 인간학』, p.26.

어디에 역점을 두고 연구하는가를 알아보려는 것일 뿐이며, 결코 분리한다는 의미가 아니다. 법학적 자연법과 윤리학적 자연법이 분리될 수 없으며, 또 윤리학적 자연법과 신학적 자연법 그리고 형이상학적 자연법과 인간학적 자연법이 각기 분리되어 논의될 수는 없다. 단지 연구자들의 주안점과 접근 방식에 차이가 있을 뿐이다.

우리는 20세기에 들어와서 **자연법의 부활**을 고창(高唱)한 중요한 철학자들, 특히 마리탱, 롬멘, 메스너,[9] 그리고 피니스, 오경웅의 자연법 사상의 요지(要旨)를 살펴보기로 하자.

2. 마리탱에 의한 자연법과 인권

1) 마리탱에 의한 자연법사상의 의미

마리탱(Jacques Maritain, 1882-1973)은 자연법의 의미에 대하여 다음과 같이 말했다:

> "나는 여러분이 인간 본성의 존재와 이 인간 본성이 만인에게 공통된 것이라고 인정하는 것을 당연한 일로 생각한다. 나는 여러분이 또한 인간은 지성이 부여된 존재이며, 그러한 존재로서 자기가 하고 있는 일이 무엇인가를 분명히 이해하고, 그렇기에 자기가 추구하는 목적을 스스로 결정하는 능력을 가지고 행동하는 존재임을 인정하는 것도 당연하다고 생각한다. 한편, 이러한 주어진 구조를 가진 본성을 갖추었기에 인간은 명백히 자신의 자연적 구조에 상응하는, 또 모든 인간이 공통으로 가지고 있다고 할 수 있는 공통 목적을 가지고 있다. … 그러나 인간에게는 지성이 부여되어 있고 스스로 자신의 목적을 결정할 수 있으므로, 그 본

9) 진교훈, 『현대사회윤리연구』, 울력, 2003, pp.243-260 참조.

성 때문에 필연적으로 요구되는 목적에 자신을 맞춰 나가야 할 책임까지도 함께 지니고 있다. 이것은 인간의 이성이 발견할 수 있고 또 인간적 존재의 필연적인 목적들에 부응하기 위하여 인간의 의지가 그에 따라 행동해야 할 일정한 질서 또는 일정한 구조가 바로 인간 본성에 의해 존재한다는 것을 의미한다. 자연법이란 그것 이외에 다른 것이 아니다."[10]

요컨대, 마리탱에 의하면 자연법은 **인간 본성의 법**이며, 인간의 이성은 이러한 인간 본성과 그 원칙들을 발견할 수 있다는 것이다.

마리탱에 의하면 자연법은 일종의 **도덕론**이며 인류에게 가장 오래전부터 알려져 온 도덕철학의 전통의 일부분이기도 하며, 성문화(成文化)되지 않았으나 사람이면 누구든지 알 수 있고 존중해야 하는 보편적인 법, 다시 말해서 **인간의 행위의 기준**이 되고 모름지기 행위의 기준으로 삼아야 하는 법이다.

마리탱은 자신의 자연법의 해설은 **토미즘**적이라고 스스로 말했으며, 다시 말해서 자신의 자연법은 토마스 아퀴나스의 자연법론에 대한 해설이라고 말하곤 했다. 그는 토마스 아퀴나스의 견해를 명시적(明示的)으로 인용했고, 아퀴나스의 도덕철학에 도전하는 회의론자, 상대주의자, 주관주의자들에 대항해서 아퀴나스를 옹호하려고 했다. 그럼에도 불구하고 마리탱은 무비판적으로 토마스 아퀴나스를 따른 것은 아니었다. 예컨대, 그가 말하는 자연법의 인식론적 측면의 분석은 토마스 아퀴나스의 견해에 뿌리를 두고 있되, 그의 이론을 확대해서 발전시켜 나갔다. 마리탱의 자연법 이론은 아퀴나스적이긴 하나 그 자신의 초기 사

10) J. Maritain, *Les Droits de l'Homme et la Loi Naturelle*, *The Rights of Man and Natural Law*, trans. by D. C. Anson, New York: Gordian Press, 1971, pp.60-61.

상에 영향을 미친 베르그송의 흔적도 보여준다.

마리탱이 자연법에 대해서 말할 때, 그가 말하는 법이란 무엇을 의미하는가를 이해하는 것이 매우 중요하다. 그가 말하는 법이란 자연과학자들이 물리적 자연이 전부인 것처럼 지배하고 있는 현존하는 법칙을 법으로 간주하는 방식의 그러한 법을 의미하지 않으며, 또한 사회과학자들이 '인간 행위의 법'으로 말하는 방식의 법도 아니다. 요컨대 마리탱이 서술하는 자연법은 그러한 종류의 법으로부터 이끌어 내거나 유추하는 법칙이 아니다. 자연과학자들과 사회과학자들이 논하는 법칙이란 관찰된 특수한 개별적인 것들을 근거로 일반화한 것이라고 간주하는 것이 더 좋은 표현이라 할 것이다. 그러나 이러한 법칙들은 때로는 유용하기도 하고 예견할 수 있는 능력도 가지고 있지만, 어떻게 실체들이 미래에서 활동하여야 하는가를 우리에게 말해 줄 수는 없다는 것이다.

마리탱에 있어서 법은 성 토마스 아퀴나스가 말한 것처럼 공동체를 보살피는 사람에 의해 만들어진 공동선을 위한 이성의 일종의 명령(ordinatio)이다. 마리탱은 도덕법은 본성적이며 자연스럽다고 하는데, 여기서 '본성적' 또는 '자연스럽다(natural)'라는 말은 두 가지 의미를 지니고 있다. 그 하나는 도덕법이 인간의 본성(human nature)에 관계한다는 의미에서 본성적이라는 것이다. 왜냐하면 그것은 인간적인 것(사람다움)을 반영하고 따라서 모든 인간존재에게 공통적인 것을 반영하기 때문이다. 모든 인간은 같은 본성을 나누어 가지고 있기 때문에 자연법은 존재론적 성격을 가지고 있다. 그에 의하면 자연법은 인간 본성 안에 내재(內在, immanent)하고 있으며 인간 본성을 반영하지만 그렇다고 인간의 본성으로부터 직접적으로 연역될 수 없다는 점을 강조한다.

마리탱은 자연법은 **자연스럽게 알려지기 때문에 자연스럽다**고 말했다. 다시 말해서 자연법은 인식론에 비추어 볼 때 자연스럽다는 것이다. 자연법의 가장 기본적인 원리는 **이성적인 추리에 의해서 알려지는 것이 아니라**, 보다 직접적인 방식으로, **본성적으로 성향**(性向, inclinatio) **에 의해서 알려진다**. 그래서 자연법은 의심할 나위도 없고 전혀 오류가 있을 수도 없는 것이라는 것이다. 여기서 그가 말하는 것을 유가(儒家)의 체용(體用) 사상을 빌려 말하면, 본체론적으로 그렇다는 것이다. 그러나 자연법이 오늘날 우리가 말하는 양심이라든가 타고난 것이라는 의미에서 말하는 것과 똑같은 것은 아니라고 한다. 중요한 것은 자연법의 기본 원리들이 이성을 통해서 알려지는 것이 아니지만, '이치에 맞는다(reasonable)'는 것이다. 어떤 사람의 자연법의 지식을 자연법의 존재론적 기반과 구별하는 것은 매우 중요하다. 왜냐하면 이 구별은 설사 어떤 사람들이 자연법을 모른다고 할지라도, 또 자연법에 대한 깨달음이 아주 점진적일지라도 인격의 본성을 반영하는 도덕법인 자연법이 있을 수 있다는 것을 우리에게 상기시켜 주기 때문이다. 그리고 이 사실은 도덕 원칙을 배우고 또 도덕적으로 성숙하는 데 있어서 역사와 문화의 역할이 얼마나 중요한 것인가를 상기시켜 준다. 왜냐하면 우리의 성향과 도덕적 교훈은 대체로 연륜(年輪)이 지나가야만 깨달을 수 있기 때문이다. 자연법 자체는 변화하거나 발전하지 못하지만 자연법에 대한 인식은 점진적이다. 그러므로 자연법을 논하면서 자연법과 자연권(自然權)을 동의어(同義語)로 사용하는 경우가 흔히 있는데 이러한 혼용에 대해서 우리는 유념해야 할 것이다. 아무튼 마리탱은 이러한 혼란을 피하려고 했다. 그에 의하면 자연권은 자연법에 비추어서 본 한 개인이나 한 집단에 의해 요청된 도덕적 힘이다. 그는 자연법과 자연권의 명백한 연결을 도덕철학이 제공한다고 했다. 현대의 많은 저술가들이 도덕철학 또는 인간 본성을 기반으로 하지 않고서도 정치철학의 성립이 가능한 것처럼 말하는 것에 대해 마리탱은 논박했다.

우리는 문화와 이데올로기와 종교의 차이에도 불구하고 제2차 세계대전 후 1948년 유엔의 인권선언에 담긴 일련의 권리들을 조인할 수 있었다. 마리탱은, 이 권리들은 권위적이거나 합법적이지 못했으나, 이 권리들은 합의의 산물이라고 덧붙였다. 그는, 이 권리들에는 하나의 기초가 있을 수밖에 없는데, 그것은 바로 자연법이라고 말했다. 인권은 자연법과 연결되어 있기 때문에, 그리고 자연법의 '자연스러움'에 대한 이해가 가능했기 때문에, 그는 개인적인 권리의 주창자들의 비판을 방어할 수 있었다.[11)]

2) 자연법의 존재론적 요소와 인식론적 요소

마리탱은 자연법의 자연스러움(naturaliness)을 존재론적 측면과 인식론적 측면에서 밝혀 보려고 했다. 자연법은 존재론적으로는 인간의 본성에 내재해 있으며 또한 인간의 본성은 목적론적인 차원을 가지고 있기 때문에 인간은 인간존재의 기능의 정상적 상태에 의해 우리가 무엇을 해야만 하는가를 알 수 있다. 인식론적으로는 도덕적 지식은 타고난 것은 아니지만, 우리는 자기인식과 삶의 체험을 통해서 자연법의 기본원리에 대한 지식을 얻을 수 있다. 이때 도덕적 지식은 시간과 사회적 세계 속에서 발생하지만, 그렇다고 해서 이 도덕적 지식이 역사적 우연에 환원된다거나 단지 사회적 관습에 불과한 것은 아니다.

우리가 마리탱에 의한 자연법을 보다 더 깊이 들어가서 이해하려고 한다면 우리는 일단 두 가지 요소, 즉 존재론적 요소와 인식론적 요소를 구별해서 살펴보아야 할 것이다.[12)]

---

11) William Sweet, ed., J. Maritain, *Natural Law*, South Bend, Indiana: St. Augustine's Press, 2001, pp.1-12, 서문 참조.

12) J. Maritain, *L'homme et l'État*, 1953, p.77. 영문판 *Man and the State*,

(1) 자연법에서의 존재론적 요소

마리탱에 의하면 인간에게는 본성이 주어져 있으며, 이 인간 본성(human nature)은 모든 인간에게서 동일하다는 것이 당연시된다. 또한 인간은 지성이 주어진 존재이며, 자신이 추구하는 목적을 스스로 결정할 능력을 가지고 있는 존재이다. 그러나 인간은 지성이 주어져 있고 그 자신의 목적들을 스스로 결정하기 때문에, 자신의 본성에 의해 필연적으로 결정되는 목적들에 자신을 맞추는 일은 인간 자신에게 알려져 있다. 따라서 이것은 인간 이성이 인간의 본질적인 목적들과 조화를 이루기 위해 인간의 자유의지가 따라 행해야 할 **성향**(inclination)이 있다는 것을 의미한다.

요컨대 자연법은 **존재론적 요소**를 갖고 있다. 이 존재론적 요소란 존재의 본질에 바탕을 둔 본래 목적의 보편성을 의미한다. 자연법은 일반적으로 현존하는 존재가 실현해야 할 가장 이상적인 형식을 말한다. 자연법은 인간 본성에 근거를 두고 있는 이상적인 질서를 말한다.

마리탱에 의한 자연법은 한편으론 존재론적이고, 다른 한편으론 이상적이다. 다시 말해서 자연법은 인간의 본질에 바탕을 두고 있다는 점에서 이상적이고, 인간의 본질은 존재론적 실체이고 모든 인간존재에 있다는 점에서 존재론적이다. 그러므로 자연법은 이상적인 질서로서 모두 살아 있는 인간존재에 내재한다. 자연법은 존재론적 요소를 가지고 있다는 점에서 본성적(자연적)인 도덕적 규범들과 일관성을 가진다. 우리가 인간의 권리, 의무, 덕에 관해서 말할 때 이것들은 본래 목적의 보편성을 드러낸다.

University of Chicago Press, 1956. 한용희 옮김, 『인간과 국가』, 가톨릭출판사, 1978, pp.82-88 참조.

(2) 자연법에서의 인식론적 요소

마리탱은 인식론을 epistemology(theory of knowledge)와 gnoseology로 구별해서 사용한다. 그가 말하는 인식론은 합리론적 인식론, 즉 영미(英美)의 경험론이나 독일과 프랑스의 이성주의와는 구별된다. 그의 인식론은 직관주의자 베르그송(Henri Bergson, 1859-1941)의 생철학(生哲學)의 영향을 받은 것으로 보인다.

그의 인식론적 요소는 사변적인 면, 즉 이론적 이성보다는 인간의 행위의 척도가 되는 실천이성과 관련된다. "자연법은 **인간에 의해 쓰인 법이 아니다.** … 자연법은 지성적으로 인지된 자명한 원리로서, 자연적(본성적)으로 모든 인간이 공통적으로 가지는 유일한 실천적 지식(앎)은 우리가 선을 행하고 악을 피해야 한다는 것이다. 이것은 자연법의 제일원리이다. 그것은 법 자체는 아니다. 이것은 반드시 하지 않으면 안 되거나 하지 말아야 하는 것들의 총체적인 취지이다."[13)]

자연법은 불문법(不文法)이라는 바로 그 사실에 의해 자연법에 대한 인간의 지식은 인간의 도덕적 양심이 발달함에 따라 조금씩 증가해 왔다. 인간의 도덕적 양심은 처음에는 어스름한 상태에 있었다. 인류학자들은 부족의 삶의 어떤 구조 내에서 그리고 어떤 마술 가운데서 자연법에 대한 지식이 자각되었는가를 그리고 그것이 초기에 어떻게 형성되었는가를 우리에게 가르쳐주었다. 이것은 불문법에 대해 인간이 가진 지식이 철학자나 신학자들이 믿은 것보다 더 다양한 형태와 단계를 거쳐 왔다는 것을 보여줄 뿐이다. 동시에 우리 자신의 도덕적 양심이 이 법에 대해 가진 지식은 확실하기는 하지만 여전히 불완전하며 인간성이 존재하는 한 계속 발전하며 좀 더 정교하게 될듯하다는 점을 우리는 알게 된다. 복음서(the Gospel)가 인간 실체의 심연에 침투하게 될 때에

---

13) J. Maritain, *Natural Law*, pp.31-32.

만 자연법은 꽃피고 완성될 것이다. 그래서 그 법과 그 법에 대한 지식은 별개의 것이라는 말처럼, 법은 그것이 선포될 때에만 법의 효력을 가진다. 자연법이 효력을 가지는 것은 그것이 실천이성의 확신 속에서 알려지고 표현될 때에 한해서일 뿐이다.

인간 이성이 일련의 기하학적인 정리로서 추상적이고 이론적인 방식으로 자연법의 규제들을 발견하지는 않음을 이해하는 것이 중요하다. 더욱이, 인간 이성은 합리적인 지식에 의해서 혹은 지성의 개념적인 실행을 통해서 그러한 규제들을 발견하는 것이 아니다. 여기에서 토마스 아퀴나스의 가르침은 보통 이해되는 것보다 좀 더 깊고 좀 더 정확한 방식으로 이해되어야만 한다고 그는 생각한다. 토마스 아퀴나스가 인간 이성이 인간 본성의 성향들(inclinations)에 안내됨으로써 자연법의 규제들을 발견한다고 말할 때 그는 인간 이성이 자연법을 알게 되는 바로 그 방식은 합리적인 지식이 아니라 성향을 통한 지식임을 의미한다.[14)]

토마스 아퀴나스는 그 밖의 다른 곳에서 성향에 의한 지식이라는 이 개념을 널리 발전시켰다. 성향에 의한 지식이란 개념이나 개념적 판단을 통해 얻어진 것처럼 분명한 지식의 일종은 아니다. 그것은 본능이나 동정에 의한 애매하고 비체계적이며 활력을 주는 지식이다. 이 지식 속에서 지성은 자신의 판단을 내리기 위해 주체의 내적인 학습 — 자기 스스로 가지는 체험 — 을 참고로 하며 주체 속에서 만들어져 있는 깊게 뿌리박힌 성향들의 진동에 의해 형성된 멜로디에 귀를 기울인다. 이 모든 것이 하나의 판단 — 개념에 근거한 판단이 아니라 마음이 기울어지는 성향에 대한 이성의 순응을 단지 표현하는 판단 — 으로 이끈다.

우리는 마음의 전의식적(前意識的, preconscious) 삶에 불가결하게 침투한 것으로서 인간의 존재에 뿌리를 둔, 그리고 인간성이 진전됨에

---

14) 같은 책, pp.32-34. 마리탱은 여기서 토마스 아퀴나스의 *Summa Theologica*, II-II. 45. 2를 참조했다고 주를 붙였다.

따라 개발되거나 드러난 진짜 성향들에 대한 선험적인 그림을 철학이 우리에게 제공해 줄 것으로 기대해서는 안 된다. 그러한 성향들은 인간 의식의 바로 그 역사에 의해 분명히 명시된다. 그러한 성향들은 실제로 진짜로 태고의 사회적 공동체에서부터 시작하여 거대한 인간의 과거에서, 가장 명확하고 가장 일반적으로 인류에 의해 파악되어 온 규제들을 조금씩 알게 될 때 이성을 안내해 온 것들이다. 자연법의 최초의 측면들에 대한 지식은 처음에는 개인적인 판단이라기보다는 사회적인 패턴들에 표현되었었다. 이 지식은 내부에서부터 인간의 성향과 인간 사회의 이중적 보호조직 내에서 발전해 왔다.[15)]

그는 자연법이 불문법이라고 말했다. 그것은 그 표현의 가장 심오한 의미에서 불문법이다. 왜냐하면 그것에 대한 우리의 지식은 자유로운 개념화의 작품이 아니라 인간 속에서 작용하는 바, 존재의, 살아 있는 본성의, 그리고 이성의 본질적 성향에 속한 개념화로부터 결과하기 때문이다. 그래서 고대와 중세에는 자연법에 있어서 인간의 권리보다는 의무에 훨씬 더 많은 관심이 주어졌었다. 18세기의 적절한 성취는 인간의 권리를 또한 자연법에 의해 요구되는 것으로서 완전하게 끌어낼 수 있었다. 인간의 의무로부터 단지 인간의 권리에로 관심이 이동했다. 진정한 그리고 포괄적인 견해는 자연법의 요구에 포함된 의무와 권리 둘 다에 관심을 가질 것이다.

자연법은 개념들에 바탕을 둔 판단이 아니라 성향들에 바탕을 둔 이성의 적합성에 따라 형성되는 판단이다. 따라서 두 번째 기본 요소인 직관 논리적 요소를 고려해 보면, 자연법이란 본성적으로 알려진, 더 정확하게 말하면, 가장 일반적이고 가장 오래된 **인간성(humanity)의 전통을 포함하는 앎**이라고 말할 수 있다. 이 자연법은 오직 인간이 성향

15) 같은 책, p.35f.

을 통한 지식에 의해 인식해 온 윤리적 규범들의 영역에만 적용된다. 이 윤리적 규범들은 도덕적인 삶의 기본이고 근본적인 원리들이다. 마리탱은 이 두 가지 기반, 즉 하나는 자연법의 규범들을 본래 목적이 가진 보편성에 따른 것이며, 다른 하나는 선호에 따른 것이라고 보았는데, 이 두 가지 기반은 서로 상충하는 것처럼 보이지만 그 둘은 상충하지 않는다. 그에 의하면 자연법의 기본적(fundamental)이고 역동적인 구조들(schemes)은 시간과 공간을 초월한 보편적 깨달음에 있다. 자연법은 두 번째 요소로 인해, 끊임없이 발전해 가는 역동적인 법이란 것을 알 수 있다.16)

3) 마리탱이 자연법 부활에 미친 영향

마리탱이 자연법론에 가장 기여한 것은 자연법의 교의(敎義)에 대한 **계몽주의자의 해석에 대한 비판**에 있다. 소위 '합리주의 시대' 동안 — 그는 계몽주의라고 부른다 — 법조인들과 철학자들은 자연법의 개념을 오용했다. 그들은 자연법이 윤리적 결정을 하는 데 무용한 것으로 보인다고 하거나 비서방 학자들에 의한 의혹에 난색을 표하곤 했다. 따라서 그들에게서 "자연법은 모든 경우에 적용되는 성문화된 법령의 형태로 만들거나 간주되기도 했다. 그래서 어떤 법도 필사본이어야 하며 선험적으로 인간 행위의 규범을 모든 면에서 자연과 이성에 의하여 서술된 것으로 추정되는 법령에 의해서 결정된다고 생각했다. 그러나 실제로는 매우 자의적이고 인위적으로 형성되었다."17)

---

16) 진교훈, 『현대사회윤리연구』, pp.248-255 참조.

17) Paola Bernardini, "Natural law from a catholic-muslim perspective: a comparative study of Jacques Maritain's and Abdullahi Ahmed An-Na'im's philosophy of law," *Lex Naturalis*, Vol. 1, 2015, p.142.

글로 쓰여 있지 않은 자연법은 인간을 인간으로, 그래서 정치적 집단이나 문명화된 공동체로 관심을 두는 것이 아니라 단순하게 인간 종(種)의 공동체로 관심을 둔다.[18] 그래서 우리로 하여금 이를 함께 알게 한다. 자연법은 도덕적 질서에 관심을 두지, 법적 질서에 관심을 두지 않는다.[19]

마리탱이 자연법이라고 부르는, 성문화되어 있지 않는 실존법은 가장 기본적인 원리이며 근원적인 계율이다. 기본적인 원리란 자명하다는 것이며, 근원적인 계율이란 성취된 도덕적 깨달음에 의거하면서 다소간에 자명한 것일 수 있다는 것이다. 이것은 왜 자연법의 지식이 역동적으로 발전하는가를 포함하고, 인류의 역사가 지속하는 한 계속 발전하는가를 설명해 준다.

3. 롬멘에 의한 자연법: 자연법의 영원한 회귀

1) 롬멘에 의한 자연법사상의 의미

롬멘(Heinrich A. Rommen, 1897-1967)은 그의 저서 『자연법의 영원한 회귀』[20]에서 다음과 같이 말한다. "자연법은 어떤 시기에도 **인간의 마음**으로부터 사라지지 않았다. 자연법은 법학자의 세속적 지식에 의해 일시적으로 추방되는 것으로 보일 때에도 구원(久遠)의 철학(philosophia perrennis)에서 위안을 찾곤 했다."[21]

18) 같은 논문, p.143.

19) 같은 논문, p.144.

20) H. Rommen, *Die ewige Wiederkehr des Naturrechts*, Leipzig: Jacob, 1936. 영문판 *The Natural Law*, St. Louis: Herder, 1979.

21) H. Rommen, *Die ewige Wiederkehr des Naturrechts*, S.151.

자연법의 기초가 형이상학에 대한 의심으로 흔들릴 때마다 **합리주의**는 자연법을 불신해 왔다. 합리적 추론의 남용으로 말미암아 자연법에 대한 회의적 태도가 나타났다. 자연법은 합리주의적으로 추론된 어떤 부류에 속하는 것이 아니며, 모든 구체적인 역사적 상황에 적합하거나 즉각적으로 명료하거나 논리적으로 도출된 상세한 규율들의 집합의 코드(부호)가 아니다.

자연법은 **본성적인 도덕법**이다. 그러나 자연법은 순수한 이상적인 규제적 규범이 아니며, 또한 순수한 형식으로서 항상 변하는 내용들을 실제 상황으로부터 받아들일 수 있는 객관적인 마음도 아니다. 자연법은 오랜 연륜을 가지고 있는 아리스토텔레스적이고 아퀴나스적인 준칙에 따르는 덕과 같은 **중용** 속에 놓여 있다. 토마스 아퀴나스는 "도덕과학에 관계되는 것은 대부분 경험을 통해서 알려진다."고 말했는데, 그는 규범과학을 위해 경험의 중요성을 반복해서 강조했다. 그래서 그는 실정법과 관습법에 대한 장기간 지속되는 연구를 요청했다. 롬멘은 이를 위해 상당한 경험과 지혜가 요구되며, 이것은 모든 사람의 문제가 아니라 현명한 사람들의 문제이며 좀 더 원숙한 사람들의 문제라고 말했다.[22]

2) 실정법과 도덕의 관계와 자연법

롬멘은 실정법이 도덕과 불가분의 관계가 있음을 자연법에서 찾아본다. 롬멘은 『자연법의 영원한 회귀』에서 이와 관련된 것을 다음과 같이 서술하고 있다:

---

22) 같은 책, S.151f 참조.

"불변의 규범이란 이념이 법학에서 추방된 이후에 사회철학에서, 사회제도 구축을 위한 사회학에서 다시 요구되는 일이 잦다는 것은 매우 놀랍다. … 그러나 이 점은 놀라운 것이 아니다. 왜냐하면 사회철학은 예로부터 도덕철학과 밀접히 관련되고 있기 때문이다. 마이어(Theodor Meyer), 코스타-로세티(Costa-Rosetti), 타파렐리(Taparelli), 쉬피니(Schiffini) 등이 제시한 위대한 **자연법의 제도들**(Institutiones juris naturalis)의 모든 내용 목록들이 보여주는 바가 그러하다. 본질적으로 순수하게 경험적이고자 하면서도, 표현되지는 않았지만 항상 현존하는 '올바른' 사회질서라는 사회적 이상의 척도에 의해 사회의 경험적 세계를 판단하는 사회론의 경우에만 사회철학과 도덕철학이 밀접히 관련된다는 것은 놀라운 것이다. 윤리학에서도 마찬가지다. 최근의 윤리학 체계에서도, 하르트만의 경우에 우리는 훌륭하고 오래된 자연법을 가지고 있는 원칙들을 많이 발견한다. 프랑스 법철학자 오리우(Maurice Hauriou)[23]의 제도론은, 이 위대한 법학자가 토마스 아퀴나스에 대해 갖는 존경심이 암시하듯이, 오래된 자연법과 일치하는 원칙들을 마찬가지로 가지고 있다. 개인의 자의적(恣意的)인 의지에서 발생하는 '조건'과 '관계'에 맞서서라는 이념이 전진하고 있는 것에서처럼, 우리는 자연법에 개방적인, 소생하는 사유가 나타나는 신호를 발견할 수 있고 또 발견하지 않으면 안 된다."[24]

그는 **법과 도덕의 불가분리의 관계**에서 이렇게 말하기도 한다:

"형식적 법을 준수하는 판사의 의무를 이상적인 것으로 생각하는 법학자에게는 인정하기 어려운 도약이 있다. 그 '도약'은 민법의 일반 조항에서 발견되는데, 예를 들어, 신의(信義)와 양심, 미풍(美風), 관용(寬

23) Jacques Leclercq, *Le fondement du droit et de la société*, pp.276-278.

24) H. Rommen, *Die ewige Wiederkehr des Naturrechts*, SS.153-154.

容) 등이다. 이 도약은 마찬가지로 다음을 보여주는 명확한 신호가 된다. 즉, 실증주의적 법 곁에는 다른 법이 분명히 있으며, 이 법은 드물지 않게 오래된 자연법과 정확히 일치한다. 실정법이 환경의 변화로 인해서, 토마스 아퀴나스가 말하듯이, 실질적인 부당함으로 응용되는 경우에 '자연법이 나타나는데', 그 이유는 법의 존재론적 기초가 변했거나 발전된 인식이 실정법의 불충분함을 밝히고 있기 때문이다. 이러한 경험적 지식은 항상 재확인된다. 실정법의 빈틈없음이라는 실증주의의 논리적 전제의 도그마가 폐기된 이후 자연법의 사유는 점점 더 많이 도입되고 있으며, 법의 필요한 도덕성은 점점 더 광범위하게 인정받고 있다. 법률이 침묵한다는 이유로 판결을 거부하는 판사에게 [프랑스] 민법은 벌을 내리겠다며 거의 위협했다. 판사가 법전에서 그야말로 어떠한 실정법 규정도 찾지 못한다면, 그는 판결을 위해 자연적인 정당성의 원칙[자연적 평등]에 의지해야 한다.

제1차 세계대전 이전에 이미 있었던, 그러나 대전이 끝난 후에는 더욱 큰 정도로 확대된 민족, 민족성(국가에 맞선) 독립이란 이념은 실증주의를 비판하는 보다 강력한 자극이었다. 민족의 독립 생존권 때문에 [단일 민족국가도 그렇고, 특히 다민족국가도 그러한데], 국가가 올바르게 유지되기를 바라는, 법이라는 원칙은 수립되기가 불가능해졌다. 민족의 고유 가치는 필연적으로 민족의 고유 권리가 되어야 하며, 이 권리는 국가에 앞서 존재하고 중앙 집중적 국가권력에 대한 자연법적 한계를 정한다. 근대 중앙 집중적인, 점점 더 많이 삶의 모든 영역을 지배하는 행정국가에 대항해서 '민족정신'이 내세워진다. 이 '민족정신'은 한때 자연법과 싸우기 위해 인용되었는데 [이제는] 그 자신의 고유 가치와 따라서 그 자신의 고유 권리를 존중하라는 자연법적 요구를 하면서 내세워지고 있다. 또한 여기서 그러므로 존재는 당위의 원천이 되었다. 자유-민족국가적 사유에서 주장되는, 국가와 민족[개인들의 사회]의 동일성은 가치의 차이, 따라서 민족의 자연권의 차이에 의해서 붕괴된다. 실증주의의 전능한 국가는 독립된 민족에게 봉사하는 질서가 된다. 그리고 이 민족의 구성원은 이제 시민도, 개인도 아니다. 그 구성원은 가족들, 친족들, 지역 집단들인데, 이들은 혈연으로부터, 고향땅으로부터, 정신적 삶으로부터 자라나는 문화를 가지고 있다."[25]

롬멘은 국제법이 자연법에 논거를 두지 않을 수 없음을 다음과 같이 논한다:

"**국제법에서 주로 오래된 자연법이 되살아나고 있다.** 국제법은 단순히 주권국가의 개별적인 의무에만 근거할 수 없다. 국제법을 실증주의적으로 정초하는 것은 불가능한데 그 이유는 입법자가 없기 때문이다. 일관성 있는 실증주의자들은 국제법의 법적 성질을 논리적으로 전면 부정했다. 이에 반해서, 리스트(Franz von Liszt)는 자신의 『국제법』에서 다음과 같이 말하고 있다: '국제법 공동체는 여러 국가들의 공존이란 개념에 기인한다. 이 여러 국가들은 통치권의 범위가 각각 한계 지어져 있으며, 서로의 권력 범위를 상호 인정한다. 이러한 근본 개념으로부터 [더 적절히 말한다면, 많은 국가들에서 보이고 있는 국가의 본질적 존재로부터] 전체적인 일련의 법 원칙들이 직접적으로 따라 나온다. 이 법 원칙들을 통해 국가들의 권리와 의무가 상호 간에 규정된다. 그리고 이 권리와 의무는 특별한 승인을 필요로 하지 않는다.' [권리와 의무의 원천은 따라서 연합을 형성하고 있는 국가들의 의지가 아니라 국제법 공동체의 본성으로부터 그 법 원칙을 연역하는 이성이다.] '이러한 근본 개념으로부터 나오는 권리들은 국제법 공동체의 구성원으로서의 모든 개별 국가들에게 바로 귀속된다. 이 권리들을 대상으로 갖는 국가들 간의 협정은 단지 선언적인 성격만을 가진다. 또는 자명한 원리를 개별적으로 수행하

---

25) 같은 책, SS.155-157.

는 것이 이때 문제가 된다.' 이러한 진술은 수아레즈(F. Suarese)나, 바네즈(J. Barnese), 혹은 뉴만(F. L. Neumann)의 자연법 논문에 문자상으로 나타날 수 있다. 소수민족을 보호하는 것에 대해서도 여기서 언급돼야 한다. 이러한 보호는 국제법상의 보호여야 하고, 소수민족을 가진 국가 내부의 내부 정치의 이유에서만 [논의되는] 국가법상의 보호여서는 안 되기 때문에, 완전히 독립적으로 소수민족의 자연법적 특권에 의해 이 보호권을 정초하기에 이르게 된다. 이 보호권은 소수민족을 가진 국가에서 단순히 선포되는 실정법적 헌법 원리에 앞서 이미 존속한다. 또한, 이 보호권은 소수민족 보호권에 관한 국제법 원리에 앞서 이미 존속한다. 그래서 우리는 소수민족의 자연권에 대해 자연스럽게 말한다[볼첸도르프]. 만들어지고 있는 모든 법률에서와 마찬가지로 오늘날 국제법에서도 정확히 자연법적 정초가 필요불가결하게 되었다."[26]

입법자의 실증주의적 의지 외에 다른 법적 원천이 있으며, 국가의 의지만이 법의 원천은 아니라는 것, 마찬가지로 국가 의지 이전에 '사태의 본성', 혹은 고대인들이 말한 **존재의 본질적 질서**(ordo rerum)가 있다.[27]

앞에서 롬멘이 언급한 많은 실례들은 자연법의 르네상스(재생, 부활)를 의심할 여지 없이 분명히 보여준다: "이 자연법의 르네상스는 더욱이 형이상학적 자연법, 영원한 자연법과 관계하지만, **개인주의적** 자연법(경험론적 자연법)과는 관계하지 않는다. 이러한 변화의 흐름은 확실히 윤리학이 실질적인 가치론으로 복귀하는 것처럼, 철학에 있어서 형이상학으로 복귀하는 것처럼 이뤄지고 있다."[28]

---

26) 같은 책, SS.157-159.

27) 같은 책, S.159.

28) 같은 책, S.160.

3) 자연법의 기본 원리와 생명권

자명(自明)한, 증명할 수 없는 원리들로서, 두 개의 규범들만이 좁은 의미의 자연법의 내용에 속한다: **"정당한 것은 행해져야 하는 것이며, 불의는 피해져야 하는 것이다."** 그리고 **"모든 사람에게 각기 그의 몫을 주어라**(suum cuique)." 이러한 규범들은 내용 없는 형식적인 규칙들에 불과한 것이 아니다. 정의로운 것과 자기의 몫은 모든 사람에게 존재하기 때문이다. 자연(도덕)법(lex naturalis)에서처럼 자연법(jus naturale)에서도 기본적인 원리는 인간의 이성적 사회적 본성이다. 선과 마찬가지로 정의(正義)도 이성적 본성에 합당한 것이다. 그러므로 삼단논법에 의해 정의는 인간의 본성과 일치하므로 실행되어야 한다. 십계명에서 좋은 예를 볼 수 있다: "너의 부모를 공경하라", "살인하지 말라", "간음하지 말라", "훔치지 말라", "거짓 증언을 하지 말라."

그러나 이 계명들은 실제로 자명한 결론으로 나타나지 않기도 한다는 것을 우리는 알 수 있다. 예컨대 "살인하지 말라"는 계명은 확실히 어느 곳에서나 어떤 때나 타당한 것으로 보이지 않는다. 자기방어를 위해 부당한 공격자를 죽일 수도 있다. 십계명의 간단한 진술들은 윤리적 원리들의 충분하고도 적절한 근거를 마련해 주지 못한다. "살인하지 말라"의 자명한 의미는 무고한 사람을 살인하지 말라는 뜻일 것이다. 이 원리는 언제, 어디서나 타당하다. 무고한 사람을 죽이는 것은 언제나 죄로 여겨진다. 그렇다면 어떤 원시인들이 이방인을 죽이는 부당한 행동에서 이방인은 원시인들의 눈에는 적이며, 그러므로 그는 무고한 사람이 아닐 수도 있다. 여기서 우리는 안중근 의사의 이토 히로부미(伊藤博文)의 저격, 윤봉길 의사의 히라가와(白川) 대장에 대한 폭탄 투척을 비교해 볼 수 있다. 이 규범은 정의로운 전쟁에서 그 중요성이 부각된다. **적이란 실존적 개념이 아니라 사법상의 개념이다.** 공격 능력이나 방어 능력이 없는 병사에게는 엄밀한 의미에서 적이라는 개념이 상실된다. 부상병을 죽이는 것은 명백한 범죄이다. 왜냐하면 부상병을 죽이는 것은 바로 무고한 사람을 죽이는 것이기 때문이다. 비록 격분한 상태에서 그런 행동을 하게끔 분위기가 조성될지라도, 진정한 군인은 그런 행위는 명예를 더럽히는 행위로 여길 것이다. 롬멘에 의하면 국가간의 전쟁은 국제법의 규범에 적용될 수 있으나, 내전은 국제법적으로는 전쟁이 아니므로 반드시 중단되어야 한다.

"훔치지 말라"의 계명에서 개인적 **사유재산**이 인정된다. 왜냐하면 각자는 자기의 몫을 가지기 때문에 그의 몫은 지켜져야 할 것이다. 그러나 극도의 궁핍에 빠져 있는 사람, 예컨대 극빈한 임산부의 경우 다른 사람의 잉여의 재산을 소유주의 허락 없이도 사용할 수도 있을 것이다. 이때 그 소유주는 이를 감수해야 한다. 왜냐하면 이것은 부당한 재산 침해의 문제가 되기 이전에 **생명권에 관한 문제**이기 때문이다. 비상사태에서 자기 보호를 위한 응급조치는 가능한 것이다. 생명권은 어떤 실정법의 권리보다 우선하는 자연법이기 때문이다. 다시 말해서 **생명권은 국가에 앞서서 존재한다**. 그 자체를 구성하는 것으로서 그 자체를 보존하는 것, 즉 그 자체에 자신을 방어할 권리가 놓여 있다. 이 자기방어 권리는 자연법에 대한 안전한 보장과 보호뿐만 아니라 모든 생명체의 보호는 자연법에 의거한다고 하겠다.[29)]

롬멘은 "사람은 **양심**에 구속되는 한, 누구나 타고난 자연법의 법률가이다"라는 말을 하고 나서, 인간에게서 자유는 소중한 것이지만, "진정한 자유는 정의 안에서 구속되는 것"[30)]이라는 말로 그의 책의 말미를 맺는다.[31)]

---

29) 같은 책, SS.225-255.

30) 같은 책, S.275.

31) 양심에 관한 자세한 논의는 진교훈, 「인간학의 과제로서 양심의 의미」, 진교

4. 메스너에 의한 자연법

1) 자연법의 부활: 새로운 자연법

근세의 경험론적인 사상은 자연법에 타격을 주었으나, 메스너(Johannes Messner, 1891-1984)는 자연법론에 완전히 새로운 씨앗을 심는 데 성공했다. 메스너에 의한 자연법의 새로운 이해는 "개인적인 실존과 사회적인 실존의 근본적인 물음의 싸움에서, 모든 인식의 발전의 전제에 대한 비판적인 논쟁에서 찬성하든 반대하든, 그는 발전의 중요한 계기를 마련해 주었다." 그의 이론은 구체적이고 실제로 경험할 수 있는가 하는 논쟁에서, 상이한 윤리학설들의 진리의 내용을 표출시키기 위해서 "진리의 인식에 대한 싸움에서 **관용**과 **화해**의 정신"을 제기했다. 그의 새로운 자연법의 시각은 자연법의 사고가 일반적인 원리만을 반복하고 있다고 종종 제기되고 있는 비난을 무력화시켰으며, 경험에 정초한 사회문제에 대한 자연법의 구체적 적용이 오늘날 윤리적 질서를 어떻게 고양하고 정초할 수 있는가를 보여주고 있다.

1935년 메스너는 빈 대학 가톨릭 신학부의 윤리학 및 가톨릭 사회학의 교수직 초빙을 받았다. 1934년에는 범위가 매우 넓은 그의 초기 저술인 『사회문제(*Die soziale Frage*)』가 출판되었다. 1938년 메스너는 히틀러의 군대가 빈에 진주한 후 즉시 해임되었다. 그는 위협이 다가오자 체포되기 직전에 스위스를 거쳐 영국으로 도피했다. 영국에서 그는 작업과 연구를 1949년까지 계속할 수 있었다. 그 후 그는 1,300여 쪽에 이르는 주저, 『자연법(*Das Naturrecht*)』을 저술하기 위하여 다시 빈으로 돌아왔다. 이 책은 1949년에는 영어로, 1950년에는 독일어로 간행

훈 외, 『양심』, 서울대학교 출판문화원, 2012, pp.15-32; 요하네스 헤센, 진교훈 옮김, 『가치론』, 서광사, 1992, pp.256-260 참조.

되었다. 1954년에는 그의 방대한 저서, 『문화윤리(*Kulturethik*)』(681쪽)가 출판되었다. 메스너는 1949년부터 1966년까지 빈 대학 교수직을 다시 수임(受任)했다. 강의와 강연과 사제 활동을 하면서 저술한 그의 수많은 저서는 여러 판을 거듭하여 널리 홍보되었고, 여러 나라 말로 번역되었다. 요하네스 메스너의 탄생 125주년 생일을 맞이하여 2016년 2월 16일에는 빈에 있는 슈테판 성당에서 기념 미사가 거행되었다.

2) 인간의 본성과 자연법

메스너는 인간 본성의 '완전한 현실성'을 윤리 질서의 객관적 원천으로 보고 있다. 그것은 "인간 본성의 육체적, 심리적 본능에 정해져 있는 목적들"[32)]과 함께 그의 경험적, 현실적인 것들까지 포함한다. 그것은 인간의 생명이 존재하는 육체적, 심리적, 사회적 구조뿐 아니라, 인간의 일반적, 개인적 특징들도 실제로 윤리 질서에 영향을 미친다는 것이다. 따라서 그것들 모두가 윤리 질서의 원천이 된다. 이 현실적 인간 본성은 그 중요한 구성 요소로서 인간의 생리적, 심리적, 정신적 성향과 소망 안에 정해져 있는 목적들도 포함된다. 이 목적들이 인간의 가능성들과 인간을 둘러싸고 있는 세계의 가능성들을 어떻게 사용할 것인가 하는 문제에 해답을 준다. 이 목적들은 인간존재에서 나오고 또 그것을 결정짓는다는 이유에서 메스너는 그것들을 '실존적 목적들(existential ends)'이라고 부른다. 실존적 목적들은 보편적이고 확증적인 인간 경험에 비추어 다음과 같은 것들을 말할 수 있다. 즉, 육체적 건강과 사회적 존중을 포함한 자기보존, 경험과 지식의 축적과 생활 조건의 향상을 포함한 자기완성, 자녀의 출산과 교육, 자기 동료들의 정신적, 물질적 복

---

32) Johannes Messner, *Social Ethics*, St. Louis and London: B. Herder Book Co., 1965, p.18.

지를 위한 관심과 배려, 공익의 증진을 위한 사회 참여, 선과 가치를 위한 절대적이고 초월적인 형태의 투신, 그리고 특히 하느님 공경을 통한 그분과의 일치 등이다.[33]

요컨대 자연법(Naturrecht)에서 본성(Natur)이란 인간의 모든 경험적 현상과 실존적 목적들을 포함한 인간 본성의 총체적 실재와 동시에 인간 행위와 관련되는 모든 사물들의 본성을 뜻한다.[34]

한편, 메스너는 **자연법의 특성**으로 **보편성**, **통일성**, **무차별성**, **불변성**을 들고 있다.[35]

메스너의 자연법사상은 그의 제자들에 의하여 건립된 요하네스 메스너 학회에서 계승되고 발전되었다.

3) 메스너의 자연법사상의 계승

메스너의 자연법사상에 특별히 연관되어 있는 제자들과 친구들은 요하네스 메스너 학회(Johannes Messner Gesellschaft)를 건립하고 그의 자연법론의 몇몇 중요점들에 입각하여 자연법적 질서 사상을 지속시키려고 시도하고 있다. 이 학회는 메스너가 생존 시에 발간한 저술들의 가치가 얼마나 풍부한 것이며 지금도 많이 인용되고 있는가를 제시해 주고 있다. 윤리학의 복고창신(復古創新)이 요구되고 있는 오늘날 자연법적 질서 착안(着眼)이 메스너에 대한 새로운 이해 속에서 어떤 역할을 하고 있는가를 명확하게 보여주고 있다.

클로제(Alfred Klose)와 샴베크(Herbert Schambeck), 바일러(Rudolf Weiler)는 공편자로 메스너의 서거 1주년을 맞이하여 『새로운 자연법

33) 같은 책, p.19.

34) 같은 책, pp.62-64.

35) 같은 책, pp.64-83.

(*Das Neue Naturrecht*)』을 1985년 발간했다. 그들은 이 책에 실린 논문들을 가지고 한 권의 추모 문집으로만 만들어 보려고 한 것이 아니라 오늘날의 윤리적 질서에 대한 토론을 위해서 가장 현실적으로 기여할 수 있는 것을 제시하고 싶어 했다.

한편, 요하네스 메스너 학회의 청탁으로 오스트리아 하일리겐크로이츠의 베네딕토 16세 철학 신학 대학에서 프리빌(Herbert Pribyl)과 마첵(Christian Machek) 편저의 『자연법: 원천과 현대를 위한 의미』[36] 총서가 2015년에 발간되었다. 이 책의 공적은 높이 평가되고 있는데, 왜냐하면 이 책의 테마는 상이한 사회와 국가의 영역에서 법의 점증하는 상대화(相對化)와 침해를 고찰하는 데 있어서 매우 끽긴(喫緊)한 것을 다루었기 때문이다. 이 책에 수록된 논문들은 자연법이 보편타당한 법문화와 전 인류 가족의 평화롭고 올바른 공생을 위한 결정적인 토대를 의미하고 있음을 명확하게 하여 준다. 자연법은 1948년의 유엔 인권선언과 또한 국제법의 토대가 되고 있다.

포스트모던 시대의 임의성과 해체와 경제주의를 쫓아가는 시대정신에 따르는 기회주의(편의주의)를 무시하고 그리스도교적-인도주의적 문화 전통을 적시한 저자들의 명확한 입장은 이 책의 큰 장점이다. 자연법은 가톨릭 사회론에서 중심의 위치를 지니고 있으며, 또한 매우 중대한 주목을 받고 있다. 빈(Wien) 대교구장인 쇤보른 추기경은 축사에서 다음과 같이 말했다: "자연법은 수 세기 이래로 유럽의 문화유산으로 되었다. … 교황 베네딕토 16세는 2011년 9월 22일, 독일연방의회 연설에서 오늘날 광범위하게 퍼져 있는 법실증주의에 대항하여 자연법의 가톨릭 전통을 수호했다."[37] 편저자는 서문에서 자연법은 인간의 본

---

36) Herbert Pribyl und Christian Machek, hrsg., *Das Naturrecht: Quellen und Bedeutung für die Gegenwart*, Heiligenkreuz: Be&Be Verlag, 2015.

37) 같은 책, S.11.

성에서 발견될 수 있다고 시사했다: "성 바오로는 로마서 2장 14-16절에서 자연법은 우리 모두의 마음속에 쓰여 있다고 말씀하셨다."[38]

이 책에서 제시된 총서의 논문들은 대부분 2013년 빈에 있는 쇼텐(Schoten) 수도원에서 거행되었던 요하네스 메스너 심포지엄에서 발표된 것들이다. 가톨릭 사제이며, 자연법 교사이며, 사회과학자이며, 사회윤리학자인 메스너가 확언한 것처럼, 본래 올바른 것은 정의의 이념과 일치하는 것이다: "자연법이란 법과 정의의 본질과 기준의 규명과 기초(基礎)이다. … 자연법적 원리들은 인간의 이성에 의해서도 인식될 수 있다는 것이 가톨릭의 요청이다."[39]

4) 바일러가 고찰한 메스너의 자연법사상

좀 더 이해를 돕기 위해서 메스너의 제자인 바일러의 저술을 통해 메스너의 자연법사상을 다음과 같이 개괄(槪括)해 보려고 한다.

바일러(Rudolf Weiler, 1928-)는 1954년 빈 대학교 가톨릭신학부에서 교수로 메스너의 후계자가 되었다. 그는 1953년에 신학 박사 학위를 받았고, 또한 국가학(Staatswissenschaft)을 공부하면서 1961년 빈 대학교에서 국가학으로 박사 학위를 받았다. 그는 1964년 「다원(多元) 사회에서 경제협력」이라는 논문으로 교수 자격을 얻었고, 윤리학과 사회학 담당 교수직을 맡았다. 바일러는 같은 해 그리스도교 사회론의 빈 학파의 발전을 도모하기 위하여 '윤리학과 사회학 연구소(Das Institut für Ethik und Sozialwissenschaften)'를 설립했다. 그는 풍부한 결실을 맺은 교수 활동과 사제직을 수행하면서 사회윤리 문제에 대한 가톨릭 사회론과 자연법에 관하여 수많은 저술을 발간하였다. 그는 1967년 '윤리

38) 같은 책, S.13.

39) 같은 책, S.13.

학과 사회학 연구소'에 '평화연구 대학센터협회'를 부설(附設)했으며, 그곳에서 『빈 평화연구지(*Wiener Blätter zur Friedensforschung*)』를 발간하였다. 바일러는 동방 사회와 중대한 건설적인 대화를 하기 위하여 러시아학을 배웠다. 그의 방대한 저서, 『자연법 요청: 윤리학에서 자연법의 갱신과 적용』40)은 가톨릭 사회론, 개인윤리 및 사회윤리, 국제윤리, 경제윤리를 위한 자연법에 관한 귀중한 논문들을 담고 있다. 바일러는 1991년 메스너의 다른 제자들과 함께 요하네스 메스너 학회를 건립했으며, 1996년 은퇴하였다.

수치스럽고 온갖 병적 징후를 보여주는 우리 시대에서 주목할 발전은 **자연법 윤리(Natrrechtethik)의 빈 학파의 개칭과 새로운 설정**이었으며, 이와 더불어 축복받은 저술의 완성이었다. "오늘날 모든 보편적 윤리의 모델에 대하여 근본적인 회의를 던지는 실증주의적인 시대에서 살고 있다는 것은 이러한 설정의 동기 부여라고 할 것이다. 그래서 사람들은 전통적인 고전적인 자연법으로부터 근대의 진보적인 윤리학의 발달을 이해하기 위하여 패러다임 변경을 시도하지 않을 수 없었을 것이다."41) 거기서 이러한 '진보적'이고 기회주의적인 행태, 보편타당한 인문학적인 윤리적 입장의 해체와 '상대주의의 전횡(專橫)'(교황 베네딕토 16세)이 점점 더 명백하게 진행되었다. 바일러가 고령에도 불구하고 상트 푈텐에서 객원교수로 활동하고, 하일리겐크로이츠 수도원 철학신학 대학에서 200명이 넘는 사제 학생과 수도자들과 함께 연구할 수 있었던 것은 크나큰 축복이다. 설립된 지 900년이나 되는 놀랍게도 아

---

40) Rudorf Weiler, "Herausforderung Naturrecht: Beiträge um besseren Verständnis sollen hier einleitend die Johannes-Messner-Gesellschaft, zur Erneuerung und Anwendung des Naturrechts in der Ethik," 1996. 메스너 학회를 건립하면서 소개한 글.

41) Rudorf Weiler, *Wege zum Weinberg des Herrn*, Graz, 2013, S.218.

름다운 치스터치엔저 수도원(1133년 설립)은 빈 숲속에 위치하고 있으며, 베네딕토 16세는 2007년 이 수도원을 방문했을 때 이 수도원은 "정신적인 오아시스이며 원동력의 장소"라고 언표하였다.

바일러는 메스너의 자연법사상의 요점을 다음과 같이 정리했다.

① 평화로운 공동생활을 위한 인격적이며 자연법적인 인간상의 의미

자연법은 인간에게 선천적으로 주어진 인간 본성으로부터 나온다. 인간은 그의 인간성에서 이성 존재이며 정신 존재이며, 태어날 때부터 인간의 존엄성을 소유한다. 인간의 개인성과 사회성은 상호 협력의 원칙과 사회적 유대와 타자의 세계의 감정이입의 능력을 함의(含意)하고 있다.

인간은 감정을 가진 존재이며 초월을 할 수 있는 정신 능력을 가지고 있다. 마찬가지로 자연법은 공생(共生)을 위하여 결단하는 보편타당한 진실과 믿음의 원리를 내포하고 있다.

이러한 근본적인 **인간학적 상수**(常數, Konstante: 불변하는 인간의 본질)는 시대와 장소와 문화와 독립하여 있으며, 인간이 신앙을 가지고 있는 것과 없는 것과는 독립하여 타당하다. 자연법(lex naturalis)은 최상위법으로서 시대의 변화에 따르는 모든 국가의 입법과 모든 인간의 법 제정과 독립하여 타당하다. 이에 비하여 실정법은 자연법의 기반 이외 로마법에서처럼 다른 원천에서 이룩되기도 한다. 이러한 실정법은 항상 인간에 의해서 만들어졌으며, 시간, 관습, 역사와 정치적 권력 사정에 의하여 좌우된다.

자연법의 개념은 이미 고대 철학에서, 예컨대 아리스토텔레스와 치체로(Cicero)에게서, 공동체 안에서 인간의 윤리적 행태로 자연법칙(Naturgesetz)과 연계되어 있는 것을 찾아볼 수 있다. 문학과 문화사로부터 수많은 전승(傳承)에서 우리는 이러한 자연법적 윤리와 생활 지침

의 상당한 예들을 찾아볼 수 있다. 기원전 5세기 고대 그리스의 안티고네는 그녀의 양심과 쓰이지 않은 신들의 영원한 법에 호소했다. 그녀는 통치자 크레온 왕의 금령(禁令)에도 불구하고 살해당한 오빠 폴리네이케스의 품위를 지켜 묻어 주려고 했다. 그래서 그녀는 그녀의 양심과 그녀의 내면적인 윤리적 의무와 자연법의 영원한 불문율에 따랐다.

13세기의 스콜라철학 시대에 토마스 아퀴나스는 자연법을, 인간의 본성에 놓여 있는, 인간에게 자연스러운 삶의 질서의 형상을 가능하게 하는 신적이고 영원한 법이라고 보았다. 상이한 철학 학파들, 예컨대 '살라만카(Salamanca) 학파'는 그리스도교의 문화재를 근대 자연법과 결합시켰다: 스페인의 자연법학파, 그로티우스, 스피노자, 푸펜도르프, 토마지우스 등.

자연법은 근대 인권과 국제법의 기초가 되었다. 자연법은 민주주의의 발전에도 또한 중심이 되었다. 스위스의 역사가 로카(Rene Roca)는 자신의 연구에서 스위스의 직접 민주주의 건설에 이바지한 자연법과 가톨릭 사상의 의미에 대하여 여러 번 시사했다. 1948년 유엔의 인권선언에서는 고전적 자연법에 입각한 재생(再生)이 중심이 되었다. 이것은 인권선언 제1조에 명백하게 나타나고 있다: "모든 인간은 자유롭고 평등하게 존엄과 권리를 가지고 태어났다. 모든 인간은 이성과 양심을 갖추고 있으며 형제애의 정신으로 서로 만나야 한다."

현대의 인격적인 인문학, 특히 심리학은 권리와 공동선의 이러한 인간학적 근본 사실을 확인시켜 주고 있다, 개인 심리학에서 알프레드 아들러(Alfred Adler, 1870-1937)는 사회적 성공을 인격론과 인격 발달의 핵심으로 삼았다. 그러므로 사회적 기구와 국가적 기구와 특히 학교들은 인간의 본질성과 인간의 존엄성을 강화하고 육성시킨다.

우리 모두는 이에 대하여 책임을 지고 있다. 교황 베네딕토 16세는 2011년 9월 22일 독일연방의회 연설에서 이 점을 분명히 했다: "실증주의적 이성만이 지배하는 곳에서 — 우리의 공적(公的) 의식에서 널리 퍼져 있다 — 풍속과 법에 대한 고전적 인식 원천은 힘을 잃고 있다. 이것은 모든 사람과 관계되며 그 하나의 공개적인 토론을 넘어서서 이 담화의 본질적인 의도를 시급히 받아들여야 하는 것이 불가피한 극적인 상황이다."

② 자연법은 인륜법(人倫法, Menschlichkeitsrecht)이다.

"자연법은 현대 철학과 신학의 가장 중요한 과제에 속한다. 바로 인권선언도 자연법에 근거하고 있다. 왜냐하면 인권이 모든 인간의 권리라면, 인권은 오로지 공동체(共同體, Gemeinschaft)의 본질과 이로부터 나오는 모든 인간의 평등과 모든 실정법에 기초가 되는 자연법에 의거해서만 정초될 수 있기 때문이다."[42]

"자연법은 참된 인간존재 요청으로 법과 정의에 관한 인간의 앎으로 정의될 수 있으며, 동시에 절대적인 방식의 의무 근거로서 인간의 존엄성에 관한 앎이기도 하다. 그러므로 자연법은 모든 인간에게서 볼 수 있는 명료한(einsichtig) 것이기도 하다. 이 법은 인간의 마음속에 쓰여 있다."[43] 다른 말로 좀 더 부연하면, 자연법은 인간의 존엄한 삶에 대한 모든 인간의 요청으로부터 발생된다. 인간 존엄성(휴머니티)이란 개인적인 자의성(恣意性)과 집단적인 자의성으로부터 벗어나 있는 것이다. **인간의 존엄한 삶은 항상 근본 가치와 최고의 윤리적 규범과 연관이 있다.** "인간은 자연법을 **법 양심**(Rechtsgewissen)과 결합되어 있는 경험으로 안다. 이로써 매개의 위대한 의미는 가정(家庭)을 가진다. 가

42) Herbert Pribyl, "Das Naturrecht als Quelle der katholischen Soziallehre heute," in Herbert Pribyl und Christian Machek, hrsg., *Das Naturrecht: Quellen und Bedeutung für die Gegenwart*, SS.17-30.

43) 같은 논문, S.20f.

정에서 어린이는 최초의 법 관계와 법 의무와 자기 권리를 체험한다. 이러한 권리들과 권리들의 충동이나 상황과 이러한 것에 맞추어 자기의 삶을 실현시키기 위하여 이러한 지식을 가지고 자기 자신의 성품은 인간에게 이에 관하여 알려 주며, 거기에 맞추어 살도록 의무를 지어 준다. 모든 인간은 인간의 권리로서의 이러한 자연법이나 인간의 권리를 명백한 신(神) 인식 없이도 파악할 수 있다. 자연법은 적극적인 그리스도교의 계시와는 별도로 이성의 도움으로 인식되는 인간 행동의 법칙이다."44)

③ 자연법은 인생을 베푸는 경제 질서를 추구한다.

"경제적으로 활동하는 인간이 경제적 성취를 시작할 때 바로 그의 본성에 따라 인간은 도대체 무엇인가 하는 인간학적 물음을 제기한다는 것은 의심할 여지가 없다. 경제의 한도(限度)와 목표에 대한 모든 자연법적 고려는 인간이 처리할 수 있는 능력으로부터 벗어나려는 인간 본성의 현존을 전제로 한다. … 자기의 본성에 따라 행동할 수 있는 유일한 존재인 인간은 항상 자기의 자유의지에 의하여 행동하지만, 항상 진리에 구속을 받는다. 그렇기 때문에 내용이 정해진 자유 이해에 관해서 언급하지 않을 수 없다. 좀 더 좁은 경제적 관점에서 상품 구매의 지속적인 증가가 인간 실존의 최종적 목표일 수 없다는 것은 직접적으로 명백한 것이다."45)

"목표 달성에 이바지하고, 인간의 자연적인 상태의 충분한 발전을 위한 인간의 자연적인 규정을 도덕성에 맞도록 폭넓게 받아들이는 경제

---

44) 같은 논문, S.23.

45) Gregor Hochreiter, "Zur naturrechtlichen Stellung der Wirtschaft: Dienerin einer ganzheitlichen Entfaltung des Menschen," in *Das Naturrecht: Quellen und Bedeutung für die Gegenwart*, S.194f.

행위란 인생의 자연스러운 발전을 위해 불가결한 것이다. 이것은 도덕성을 추구하는 사회의 적절한 표현이다. 이것은 특히 경제 체계가 좁은 의미에서 인생의 선물의 계승을 위하여 책임을 지는 가족의 필요성을 마련하는 것을 보여주는 것이지 그 반대는 아니다. 이와는 달리 한 인간의 육체적, 문화적, 정신적인 죽음을 의도적이거나 흔쾌히 수용하는 경제 체계는 외면적인 정의와 내면적(영적) 정의를 더 이상 지배하지 못할 뿐만 아니라, 육체적 무손상과 영원한 영혼 구제의 상위의 재화가 효과 상승과 복지 증대보다 하위에 있는 경제 체계는 사멸하고 만다. 다른 말로 하면, 인간의 총체적 본성을 오해하고 있는 모든 경제 이론과 모든 경제 실천과 모든 경제 체계는 이데올로기적으로 일방적이거나, 불변하는 본성의 실존을 부인하며, 짧거나 길거나 간에 물질적이거나 영적인 죽음을 가져오기 마련이다."[46]

④ 자연법은 인간적인 권위의 불의(不義)하고 편파적인 실정법에 반대하는 항소심이다.

"인간은 어떤 것을 좋은 것으로 가치 있는 것으로 경험할 때만 그것을 목표로 추구할 수 있다. 인간은 그것을 실현시킬 때 기쁨과 충만함을 발견할 수 있다. 이러한 기쁨과 내적 충만은 가치 있는 것으로 인식하도록 인간에게 반사적인 의미로, 기준으로 주어진다. 그것은 바로 실현시키게 하는 추진력이다. 더 나가서 즐거운 가치 평가는 모든 종류의 가치와 본질적으로 결합되어 있다. 그래서 이러한 가치 평가의 의미 없이는 우리는 가치를 추구할 수 없을 것이다. 왜냐하면 그것은 한 번만 그렇게 이해되고 인식되는 것이 아니기 때문이다."[47]

---

46) 같은 논문, S.202f.

47) Karl Heinz Peschke, "Das letzte Ziel als orientierende Norm für das Naturrecht," in *Das Naturrecht: Quellen und Bedeutung für die Gegenwart*,

"자연법의 가르침은 무엇보다도 두 가지 관점에서 근본적인 의미를 갖는다. 첫째로, 자연법은 보편적 성격을 가지고 있는 윤리적 질서의 기초이다. 왜냐하면 자연법은 모든 인간에게 공통적인 실제, 즉 모든 인간들의 인간존재와 실존적으로 '존재하고 있는 것(Befindlichkeit)'에 근거하고 있기 때문이다. 둘째로, 자연법은 정치적이며 실정법적인 권력의 자의적 남용에 반대하는 유일한 충분한 보장을 해 주는 것이다. 자연법은 인간적인 권위에 의한 부당하고 편파적인 법에 대항하는 최종적인 항소심(抗訴審)을 이룬다."[48]

⑤ 국가 안에서 인간의 공생에 대한 기반은 정의이다.

"윤리적 확신에 대한 싸움은 비단 정치가만의 용무(用務)가 아니라 모든 시민 개개인의 일이기도 하다. 그것은 정의(正義)를 기반으로 정치학에서 윤리적 가치를 대변하는 용기를 요구한다. 국가 안에서 인간의 공생에 대한 근거는 정의, 즉 올바른 질서이다. 그러한 질서는 윤리적 가치를 준수하는 것을 고려하지 않고는 이를 수 없다. 라칭거(Joseph Ratzinger, 교황 베네딕토 16세)에 의하면 일반적으로 말해서 오늘날 두 개의 근본 입장이 확인될 수 있다. 한편으론 극단적인 상대적인 입장은 선(善)의 개념 — 참된 것의 개념이라고도 할 수 있다 — 을 정치학으로부터 배제하려는 것이다. 자연법 개념은 여기서 상대주의를 결과적으로 옹호하기 위하여 형이상학적인 의심스러운 것으로 거부된다. … 법이란 순전히 정치적으로 이해될 수 있는 것이라는 것이다; 즉, 법이란 권한이 주어진 기관에 의하여 정해진 것이라는 것이다. 이러한 견해에 대립되는 또 다른 테제가 있다. 진리는 정치학의 산물이거나, 다수의 산물이 아니라 그런 것에 앞서서 정치학을 밝혀 주는 것이

S.81.

48) 같은 논문, S.72.

라는 것이다. 정치학은 가치와 이성에 의해서 제시되는 권리들의 구조에 봉사한다면, 정치학은 정의롭고 자유를 촉진하게 될 것이다. 이러한 인식은 자연법이라고 불리는데, 자유로운 법치국가의 기반이다. 규범적인 문제들은 다수결에 의한 것으로 답을 얻을 수 있는 것이 아니며, 자연법의 토대 위에서 대답이 될 수 있는 기반을 요구하는 것이다."[49]

⑥ 자연법의 인정은 인간의 실존 문제이다.

발트슈타인(W. Waldstein)이 말한 것처럼, "자연법과 인권의 실제적인 인정(認定)은 인간을 존중하는 사회의 실존 문제라는 것은 무엇보다도 명백하다. 그래서 우리는 자연법을 어떤 곳에서 찾아보려고 할 필요가 없다. 인간의 실존과 인식 능력은 2천 년 이상 입증되어 왔다."[50] 다시 말해서 우리가 양심을 인정하지 않을 수 없고, 인권과 인간을 존중하지 않을 수 없는 것은 바로 인간의 실존을 부인할 수 없는 것과 같은 것이며, 따라서 도덕의 원류인 자연법을 인정하는 것은 바로 인간의 실존과 결부되는 문제라는 것이다.

5. 피니스에 의한 자연법

1) 피니스의 자연법 철학의 의미

피니스(John Finnis, 1940-)에 의하면 자연법은 인간존재에 있어서 기본적인 선을 추구하고 실현하기 위해서 요청되는 사려 분별을 가능

---

49) Maria Raphaela Hölscher, "Das Naturrecht bei Joseph Ratzinger, Benedikt XVI," in *Das Naturrecht: Quellen und Bedeutung für die Gegenwart*, S.113f.

50) Wolfgang Waldstein, "Zur Frage des Naturrechts," in *Das Naturrecht: Quellen und Bedeutung für die Gegenwart*, S.138.

하게 하여 주는 실천적 원리이다. 자연적 성향에 따르는 행위가 곧 자연법을 따르는 것이며, 이 자연적 성향은 바로 이성에 따라 행위하려는 성향이며, 공동선(common good)을 추구하는 것이다.

피니스의 자연법 철학은 처음부터 도덕적 판단의 합리적 기초에 관한 이론으로 드러난다. 자연법은 무엇이 인간을 위한 선인가를 묻고, 또 그것을 추구하기 위하여 요청되는 실천적 인식 능력을 신봉하는 사람들에게만 의미 있는 사유 대상이 된다.[51)]

2) 기본적 가치와 권리의 원천으로서의 자연법

피니스는 인간이 모름지기 추구하는 기본적인 선의 가치를 일곱 가지로 보았다: 생명, 지식, 놀이, 심미적 경험, 사회적 친교, 실천적 합리성, 종교.[52)]

첫째의 기본적 가치는 자기보존 본능에 상응하는 생명 가치이며, 생명 가치는 인간으로 하여금 자기 결정의 주체 상태로 만드는 모든 활력의 요소들이 이에 속하는 자연적(본성적) 성향이다. 두 번째 기본적 가치는 지식인데, 이 지식은 도구적 지식이 아닌, 무지(無知)를 거부하고 그릇된 신념보다는 참된 신념을 선호하는 자연적 성향이다. 그 다음 가치들로는 인간은 이해관계를 떠나 놀이 그 자체에 열중하는 자연적 성향, 아름다움을 추구하고 감상하는 자연적 성향, 기꺼이 다른 사람과 사교하려고 하며 친구의 안녕을 위하여 행동하는 자연적 성향, 자신의 지력을 동원하여 자신의 삶의 방식과 성격과 자신의 행동을 효과적으로 결정하고 해결하는 자연적 성향, 끝으로 이 세계와 인간의 기원에

51) John Finnis, *Natural Law and Natural Right*, Oxford, 2011(1980), p.18.

52) 같은 책, p.86f; *Fundamentals of Ethics*, Georgetown University Press and Oxford University Press, 1983, 서문 참조.

대한 질문을 던지려는 종교적 성향을 가지고 있다.

피니스의 기본적 가치들, 즉 기본적 선들은 공동체의 관점에서 본다. 그는 자연법을 "인간의 삶과 공동체를 규율하는 실제적 타당성의 원리"[53]라고 하였다. 피니스의 이러한 자연법론은 **토마스 아퀴나스에 깊이 의존하고 있다**. 피니스는, 기본적 선의 가치를 드러내는 자연법의 명제는 입증을 하거나 정당화를 할 필요가 없는 자명(自明)한 것이라고 주장한다. 피니스의 자연법론은 현대 법철학계의 자연법 논의에 신선한 충격을 주었다.[54] 그는 생명 가치를 최고의 가치로 보고 낙태와 자살을 금하고, 다수를 살리기 위한다는 것을 구실로 소수 내지 한 명의 무고한 인명을 뺏는 일을 금하고, 아무리 좋아 보여도 거짓말은 이성에 반하는 것이므로 금해야 한다고 주장했다. 그래서 그는 **지나친 이성 낙관주의**에 흐르며 종교적, 신학적 입장에서나 가능한 이야기를 논한다는 비판을 받기도 하였다.[55]

6. 오경웅에 의한 자연법

1) 영구법과 자연법

오경웅(吳經熊, John Ching Hsiung Wu, 1899-1986)[56]은 "사람이 지

53) J. Finnis, *Natural Law and Natural Right*, p.103.

54) 박은정, 『자연법의 문제들』, 세창출판사, 2007, p.263 참조.

55) 심헌섭 편역, 『켈젠 법이론선집』, 법문사, 1990, pp.247, 252; 박은정, 앞의 책, pp.258-261 참조.

56) 오경웅(吳經熊, 우중칭 또는 우중숑)은 동서양 사상을 완전하게 이해한 사람으로 평가되는 인물로서, 가톨릭 신자이면서 동시에 철저한 동양인으로 불린다. 중국, 미국, 프랑스, 독일 등 7개 대학에서 연구한 법철학자이며, 중화민국 헌법 기초와 유엔 헌장 구성, 국제인권선언문 초안 작성에 참여하였고, 중화민국 주재 바티칸 교황청 공사를 역임하였다. 저서로는 『정의의 원천:

켜야 하는 법이란 무엇인가를 이해하기 위하여 영구법(永久法, eternal law)과 자연법에 대한 개념을 확실히 가지고 있어야 한다."[57]고 역설하면서 법을 다음과 같이 정의한다: "법의 본질은 이성과 양립하며, 법의 목적은 **공동선**(共同善)이며, 그 과정이란 그 목적의 진보적인 향상을 통하여 입법(立法), 공포(公布), 재판(裁判), 시행(施行) 등에 의한 그 본질의 점차적인 실현에 달려 있다. 이러한 법의 정의는 모든 종류의 법, 즉 영구법, 자연법, 인정법(人定法), 성서의 신법(神法)을 포함하고 있다."[58]

그는 법을 정의하면서 교황 레오 13세의 회칙을 인용했다: "법은 인간이 사회에서 공동생활을 영위하기 전부터 있었던 것이며, 그 기원은 자연법, 나아가 영구법에 있는 것이다. 그러므로 인간의 법 속에 구체적으로 포괄되어 있는 자연법의 원리는 비단 '사람의 법(human law, 人定法)'으로서의 효력을 가질 뿐만 아니라 자연법과 영구법에 속하는 보다 높고 보다 엄한 권위를 가지고 있다."[59]

그에 의하면 영구법이란 주께서 마련하시고 모든 피조물을 그 거룩한 섭리의 계획에 따라 전체의 선(善)을 위하여 다스리시는 것이다. 이 계획을 칭(稱)하여 **영구법**(lex aeterna)이라고 한다. 토마스 아퀴나스가 말한 것처럼, 영구법은 특히 말씀(신구약성서)과 관련이 있다. "말씀은 창조 전에 전부 그 스스로를 나타내시는 아버지께서 낳으신 것이다. … 이 말씀으로 나타난 모든 다른 것 가운데 영구법 자체도 또한 말씀을 통하여 나타났다."[60]

자연법 연구』, 『동서의 피안』, 『중국의 휴머니즘과 기독교 영성』, 『철학 및 정치 철학론』, 『선의 향연』, 『내심낙원』 등이 있다.

57) 오경웅, 『정의의 원천: 자연법 연구』, 서돈각 옮김, 박영사, 1958, p.17.

58) 같은 책, p.24.

59) *The Greate Encyclical Letters of Pope Leo XIII* (1888년 6월 20일 공포), Benziger, 1903, pp.141-142.

오경웅은, 영구법은 본질상 인간의 이해 능력을 초월하는 것이라고 하였다. "하느님의 실체를 볼 수 있는 축복받은 자가 아니고서는 **아무도 영구법의 본질을 알 수 없다.** 영구법은 물질적 질서나 정신적 질서의 원천이며, 그 효과라는 거울을 통하여 우리는 희미하게 볼 수 있다. 영구법은 본질상 우리의 이해 능력을 초월하는 것이지만, 토마스 아퀴나스가 '모든 법은 적어도 정당한 이성을 가지고 있는 한 영구법에 유래한다.'[61]고 한 말을 우리가 알고 있는 것으로 족하며, 자연법칙이나 정신법칙(도덕법, moral law)은 영구법에 공통된 근원을 갖는다."[62]

오경웅은 토마스 아퀴나스가 "자연법은 이성적 동물에 의한 영구법에의 참여"[63]라고 한 말을 인용하면서, "만일 부당한 독단론의 함정을 피하려면 영구법과 자연법의 구별을 아는 것이 매우 중요하다. 영구법이란 거룩한 섭리의 계획이며, 따라서 그것은 절대 완전하다. 그러나 자연법은 인간의 타고난 이성에 의한 영구법의 판각(板刻)에 불과하며, 따라서 그것은 유한하며 절대로 완전할 수는 없다."[64]고 하였다.

오경웅은 자연법을 어떻게 이해하고 있는가? 그는 법철학자로서 뿐만 아니라 법조인으로서의 실무 경험과, 더 나아가서 동방의 유교, 도교, 특히 선불교(禪佛教)의 연구가로서 형이상학적인 차원에서의 직접적이고 순수한 체험을 바탕으로, 도덕의 원류이자 법의 원천인 자연법을 규명하려고 한다. 그는 자연법을 논하면서, "솔직히 말해서 나의 방법론은 경험론적이고 역사적인 것이다. **적어도 나는 영미의 커먼 로(common law)의 순수한 경험에서 출발한다.** 점점 올라가 마침내 자연

60) Thomas Aquinas, *Summa Theologica*, I-II, 93, 1. ad 2.

61) Thomas Aquinas, *Summa Theologica*, I-II, 93, 3. in corp.

62) 오경웅, 『정의의 원천: 자연법 연구』, p.27 참조

63) *Summa Theologica*, I-II, 91, 2. in corp.

64) 오경웅, 『정의의 원천: 자연법 연구』, p.31.

법 또는 더 나아가 영구법의 선험적 경지에까지 이를지 모르나, 출발점은 법적인 경험에 있지 않으면 안 된다."[65]라고 하였다.

2) 자연법은 법의 근원이다

오경웅은 다음과 같은 사실을 제시하면서, 연역적이고 관념적인 대륙법과는 달리, 귀납적이고 경험론적인 것을 중시하는 영미법, 즉 '커먼 로'에서조차도 자연법을 존중하지 않을 수 없음을 논한다:

> "자연법은 사람의 법[人定法]의 기반일 뿐만 아니라 그 본질적 근원이다. 많은 성문법(成文法) 국가에 있어서 이 근원은 명백히 인정되고 있다. 예를 들면, 1811년의 오스트리아 법전(The Austrian Code of 1811)에서 어떤 사건에 대한 규정이 없고 유추(類推)에 의해서도 판결될 수 없는 경우에는 '사실을 세심히 수집하고 신중한 고려를 거쳐서 자연법의 원칙에 따라 판결되어야 한다.'(제7조)라고 규정되어 있다. 또 미국의 루이지애나 민법(The Louisiana Civil Code) 제21조에서는 '모든 민법 사항에 있어서 명문의 규정이 없을 때에는 법관은 형평에 의하여 소송 절차를 밟고 판결할 의무가 있다. 공평하게 판결하기 위하여 실정법의 규정이 없을 경우에 자연법, 자연이성 또는 관습법에 호소하여 찾아야 한다.'라고 하였다."[66]

오경웅의 자연법 연구서인 『정의의 원천』은 2부로 되어 있다. 제1부는 자연법과 커먼 로인데, 제1편을 10장으로 나누어 영국에서 커먼 로가 어떻게 시작하여 나중에 지하로 들어가게 되었는가를 70여 쪽에 걸

---

65) 같은 책, p.83.

66) 같은 책, p.48.

쳐 논술하고, 제2편에서는 미국에서의 커먼 로를 15장으로 나누어 40여 쪽에 걸쳐 상론(尙論)하면서 불안한 장래에 직면하고 있는 영미법이 자연법에 귀의(歸依)하지 않을 수 없음을 논한다. 그는 이와 관련하여 수많은 저명한 영미 법학자가 자연법에 관하여 언급한 것을 인용하고, 구체적으로 영미의 대표적인 고위 법관의 판결문(判決文) 등을 인용하면서 다음과 같이 논한다.

요컨대, 인간의 법은 **공동선**을 구현(具現)하기 위하여 제정된 것이므로, 인정법은 정치적 통일체의 효용(效用)의 원칙에만 의존할 수 없다는 것이다. 공동선은 무엇보다 인간이 인간으로서 가지고 있는 독특한, 보다 높은 가치를 포함하지 않으면 안 된다. 공동선이란 개념은 국가의 공동복지보다도 훨씬 광범위한 의의(意義)를 가진다는 것은 강조되지 않으면 안 된다. 공동선은 도덕을 포함하지 않을 수 없다. 왜냐하면 선량한 도의는 공동선의 중요한 성분을 이루기 때문이다. 그는 토마스 아퀴나스가 "인정법의 목적은 사람을 급격히가 아니라 점차적일지라도 도덕으로 인도하는 데 있다."67)고 한 말과 또 "사람의 법은 중요한 인간 상호 간의 우의를 가져오게 하는 데 있다."68)고 한 말을 그의 논거로 삼았다. 그러면 그가 말하는 공동선이란 무엇인가?

오경웅은 "공동선은 첫째로 하느님으로부터 인간이 인간으로서 부여받은 본질적인 선(善)을 의미한다. 선은 모든 사람에게 공통된다. 공동선의 개념은 국가나 다른 사회조직의 집단적인 이익을 포함하고 있으나, 이 집단적인 이익은 법의 기본목표에 대한 보충적인 수단에 불과하다. **궁극적인 공동선**은 하느님이라는 것도 명기(銘記)할 바다. 개인과 사회는 모두가 하느님과 그의 법 아래 있기 때문이다. 이러한 견지에서 보더라도 **사랑**이 법의 완성이다."69)라고 말한다.

---

67) *Summa Theologica*, I-II, 96, 2. ad 2.

68) *Summa Theologica*, I-II, 99, 2.

3) 자연법은 정의의 원천이다

오경웅에 의하면 "어떤 법률이나 어떤 판결이나 어떤 행정 행위의 효력(效力)은 정의의 도(度)에 의존하고 있으며, 정의란 자연법에의 일치(一致) 이외의 다른 무엇을 의미하는 것이 아니다. 사람의 법은 자연법에서 유래하는 것이므로 그것에 복종하여야 한다. 만일 어떤 점에서든지 사람의 법이 직접 자연법에 배치(背馳)된다고 한다면, 그것은 이미 법이 아니라 법의 타락이다."[70] 그는 이 말을 하면서 성 아우구스티누스가 "정의가 없다면, 왕국(王國)이 도적의 떼가 아니고 무엇이냐?" 라고 힐문(詰問)한 것을 원용(援用)한다.

모든 사람에게 정의가 이루어져야 한다는 것은 자연법의 원칙의 하나이며, 이성을 가진 사람이라면 아무도 이 원칙을 부인할 수 없을 것이다. 그러나 특정한 경우에 있어서 무엇이 정의인가 하는 데 관해서는 이성적인 사람들 사이에서도 가끔 견해 차이가 생길 수 있다는 점을 오경웅도 시인(是認)한다. 자연법의 원칙은 영구적이며 포괄적이다. 그러나 그 포괄적이라는 바로 그 이유 때문에 그것을 실제 적용하게 될 때에는 신축성을 가진다. 토마스 아퀴나스도 "정의는 물론 어느 시대에든지 행해져야 하는 것이지만 … **무엇이 정의인가 하는 결정은 인류의 환경이 변함에 따라 마땅히 변하여야 한다.**"[71]고 하였다.

그래서 오경웅은 커먼 로(common law)의 대표적인 법관인 콘스타블(George Constabl)이 "자연법에서 중용(中庸)의 해결을 암암리에 찾고 있는 우리 마음의 감촉은 많은 법원(法院)으로 하여금 자연법을 형평법(衡平法), 도리(道理), 또는 본원적(本源的)인 정의(正義)와 예절 등의

69) 오경웅, 『정의의 원천: 자연법 연구』, p.65.

70) 같은 책, p.19.

71) *Summa Theologica*, I-II, 109, 3. 1. ad 1.

이름으로 불러 오면서, 그 판결을 헛되이 합리화하기 위해서가 아니라 참다운 정의를 실현하도록 인도하여 준다."[72]고 한 말을 원용한다.

7. 21세기 자연법 연구 동향

최근 자연법 연구는 새로운 계기를 맞이하고 있다. 제2차 세계대전 이후 강력하게 대두된 자연법론은 존재론적인 면에서 **존재**와 **당위**의 관계를 논하면서 전통적 자연법론을 현대사회에 걸맞도록 재해석하는 데 역점을 두고 있다. 그래서 20세기 자연법론의 주류는 신토마스주의자들이며, 성 요한 바오로 2세 교황을 위시하여 베네딕토 교황의 회칙에도 자연법의 중요성이 강조되고 있다.

주목해야 할 것은 자연법의 **비교 문화적**(cross-cultural) **연구**에 대한 새로운 충동이 일어나고 있다는 것이다. 특기할 것은 로마교황청 산하 국제신학위원회(ITC)가 자연법 연구에 대한 계기를 마련해 주었다는 것이다. 2008년 이 위원회는 『보편 윤리 탐구: 자연법에 대한 새로운 조망(*In Search of a Universal Ethics: New Look at the Natural Law*)』이라는 문헌을 발표했다: "이 문헌은 '윤리학과 법적 질서 및 정치적 질서의 궁극적 기반'에 대해서 궁금해 하는 사람들을 초청하며 자연법의 가르침을 갱신(更新)하는 자원을 제시하려고 한다. … 그리스도교만이 자연법을 독점하고 있는 것은 아니다. 사실, 모든 인간존재에 공통하고 있는 이성에 근거하고 있는 자연법은 종교적 확신을 초월하여 선한 의지를 가지고 있는 모든 인간의 협동의 기반이다."[73]

---

72) George W. Constabl, "What dose Natural Law Jurisprudence Offer?" *The Catholic University of America Law Review*, Vol. 4, 1954. p.17.

73) ITC, *In Search of a Universal Ethics: New Look at the Natural Law*, 2008, p.1.

자연법의 비교 문화적 연구는 북아메리카의 학자들, 예컨대 에몬(Anver Emon), 리블링(Mattheo Levering)과 노박(Daid Novak)이 자극을 주었다. 그들은 『유대인, 그리스도교인, 무슬림』[74]이라는 저서를 공저했다. 그들의 의도는 자연법은 다원(多元) 사회에서 공공선(公共善), 공동선(共同善)을 함께 추론하는 출발을 하기 위하여 상이한 신앙을 가지고 있는 시민들에게 공동 기반을 제공할 수 있다는 것이다.[75]

국제신학위원회는 "이슬람 학자들은 일반적으로 자연법이 무타질라 학파(Muʻtazilites: 신이 완전히 공정하고 이성적인 것처럼, 사람의 자유의지도 공정하고 선한 것이라고 믿는 사람들) 신학과 이븐 루쉬드(Ibn Rushd: Averroes라고 불리기도 한다) 철학 시대 이래로 무슬림 합리주의자 전통의 부분임을 동의한다."[76]는 것을 소개하고 있다. 8-9세기 아바스(Abbasid) 시대에 살았던 무타질라(Muʻtazilah)는 "자연은 신의 창조 목적으로부터 연원(淵源)하는 것으로 추정되는 기준(규범)을 따르는 것이다."[77]라고 믿었다고 한다. 이러한 견해에서는 선이 이루어져야 한다든가 악이 회피되어야 한다는 것을 알게 하는 계시가 필요 없었다. 이것은 하나의 원칙인데, 그 원칙의 타당성과 가지성(可知性)은 신이 부여한 인간 이성의 성향(disposition)에 기반을 두고 있다는 것이다.

그리고 앞에서 메스너를 소개하면서 이미 언급한 요하네스 메스너 학회와 메스너의 후계자인 바일러가 그리스도교 사회론의 빈 학파의

---

74) Anver M. Emon, Matthew Levering, David Novak, *A Jewish, Christian and Muslim Trialogue*, Oxford: Oxford University Press, 2014, p.2.

75) Paola Bernardini, "Natural law from a catholic-muslim perspective: a comparative study of Jacques Maritain's and Abdullahi Ahmed An-Na'im's philosophy of law," p.142.

76) ITC, *In Search of a Universal Ethics: New Look at the Natural Law*, 2008, p.32.

77) 같은 책, p.33.

발전을 도모하기 위하여 설립한 '윤리학과 사회학 연구소(Das Institut für Ethik und Sozialwissenschaften)'의 사회윤리와 자연법에 관한 학술 발표도 21세기 자연법 연구에 중요한 역할을 하고 있다.

요하네스 메스너 학회의 주관으로 하일리겐크로이츠 베네딕토 16세 철학 신학 대학에서 프리빌(Herbert Pribyl)과 마첵(Christian Machek)의 『자연법: 원천과 현대를 위한 의미』 총서가 출판되었다.[78] 이 총서의 문제 제기는 다양한 사회와 국가의 영역에서 점증하고 있는 법의 상대화와 손상을 고려해 볼 때 매우 중요한 시사를 주기 때문에, 이 총서는 21세기 자연법 연구에 풍부한 자료와 중요한 지침을 주고 있다.

자연법은 보편타당한 법문화와 전 인류 가족의 평화롭고 공정한 상생(相生)을 위한 결정적인 기초를 의미한다는 것을 이 총서에 기고(寄稿)한 저자들은 분명히 하고 있다. 자연법은 1948년 유엔의 인권선언과 함께 국제법의 기초를 이루고 있다. 포스트모던 시대의 임의성과 인간 존엄성의 파괴와 경제 제일주의의 시대정신에 반대하는 그리스도교적, 인도주의적 문화 전통을 진술한 저자들의 분명한 입장은 아주 탁월한 장점이다. 자연법은 가톨릭 사회론에서 하나의 중심적 지위를 지니고 있으며, 현대의 사회윤리학자들에게서 다시금 더 큰 주목을 받고 있다. 쇤보른(Schönborn) 추기경은 이 책의 인사말에서 다음과 같이 기술하고 있다: "자연법은 수 세기 이래로 유럽 문화의 유산이 되어 왔다. … 교황 베네딕토 16세는 2011년 9월 22일 독일연방의회의 연설에서 오늘날 널리 만연되고 있는 법실증주의에 대항하여 자연법의 가톨릭 전통을 옹호했다."[79]

이 책의 편집자인 프리빌과 마첵은 이렇게 말한다: "바오로 사도가

78) Herbert Pribyl und Christian Machek, *Das Naturrecht: Quellen und Bedeutung für die Gegenwart*, Heiligenkreuz: Be&Be Verlag, 2015.

79) 같은 책, S.11.

'자연법은 우리 모두의 마음속에 쓰여 있다'(로마서 2:14-16)고 말씀하신 것처럼, '자연법은 인간의 본성(本性, Wesensnatur)에서 발견될 수 있다'는 것을 주도하고 있다."[80] 이 총서에 수록된 논문들은 대부분 빈에 있는 쇼텐 수도원에서 열린 2013년 요하네스 메스너 심포지엄에서 발표된 것이다. 위대한 자연법 교사이며, 사회학자이며, 사회윤리학자인 요하네스 메스너가 확언한 것처럼 "본성에서 나온 법은 정의의 이념과 일치한다."[81]

---

80) 같은 책, S.13.

81) Urs Knoblauch, *Naturrecht: Die Grundlage von Recht und Frieden*, Fruthwilen TG: Kulturpublizist, 2017, S.14.

제 3 부

동방(동양)의 자연법 사상 그리고 제 학문과 자연법

[illegible] 마음속에 [illegible] (로마서 2:14-16) [illegible] 자연법은 인간의 본성(Natur, Wesen, nature)에 그 바탕을 두고 있다는 점을 주목하고 있다.[80] 이 총서에 수록된 논문들은 대부분 빈에 있는 [illegible] 수도원에서 열린 2013년 요하네스 메스너 심포지엄에서 발표된 것이다. 위대한 자연법 [illegible] 사회윤리학자인 요하네스 메스너가 확인한 것처럼, [illegible] 정의의 이념과 일치한다."[81]

80) [illegible]

81) [illegible]

I 장
동방(동양)의 전통 사상에서 본 자연법

1. 동방(동양) 사상과 자연법

서양의 법철학자들은 대체로 자연법론은 마치 서양의 전유물(專有物)인 것처럼 생각하고 있으나, 그것은 잘못된 생각이다. 동방이건 서방이건 보편적인 인간의 본성이 다를 리 없고, 다만 시대와 장소에 따라 언표(言表)의 차이가 다소간 있을 뿐이며, 제대로만 이해한다면 근본적으로 같은 것이다. 구유에 누워 계신 아기 예수를 경배하러 온 동방박사와 목동과 토마스 아퀴나스의 인성은 본질적으로 같은 것이다.

중국의 법철학자 오경웅(吳經熊)은 "인류가 그 본질에 있어서 동일하다는 사실은 모든 족속의 인간이 그 어떤 문명의 단계에 있든지 간에 근본원칙에 있어서는 사실상 일치한다는 것이 뚜렷이 밝혀지고 있다."[1]

---

* 이 장은 진교훈, 「동방(동양)의 전통 사상에서 본 자연법」, 『이성과 신앙』 47호, 2011 여름, 수원가톨릭대학교 이성과신앙연구소, pp.85-115를 수정 보완한 것이다.

고 하였다. 그는 『중용(中庸)』에서 말하는 도(道)를 자연법으로 해석하고, 『중용』 1장을 다음과 같이 번역하였다: “하느님이 명하고 있는 것이 기본적 천리(天理)요, 기본적 천리에 합치되는 것이 자연법이며, 자연법의 정화된 것이 문화이다(天命之謂性 率性之謂道 修道之謂敎).”[2] 우리는 이 말에서 “기본적 천리에의 합치”가 바로 토마스 아퀴나스가 말하는 “인간 본성에 의한 영구법에의 참여”와 같은 맥락이라고 이해할 수 있다.

마테오 리치(Matteo Ricci, 1552-1610)는 그의 일기문에 이렇게 기록하였다: “모세의 계명을 중국어로 인쇄하여 이를 찾는 자에게 배포하여 주었다. 이것을 받은 많은 사람들이 ‘이 계명은 너무나도 양심의 부르짖음과 자연법에 일치하고 있으므로, 앞으로 이 계명에 순종하여 살아나갈 수 있을 것이다’라고 하였으니 그리스도교의 율법에 대한 그들의 존경은 이에 대한 찬양과 더불어 날로 증진하였다.”[3] 우리는 이 글에서도 동방 사상 속에 이미 자연법의 맹아(萌芽)가 있는 것에 대하여 확신을 가질 수 있다.

관자(管子)는 “법이란 하늘[天]이 주는 무위(無爲)의 법, 사람이 만들지 않은 천도(天道)를 가리킨다(法者天下之至道也).”고 하였으며, 또 “마땅한 것이므로 고치지 못하는 것을 법(當故不改曰法)”이라고 하였는데, 여기서 말하는 법은 사람이 필요해서 만드는 실정법이 아니라 바로 자연법을 가리킨다고 해석할 수 있을 것이다.

우리나라의 법철학자 심재우도 “동방(동양)에서도 도가(道家)의 자

---

1) John C. H. Wu, *Fountain of Justice: A Study in the Natural Law*, New York: Sheed and Ward, 1955. 서돈각 옮김, 『정의의 원천: 자연법연구』, 박영사, 1958, p.256.

2) 같은 책, p.255.

3) Matteo Ricci, *China in the Sixteenth Century: The Journals of Matteo Ricci*, trans. Louis J. Gallagher, S. J. Random House, 1953, p.155.

연 중심적 세계관에 따라 도(道)의 자연주의적 자연법사상, 유가(儒家)의 인본주의(人本主義)와 정명론(正名論)에 따라 인의예지(仁義禮智)를 중시하는 인도주의적 자연법사상, 그리고 묵가(墨家)의 천지(天志) 중심적 사상과 겸애주의(兼愛主義)에 따라 하늘의 뜻을 중시하는 자연법사상이 있다."[4]고 주장한다. 이항녕도 천명(天命)과 천도(天道)에 순응하는 동방 농경사회의 질서가 바로 자연법이라고 갈파하였다.[5]

자연법에 대한 이해는 인간의 본성에 대한 이해와 불가분리의 관계에 있다. 특히 동방 사상의 자연법을 이해하려면 먼저 동방 사상에 있어서 인간존재론 내지 인간학에 대한 이해가 선결 요건이다.

마리탱은 그의 자연법론에서 두 가지 인식 방법을 제기하면서, '개념에 의한 인식'과 '본성에 의한 인식'을 구분하였다. 그의 이러한 구분에서 우리는 동서의 철학적 사고 내지 법학적 사고의 차이점을 찾아볼 수 있다. 그 차이점은 바로 개념적 인식을 어떻게 보느냐 하는 것이다. 서양 사상은 주로 개념에 의한 인식과 논리적 정합성을 중시하고, 이미 수립되어 있는 이론이나 체계가 역사적, 사회적 환경에 맞추어 형성되어 있는가에 관심을 집중시켜 왔다고 볼 수 있다. 근세에 들어와서 서양 법철학은 이러한 경향이 더 두드러지게 나타났으며, 개념에 의한 인식을 중시하면서부터 자연법론은 쇠퇴하기에 이르렀다. 그러나 동방 사상은 이러한 개념에 의한 인식에 관심을 두지 않고 본성에 의한 인식을 중시하여 왔다.

서양의 전통적 자연법론에서도 '개념에 의한 인식' 외에 '본성에 의한 인식'도 중시하여 왔다. 우리는 이 인간 본성에 의한 인식에서 동방의 자연법사상과 서양의 전통적 자연법론의 공통점을 찾아볼 수 있다.

---

4) 심재우, 「동양의 자연법사상」, 『법학논집』 제33집, 고려대학교, 1997, p.168 참조.

5) 이항녕, 『법철학개론』, 박영사, 1974, pp.86-90 참조.

이 장에서는 유가와 도가와 묵가에서 각기 자연법사상을 어떻게 이해할 수 있는가를 살펴보기로 하자.

2. 유가(儒家)의 자연법사상

공자(孔子)의 자연법사상은 그의 인간관과 천관(天觀)에서 찾아볼 수 있다.

공자의 인간관은 공자가 "인은 사람다움이다(仁者人也)",[6] "인이란 사람을 사랑하는 것(仁愛人)"[7]이라고 말한 것에서 잘 나타나고 있다. 이와 같이 공자가 인(仁)을 인간의 본성으로 보고, 이것을 터득하고 실천하는 것을 사람다움이라고 말한 것에서 우리는 그의 인간 본성에 의한 자연법사상을 찾아볼 수 있다.

그리고 공자는 천(天)에 대해서 언급하는 것을 삼간 것으로 보이나,[8] 천에 대해서 언급한 그의 천관(天觀)에서 우리는 그의 유신론과 자연법사상을 찾아볼 수 있다. 공자는 『논어(論語)』에서 다음과 같이 말한다.

> "오십에 천명(天命)을 알았다."[9]
> "내가 천(天)을 속이겠는가?"[10]
> "천이 내 안에 덕을 낳아 주셨다."[11]
> "나는 천에 대하여 아무런 불평이 없다. … 천만이 나를 아신다."[12]

6) 『中庸』, 二十章.
7) 『論語』, 「顔淵」, 1장.
8) 『論語』, 「子罕」, 1장: "子罕言利, 與命, 與仁."
9) 『論語』, 「爲政」, 4장: "五十而知天命."
10) 『論語』, 「子罕」, 22장: "欺天乎."
11) 『論語』, 「述而」, 22장: "天生德於予."
12) 『論語』, 「憲文」, 37장: "不怨天 … 知我者其天乎."

"천명을 모르면 군자가 되지 못한다."[13)]

"군자는 세 가지 두려워하는 것이 있다. 천명을 두려워하며, 대인(大人)을 두려워하며, 성인(聖人)의 말씀을 두려워한다."[14)]

요컨대 공자는 '하늘의 명하심', 즉 천명(天命)을 도덕적 최고선으로 보았으며, 이 천명은 바로 신법 내지 자연법이라고 해석될 수 있을 것이다.

『논어』에서 추린 이러한 구절과 『예기(禮記)』에서 "참다운 인간성을 지닌 사람은 천을 자기의 부모와 같이 섬기고, 자기의 부모를 천과 같이 섬긴다."[15)]고 말한 것을 근거로, 우리는 공자에게서 천은 의지와 지성과 창조력과 사랑을 지니고 있으며, 따라서 공자는 유신론자이며, 더 나아가 그의 천은 일종의 인격신(人格神)이라고 해석할 수도 있을 것이다.[16)]

증자(曾子)는 "무릇 효도(孝道)를 세우면 천지에 가득 차고, 넓히면 사해(四海)를 덮고, 후세에 베풀면 조석(朝夕)의 분간 없이 지켜질 것이며, 동해로 밀어도, 서해로 밀어도, 남해로 밀어도, 북해로 밀어도, 어디서나 법(기준)이 되어 동일하게 지켜질 것이다. 그래서 동에서나 서에서나, 남에서나 북에서나, 불복할 생각이 없으리라는 『시경(詩經)』의 말이 이루어질 것이다."[17)]라고 하였다. 공자가 효도를 강조하고 그의

---

13) 『論語』, 「堯曰」, 3장: "不知命, 無而爲君子也."

14) 『論語』, 「季氏」, 8장: "君子有三畏, 畏天命, 畏大人, 畏聖人之言."

15) 『禮記』, 「哀公問」: "故仁人之事天也如事親, 事親如事天."

16) 吳經熊, 『東西의 彼岸』, 김익진 옮김, 가톨릭출판사, 1961, p.159 참조. 유영모, 『공자가 사랑하는 하느님』의 머리말에서 저자는 다음과 같이 말한다: "공자는 말한다. 하느님께서 내 맘속에 얼나를 낳으셨다(天生德於予)."(『論語』, 「述而」) 이에 대해 "공자는 바른 정신은 하느님께서 주시는 것임을 스스로 깨달았다. 공자는 하느님 아들이며 하느님을 사랑하였다."라고 유영모는 해석하였다.

뒤를 이어 증자가 효도를 모든 덕의 원천으로 본 것은 "너의 부모를 공경하라"고 한 성경의 십계명과 같은 선상에서 우리는 자연법의 발로라고 볼 수 있을 것이다.

맹자(孟子)는 "명(命)을 알지 못하면 군자가 될 수 없다(不知命 無而爲君子也)."고 말한 공자의 사상을 이어받아 바른 명과 바르지 못한 명을 구분하는 것을 중요시하였다. 맹자에 의하면 인간의 본성은 마음의 사단(四端)에서 나타난다. 사단은 측은지심(惻隱之心), 수오지심(羞惡之心), 사양지심(辭讓之心), 시비지심(是非之心)이다. "측은지심은 인(仁)의 단(端)이며, 수오지심은 의(義)의 단(端)이며, 사양지심은 예(禮)의 단(端)이며, 시비지심은 지(智)의 단(端)이다. 사람은 사단(四端)을 지니고 있다."[18] 이 사단은 심지관(心之官), 즉 마음의 사유기관에 의한 인간의 도덕적 본성이다. 다시 말해서 사단은 인간이 본래 가지고 있는 정(情), 즉 자유지정(自有之情)이다. 맹자는 "마음의 사유기관은 생각하는 능력이 있기 때문에, 생각을 하면 본심을 얻을 수 있고 … 이렇게 하는 것이 대인(大人)이 되는 길이다."[19]라고 말한다. 이 대인이 된다는 말은 사람다운 사람이 된다는 것을 의미한다,

맹자는 "천이 주는 벼슬이 있고 인간이 주는 벼슬이 있다. 인, 의, 충, 신과 선을 즐기며 게을리하지 않는 것은 천이 주는 벼슬이요, 귀족, 대신, 고관은 인간이 주는 벼슬이다."라고 말하였다.

또한 맹자는 "군자가 본성으로 삼는 것은 인의예지이며, 그것은 인간

---

17) 『禮記』, 「祭儀」: "夫孝置之而塞乎天地, 薄之而橫乎四海, 施諸後世而無朝夕, 推而放諸東海而準, 推而放諸西海而準, 推而放諸南海而準, 推而放諸北海而準, 詩云, 自東自西, 自南自北, 無思不服, 此之謂也."

18) 『孟子』, 「公孫丑章句上」: "惻隱之心, 仁之端也, 羞惡之心, 義之端也, 辭讓之心, 禮之端也, 是非之心, 智之端也, 人之有是四端也."

19) 『孟子』, 「告者章句上」: "心之官則思, 思則得之 … 此天之所與我者, 先立乎其大者."

의 마음에 뿌리박고 있다."[20]고도 하였다.

맹자는 인(仁), 의(義), 예(禮), 지(智), 충(忠), 신(信)과 같은 덕목은 인간의 마음, 즉 본성에 뿌리를 박고 있으되, 그것은 하늘[天]이 주는 것이지, 사람이 만드는 것이 아니라는 것을 확실하게 밝히고 있다.

맹자는 감각기관도 인간의 자연적 본성임을 일단 인정하면서도, "입은 맛을 보고, 눈은 색깔을 보고, 귀는 소리를 듣고, 코는 냄새를 맡고, 사지는 편안하기를 바라는 것은 사람의 본성이기는 하나, 명(命)이라는 것이 있기 때문에 군자는 이것을 본성이라 일컫지 않는다."[21]고 말하고, 이목구비의 감각기관의 작용과 마음의 사유기관의 작용의 관계를 다음과 같이 설명한다: "이목구비의 감각기관은 사유하지 못해서 외물의 유혹을 차단할 수 없으므로 외물에 접촉하면 그것에 유인되기 마련이다. 그러나 마음의 사유기관은 생각하는 능력이 있어서 생각을 하면 사물의 참다운 모습을 파악할 수 있으되, 생각을 안 하면 사물의 참다운 모습을 파악하지 못한다. 우리는 이 두 가지 기관을 생래적으로 하늘로부터 받아 지녔으니, 먼저 큰 것을 세워 놓으면 작은 것도 빼앗기지 아니한다. 이렇게 하는 것이 대인(大人)이 되는 것이다."[22]

앞에서 살펴본 유가에서 말하는 명(命)의 의미는 결국은 『중용』의 첫머리에 나오는 "天命之謂性 率性之謂道 修道之謂敎"에서 천명(天命)을 어떻게 해석하느냐에 달렸다고 볼 수 있을 것이다.

"한자어 명(命)은 땅에서 솟아난 것이 아니고, 바로 하늘로부터 인간

20) 『孟子』, 「盡心章句上」, 21장: "君子所性, 仁義禮智根於心."

21) 『孟子』, 「盡心章句下」: "口之於味也, 目之於色也. 耳之於聲也, 鼻之於臭也, 四肢之於安佚也, 性也, 有命焉, 君子不謂性也."

22) 『孟子』, 「告者章句上」: "耳目之官, 不思而蔽於物, 物交物, 則引之而已矣, 心之官則思, 思則得之, 不思則不得也, 此天之所與我者, 先立乎其大者, 則其小者不能奪也. 此爲大人而已矣."

과 이 세상 모든 것에 주어지는 것이다. 이 명(命)은 포괄적인 의미를 지니는 것으로서 숨 쉬는 것만을 지칭하지 않고 우주의 모든 질서까지 포함한다. 인간의 생명뿐만 아니라 나아가 자연의 질서, 인간 행위의 도덕성 등을 포함하는, 생겨난 모든 것에 해당되는 것이다. 그러므로 명(命)을 생명으로 한정해서 말하기보다는 천(天, 하늘)으로부터 부여받은 것으로 이해해야 한다. 이 천명(天命)은 절대적인 것이다. 인간이 임의로 조작하여 변화시키거나 없애 버릴 수 있는 것이 아니다. 순천명(順天命)이라는 말은 하늘의 뜻에 순종한다는 뜻으로 명(命)이 거역될 수 없는 절대적인 것이라는 것을 강조하는 것이다. 따라서 생명은 인간 자신의 것이 아니라 그것을 인간에게 부여한 하늘[天]에 속한다는 의미의 절대성을 지니는 것이다."[23)]

앞에서 살펴본 것을 근거로, 유가의 자연법사상은 두 가지 도가 합쳐져 있다고 추정해 볼 수 있다. 그 하나는 혈구지도(絜矩之道)[24)]이며, 다른 하나는 정명지도(正名之道)이다. 전자는 인간의 본성으로부터 도출된 자연법사상이고, 후자는 사물의 본성으로부터 도출된 자연법사상이다. 유가의 혈구지도에 대해서 『대학(大學)』은 다음과 같이 풀이를 하고 있다:

"윗사람에게서 싫다고 느껴진 것으로 아랫사람을 부리지 말 것이며, 아랫사람에게서 싫다고 느껴진 것으로 윗사람을 섬기지 말 것이며, 앞사람에게서 싫다고 느껴진 것으로 뒷사람을 앞세우지 말 것이며, 뒷사람에게서 싫다고 느껴진 것으로 앞사람을 따르지 말 것이며, 오른쪽 사람에

---

23) 이동익, 『생명의 관리자』(개정판), 가톨릭대학교 출판부, 1995, pp.36-38 참조.

24) 자기를 척도로 하여 남을 헤아리는 동정의 도. 여기서 絜은 '깨끗할 결'이 아니라 '잴 혈'이다.

게서 싫다고 느껴진 것으로 왼쪽 사람에게서 건네지 말 것이며, 왼쪽 사람에게서 싫다고 느껴진 것으로 오른쪽 사람에게 건네지 말 것이다. 이것을 혈구지도라고 말한다."[25]

요컨대 유가의 혈구지도는 자기를 미루어 남을 생각하는 마음, 인간 사회의 근본 질서인 연대성을 가능하게 하는 사회윤리의 중요한 내용을 담고 있다. 혈구지도는 '상호성의 원칙(Gegenseitigkeitsprinzip)'을 담고 있다.

공자가 "네가 원하지 않는 바를 남에게 행하지 말라."[26]고 한 말은 서양에서 흔히 말해 온 소위 황금률(golden rule)과 같은 내용을 담고 있다. 성경에서 예수님은 이렇게 말씀하신다: "남이 너희에게 해 주기를 바라는 그대로 너희도 남에게 해 주어라. 이것이 율법과 예언서의 정신이다."(마태오 7:12) "남이 너희에게 해 주기를 바라는 그대로 너희도 남에게 해 주어라."(루가 6:31) 황금률은 자연적인 도덕률로서 교부철학과 스콜라철학의 윤리적 근본 규범으로 간주되었다. 아우구스티누스는 황금률을 자연법의 내용으로 보았다. 그에게서 자연법은 인간의 이성과 마음속으로 옮겨진 영구법이며, 내심(內心)의 법(lex intima)이었다. 이러한 자연법의 내용을 담은 것이 금지의 형식으로 표현된 황금률이었다.[27] 이러한 공자의 말씀과 같은 내용이 담긴 황금률은 그리스의 이소크라테스(Isokrates)의 글에서도, 스토아철학자 세네카(Seneca)의 글 "Quod tibi fieri non vis, alteri ne feceris(남이 너에게 행하기를

25) 『大學』, 傳十章: "所惡於上毋以使下, 所惡於下毋以使上, 所惡於前毋以先後, 所惡於後毋以從前, 所惡於右毋以交於左, 所惡於左毋以交於右, 此之謂絜矩之道也."

26) 『論語』, 「顔淵」: "己所不慾, 勿施於人."

27) Alfred Verdross, *Abendlaendische Rechtsphilosophie*, Wien, 1958, S.66 참조.

바라지 않는 것은 그것 또한 남에게도 하지 말라).”에서도 찾아볼 수 있다. 이뿐만 아니라 황금률은 유대교에서도, 이슬람교에서도, 인도 고대 경전에서도 찾아볼 수 있다.[28)]

이러한 황금률이 스토아학파를 거쳐서 근세의 영국과 미국의 커먼로(common law)에 미친 영향과 황금률이 자연법과 어떤 연관점이 있는가를 고찰해 볼 수도 있을 것이다.[29)] 그러나 이러한 고찰은 많은 다양한 토론이 요구된다. ‘네가 원하지 않는다’는 표현의 내용과 ‘내가 원한다’는 표현의 내용이 반드시 일치하느냐는 의문과, 욕구와 원하는 바가 사람에 따라 실제로 다를 수 있는 매우 주관적인 내용을 담을 수 있기 때문에 거기서 법 원리의 보편성을 찾는 것은 자의적(恣意的)일 수 있다[30)]는 비판에 대해서도 상당한 토론이 필요할 것이다. 여기서는 이 이상 더 다루지 않기로 한다.

동방의 전통 사상 속에서 자연법을 찾아볼 수 있다는 저자의 생각과 같은 노선에서 일본에서도 고구(考究)한 것이 있어서 우리의 자연법 연구에 참고가 된다고 보고 그 논문의 요지를 아래에서 간략하게 소개한다.

■ 나카에의 자연법사상

일본의 법철학자 미즈나미 아기라(水波浪)는 일본에 양명학(陽明學)을 처음으로 소개한 나카에 도주(中江藤樹, 1605-1648)의 인간론에서

28) G. Spendel, “Die Goldene Regel als Rechtsprinzip,” *Festschript für F. v. Hippel*, Tübingen, 1967, S.493 참조.

29) John C. H. Wu, *Fountain of Justice: A Study in the Natural Law*, New York: Sheed and Ward, 1955. 서돈각 옮김, 『정의의 원천: 자연법연구』, 박영사, 1958, pp.73-182.

30) 심헌섭, 「황금률과 법」, 『서돈각 박사 고희 기념 논문집』, 법문사, 1990, pp.188-201 및 『분석과 비판의 철학』, 법문사, 2001, pp.364-383 참조.

토미즘적인 자연법사상을 찾아볼 수 있다고 발표한 바 있다.[31] 나카에는 마리탱이 말한 '본성에 의한 인식'[32]이 『대학』의 격물치지(格物致知)에 대한 왕양명의 해석과 맥을 같이한다는 것이다. 나카에에 의하면, 왕양명(王陽明)은 주자(朱子)와는 달리 격물(格物)의 물(物)은 마음의 대상이 되는 것이며, 격(格)은 정(正)이며, 자기의 심상(心象)에 즉(卽)한 것으로 도덕적으로 바른 것으로 이해하였다. 이것이 가능한 것은 양지(良知)가 모든 사람의 마음속에 있기 때문이라는 것이다. 이렇게 인간의 본성에 의한 양지의 비대상화적, 비개념화적 인식은 인간의 진리 인식의 기저(基底)라고 하였다.[33]

미즈나미에 의하면, 나카에는 그의 말년에 주자뿐만 아니라 왕양명과도 다른 독자의 철학 체계를 창출했다. 그의 신관(神觀)과 인간관은 토마스주의와 매우 흡사한 면이 있으며, 그의 사상 속에서 자연법을 찾아볼 수 있다는 것이다.[34] 나카에의 자연법사상을 이해하기 위해서는 그의 신관을 살펴보지 않을 수 없다.

■ 나카에의 신관

신유학(新儒學)에서 주희(朱熹)가 말하는 우주론적 이(理)와 왕양명

31) 水波浪, 「東洋の 自然法論と 本性適合的認識」, 『トマス主義の法哲學』, 九州大學出版部, 1987, p.475. 이 논문은 원래 1979년 8월 스위스 바젤에서 개최된 제9회 세계법철학 & 사회철학 학술대회에서 水波浪 교수가 불어로 발표한 것으로, *Archiv der Sozial-und Rechtsphilosophie*, Vol. 1, Part 2, Franz Steiner Verlag, 1982에 수록되어 있다.

32) J. Maritain, *L'homme et l'Etat*, 1953, p.77 etc.

33) Wang Tch'ang-Tche, S. J., *La Philosophie morale de Wang Yang-Ming*, 1936, pp.39-44, 59 etc.; Carson Chang, *Wang Yang-Ming,* 1962, passim; Carson Chang, *Development of Neo-Confusian Thougt*, t. II, 1962, pp.74-97.

34) 水波浪, 「東洋の 自然法論と 本性適合的認識」, pp.477-481 참조.

이 말하는 양지(良知)는 아리스토텔레스의 만물의 운동의 제일원인으로서의 신과 매우 유사한 것이며, 비인격적인 태극(太極)이며 태허(太虛)라고 해석될 수 있다. 그러나 나카에는 이것을 그리스도교의 신(神) 관념에 매우 가까운 인격적인 신이라고 해석하였다. 그는 이것을 황상제(皇上帝)라고 불렀으며, 도교(道教)를 접한 이후에는 태을존신(太乙尊神)이라고 부르기도 했다.[35] 그에 의하면 이것은 사랑과 진리의 신이며, 만물의 창조주이며,[36] 인간은 그의 자녀이다.[37] 그것은 또한 우주의 주재자[38]이며, 선악을 재단하는 신[39]이다. 그는 천(天)을 신(神)[40]이라고 말하기도 했다. 그래서 어떤 나카에 연구자는, 나카에는 그리스도교 신자인 것으로 보인다는 말을 하기도 했다.[41] 그러나 그가 사상적으로 그리스도교에 매우 근접해 보이기는 해도 그리스도교 신자라는 확증은 발견되지 않고 있다.

■ 나카에의 인간관

나카에에 의하면, 만물은 신의 창조이며, 인간은 그의 양지(良知)에 의해 만물의 정화(精華)이며, 지상에서 특수한 지위를 차지한다. 일반적으로 동양 사상에서는 그리스도교에서 말하는 엄밀한 의미에서 인격(persona) 개념이 없다고 하나, 나카에는 그리스도교적 인격 개념에 매우 근접한 인간관을 가지고 있다.[42]

---

35) 『藤樹先生全集』, 第一冊, 137項.
36) 『藤樹先生全集』, 第二冊, 580項.
37) 『藤樹先生全集』, 第一冊, 128項.
38) 『藤樹先生全集』, 第二冊, 「中庸讀解」, 158項.
39) 『藤樹先生全集』, 第一冊, 69項.
40) 『藤樹先生全集』, 第一冊, 659項: "天者, 上帝之別名."
41) 清水安三, 「中江藤樹는 그리스도교신자이었다」, 小出哲夫, 『かがみ 草』, 1959年版 解說.

인간의 본성은 하늘이 창조한 것이다.[43] 하늘의 도는 조리(條理)이며, 법이며, 자연법이다. 인간존재에게 고유한 도덕적 법칙을 만들어 준 것은 신(神)이다.[44] 그래서 인간존재에게는 고유한 법, 즉 일정한 경향[45]에 적합한 것이 부여되어 있다.

나카에는 왕양명이 말하는 양지(良知)를 자연법으로 이해하였으며, 인간의 도덕적 행위의 시비를 판별하는 기준임을 강조하였다. 각 사람의 마음속에 있는 양지는 신적 존재와 그의 실체와 같은 것이라고도 하였다. 그는 이 양지를 『대학』의 격물치지(格物致知)라는 말의 지(知)에서 터득하였다고 한다. 미즈나미는 나카에의 양지에 대한 해석이 바로 자연법을 말하는 것이라고 해석하였다.[46] 나카에는 양지의 구체적인 실례(實例)를 사랑[仁]의 실행인 효(孝)에서 찾아볼 수 있다고 강조하였다.[47] 와츠지 데츠로(和辻哲郎)는 나카에의 사상의 정수는 효의 형이상학이라고 하였다.[48] 나카에의 효사상은 만행(萬行)의 근본인 자연법사상을 드러낸다고 추론해도 무리는 아닐 것이다.

나카에의 철학 사상이 토마스주의(Thomism)와 유사하며 그의 사상에서 자연법사상을 찾아볼 수 있다는 미즈나미의 주장은 용어 사용과 논술 방식에서 상당한 차이가 있으나, 여기서 주목할 점은 개념에 의한 인식이 아니라 보편적인 인간의 본성에 의한 인식에 의하여 암암리에 인류에 공통하는 자연법사상을 찾아볼 수 있다는 사실이다.

---

42) 水波郎, 「東洋の 自然法論と 本性適合的認識」, p.478.
43) 『藤樹先生全集』, 第一冊, 37項.
44) 『藤樹先生全集』, 第三冊, 219項.
45) 마리탱이나 질송이 말하는 inclinatio에 해당된다고 볼 수 있다.
46) 水波郎, 「東洋の 自然法論と 本性適合的認識」, p.479.
47) 『藤樹先生全集』, 第一冊, 264項.
48) 和辻哲郎, 『日本倫理思想史 下卷』, 1952, 402항 참조.

3. 도가(道家)의 자연법사상

도가의 자연법사상은 노장(老莊)의 자연관과 도(道)에서 찾아볼 수 있다. 도가의 도의 의미는 유가의 도의 의미와 다른 차원에서 논해지고 있다. 유가의 자연법사상은 인간의 본성으로부터 도출되며, 도가의 자연법사상은 자연의 본성으로부터 도출된다. 유가의 도는 인지도(人之道), 즉 인간을 중심으로 보는 도이며, 도가의 도는 자연지도(自然之道), 즉 자연을 중심으로 보는 도이다.

노자(老子)는 자연에 내재되어 있는 법칙성을 도라고 한다. 그는 "어떤 혼돈한 실재가 천지생성 이전에 존재하고 있었다. 그것은 소리도 없고 형상도 없다. 그것은 독립 불변한 것이며, 그 작용은 우주 만물에 두루 미치어 끝이 없다. 그래서 그것은 천하(만물)를 창조하는 어머니라고 할 수 있다. 나는 그 이름을 알지 못해 글자로 그것을 도라고 부른다. … 사람은 땅의 법을 따르고, 땅은 하늘의 법을 따르고, 하늘은 도의 법을 따르고, 도는 자연의 법을 따른다."[49]고 말한다.

이러한 도가의 도는 자연법칙을 말하는 것일 뿐이며, 인간의 사회법칙을 의미하는 것이 아니라는 해석이 도가 사이에서는 지배적이다. 문제는 자연법칙적인 도로부터 사회법칙인 자연법을 이끌어 내는 시도가 일종의 유비적(類比的) 사고에 기인한다는 것이다. 일반적으로 자연법칙이 지배하는 세계는 인과법칙이 지배하는 필연의 세계이며, 인간의 사회는 당위법칙이 지배하는 자유의 세계라고 해석되고 있다.

그러나 노자는 "아득한 그 옛날 천지가 개벽되기 이전에 하나의 도가 있었다. 하늘은 이 하나의 도를 얻어 밝아졌고, 땅은 이 하나의 도를

49) 『道德經』, 25장: "有物混成, 先天地生. 寂兮寥兮, 獨立不改, 周行而不殆, 可以爲天下母, 吾不知其名, 字之曰道, … 人法地, 地法天, 天法道, 道法自然."

얻어 안정되었으며, 신(神)은 이 하나의 도를 얻어 영묘해졌고, 골짜기[谷]는 이 하나의 도를 얻어 가득 차게 되었으며, 만물은 이 하나의 도를 얻어 생육하게 되었고, 왕은 이 하나의 도를 얻어 천하를 바르게 다스리게 되었다. 하나의 도가 그렇게 만든 것이다."[50]라고 말하며, 더 나아가서 그는 군주에게 법천(法天: 천을 본받는다)의 행위를 할 것을 요구하면서, "천도와 인도는 같은 것이니, 자연과 인간은 서로 통하고 정기는 서로 교류한다."[51]고 말한다. 이와 같은 천인상통(天人相通) 사상은 한대(漢代)에 크게 유행하였으며, 특히 회남자(淮南子)는 "천과 인간은 서로 통하는 것이 있다."[52]고 말하였다. 한반도에서도 아득한 옛날부터 천인상감설(天人相感說)이 전승되어 오고 있다.[53]

4. 묵가(墨家)의 자연법사상

묵가의 사상은 '하늘의 뜻[天志]'을 따르지 아니하면 천벌(天罰)을 받고, 하늘의 뜻을 따르면 천상(天賞) 또는 천복(天福)을 받는다는 동방의 천(天)에 대한 원시 신앙에 근거하고 있다. 묵자(墨子)는 "내가 하늘의 뜻을 가지고 있다는 것은 비유하건대 바퀴를 만드는 사람이 원을 그리는 그림쇠를 가지고 있고, 집을 짓는 목수가 네모난 모양을 그리는 곱자를 가지고 있는 것과 같다. 그리고 이 척도에 맞는 것은 옳은 것[是]이며, 맞지 않는 것은 그른 것[非]이라고 하는 것이다."[54]라고 말한

50) 『道德經』, 39장: "昔之得一者. 天得一以淸, 地一以寧, 神一以靈, 谷得一以盈, 萬物得一以生, 候王得一以爲天下貞, 其治之."

51) 『道德經』, 47장, 見聞道에 대한 河上公章句의 『道德經眞註』: "天道與人道同, 天人相通, 精氣相貫."

52) 『淮南子』, 「泰族」: "天之與人, 有以相通也."

53) 진교훈, 『환경윤리: 동서양의 자연보전과 생명 존중』, 민음사, 1989, pp.166-167, pp.197-199 참조.

다. 우리는 이 말에서 묵자는 천의 의지를 모든 인간 행위의 시비를 재는 잣대로 보는 것이며, 자연법을 의미한다고 해석할 수 있을 것이다.

묵자는 천지(天志)와 같은 뜻으로 천의(天意)라는 말을 사용하기도 한다.

> "옛날 삼대의 성왕, 즉 우왕, 탕왕, 문왕, 무왕은 하늘의 뜻[天意]에 순종하여 하늘의 상을 받은 자이다. … 그들이 한 일은 위로는 하늘을 존중하고, 가운데로는 귀신을 섬기고, 아래로는 사람(백성)을 사랑하였다. 그러므로 하늘의 뜻은 가로대 '이들은 내가 사랑하는 것을 아울러 사랑하였고, 내가 이롭게 하고자 하는 것을 아울러 이롭게 하였다'고 말한다."[55]

이어서 그는 걸왕, 주왕 등의 폭군을 예로 들면서 다음과 같이 말한다.

> "그러면 걸(傑: 夏나라 왕), 주(紂: 殷나라 왕)…가 벌을 받은 이유는 무엇인가? 묵자는 말하기를, 그들이 한 일은 위로는 하늘을 욕하고 … 아래로는 사람을 해쳤다. 그러므로 하늘의 뜻은 가로대 '그들은 내가 사랑하라고 한 것을 차별하고 싫어하였으며, 내가 이롭게 하라고 한 것을 바꾸어서 해롭게 하였노라. 사람을 싫어하는 것을 널리 퍼지게 하였으며, 사람을 해롭게 하는 것을 두텁게 하였노라. 그러므로 그들의 수명을 다하지 못하도록 하고, 그들의 세대를 끝맺지 못하도록 하였노라. 오늘날까지 사람들은 그들을 비난하며, 폭군이라고 부른다.' "[56]

---

54) 『墨子』, 「天志 上」: "予墨子言曰, 我有天志, 譬若輪人之有規, 匠人之有矩, 輪匠執其規矩, 以度天下之方圓, 曰, 中者, 是也, 不中者, 非也."

55) 『墨子』, 「天志 上」: "昔三代聖王, 墨子順天意以得賞也. … 其事, 上尊天, 中事鬼神, 下愛人, 故天意曰, 此之我所愛, 兼而愛之, 我所利, 兼而利之."

묵자는 이와 같이 하늘의 뜻을 따르는 자는 성군(聖君)이고 하늘의 뜻을 따르지 않는 자는 폭군이라고 말하면서, 또한 "하늘의 뜻을 따르는 것은 의로운 정치이며, 하늘의 뜻을 거스르는 것은 폭력의 정치이다."57)라고 말하기도 한다.

묵자는 궁극적으로는 인생의 모든 목적을 총괄하여 하느님(하늘)의 뜻과 같게[尙同] 함으로써 겸애의 이상을 실현시키려고 하였다. 여기서 상동(尙同)이란 하느님(하늘)을 숭상하고 같아지기를 실현하는 것을 의미한다.58) 묵자는 또 이렇게 말한다. "하늘의 뜻을 따르는 자는 서로 사랑하고 서로 이롭게 하며 반드시 하늘의 상을 받을 것이고, 하늘의 뜻에 반역하는 사람은 서로 차별하고 미워하며 서로 해쳐 반드시 하늘의 벌을 받는다."59)

그러므로 묵자가 사람을 사랑하고 이롭게 하며 의로운 정치를 하는 것을 하늘의 뜻, 천의(天意)라고 말하는 것이나, 인간 행위의 시비를 가르는 준칙을 하늘의 뜻, 천지(天志)로 보는 것이야말로 바로 자연법의 내용을 의미한다고 해석해도 무리가 없을 것이다.

---

56) 『墨子』, 「天志 上」: "然則傑紂 … 得其罰何以也. 予墨子言曰, 其事, 上詬天, 中誣鬼, 下賊人, 故天意曰, 此之我所愛, 別而惡之, 我所利, 交而賊之, 惡人者此爲之博也, 賊人者此爲之厚也, 故使不得終其壽, 不歿其世, 至今毀之, 謂之暴王."

57) 『墨子』, 「天志 上」: "順天意者, 義政也, 反天意者, 力政也."

58) 『墨子』, 13장, 75, 77 참조; "凡使民尙同者, 愛民不疾民 … 尙同爲政之本而治要也."

59) 『墨子』, 「天志 上」: "順天意者, 兼相愛, 交相利, 必得賞, 反天意者, 別相惡, 交相賊, 必得罰."

5. 불가(佛家)의 자연법사상

서방의 자연법은 서방의 전통적인 존재론에 바탕을 두고 있다. 불가에서는 대체로 서방의 전통적인 존재론을 인정하지 않는다. 가령 존재의 본질과 선재(先在) 또는 선주(先住)와 영구불변을 부인한다.[60] 그렇다면 불가에서 자연법을 논하려면, 존재에 관해서 서방의 전통적인 존재론과는 다른 해석이 요청되지 않을 수 없을 것이다. 이러한 요청의 작업은 무(無)와 공(空)의 존재와 마음[心]의 존재에 관한 근본적인 논구를 시도하지 않을 수 없을 것이다.[61]

불자(佛者)의 이상(理想)은 직지인심 견성성불(直指人心 見性成佛)이라고 한다. 그러면 인심(人心)은 있는 것인가, 없는 것인가? 이를 두고 "있는 것도 아니고 없는 것도 아니다(非有而非無)."라고 말하기도 하는데, 이 말은 유라든가 무라든가 하는 말에 집착하지 말라는 뜻으로 해석할 수 있는 것이지, 도대체 완전히 없는 것이라면 논할 이유가 없지 않겠는가? 다시 말해서 사람들이 흔히 생각하는 것처럼 있거나 없는 것이 아니라는 의미에서 불립문자(不立文字) 또는 언어도단(言語道斷)이라는 표현을 하는 것일 것이다. 불가(유식)에서는 우주에는 마음이 있어서 그 마음이 물(物)에 닿으면 생명이 출현한다고 한다. 그래서 일체만물유심조(一切萬物有心造)라고 말하기도 한다. 그렇다면 이 마음은 있다고 해석할 수밖에 없는 것이 아니겠는가? 마음조차 "있는 것도 아니고 없는 것도 아니다(非有而非無)."라고 말하지만, 마음의 주체

---

60) 黃山德, 『如來藏』, 동국대학교 불전간행위원회, 1980, pp.85-102 참조.

61) 元義範, 「불교에서의 無」, 『明星스님 고희 기념 불교학논문집』, 雲門僧伽대학 출판부, 2000, pp.558-586 참조. 이 논문은 龍樹의 『大乘破有論』의 풀이라고 볼 수 있다. 요컨대 불교의 무는 허무가 아니며, 小乘의 無는 離인데, 離는 離有離無이고 大乘의 無는 空인데 破有破無이다. 불교의 無는 覺이고 佛이다. 원의범, 『印度哲學思想』 참조.

가 완전히 없다면, 무엇이 깨우치게 한다는 말인가? 휴정(休靜)의 『선가귀감(禪家龜鑑)』에는 "본바탕 천진한 마음을 지키는 것이 첫째가는 정진(精進)이다."라는 경구(警句)가 있다. 마음이 있긴 있는데 사람들이 흔히 주장하는 것처럼 있지 않으며, 말에 집착하거나 매이지 말라는 뜻으로 이해할 수 있을 것이다.

불가에서는 창조주의 존재나 인격신을 부정한다. "만물이 불성을 가지고 있다(皆有佛性)."고 말할 때, 여기서 우리는 있다는 것을 일단 인정할 수밖에 없지 않은가? 단지 이때 우리는 유의 개념 정의를 내릴 수 없다고 말할 수는 있을 것이나, 유가 없다고 단언할 수는 없을 것이다. 그러나 여기서는 불교 철학의 전반에 관해서가 아니라 불교 윤리에서 찾아볼 수 있는 자연법사상과 관련되어 보이는 부분을 찾아보려고 할 뿐이다.

선종(禪宗)의 관점에서, 특히 대승불교의 공성(空性, Sunyata) 사상, 가령 '일체개공(一切皆空)'에서 보면, 불가에서 자연법사상을 논하는 것은 언어도단이라고 말하는 불자도 있을 것이다. 그러나 화엄(華嚴)을 주장하는 교학(敎學)의 관점에서 불교를 보면, 특히 율장(律藏)에서 팔정도(八正道)의 수행(修行)의 원리에서 보면, 우리는 불교 윤리에서도 자연법사상을 엿볼 수 있다. 팔정도 중에 정정진(正精進)은 지악수선(止惡修善)의 자비(慈悲) 실현을 말하고 있다. 악을 금지하고 선을 수행한다는 지악수선은 황금률을 말하고 있으며, 우리는 이를 자연법의 원리로 이해할 수 있다.

중국의 시인 백거이(白居易)가 도림선사(道琳禪師)에게 "어떤 것이 불법의 대의입니까?" 하고 물으니, "제악막작 중선봉행(諸惡莫作 衆善奉行)", 즉 "악을 행하지 말고 중생이 선을 받들어 행하도록 하는 것이 곧 불교"라고 말했다고 전해지는 것을 보아도, 불교는 지악수선을 지향하는 종교라고 말해도 무방할 것이다.

화엄(華嚴)을 주장하던 교학자인 사명대사(泗溟大師) 유정(惟政)은 "법(法)은 중교지본(衆敎之本)이요, 만법지종(萬法之宗)이며, 일체의 중생은 그 본성에 있어서 성인(聖人)과 같은 본각불(本覺佛)이나, 다만 범성(凡聖)의 차이가 있다면, 그것은 미(迷)와 오(悟)뿐"[62]이라고 설파하였다. 서경수는 중국 불교는 "달마, 즉 법의 보편성을 강조하고 만인의 평등과 자비를 이상(理想)으로 표방한다."[63]고 말했다. 우리는 이러한 말에서 불교는 법을 무릇 만인의 가르침의 근본이며 만법의 으뜸으로 보며, 무릇 중생, 즉 모든 인간의 본성을 선하게 본다고 해석할 수 있을 것이다. 그렇다면 이것은 본성법인 자연법을 방불케 한다.

붓다의 기원을 석가여래에서 본다면, 붓다를 인격적 존재로 볼 수 있다. 왜냐하면 붓다(Buddah)는 산스크리트어로 깨우친 사람, 즉 각자(覺者)를 의미하며, 석가여래는 역사적 인물인 싯다르타 고다마(Siddhārtha Gautama, B.C. 563-483)이기 때문이다. 그는 자비(慈悲)의 화신(化身, incarnatio)이다. 그래서 우리는 불교 윤리의 중심이 자비에 있다고 볼 수 있다. 자비는 붓다가 가르친 것이다. 자비(慈悲)란 이타적(利他的)이며, 특히 비(悲)에는 일종의 황금률이 반영되었다고 보인다. 자비는 남의 고통을 나의 고통으로 공유(共有)한다고 볼 수 있다. 요컨대 상호적인 인간관계를 밑바탕으로 하고 있는 자비의 원리는 타인의 이해를 자신의 것과 같이 생각하는 원리라고 볼 수 있다. 요컨대 자비란 뭇 사람을 사랑하고 생명에 대한 무조건적인 존중을 의미한다. 그래서 불교는 살생을 금한다. 자비는 인간뿐만 아니라 동물에게도 향한다.

우리는 도덕적 인과율을 뜻하는 불교의 업(業, karma) 사상에서도 자

---

62) 『泗溟集』 卷 6, 1左; 목정배, 『戒律論』, 동국대학교역경원, 1988, p.144 참조.

63) 서경수, 「달마의 윤리적 개념」, 한국정신문화연구원 편, 『한국사상과 윤리』, 1980, p.49.

연법사상을 엿볼 수 있다: "자기를 억제하고 타인을 이롭게 하며 자비심이 있는 것은, 이것이 곧 법행(法行)이요, 내세와 금세에서 과보(果報: 因果應報)를 받는 종자(種子)가 된다(人能降伏心 利益於衆生 是名爲慈善 二世果報種)."64)

고익진(高翊晉)은 "혼자만을 위하는 행동은 악(惡, a-kuśala)이라 할 수 있고, 나와 남을 함께 위하는 행동은 선(善, kuśala)이라 할 수 있다. 그렇게 되면 악한 업에는 괴로운 보가, 선한 업에는 즐거운 보가 따른다고 말할 수 있을 것이다. 왜 그러냐 하면 악업은 남의 거역을 받아 뜻이 이루어지기 어려워 괴로움이 되고, 선업은 남의 순응을 받아 뜻이 이루어지기 쉬워 즐거움이 되기 때문이다. 따라서 인간과 인간 사이에서도 일종의 법칙성이 존재한다고 말할 수 있다."65)고 하였다. 우리는 여기서 법칙성이라는 말을 자연법으로 해석할 수 있을 것이다.

우리는 이와 같이 인간과 자연 사이의 자연법칙적 인과율과 인간과 인간 사이의 선악상응(善惡相應)의 인과율을 통합적으로 이해하여 십이처(十二處)의 세계에는 업인과보(業因果報)의 법칙이 성립한다고 정리할 수 있게 된다.66)

앞에서 살펴본 바에 의거하여 우리는 불자의 계율에서 인간은 본성적으로 선은 행하고 악은 피해야 한다는 황금률과 자연법의 원리(precept)를 추론할 수 있다. 계율의 기원과 내용의 의미를 좀 더 살펴보기로 하자.

계율은 오계를 중심으로 팔계, 십계 등 불도(佛徒)들이 지켜야 할 재

64) 龍樹, 『中論頌』, 황산덕 역주, 서문당, 1976, p.130 참조.

65) 고익진, 『한국의 불교사상』, 동국대학교 출판부, 1997, pp. 241-243.

66) 결국 원시불교에서의 '업인과보'라는 술어는 그 외연이 비교적 넓음을 알 수 있다. 그것은 인(因)의 개념이 그러했던 것과 무관하지 않을 것이다. 최봉수, 「우주 및 역사 전개의 動因으로서의 業의 이해」, 『백련불교논집』, 1991 참조. 자연법칙적이라는 말은 자연법을 의미한다고 해석할 수 있을 것이다.

가계(在家戒), 그리고 사미계(沙彌戒)를 비롯하여 비구 250계, 비구니 348계 등 승가(僧伽), 즉 출가승(出家僧)이 지켜야 할 구족계(具足戒)로 나누어진다.67) 여기서는 일반 불도들이 지켜야 하는 계(戒)만을 살펴보기로 한다.

『사십이장경(四十二章經)』에서는 십계를 다음과 같이 설계(設戒)한다.

> "중생은 열 가지 계를 지킴이 선(善)이 되고 또한 열 가지 계를 범하는 것이 악(惡)이 된다. 무엇이 그 열 가지인가? 몸으로 짓는 것은 셋이고, 입으로 짓는 것은 넷이며, 뜻으로 짓는 것은 셋이다. 몸으로 짓는 것이 셋이라 함은 살생(殺生), 도적(盜賊), 간음(姦淫)이고, 입으로 짓는 것이 넷이라 함은 망어(妄語: 거짓말), 기어(綺語: 남을 속이려고 꾸민 번지르르한 말), 양설(兩舌: 한 입으로 여기저기 다르게 두말하는 것), 악구(惡口: 악담, 욕설)이며, 뜻으로 짓는 것이 셋이라 함은 탐(貪: 욕심), 진(瞋: 화를 내는 것), 치(癡: 무지몽매한 것)이다. 이러한 계를 범하여 도를 거스르는 것은 십악(十惡)을 행한다고 하고, 이러한 계를 지켜서 도를 제대로 따르는 것은 십선(十善)을 행한다고 한다."68)

불교의 초기 교단에서는 승가의 갈마(羯磨, karma)와 포살(布薩, posadha, uposadha upavasatha)의 의식이 있었다. 갈마와 포살은 여러 가지 종류가 있고, 경전에 따라 여러 가지 의미가 담겨 있으나, 대체로 특정한 날에 계율을 범한 자가 대중 앞에서 참회발로(懺悔發露)하는 것을 가리킨다. 그러나 후세에 포살은 설계(設戒: 법을 설하는 것), 단

67) 『伽山佛敎大辭林』 1권, 가산불교문화연구원, 1998, pp.868-870 참조; 『望月佛敎大辭典』 5권, p.4410.

68) 이기영, 「불교편: 경구」, 이기영 외 편, 『전통문화의 가치관』, 문우사, 1982, pp.260-261 참조.

(斷: 일체의 불선을 끊는 것, 毘尼母經 제3), 사(捨: 모든 악과 불선을 버리는 것, 薩婆多毘尼摩得勒伽經 제6) 등을 가리켰다. 나중에 『잡아함경(雜阿含經)』에서는 팔재계를 수지(受持)하는 것 자체를 포살이라고 부르기도 한다.

팔재계와 십선계는 포살과 직접 관계가 있는데, 팔재계는 경전에 따라 내용에 조금 차이가 있고, 순서도 조금 다르다.[69] 이 팔재계는 출가승은 반드시 지켜야 할 계율이지만, 재가자는 적어도 재일(齋日)만이라도 출가 수행자의 자세로 돌아가 욕망을 절제할 필요가 있다. 팔재계의 내용은 '살생을 하지 말라', '주지 않는 것을 취하지 말라', '음행하지 말라', '거짓말하지 말라', '술을 마시지 말라', '시간이 지나서 먹지 말라', '높고 넓은 침상에 눕지 말라', '노래 부르고 악기 연주하고 꽃과 향으로 몸을 장식하지 말라', '불교의 계율로서 선을 행하고 악을 행하지 말라'는 것이다. "이 여덟 가지 계법은 온갖 나쁜 짓을 막는 문이며 한량없는 공덕을 얻게 하는 길이다."(불설재계)[70]

중국 불교는 유교의 실천 덕목인 오상(五常), 즉 인의예지신(仁義禮智信)을 오계(五戒), 즉 불살생(不殺生), 불투도(不偸盜), 불사음(不邪淫), 불망어(不妄語), 불음주(不飮酒)와 일치시키려고 한 것을 우리는 살펴볼 수 있다. 기령 중국적 불교인 천태종의 시조인 천태대사(天台大師) 지의(智顗, 538-597)는 오계에 대하여 이렇게 말했다: "천지의 근본이며 중령(衆靈)의 근원이다. 천(天)은 이것으로써 화(和)하고 지(地)는 이것으로써 만물을 생(生)한다. 오계(五戒)는 만물의 모(母)이며, 만신(萬神)의 부(父)이고 대도(大道)의 것이며 이원(泥洹: 진흙 물구덩이)

69) 『大正藏』 1권, pp.770-771, 『大正藏』 2권, p.756, 『大正藏』 24권, pp.1023-1024 참조; 摩聖, 「布薩과 八齋戒에 관한 고찰」, 『明星스님 고희 기념 불교학논문집』, 雲門僧伽대학 출판부, 2000, pp.347-349, pp.360-365 참조.

70) 동국대학교역경원, 『불교성전』, 1972, p.554.

의 본(本)이다."[71] 요컨대 천태는 오계가 불교 윤리의 근본임을 밝힌 것이다.

우리는 신라의 원광법사(圓光法師)의 소위 세속오계(世俗五戒)에서도 오계와 오상을 절충하고 일치시키려는 중국 불교의 영향을 엿볼 수 있다. 불교의 오계(五戒)가 천지의 근본이고 자비가 종지(宗旨)라면, 우리는 유가의 오상(五常)의 혈구지도(絜矩之道)에서 자연법사상을 찾아볼 수 있는 것처럼, 불가의 오계에서도 자연법사상을 엿볼 수 있다. 유가의 혈구지도가 자기를 미루어 남을 생각하는 마음과 인간 사회의 근본 질서인 연대성을 가능하게 하는 사회윤리의 '상호성의 원칙(Gegenseitigkeitsprinzip)'을 담고 있는 것처럼, 우리는 불교 윤리에서도 보편적인 자연법사상을 내포하고 있는 상호성의 원칙을 찾아볼 수 있다.

하비(Peter Harvey)는 불교 윤리의 기반을 논하면서 그의 저서『불교 윤리학의 입문』의 첫머리에서 다음과 같은 글을 인용한다: "모든 악을 행하지 말고, 모든 선을 행하며, 마음을 청정(淸淨)하게 하라. 이것이 붓다들의 가르침이다."(*Dhammapada*, 183) 이 말은 바로 자연법의 핵심을 가리키는 것으로 해석할 수 있을 것이다. 하비는 카르마(Karma, 業報) 법칙의 위상과 작용의 이해를 윤리의 토대로 보면서, 카르마 법칙이 자연법이라고 밝혔다.[72] 하비는 그의 저서의 말미에 붙인 용어 해설에서 "불교의 길, 즉 붓다의 가르침인 다르마(Dhrma)는 열반(涅槃)에서 그 정점에 이르는데, 도덕적 의미로는 비폭력과 정의와 자비를 의

---

71)『法華玄義』; 목정배,『戒律論』, 동국대학교역경원, 1988, p.144.

72) Peter Harvey, *An Introduction to Buddhist Ethics*, Cambridge University Press, 2004, p.16: "The law of karma is seen as a natural law."; Damien Keown, *The Nature of Buddhist Ethics*, New York: Palgrave, 2001, pp.213-218 참조.

미하며, 또한 이 세계의 자연법의 질서를 의미한다."[73]고 밝히고 있다.

그러나 불가에서는 자연법의 개념을 분명하게 정의 내리지 않고 사용함으로써 자연법칙과 구별하지 않고 혼용하는 것으로도 보인다.[74]

그러나 무엇보다도 중요한 것은 불가에서도 궁극적 진리와 절대적 선에 비추어 살기를 구하는 종교적, 영적 지도자들의 증언들은 인류의 공동선을 지향하는 결단을 풍요롭게 한다는 것이다. 우리는 불가에서도 하나의 보편적인 도덕 가치, 즉 자연법을 찾아볼 수 있다.

6. 이슬람[75]의 자연법사상

이슬람 학자들은 일반적으로 자연법이 무타질라 학파(Mu'tazilites: 신이 완전히 공정하고 이성적인 것처럼, 사람의 자유의지도 공정하고 선한 것이라고 믿는 사람들) 신학과 이븐 루쉬드(Ibn Rushd: Averroes 라고 불리기도 한다) 철학 시대 이래로 무슬림 합리주의자 전통의 부분임을 동의한다.[76]

8-9세기 아바스(Abbasid) 시대에 살았던 무타질라(Mu'tazilah)는 "자연은 신의 창조 목적으로부터 연원(淵源)하는 것으로 추정되는 기준(규범)을 따르는 것이다."라고 믿었다.[77] 이러한 견해에서는 선이 이루어

73) Peter Harvey, *An Introduction to Buddhist Ethics*, p.436.

74) 하비도 이 점을 인정하고 있다. 같은 책, p.16 참조.

75) 서정길 편저, 『마호멧 전기: 마호멧 언행록』, 문화방송 경향신문 기획, 열화당, 1976, p.255. 이슬람은 알라(신)의 계명을 깊이 존경하고 신의 창조물에 대한 동정으로 확대되는 것으로 구성되어 있다: "이슬람은 말의 순수성과 자선이니라."

76) ITC, *In Search of a Universal Ethics: New Look at the Natural Law*, 2008, p.32.

77) 같은 책, p.33.

져야 한다든가, 악이 회피되어야 한다는 것을 알게 하는 계시가 필요 없었다. 이것은 하나의 원칙인데, 그 원칙의 타당성과 가지성(可知性)은 신이 부여한 인간 이성의 성향(disposition)에 기반을 두고 있다는 것이다.

우리는 이슬람의 자연법사상을 다음과 같이 나누어 살펴볼 수 있다.

1) 쿠란과 하디스와 신법

무슬림들에게서 법과 도덕의 원천은 신의 말씀인 쿠란(Quran 또는 Koran)이며, 무함마드(Muhammad 또는 Mohammed)의 언행(言行)인 하디스(Hadith)이다. 쿠란과 하디스는 이슬람 공동체 내에서 사회규범으로 정립(定立)된 것이다.

쿠란과 하디스는 사회규범을 인간 본성의 고유함에 연결시키고 있다. 이슬람에서는 신(알라)이 제정한 법, 즉 신법(神法)은 영구법(永久法)으로 불변하며 자연법의 사상을 통하여 신의 섭리를 깨닫게 되는 것이 인간의 본연의 의무라고 보는 것이다. 이슬람의 순니에서 두 번째로 큰 학파인 마투리디(الماتريدي)는 자연법의 존재를 받아들이고 있다. 이 학파의 창시자인 아부 만수르 알마 투리디(864-944)는 살인, 간음, 도둑질과 같은 행위는 인간의 이성으로 알 수 있는 악이라고 본다. 왜냐하면 모든 사람은 이성과 자유를 가지고 태어났으며, 가장 좋은 신의 선물은 지혜라고 쿠란은 말하고 있기 때문이다.[78] 따라서 우리는 이슬람교에서 인간의 본성에 대한 연구가 자연법 연구의 핵심 문제라고 볼 수 있다.

---

78) Khalifa Abdul Hakim, "The Natural Law in the Moslem Tradition," in *Natural Law Institute Proceedings*, Vol. 5, Notre Dame Press, 1953, p.57 재인용.

2) 샤리아와 자연법

이슬람법을 ‘샤리아(Sharia)’라고 한다. 아랍어 샤리아는 ‘길’(물이 솟는 곳으로 나아가는 길)을 뜻하며, 무슬림이면 누구나 복종하고 좇아야 할 길이며, 진리를 향하여 가는 길, 즉 알라에게로 나아가는 길이다. 그러므로 이슬람에서 샤리아는 사회규범이며, 동시에 신에게 다가가는 길을 의미하므로, 샤리아는 무슬림에게서 법 이상의 것으로 영원하고 범우주적이며, 어느 누구에게도 적용되는 완벽한 것이다. 샤리아는 진리의 가르침으로서 인간이 삶을 올바르게 영위하는 길(방식)이며 선(善)과 정의(正義)의 뒤편에 있는 힘이다.[79)]

우리는 샤리아를 자연법으로 이해할 수 있다. 왜냐하면 무슬림에게 있어서 쿠란은 완전한 법(Complete Code)이므로 여기에 모든 해결책이 있다고 그들은 믿고 있으며, 종교 속성을 지닌 자연법의 속성이 이슬람에는 만연해 있다고 볼 수 있기 때문이다. 아부 라이한 알 비루니(973-1048)도 인간이 저지르는 악은 예언자 무함마드를 통해서 계시(啓示)된 신법(神法, divine law)에 의해서 극복될 수 있다고 보았다.

3) 쿠란에 나타난 자연법사상

쿠란에 자연법사상이 어떻게 나타나고 있는가를 살펴보자. 쿠란 42장 37절에서는 불의한 짓들(Ungerechten)을 피하라는 말씀이 언급되고 있다. 여기서 불의한 짓이란 알라를 불신하고 살인하고 부모에게 불효하는 것을 일컫는다. 학자들 간에 다소 견해 차이가 있으나 이슬람에서는 이 세 가지 외에도 고아를 돌보지 않는 것, 재산을 낭비하는 것, 전

---

79) Philip K. Hitti, *Islam, A Way of Life*, Minneapolis: University of Minnesota Press, 1970, p.42 참조.

쟁에서 모두 진격을 하는데 후퇴하는 것, 고리대금, 그리고 신앙을 가진 순결한 여인을 범(犯)하는 행동도 죄에 해당한다. 피조물인 인간이 감히 조물주를 불신하는 것은 용납할 수 없는 행위(쿠란 2장 98절)이며 지옥은 불신자를 위하여 준비된 것이라고 한다(쿠란 2장 24절). 고의로 살인을 저지르는 자는 일정한 기간이 아닌 영원히 지옥에서 살게 된다고 기록하고 있다(쿠란 4장 93절). 효(孝)는 인간만이 지닌 권리이자 의무이다. 자식이 부모에게 효도하는 것은 이슬람의 가르침이기도 하지만(쿠란 29장 8절 참조), 자식들의 의무이기도 하다. 쿠란 17장 23절에는 알라 외에는 그 어떤 것도 숭배하지 말고 부모에게 효도하고 그들이 나이가 들면 멸시하거나 반항하지 말고 고운 말을 쓰라고 기록되어 있다. 이슬람은 부모에게 한 효도는 신이 인간에게 내린 신법이자 자연법인 것이다.[80] 하디스에서도 알라께서 가장 사랑하는 일이 예배를 드리는 일이고 다음으로 부모에게 효도하는 것이라고 무함마드도 가르치고 있다. 그리고 간음, 간통, 매춘도 악행에 속한다. 또 이자 놀이, 저울을 속이는 것, 도박 등의 사행성 놀음, 자살행위도 악행으로 간주된다(쿠란 4장 22-25절).

모든 인간은 본질적으로 하나이다. 왜냐하면 모든 인간은 한 존재이며 한 영혼에서 나왔기 때문이다. 예언자 무함마드에 의하면 "모든 인간은 한 하느님의 자손들이며, 내가 그들 전부가 하나의 가족이라고 말할 때 하느님은 나의 증인이시기 때문이다."[81] 그러므로 이슬람은 종족과 국가의 장벽을 극복하고 계급을 철폐하고 착취를 제거하고, 보편적

80) 김종도, 「이슬람과 자연법」, 『중동문제연구』 제10권 2호, 중동문제연구소, 2011, p.101 참조.

81) Khalifa Abdul Hakim, "The Natural Law in the Moslem Tradition," in *Natural Law Institute Proceedings*, Vol. 5, Notre Dame Press, 1953, p.57 재인용.

자유와 보편적 평등과 보편적 정의를 증진(增進)시키는 사명을 가지고 있다고 무슬림들은 믿고 있다. 이러한 것들은 바로 자연법의 구성 요소들이며 온전한 인성을 실현시키게 되는 가치들이다. 이러한 보편적이며 불변하는 원리들은 하느님으로부터 기원하며 인류를 하느님에게로 나아가게 한다. 그래서 쿠란에서 "우리는 하느님에게 속하여 있으며 하느님께로 돌아간다(Inna Lillahi Wa Inna Illahi Rajeun)."[82]고 한다.

이상에서 살펴본 것처럼, 우리는 이슬람법, 즉 사회규범인 샤리아와 무함마드의 가르침인 쿠란의 기본 사상을 자연법이라고 할 수 있을 것이다.

7. 한국의 자연법사상

한국인은 자연법에 대하여 전통적으로 한편으로는 **자연법칙**에 가까운 사고를 가지고 있었다. 사회현상은 자연현상에 영향을 준다고 믿었다. 그래서 임금이 정치를 잘못했기 때문에 가뭄이나 홍수가 온다고 생각하였고, '재이설(災異說)'이 발생하였다. 한국인은 다른 한편으로는 애초부터 하늘이 정해 준 인간이 지켜야 할 규범, 즉 **천도**(天道)와 천륜(天倫)이 있다고 믿었다. 이러한 **미분화적**(未分化的) **천인상여**(天人相與)의 사상에 기초하여 **선과 악을 판별하는 기준**으로 '**경위**(涇渭 혹은 經緯)' 또는 '**하늘**'에 **대한 외경**(畏敬)의 생각을 가졌다.

영조(英祖, 재위 1724-1776)는 독서와 생활을 통해 느낀 것을 적어 스스로를 반성하고 세자에게 가르침을 주기 위하여 만든 책, 『어제자성편(御製自省篇)』에서 심도(心圖, 마음법)를 그려놓고, "**도리**(道理)를 따르면 공정해지고 욕심을 좇으면 사사롭게 된다(順理則公 縱欲則私)."

82) 이 대목은 쿠란의 마지막 부분이다. *Der Koran*, München: Goldmann, 1959, S.497; 쿠란 114장.

는 양심법(良心法)인 자연법 의식을 담은 교훈의 글을 남겼다.[83)]

이러한 고유한 한국적인 원론적(原論的) 자연법 의식과 **도리**(道理) **에 맞고 민신민지**(民信民志)**에 따르는 양법미의**(良法美意)가 이념적으로는 추구되었으나, 정치적 불안정과 외세의 침입으로 계속적으로 발전시킬 여유가 없었으며, 강력한 중앙집권적 권력 체계와 실정법 질서에 의하여 억압된 채 자유롭게 전개되지 못하고 근대에까지 이르렀다.

그러나 18세기 후반부터 그리스도교적 자연법사상이 가톨릭교도에 의해 한국에 처음 소개되었다. 자연법사상은 '**양심법**(良心法)' 혹은 '마음법' 등의 용어로 초기 가톨릭 교리서들과 선교사들에 의하여 가르쳐졌다.

가톨릭 신앙을 무군무부(無君無父)의 강상죄(綱常罪)로 다스리려는 조선왕조의 실정법 체계에 의하여 재판을 받는 자리에서 가톨릭교도들은 국왕의 권력보다도 신의 명령의 우위를 증거하였고, 정하상(丁夏祥) 같은 이는 국가 질서에 해로움을 주지 않는 교회의 질서의 독립성과 동등성을 변호하였다. 그러나 대부분의 가톨릭교도들은 자연법의 존재를 인정하면서도 서양에서처럼 자연법론을 이론적으로 전개하지는 못하였다. 이론적인 소개는 가톨릭 신학을 공부한 성직자들을 통해서 이루어졌는데, 예컨대 1950년대에 한공렬(韓公烈) 주교가 『가톨릭시보』를 통하여 자연법을 소개하고, 이태재(李太載)가 『자연법개론』(1961)을 저술하고, 김창수가 마리탱의 저서 『자연법과 인권』(1958)을 번역하고 출판한 것들을 들 수 있다.

자연법은 현대 한국의 사회질서의 문란과 독재적 정치에 대항하여 교회가 발언할 때 자주 인용되었다. 1970년대에 제정된 모자보건법(母子保健法)에 대하여 가톨릭교회는 자연법에 근거하여 강력한 반대를

83) 英祖, 『御製自省篇』, 1749: "順理則公 縱欲則私."

표명하였고, 유신체제(維新體制) 아래 한국 교회와 정의구현사제단(正義俱現司祭團)에서는 민주주의와 사회경제적 평등, 언론의 자유를 자연법에 근거하여 주장하였다.

II 장
신학에서 본 자연법

1. 성서적 근거

구약성서의 모세 5경을 필두로 신정법(神定法, lex divina) 또는 영원법(永遠法, lex aeterna, the eternal law)은 예언자들에 의해 사람에게 선포된 내용으로서 곧 자연법이라고 할 수 있다. 예컨대 창세기 2장 17절[1]과 십계명은 자연법의 주축(主軸)이다.

그러나 신약성서에서 그리스도의 말씀이 수록된 복음서에서는 자연법이라는 낱말은 직접 언급되고 있지 않다. 그러나 예수님은 "내가 율법이나 예언서들을 폐지하러 온 줄로 생각하지 마라. 폐지하러 온 것이 아니라 오히려 완성하러 왔다."(마태오 5:17)고 말씀하셨다. 사도 바오로는 로마서 1장 32절에서 하느님의 법규[2]를, 2장 14-15절에서 마음에

1) "그러나 선과 악을 알게 하는 나무에서는 따 먹으면 안 된다. 그 열매를 따 먹는 날, 너는 반드시 죽을 것이다."

2) "이와 같은 짓을 저지르는 자들은 죽어 마땅하다는 하느님의 법규를 알면서

쓰인 법을 말하고 있다: "이방인들에게는 율법이 없습니다. 그러나 그들이 본성에 따라서 율법이 명하는 것을 실행한다면 비록 율법이 없을지라도 그들 자신이 율법의 구실을 합니다. 그들의 마음속에는 율법이 새겨져 있고 그것이 작용하고 있다는 것을 알 수 있습니다."

■ 영원법 또는 영구법과 자연법

하느님은 모든 창조물을 그의 섭리의 계획에 따라 전체의 선(善)을 위하여 다스리신다. 이 섭리의 계획을 영구법(永久法)이라고 부른다. 그러나 영구법은 하느님의 말씀과 동일시해서는 안 된다. 왜냐하면 영구법은 말씀처럼 인격이 아니라 하나의 이념이기 때문이다. 말씀은 피조물이 아니라. 창조 이전에 이미 하느님께서 낳으신 것이다. "이 말씀으로 나타난 모든 것 가운데 영구법 자체도 또한 말씀으로 나타났다."[3)]

인간은 영구법의 본질을 알 수 없다. 인간은 영구법이 모든 질서의 원천이라는 거울을 통하여 희미하게 볼 수 있을 뿐이다. 우주 만물의 질서와 조화에 대한 경이[4)]와 십계명을 통하여 우리는 영구법을 실감할 수 있다. 모든 법은 정당한 이성을 가지는 한 영구법에서 유래한다.[5)]

자연법칙이나 정신법칙, 즉 도덕법은 영구법에 공통된 근원을 갖는다. 그러나 현대 사상가들 중에는 자연법칙은 객관적이며 정신법칙은 주관적이라고 주장하는 사람들이 있다. 그 논거는 전자는 이론이성에 의거하여 진(眞)을 다루는 데 반하여, 후자는 실천이성에 의거하여 선(善)을 다룬다는 것이다. 그러나 자연법칙과 정신법칙이 실재에 기반을

도, 그들은 그런 짓을 할 뿐만 아니라 그 같은 짓을 저지르는 자들을 두둔하기까지 합니다."

3) Thomas Aquinas, *Summa Theologica*, I-II, 93, 1. ad 2.

4) 시편, 19장 1-2절, 7-8절; 97장 1-2절 참조.

5) *Summa Theologica*, I-II, 93, 3. in corp.

두지 않는다든가 실재와 상응하지 않는 한 진(眞)도 선(善)도 아니라는 것은 재언할 필요가 없을 것이며, 그 두 법칙이 실재에 기반을 두는 한 영구법에서 유래한다는 것이다. 여기서 우리가 유의해야 할 것은 객관적이라는 말과 주관적이라는 말은 임의적이라는 것이다. 왜냐하면 객관성이 보편성을 가지고 있다고 주장한다면, 상호주관성(intersubjectivity)도 보편성을 가지고 있다고 주장할 수 있기 때문이다.

쉬드(Francis Joseph Sheed, 1897-1982)에 따르면 자연법칙은 만물이 어떻게 행하지 않으면 안 되는가(must act)에 관한 하느님의 명령이며, 정신법칙은 어떻게 정신적인 존재가 행하여야 하는가(ought to act)에 대한 하느님의 명령이다. 정신법칙의 작용에는 선택의 자유가 있으나 자연법칙에는 그것이 존재하지 않는다. 예컨대 불이 탄다는 사실은 때로는 사람에게 유용하나, 때로는 재앙을 가져오기도 하는 자연법칙이다. 그러나 도덕법칙은 유용할 뿐 재앙을 가져오지 않는다. 물론 어리석은 사람은 불 속에 손을 넣을 수도 있고 거짓 증언을 할 수도 있으나, 두 법칙을 무시하면 손상을 입기 마련이다.[6)]

토마스 아퀴나스는 "자연법은 이성적 동물에 의한 영구법에의 참여"[7)] 라고 하였다. 그러나 영구법과 자연법은 구별된다. 영구법은 거룩한 섭리의 계획이며, 따라서 절대 완전한 것이나, 자연법은 인간의 이성에 의한 영구법의 판각(板刻)에 불과한 것이므로, 따라서 유한하며 절대 완전할 수 없다. 그래서 토마스 아퀴나스는 이렇게 말한다: "인간의 이성은 하느님의 이성의 명령에 완전히 관여할 수 없고, 다만 제멋대로 불완전하게 관여할 뿐이다." "인간은 본래부터 일반 원칙에 대한 영구법의 지배를 받지만, 개개의 원칙의 특수한 결정에 대하여는 그 원칙이 영구법에 들어 있는 것이라 할지라도 아무런 지배를 받지 아니한다."[8)]

---

6) F. Sheed, *Theology and Sanity*, Sheed & Ward, 1946, pp.137-138 참조.

7) *Summa Theologica*, I-II, 91, 2. in corp.

2. 교회 전승과 교회 문헌에 나타난 자연법사상

교부들은 자연법은 마음에 내재하는 것, 타고나는 것, 마음에 쓰인 것이라고 가르쳤다. 아우구스티누스, 토마스 아퀴나스, 그리고 스콜라 철학자들은 자연법의 중요성에 대해 언급했다. 교회 문헌과 회칙(回勅, encyclica)에는 자연법에 대한 언급이 많이 실려 있다. 특히 교황 비오 12세는 도덕에 관한 가톨릭의 가르침에서 자연법의 중요성을 상기시켰다.[9] 교황 요한 23세의 회칙, 「어머니와 스승(Mater et Magistra)」(1961) 30항과 111항에서는 사유재산권이 자연법의 요구에 부합한다고 하였다. 회칙 「지상의 평화(Pacem in Terris)」(1963) 28항에서는 자연법은 인간의 주체이며, 이 자연법에서 인간의 권리와 의무가 유래한다고 하였다. 또한 동 회칙 30항에서는 인간의 기본 권리는 자연법으로부터 효력을 갖는다는 지침을 이끌어 낸다. 동 회칙 81항에는 각국의 대표자들은 자연법을 침범할 수 없다고 하였으며, 동 회칙 157항에서는 자연법의 각도에서 본 협력을 강조하고 있다.

제2차 바티칸 공의회는 양심의 보편적 증거를 통하여 자연법의 존재와 구속력에 대한 확신을 표명하고 있다: 공의회는 "자연법과 그 보편적 원리들이 지니고 있는 불변적 구속력을 상기시키려 한다. 인류의 양심 자체가 이런 원리들을 강력히 주장한다."(「사목헌장(Gaudium et Spes)」, 1968, 79항) 교회는 그리스도의 복음뿐 아니라 "인간 본성 자체에 기인한 윤리 질서의 원리", 즉 "자연법"(「사목헌장」, 89항)도 가르칠 임무를 지니고 있다.

---

8) *Summa Theologica*, I-II, 91, 3. ad 1.

9) Pius XII, "Law and Conscience," *The Objective Norms of Law*. 1949년 11월 13일 법년 시무식에서 행한 교서, 이 교서는 법실증주의에 대한 비판이며, 동시에 현대 자연법 철학의 기본적인 출발점이기도 하다.

교황 요한 바오로 2세의 회칙, 『진리의 광채(*Veritatis Splendor*)』(1993)는 현대 가톨릭의 자연법의 정수(精髓)를 담고 있다.[10] 이 회칙은 "하느님은 인간을 창조하시고 그 마음 안에 새겨진 율법, 이른바 자연법을 통하여 지혜와 사랑으로 그를 최종목적으로 인도하심으로써 이미 답을 주신 것입니다. 자연법은 그분이 우리에게 주신 인식의 빛입니다. 그로써 우리는 무엇을 하고 무엇을 피할 것인지 알게 됩니다. 하느님은 창조 때 이 빛과 법을 인간에게 주셨습니다."(12항)라고 가르친다.

그러므로 자연 도덕률, 즉 자연법은 하느님의 의지에 의한 질서이기 때문에 그것을 가르치는 것은 교회의 권리요 임무이다.

「가톨릭교회 교리서」(1992)는 자연법에 대해서 다음과 같이 가르치고 있다:

> "자연법은 선과 악을 구분한다."(1954항)
>
> "자연법은 십계명에 요약된 몇 가지 도덕적 원칙들에 따라 선을 행하는 법을 보여주고 있다."(1955항)
>
> "자연법은 보편적이다."(1956항)
>
> "자연법은 매우 다양하게 적용될 수 있지만, 적어도 그 기본 원칙들에서 불변이다."(1958항)

모든 사람들이 자연법을 분명하게 직각(直覺)적으로 지각하는 것은 아니다. 현재의 상황에서 모든 사람들이 "어렵지 않게, 흔들지 않는 확실성을 가지고, 오류의 혼동 없이"(비오 12세 회칙 Humani generis: DS, 3876) 종교적이며 윤리적인 진리들을 인식할 수 있기 위해서는 죄인인 인간에게 은총과 계시가 필요하다. 자연법은 하느님께서 성령의

---

10) John Paul II, *Veritatis Splendor*, 1993, 40. 정승현 옮김, 『진리의 광채』, 1994, 특히 35-46항 참조.

활동에 따라 마련하신 토대를 계시된 법과 은총에 제공해 준다(「가톨릭교회 교리서」, 1960항).

교황 바오로 6세 회칙은 "자연법의 해석이 교회의 교도권에 속한다는 것을 부정할 신자는 아무도 있을 수 없다. 선임 교황들이 가끔 주장한 바와 같이, 예수 그리스도께서 베드로와 그 밖의 사도들을 당신 권한에 참여케 하시며, 만백성에게 당신 계명을 가르치도록 파견하실 때, 그들을 모든 도덕법의 수호자요 해석자로 삼으셨다는 사실은 의심할 여지가 없다. 복음법의 수호자만이 아니라 자연법의 수호자로 삼으신 것이다. 자연법도 하느님의 뜻을 밝혀 주고 있으므로 자연법의 준수도 사람들이 구원되기에 필요한 것이다."[11]

샤를 모레로트(Charles Morerod, 1961-)는 자연법을 가톨릭 신학의 시각에서 다음과 같이 요약하였다:

- 모든 인간에게는 본성적(자연적)인 공통점이 있다.
- 이 인간 본성에 따라 무엇이 선과 악인지를 알려 주는 '자연법'이 존재한다.
- 자연법은 창조자 하느님께 의존하며 모든 인간의 실정법 위에 있다.
- 자연법은 이성에 의해 인식될 수 있으나, 이 인식은 죄로 말미암아 더욱 어려워진다.
- 하느님의 계시는 우리로 하여금 자연법을 확실하게 인식하도록 도와준다.
- 하느님의 계시는 교회에 의해 전해지며, 따라서 교도권은 자연법이 무엇인지 설명할 수 있다.[12]

---

11) 바오로 6세 회칙, 「인간의 생명」, 1968, 4항.

12) Charles Morerod, "Nature and natural law in Catholicism and Protestantism," *The Nature and Dignity of the Human Person as the Foundation of the Right to Life*, Juan de Dios Vial Correa and Ellio Screccia, eds.,

요컨대 자연법에 대한 가톨릭교회의 가르침은 근본적으로 자연법에 따라 살지 못하는 사람은 가톨릭 신자일 수 없다는 것이다.

교황청 국제신학위원회는 2009년 6월 『보편 윤리 탐구: 자연법에 대한 새로운 조망』이라는 자연법에 관한 연구 보고서(총 116항)를 공표하였다. 그 주요 내용을 살펴보면 다음과 같다.

인간들을 결합시킬 수 있으며, 사람들에게 평화와 행복을 주는 객관적인 도덕적 가치가 있는가? 그러한 가치들은 무엇인가? 선과 악에 대한 물음들은 오늘날 그 어느 때보다 더 절박하다. 어떤 지역의 사건은 거의 즉각적으로 전 세계에 영향을 미치고 있다. 가령 생태학적 균형의 문제, 환경보호, 자연자원, 기후 등의 문제의 해결은 특정한 국가가 감당하는 것을 넘어서 모든 인류의 관심사이며, 전 지구인의 책임감을 자아낸다. 그리고 테러, 조직범죄, 새로운 형태의 폭력의 위협은 글로벌 차원에서 해결하여야 할 문제가 되었다. 인간의 정체성을 위협하고 있는 유전공학, 복제 등 생명공학의 급속한 발전은 범세계적인 긴급한 윤리적, 정치적 문제가 되고 있다. 현대사회의 이러한 난마와 같은 온갖 도덕문제를 해결하기 위해서는 보편 윤리학이 요청되고 있으며, 이 보편 윤리학을 재구성하기 위해서는 우리는 다시금 새롭게 자연법을 찾아보지 않을 수 없음을 밝힌다.

이 연구 보고서에서 우리가 주목해야 할 항목이 있다: "예수 그리스도의 정신에 의해 인도받은 그리스도교 공동체는 근본적인 윤리적 기준으로서 자연법에 관한 가르침을 발전시켜 왔다. 그러나 자연법은 그리스도교의 전유물(專有物)이 아니다. 자연법은 참으로 모든 사람에게 공통되는 이성에 기반을 두고 있으며, 그들의 종교적 신앙을 접어 두고

Libreria Editrice Vaticana, 2002, p.114.

선의의 모든 사람들 사이에서 협동의 기반이 된다."[13]

이 보고서의 장별 주요 내용은 다음과 같다: 제1장 총칙에서 자연법의 연원과 성서의 가르침, 교회의 교도권과 자연법의 관계, 제2장에서 도덕 가치의 지각과 체험, 자연법의 지침과 원리의 적용 등, 제3장에서 자연법의 이론적 기반, 인격과 자유의 문제, 인간과 하느님의 관계, 조화와 화해를 달성하는 길, 제4장에서 하느님 나라와 자연법에서 인격과 공동선, 정치 질서의 기준을 다루고, 제5장에서 예수 그리스도는 자연법의 완성자임을 천명한다.

이 연구 보고서는 다음과 같은 결론을 내리고 있다:

"가톨릭교회는 사람들이 정의와 평화 속에서 함께 사는 공공 규칙을 찾을 필요를 인정하면서, 다른 종교와 우리 시대의 지혜와 철학과 더불어 자연법의 자원을 나누기를 원한다. 우리는 보편 윤리학의 기반을 자연법이라고 부른다. 그것은 사람들의 마음속에 쓰인 도덕법이다. 이 자연법은 그 표현에서 정태적(靜態的)이 아니다. 그것은 고정된 원리의 나열이 아니지만, 불변한다. 자연법은 보편 윤리를 위한 객관적 기반을 찾는 가운데서 항상 용솟음치는 영감(inspiration)이다."(113항)

"자연법의 발견은 도덕적인 삶과 사회생활에 항상 규칙을 주려고 시도하는 인간성의 탐구에 상응한다. 모든 문화에서 모든 사람들에 의해 인정받는 행위의 모범들은 그 근원을 인격 자체에서, 성향(inclinatio)에서 가지고 있지 않을 수 없다. 제2차 세계대전 후에 나온 인권선언은 소외될 수 없는 인권의 근원이 모든 인간의 존엄성에 놓여 있음을 묵시적으로 암시했다."(115항 참조)

---

13) ITC, *In Search of a Universal Ethics: New Look the Natural Law*, 2009, 9항.

"우리는 종교적 신념의 차이와 문화적 상정(想定, assumptions)의 다양성을 넘어서서 인류 가족의 모든 구성원 간에 이해와 상호 인정과 평화적 협력을 증진시키기 위하여 우리가 함께 일할 필요가 있다는 결론에 이르렀다."(116항)

이 연구 보고서는 종장인 5장에서 "예수 그리스도는 자연법을 완성시켰다."고 결론을 내린다.

우리는 가톨릭의 자연법의 핵심을 다음 세 가지로 요약해 볼 수 있다:

첫째, 자연법은 자연 질서가 유지되도록 명령하고 흐트러지는 것을 금지하는 이성 또는 하느님의 의지이다.

둘째, 자연법은 영원법이 이성적 피조물에 참여하는 것이다.

셋째, 자연법은 우리가 해야 할 것과 하지 말아야 할 것을 알 수 있도록 하느님께서 우리 안에 불어넣어 주신 지성의 빛이다.[14]

3. 프로테스탄트 신학과 자연법: 프로테스탄트의 자연법에 대한 관심

프로테스탄트(개신교) 신학자들은 종파에 따라 차이가 있으나 대체로 가톨릭의 교의(敎義)를 거부하면서 자연법에 대해서도 외면해 왔다. 프로테스탄트와 가톨릭 간의 심각한 대립은 주로 인간의 완전한 타락과 인식과 가치에 대한 이해를 달리하는 교의(敎義, dogma)에 근거하고 있다. 자연법에 대해서 프로테스탄트 신학자들 간에는 모든 자연법과 자연법의 인식을 극단적으로 거부하는 것에서부터, 틸리케(H.

14) J. Lozano Baragan, *Metabioethics and Biomedicine*. 이동익 옮김, 『메타 생명 윤리와 생명 의학』, 성바오로출판사, 2008, p.117 참조.

Thielicke)를 비롯하여 적극적으로 옹호하는 알트하우스(A. Althaus, 1861-1925), 브루너(E. Brunner)와 벤트란트(D. Wendland) 등에 이르기까지 여러 가지 정도로 나타나고 있다.

프로테스탄트들은 자연법이라는 용어를 대체로 질서들(예컨대, 창조의 질서 등), 또는 자연법론의 영구(永久) 가치에 대하여 마지못해 자리를 마련해서 사용되는 제도와 같은 다른 표현들로 대체하곤 하였다. 교의에 기반을 두고 이 세계의 질서를 실존론적으로 완전히 결핍하다고 보는 프로테스탄트의 극단론조차도 철저한 일관성(一貫性)을 유지할 수 없었다. 그러나 거기서도 또한 객관적인 것과 비객관적인 것, 참과 거짓 간의 구별 능력을 추론하는 것이 필요하다는 것을 우리는 찾아볼 수 있다. 그러므로 프로테스탄트 신학자들이 자연법의 모든 개념을 거부하는 주장은 지지될 수 없다. 그러나 자연법에 대한 가톨릭 견해에 대한 프로테스탄트의 비판은 흔히 아직 잔존하기도 하지만, 사실상 포기되어 온 어떤 일방적인 견해에 반대하는 데로 향하고 있으며, 그 견해의 잘못된 관념이나 거기서 나타난 비역사적 경직성에 대하여 반대하는 방향으로 향하고 있다. 아무튼 가톨릭 신학자들은 프로테스탄트의 자연법에 대한 비판들이 담고 있는 내용에 관하여 유의(留意)하지 않을 수 없을 것이다.

그러면 프로테스탄트 신학자들이 자연법론을 오랫동안 외면하여 온 이유는 무엇인가? 그들은 자연법에 대한 성서적 근거가 부족하며, 인간의 본성은 아담에서부터 근본적으로 절대 타락하였기 때문에, 오직 신앙만(sola fide)으로 구원될 수 있다는 계시(啓示)신학에 근거하여 자연법을 외면해 왔다. 그들은 그리스도께서 보여준 사랑의 법칙만이 인간 공동체의 본질이며 그 이외의 어떠한 이론이나 원리도 용납될 수 없다고 보았다. 그러나 이러한 극단적인 계시주의는 프로테스탄트 윤리신학자 니버(Karl Paul Reinhold Niebuhr, 1892-1971)가 지적한 것처럼 "프로테스탄트 신학의 단조화(單造化)와 윤리학의 불모화(不毛化)를 초래"하였고, 세속적 사회질서와 학문과의 단절과 무력(無力)을 야기하였다. 이에 대한 반성으로 제2차 세계대전 후 프로테스탄트 윤리신학자들은 자연법에 대하여 새로운 관심을 가지게 되었다.

스위스의 프로테스탄트 신학자 브루너(Emil Brunner, 1889-1966)가 1943년에 저술한 『정의(*Gerechtigkeit*)』는 개신교 쪽에서도 자연법에 새로운 지평을 보여주었다.[15] 프랑스의 법철학자 엘륄(Jacques Ellul, 1912-1994)은 『법의 신학적 근거』(1948)를 저술하였으며, 이 책에서 법의 혁신을 촉구하는 시도를 하면서 신법(神法)과 자연법의 의미를 부각시켰다. 독일에서는 루터교 신자인 법철학자 볼프(Erik Wolf, 1902-1977)가 『자연법론의 문제(*Das Problem der Naturrechtslehre*)』(1964)를 저술하고 자연법을 고취(鼓吹)하였다. 그리고 특히 프로테스탄트 윤리신학자인 틸리케(Helmut Thielicke, 1908-1986)의 『신학적 윤리학(*Theologische Ethik*)』(1966-1972, 전5권)은 성윤리 및 생명윤리의 구체적 문제를 자연법에 기반을 두고 다루었다. 미국에서는 램지(Paul Ramsey, 1913-1988)가 자연법을 염두에 두고 생명윤리 문제에 관해서 언급하면서 활발히 활동하였다.

스위스의 샤를 모레로트는 프로테스탄트의 자연법사상에 대한 요지(要旨)를 다음과 같이 적절하게 논했다:[16]

"초기 종교개혁자들과 후대의 프로테스탄트 신학자들에게서 자연법

---

15) 이 책은 영어로 *Justice and Social Order*로 번역되어 제2차 세계대전 전후에 정의에 대한 관심을 세계적으로 환기시켰으며, 한국에서는 이 영문판이 YMCA 총무인 전택부 목사에 의해 『정의와 사회질서』(사상계, 1954)로 번역되어 자유당 독재정권을 비판하는 장준하 등의 이론적 교본이 되었다.

16) Charles Morerod, "Nature and natural law in Catholicism and Protestantism," p.122f.

을 인정하는 사상을 발견할 수 있으나, 그들에 의하면 인간의 본성은 부패한 것이므로 자연적 인간의 활동은 선한 것이 될 수 없다."

"하느님과의 관계에서 인간의 행위의 선이란 하느님을 거스르는 것(offence)이 될 것이다."

"그러므로 인간 본성(nature)의 영역은 구원의 차원과 결합되지 않으며, 본성은 윤리적 기준이 아니다."

"프로테스탄트 사회에서는 자연법에 대한 공식적인 교회의 입장이 없다. 교도권이 없기 때문만이 아니라, 종교개혁의 전제들이 신앙과 인간 본성의 연계를 어렵게 만들기 때문이다."

"일부 프로테스탄트 집단의 도덕적 입장(예컨대, 낙태 반대 등)은 전형적으로 성서에 근거하는 것이지, 자연법에 근거한 것이 아니다. 그래서 옹호되는 것은 특수한 종교적 견해임을 제시하는 것이다."

"자연법을 수용하지 않는 프로테스탄티즘의 전형적인 노선에서도 본성의 분야는 여전히 존재하나, 계시와는 단절되는 경향을 보인다. 그 결과 그리스도교적인 것은 시민 생활과 단절되는 경향을 보인다."

우리는 이상에서 가톨릭과 프로테스탄트가 자연법을 어떻게 이해하고 있는가를 살펴보았다. 가톨릭이든 프로테스탄트이든 간에 그리스도교 윤리는 개인윤리를 넘어서 사회윤리의 문제를 논하게 되면, 공동선의 논거를 십계명과 황금률에서 찾을 수밖에 없을 것이다. 따라서 그리스도교 신자라면 누구든지 간에 십계명과 산상수훈을 따를 수밖에 없다면 종내 자연법에 귀의할 수밖에 없을 것이다. 그리스도교회의 가르침은 하느님의 계시로써 밝혀지고 그로 인해 풍부하게 된 자연법에 바탕을 두고 있다.

"하늘에 계신 내 아버지의 뜻을 실행하는 이라야 들어간다."(마태오 7:21)는 말씀처럼, 자연법 준수는 그리스도를 믿는 사람들이 구원되기에 필수불가결한 것이다. 그러나 자연법의 해석이 교회의 교도권에 속한다는 것을 부정할 그리스도교 신자는 없을 것이다.

III 장
법학에서 본 자연법

이 장에서는 법학에서 자연법을 어떻게 보고 있는가를 살펴볼 것이다. 도덕의 원류인 자연법을 논하기 위해서는 먼저 실정법과 도덕의 구별과 차이점을 살펴보지 않을 수 없다. 그 다음 왜 실정법이 도덕과 합일(合一)하지 않으면 안 되는가를 성찰해 볼 것이다. 즉, 먼저 어떻게 법과 도덕이 구별되는지를 살펴보고, 법과 도덕의 불가분의 관계를 규명해 보고, 법과 도덕의 조화를 모색해 보기로 하자. 이어서 실정법과 자연법의 관계를 논하되, 실정법이 자연법에 근거를 두지 않을 수 없음을 규명해 보기로 하자.

1. 법과 도덕의 구별과 차이점

법과 도덕의 관계는 매우 복잡하고 다면적이며, 법철학의 근본 문제 자체라고 할 만큼 많은 논의(論議)가 요구될 수 있는 문제이다. 우리는 먼저 법과 도덕이 어떻게 다를 수 있는가를 성찰해 보기로 하자.

법과 도덕은 별개(別個)이며 분리해야 한다고 주장하는 사람들이 있다. 그들은 직접적으로 도덕과는 무관해 보이는 실정법(예컨대, 상황에 따라 변경될 수도 있는 교통법규와 조세법 등)을 실례(實例)로 들면서, 법은 법이고 도덕은 도덕이라고 주장한다. 특히 나치 정권은 "법은 법이고 명령은 명령이다(Gesetz ist Gesetz, Befehl ist Befehl)."라는 법실증주의를 따르는 법률에 의거한 부도덕한 만행(蠻行)을 자행(恣行)하였다. 합법적인 절차에 의하여 제정된 법은 설사 비도덕적인 악법일지라도 법이며, 사람들은 이를 준수하여야 한다는 것이다. 독재자들은 실정법(實定法)을 어디까지나 정권 수호와 독재를 위한 수단으로 실용적이고 실증적인 견지에서 조작하고, 그 실현 형식에 착안하여 의도적으로 법과 도덕을 구별하려고 했다.

법과 도덕은 현실에서 실제로 구별되고 있고 구별될 수 있다. 그러면 그 구별되는 논거는 무엇인가? 구별되는 징표(徵表)들로는, 법은 외면성(外面性), 합법성, 또는 정합성(整合性), 타율성, 강제, 필연성, 외적 의무, 규정, 정의(正義), 금지(禁止)를, 이에 반하여 도덕은 내면성(內面性), 도덕성, 자율성, 자유, 당위, 내적 구속, 양심, 요청, 선(善)을 가지고 있다고 말해지기도 한다. 그러나 여기서 우리는 이러한 징표들을 통하여 법과 도덕의 차이점을 인정하는 경우와 법과 도덕을 완전히 분리해서 별개로 생각하는 경우로 나누어서 주의 깊게 검토해 보아야 할 것이다.

사람들은 오래전부터 법과 도덕의 차이를 법의 외면성과 도덕의 내면성에서 찾아볼 수 있다고 생각했다. 토마스 아퀴나스는 법은 정의(正義)의 표현이며, 정의는 타인과의 관계에서 존재하는 덕목이고, 따라서 법은 외적 행위(exteriores actiones)와 관련되는 것이나, 인간이 자신의 정직(正直)을 생각하는 것은 '내적 정열(interiores animae passiones)'과 관련된다고 보았다.[1] 그러나 그는 법과 도덕의 차이를 형식적인 면에서 말했을 뿐이며, 내용적으로는 법이 도덕적 자연법에 일치되기를 바랐다.

법과 도덕의 분리를 이론적으로 가장 강력하게 주장한 사람은 토마지우스(Christian Thomasius, 1655-1728)[2]이다. 그에 의하면 법은 단지 명령(imperia)의 수단이며, 법적 의무는 권력자의 의사(意思)에 의한 외적 의무, 즉 강제 의무, 다시 말해서 강제(强制)에 대한 공포에 기인하는 외적 의무를 부과하는 것이다. 이에 반하여 도덕은 인간의 내적 행위를 규제 대상으로 삼는 내적 의무이다. 따라서 그에 의하면 법과 도덕은 엄격히 구별되어야 한다는 것이다.[3] 그러나 만일 외적 강제가 법적 의무의 본질적 특성이라면, 법은 도덕적 성격을 상실하게 되고, 더 나아가 자연법은 법의 성격을 필연적으로 상실하게 된다. 그럼에도 불구하고 이러한 토마지우스의 법과 도덕의 분리는 후세에 큰 영향을 미쳤다.

칸트도 법과 도덕은 구별되며, 그 구별은 강제의 유무(有無), 즉 타율(他律)이냐 자율(自律)이냐 하는 데 달려 있으며, 법은 단지 외면적 행위에 관한 강제적 규범인 데 반하여, 도덕은 내면적 동기에 의한 자율적 규범의 소산(所産)이라고 하였다.[4] 그는 법은 합법성(Legalität)을 요구하고, 도덕은 도덕성(Moralität)을 요구한다고 생각하고, 합법성과

1) Thomas Aquinas, *Summa Theologia*, I, 2, q.1u. 95, Art. 2 참조.

2) 토마지우스는 독일의 법학자, 철학자이며, 계몽주의의 선구자이자 푸펜도르프에서 출발한 자연법사상가이다. 법률의 원천으로서의 신법(lex divina)을 배제하고, 자연법과 실정법을 철학적, 법률적으로 이해하여 법률과 신학을 구별하였다.

3) Christian Thomasius, *Fundamenta juris naturae et gentium*, I, Halae, 1718, cap. IV, 61; H. Welzel, *Naturrecht und materiale Gerechtigkeit*, Göttingen, 1962, S.164f.

4) Immanuel Kant, *Metaphysik der Sitten*, Hamburg: Philosophische Bibliothek, 1959, S.20 참조.

도덕성에 의해 법과 도덕은 구별될 수 있다고 주장하였다. 이러한 사상은 그 후에 많은 법학자들의 지지를 받았고, 오늘날에도 통설(通說)로 널리 인정받고 있다.

이에 따르면, 법은 인간의 행위를 도덕성의 관점에서 다루는 것이 아니라, 합법성[5]의 관점에서 다룬다. 권리와 의무를 포괄하는 법규범은 어떤 정치적 공동체의 구성원인 인간의 '외적' 행위를 평등의 원리(Gleichheitsprinzip)에 따라 형식적으로 규제하며, 이를 통해 사회 속에서 갈등 없이 공동생활을 영위하는 것을 가능하게 한다. 또한 법규범은 모든 사회적 행위에 대해서 구속력 있는 질서를 대표하며, 법률을 통해 공동체의 모든 구성원들에게 각자의 몫을 보장해 주며, 모든 사회적 행위에 대해서 구속력 있는 질서를 대표한다.

법과 도덕을 구별하는 징표로 법의 강제성과 도덕의 비강제성을 말하는 사람들이 있다. 법은 국가가 강제 기구(機構)를 통하여 법이 정한 명령을 실현시킬 수 있는 반면에, 도덕은 강제로 시행할 수 있는 기구를 가지고 있지 않거나 자율에 호소할 수밖에 없다고 보는 것이 일반적인 견해이기도 하다. 이와 관련하여 예링(Rudolf von Jhering, 1818-1892)은 "법은 한 국가 안에서 효력을 가지고 있는 강제 규범의 총체"[6]라고 정의를 내렸다. 그는 "국가에 의해 집행되는 강제는 법의 절대적 기준을 이루며, 강제 없는 법규란 그 자체가 모순이며, … 모든 규범들은 국가적, 외적 요소가 덧붙여질 때 비로소 법이 된다."[7]고 말했다.

이와 같은 법의 강제성을 특히 강조하여 법과 도덕의 분리까지 주장

5) 합법성이란 논리적 정합성, 내용이 아니라 형식을 문제 삼는 합리적 사고방식, 무조건적인 약속 이행과 같은 것이다.

6) R. v. Jhering, *Der Zweck im Recht*, I. Leipzig, 1923, S.249.

7) 같은 책, S.250f.

한 법학자가 법실증주의 주창자 켈젠(Hans Kelsen, 1881-1973)이다. 그는 이렇게 말했다: "강제 질서로 법은 다른 사회질서와 구별된다. … 물리력을 사용해서라도 집행된다는 사정은 결정적인 기준이다."[8] "법과 도덕의 본질적 구별은 우리가 법을 강제 질서로 파악할 때만 가능한 것이다. … 도덕은 단지 규범에 맞는 행동을 찬양하고 그렇지 않은 행위를 비난할 뿐이며, 따라서 도덕에서 물리력의 사용은 도대체 생각도 할 수 없다."[9]

그러나 이와는 달리 법과 도덕은 내용적으로 일치할 수 있는 것이며, 일치해야 한다고 주장하는 학자들도 있다. 마이어(Max Ernst Mayer, 1875-1923)는 합법성과 도덕성의 대립이란 사회적이고 합법적인 행위에서는 의미가 있으나, 반사회적인 위법에서는 그 의미를 상실한다고 주장하였다.[10] 주지하다시피 법은 합법적인 행위에 대해서는 동기를 문제 삼지 않으나, 위법한 행위에서는 동기는 중요한 역할을 하며, 우리나라 형법에서도 고의와 과실(형법 제13-14조), 참작할 만한 동기(제251조) 등을 고려하고 있다.[11] 또 법적으로 보아 사회에 유해(有害)한 행위는 동시에 도덕에서 보아도 부도덕한 행위이며, 이에 대한 중형(重刑)은 도덕적으로도 인정되는 것이다.

우리가 앞에서 살펴본 것처럼 외면성과 내면성의 징표로 법과 도덕은 구별되고, 더 나아가서 분리되어야 할 것인가? 실제로 외적 행위에 대한 법적 판단을 하게 될 때도 내적 행태가 전혀 고려되지 않을 수는 없을 것이다. 가령 어떤 범법 행위를 판결할 때, 그 행위가 고의(故意), 또는 과실, 또는 선의(善意)에 의한 것인가를 고려해야 할 것이다. 따라

8) H. Kelsen, *Reine Rechtslehre*, Wien, 1960, S.35.

9) 같은 책, S.64.

10) M. E. Mayer, *Rechtsphilosophie*, Berlin, 1922, S.62 참조.

11) 심헌섭, 『법철학 I』, 법문사, 1982, pp.103-117 참조.

서 외적 행위도 도덕적 평가의 대상이 될 수밖에 없는 것이다. 그리고 내적 형태 그 자체가 아니라 그것이 외적 행동으로 옮겨질 때 비로소 도덕적으로 평가될 수 있는 것이다. 때로는 내적 행태도 법적 평가의 대상이 될 수 있는 것이다.

실제로 법정(法廷)에서도 범법자(犯法者)의 동기를 참작하고 있다. 그러므로 신칸트학파 철학자 나토르프(Paul Gerhard Natorp, 1824-1924)가 "법에서는 내적인 것이 외적인 것에서, 도덕에서는 외적인 것이 내적인 것에서 평가된다."[12]고 지적한 것처럼, 사람이 지켜야 할 의무인 법과 도덕을 별개로 보고 분리시키는 것은 바람직한 것이 아니다.

사실상 다원화 사회에서 법과 도덕의 일치의 실현은 매우 어렵다. 그래서 옐리네크(Georg Jellinek, 1851-1911)는 법 강제설을 배격하고 법의 윤리성을 강조했다. 그는 법은 '최소한의 윤리(ethisches Minimum)'[13]라고 하였다. 한때 법실증주의였다가 만년에 자연법으로 회귀한 라드브루흐(Gustav Radbruch, 1878-1949)는 "법은 사회생활의 필수조건이라는 면에서 '최소한의 윤리'이나, 그 실현 가능한 의미에서는 '최대한의 윤리(ethisches Maximum)'이기도 하다."[14]라고 말하였다. 그는 법과 도덕 사이에는 구별(Sonderung)의 관계가 있을 수 있다고 할지라도 분리(Trennung)의 관계는 존재하지 않는다고 말하기도 했다.

우리는 현대사회에서 현실적으로 법과 도덕의 차이가 있음을 부인할 수 없다. 그러나 법과 도덕이 서로 무관하다고 주장하거나, 심지어 도덕으로부터 법을 분리시켜야 한다고 주장하는 사람들은 결국은 자연법을 부인하고 종내 실정법의 불신까지도 초래하게 한다.

---

12) P. Natorp, "Recht und Sittlichkeit," in *Kant-Studien*, Bd. 18, 1913, S.15.

13) G. Jellinek, *Die sozialethische Bedeutung von Recht: Unrecht und Strafe*, Berlin, 1908, S.45.

14) G. Radbruch, *Rechtsphilosophie*, 1973(8 Aufl.), S.43.

2. 법과 도덕의 일원화와 자연법

우리나라의 전통적인 법전의 전형(典型)인 『경국대전(經國大典)』뿐만 아니라, 이슬람 문화권에서는 오늘날에도 법과 도덕은 일치하며 일치해야 한다고 주장한다. 그러나 현대 산업사회에서는 일반적으로 법과 도덕은 동일한 것이 아니라는 생각을 하고 있다.

모든 법규범이 동시에 도덕적 규범은 아니지만, 법규범은 그것이 구속력을 가지기 위한 조건으로 도덕적 규범을 전제하지 않을 수 없을 것이다. 왜냐하면 예컨대 자유민주적 법질서는 자유, 정의, 평등이 절대적 가치로 인정되고 이 가치들을 실현해야 할 의무가 각자에게 부과되어 있다는 도덕적 전제 위에 기초해 있기 때문이다. 자기 스스로가 도덕적 요구 아래 놓여 있다고 여기는 사람만이 자신의 행위에 의해서 영향받는 사람들을 고려하여 자신의 행위를 비판적으로 검토하고 필요한 경우에 자신의 행위를 제한해야 한다는 요구를 이해할 수 있고 수용한다.

법철학자들 중에서는 도덕원리와 법규범의 밀접한 관계를 자연법과 실정법의 관계와 연계해서 성찰하는 사람들이 있다. 페르드로스(Alfred Verdross, 1890-1980)는 "만일 사람들이 (법으로부터) 도덕적 규범을 빼놓고 생각한다면, 처벌 규범조차도 무력한 것이 되고 말 것이다. 왜냐하면 위협적인 처벌을 내릴 아무런 의무도 성립할 수 없기 때문이다. 이로써 실정법 규범의 타당성이 도덕에 의거한다는 것이 입증된다. 그러므로 법과 도덕은 필연적으로 연계된다."[15]고 말한다.

자연법의 차원에서 모세의 십계명과 기본권의 조항들(살인 금지, 신체의 온전성의 권리 등등)은 논란의 여지가 없는 무조건적 타당성을 가

15) Alfred Verdross, "Die naturrechtliche Basis der Rechtsgeltung," in Norbert Hörster, hrsg., *Recht und Moral*, Stuttgart: Reclam, S.44.

지며, 이로 말미암아 널리 수용되고 있다. 문제는 절대적인 자연법을 경험적 조건에 적용하고 구체화할 때 비로소 발생한다는 것이다. 여기서는 가치 갈등과 이익 상충(相衝)이 불가피하다. 그러므로 예를 들어 형법에서는 법적 재산 보호와 자유 박탈에 대한 윤리적 금지를 조화시켜야만 한다.

윤리학자 피퍼(Annemarie Pieper, 1941-)는 법과 도덕의 관계에 대해서 다음과 같이 말한다:

> "법학도 윤리학을 필요로 한다. 왜냐하면 법학은 사회적 행위의 법적인 중요성만을 다룰 뿐, 실천의 도덕적 기초에 대한 설명은 제시하지 않고 도덕철학에 맡겨 버리기 때문이다. 이에 반해서 도덕철학은 도덕규범과 법규범 사이의 정초 관계를 발전시킨다. 윤리학과 신학 및 법학을 연결시켜 주는 것은 규범 정초(定礎)에 대한 관심이다. 그러나 신학과 달리 철학적 윤리학은 최상의 원리로서 신의 개념을 사용하지 않는 대신에, 윤리학의 궁극 원리로서 자유에 의존하는 정초 방법을 발전시킨다. 이 원리(자유의 원리)는 법학에서도 근본적인 원리이다. 예를 들어 민법전(民法典)이나 형법전(刑法典)의 범죄 구성 요건에 정식화되어 있는 법규범은 인간의 행위의 자유에 대해 그것의 권리와 한계를 규정한다."[16)]

그러나 윤리학과 법학이 그 규범 정초를 자유의 원리에서 찾는 것처럼, 신학에서도 인간의 자유의지 및 자기 결단의 자기 결정권이 존중되면서 그것의 권리와 한계를 규정한다고 이해할 수 있을 것이다. 인간학적인 관점에서 인간의 본질은 자유이나, 거기에는 반드시 한계, 예컨대 책임이 따른다. 인간의 자유가 존중되어야 하지만 인간은 무엇이든지

---

16) Annemarie Pieper, *Einführung in die Ethik*, Basel and Tübingen, 1991. 진교훈 · 류지한 옮김, 『현대윤리학 입문』, 철학과현실사, 1999, p.134 참조.

하고 싶은 대로 다 할 수 있는 것은 아니다. 그러므로 인간으로 하여금 옳은 일을 하게 하고 옳지 않은 일을 하지 못하게 하는 행동의 준칙을 지시하는 윤리신학과 철학적 윤리학과 법학을 연결시켜 주고 이들을 하나로 결합시켜 주는 것이 바로 자연법이다. 이 자연법은 윤리신학과 윤리철학과 법학의 모태(母胎)가 되며 근본이 된다.

법은 그 자체가 인간의 삶의 목적이 아니다. 법은 본질적으로 단지 제한된 인간의 삶을 보호하기 위하여 존재하는 질서가 될 수 있을 뿐이다. 따라서 법은 삶의 수단일 뿐이다. 법과 도덕은 인간 실존이 몸담고 있는 삶 속에 서로 연관을 가지고 있으므로 서로 분리되어서는 안 된다. 법의 명령과 강제는 당위를 기초로 한다. 그래야만 의무가 발생한다. 그러므로 법은 언제나 도덕성을 요청하지 않을 수 없고, 도덕성의 요청을 받아들여야 한다. 도덕성을 확인하는 것은 도덕적인 자연법에 맡겨져 있는 것이다. 여기서 우리는 인간의 생존권이 헌법에서 보장되어야 하는 이유를 발견할 수 있다. 그리고 상대적인 생명 안전법이 아니라 절대적인 생명윤리 안전법이라는 말이 사용되어야 하는 연유를 이해할 수 있을 것이다.

우리는 다음 절에서 도덕과 법의 관계를 여러 경우를 염두에 두고 상론(詳論)해 보기로 하자.

3. 도덕과 법의 관계

1) 도덕은 법보다 상위의 규범이다

도덕이 실정법보다 더 상위의 규범이라는 것은 인류의 보편적인 확신이다. 이러한 확신은 보편적이어서 건전한 사회질서를 위해서 성직자와 윤리학자뿐만 아니라 입법가나 재판관조차도 줄곧 도덕의 중요성을 역설해 왔다. 그리고 모든 혁명가들마다 혁명의 당위성을 당대의 성문법(成文法, Gesetzesrecht)에 반대하면서 보다 더 정의로운 도덕적인 상위의 법에 의거해서 혁명을 한다고 주장한다.

그러므로 이때 그들이 내세운 도덕은 그 자체가 보편적이며 절대적인 것이라는 것이다. 왜냐하면 이러한 도덕은 가치의 질서를 종결지을 뿐만 아니라 동시에 최고 가치와 선(善)에 정초되어 있기 때문이라는 것이다. 그래서 도덕은 "끝이자 처음(finis et principium)"이라는 라틴어 격언이 있는 것이다.

롬멘(H. Rommen)은 다음과 같이 말한다:

"도덕은 그 규범을 존재와 재화(財貨)의 위계(位階)에 토대를 두고 있다. 도덕은 최고선과의 수단적 관계들에서 그것들의 서열(序列)과 고유한 가치를 얻는다. 최고선은 가장 순수한 존재인 신성(神性, Gottheit)이다. 모든 피조물이 증거하는 하느님의 명예와 영광은 피조물의 최고 목적이다. 그러므로 인간의 도덕은 존재의 질서를 보존하고 실행하는 데 있다. 도덕은 본원적(本源的)인 인격 영역에서뿐만 아니라 점점 더 완전해지는 공동체의 올바른 형태로, 인간으로 하여금 하느님과 닮은 존재가 되도록 하고 고귀하게 하는 데에 이른다. 또한 도덕은 제1공동체인 가족으로부터 국가, 더 나아가서 인류에로 뻗어 나가게 되며, 인간 삶이 표현하는 영역 안에서, 즉 경제, 노동, 기술뿐만 아니라 정신과학과 예술에서 더 완전한 발전을 요구하게 된다. 이러한 것들은 전체적인 인간의 문화와 창조의 위대한 은혜이다. 최고선으로부터 이러한 것들은 본질적 존재의 질서와 하나인 가치 질서에서 올바른 위치와 적절한 평가의 척도를 얻는다. 그러므로 삶의 수단적 부분인 경제가 지배적인 수단으로 될 때, 이익과 유용성의 경제적 범주가 인간보다 상위(上位)에 놓일 때, 다시 말해서 개인적인 경우이든 혹은 국가의 정치적 공동체의 경우이든 간에 경제적 범주가 자주적이며 자립적인 인격적 가치보다 상위에 있게 될 때, 비윤리적인 상태가 된다."[17]

그러므로 절대적 도덕의 교의(教義)인 윤리학은 예술, 의학, 위생학, 정치학, 법철학, 사회철학과 같은 다른 규범적 학문보다 더 상위를 차지한다. 하지만 윤리학은 생활 영역에 대한 인습적(因襲的)이고 자주성 없는 도덕화를 의미하는 것이 아니다. 왜냐하면 예술, 위생학 그리고 합법적 조직에 관한 법률들은 이러한 주제로부터 나오는 특수하고 독립적인 법들 모두에게 남아 있기 때문이다. 이러한 사실은 특수한 존재의 양태, 즉 생물학적 존재를 실현하는 것, 예컨대 생명의 존엄성을 실현하는 것은 동시에 도덕성의 실현이라는 존재의 철학으로 파생되어 나오는 확신에서 찾아볼 수 있다. 도덕은 생물학적 생활의 법칙에 충실할 것을 요구한다. 그래서 무커만(Hermann Muckermann, 1877-1962)은 "도덕과 생물학적 법칙의 궁극적인 일치는 항상 새롭게 입증할 수 있다."[18]고 말했다. 그러므로 인간의 기본 질서는 법보다 상위인 도덕에 근거를 두지 않을 수 없다.

2) 의무와 법의 관계

밀트너(Charles C. Miltner, 1935-)는 "신성(神性)을 인정하는 모든 윤리학은 세 가지 의무의 질서, 즉 신에 대한 의무, 자신에 대한 의무, 동료(이웃)에 대한 의무를 구별한다. 그래서 그리스 법률가와 스토아학파로부터 영향을 받은 로마의 법률가들, 중세기의 전 기간, 근세의 푸

---

17) H. Rommen, *Die Ewige Wiederkehr des Naturrechts*, SS.208-209.

18) H. Muckermann, "Physiological Assimiliation," in *The Catholic Encyclopedia*, Vol. 1. New York: Robert Appleton Co., 1907 참조.

펜도르프(Samuel von Pufendorf, 1632-1694)와 라이프니츠(Gottfried Wilhelm von Leibniz, 1646-1716), 그리고 현재까지 이어져 내려온 그리스도교의 도덕적 가르침은 이러한 세 가지로 구분된 의무를 받아들였다."[19]고 말했다. 법(Recht)[20]이 세 번째 의무인 동료에 대한 의무, 즉 사회윤리와 관련을 맺고 있다는 것은 의심할 바 없다.

자신을 거슬리게 하는 올바름(Recht)이란 존재하지 않는다. 자신에 대한 올바름이란 다른 사람에 대한 올바름을 의미한다. 올바름 또는 아리스토텔레스 이후로 익숙한 정의(정의의 대상은 법이다)[21]는 "다른 사람과 관련된" 것이다.[22] "정의는 본질적으로 다른 사람과의 관계를 의미한다."[23] 왜냐하면 정의(正義)는 "다른 사람과 그와의 관계에서 그 사람에게 관계되는 것"[24]이기 때문이다. 신과의 관계에서 그리고 자신과의 관계에서 도덕적 의무가 존재하지만, 엄밀한 의미에서 도덕적인 의무는 어떤 법적인 의무로 강요되는 것은 아니다.

그러나 이웃에 대한 사랑, 우정, 관대함, 자비, 그리고 감사와 같은 사회적 덕목들은 다른 것으로, 사회윤리로 방향 지어져 있다. 그러면 법은 어떻게 이러한 덕목들과 구별되는가? 가장 간단한 대답은 다음과

---

19) 엄밀히 말해, 인간은 자기 자신에 대한 의무를 직접적으로 가질 수 없다. 그러나 "인간은, 그가 확실한 목적을 달성하게 하는 자연법에 제약되어 있는 한, 자기 자신에 대해 간접적으로 의무를 가질 수 있다." Charles C. Miltner, *The Elements of Ethics*, New York: The Macmillan Co., 1936(2nd rev. ed.), p.154.

20) 독일어 Recht는 법뿐만 아니라 올바름과 권리를 뜻하기도 한다.

21) Thomas Aquinas, *Summa Theologica*, IIa IIae, q. 57, a. 1. 정의의 대상은 법이다.

22) *Summa Theologica*, q. 58, a. 5: Iustitia ordinat hominen in comparatione ad alium.

23) *Summa Theologica*, q. 58, a. 2.

24) *Summa Theologica*, q. 58, a. 5.

같다: 법은 국가의 의지, 즉 적법한 입법자의 실제적 의지로부터 나오고, 국가의 의지(적법한 입법자의 실제적 의지)에 의해 강제된다는 사실이라고 대답할 수 있다. 국가는 어떤 의무들의 수행을 요구하며, 의무를 강제한다. 그러나 감사(感謝) 혹은 우정에서 발생하는 의무는 강요될 수 없기 때문에, 그것은 '윤리적인 소임(officium ethicum)'이 될 뿐이다. 대부분의 경우에서 소송(訴訟, 告訴)은 우정(友情)을 파괴한다는 것은 잘 알려진 것이다.

실증주의자의 법에 대한 설명은 부적절하다. 왜냐하면 소송은 인간의 올바름에 대한 확신과 모순되기 때문이다. 우리는 성문법(Gesetz)과 올바름(Recht, 법)을 구별할 수 있다. 영국 의회는 이론상 주권을 가지고 있다. 거의 속담에 가까운 표현을 인용하자면, 영국 의회는 "여자를 남자로, 남자를 여자로 만드는 것을 제외하고는 모든 것을 할 수 있다." 고 한다. 그러나 비록 A의 아내를 B의 아내로 만들 수 있을지라도 영국 의회가 간통을 합법적인 것이라고 선언할 수 없다는 것을 헤일 경(Lord Hale)은 1701년에 선포하였으며, 부르군디의 비포(Wippo, 990-1048)의 서사시(敍事詩)는 고대 게르만족의 법에 해당되는 내용을 담아 "왕은 올바름을 배워야 하고 올바름에 주의를 기울여야 한다. 왜냐하면 올바름을 지키는 것이 지배(통치)하는 것이기 때문이다."[25]라고 읊기도 했다. 그러므로 우리는 간통을 합법화하는 나라의 성문법에 대해서 그것은 비도덕적이라고 비판하지 않을 수 없다. 실정법에 명문화되지 않았더라도 사람답게 살려는 사람은 사람다운 의무를 반드시 지켜야 할 것이다.

---

25) R. W. Carlyle and A. J. Carlyle, *A History of Medieval Political Theory in the West*(6 vols.), Edinburgh and London: William Blackwood & Sons, 1903-36, III, p.128: Audidat rex quod praecipit lex, Legem servare hoc est regnare.

3) 도덕과 법의 차이

토마지우스와 칸트는 윤리(Sittlichkeit)와 법을 구별하려고 시도했다. 그들은 내적인 도덕성(Moralität)과 외적인 합법성을 구별하려고 하였다.[26] 성문법이 대체로 법적 규범을 외적으로 충족시키는 데 만족하는 것은 당연하다고 여겼다. 그러나 종종 내적인 동기들이 문제가 되곤 한다. 특히 형법에서 객관적으로 같은 사건들이 사전 계획이나 기계적인 냉혈성으로 인해 부당하게 처벌받는 경우에 그렇다.

외적인 행동에 대한 법적 제한은 개인을 위한 자유의 영역을 위하여 절대주의를 제한할 필요성에서 당연히 발생했다. 예컨대 실러(Friedrich Schiller, 1759-1805)의 『돈 카를로스(*Don Carlos*)』에서 "사상의 자유를 허용하도록"[27] 스페인의 필립 2세에게 간청하는 대목에서 이러한 경향을 우리는 찾아볼 수 있다.

윤리와 법의 구분과 윤리와 법의 분리를 우리는 구별해서 생각해 보아야 할 것이다. 윤리를 인간의 내면의 평화와 내면성에만 국한시키려고 하는 것에 대해 우리는 전적으로 만족할 수 없다. 왜냐하면 윤리는 인간의 모든 활동, 즉 인간의 내면적 활동과 외면적 활동을 모두 포용하고 있어야 하기 때문이다. 예컨대 부모에 대한 순종, 진실한 언동, 자기 자신의 말에 대한 신의를 지키는 외면적 행동은 확실히 도덕적 특성을 가지고 있다. 왜냐하면 그러한 행동을 밖으로 드러내면서 그 행동은 도덕적인 행동이 되기 때문이다. 그러한 행동이 자체로 선하기 때문에, 비록 법이 없을지라도 그러한 행동은 올바른 행동이 된다. 그리고 이와 반대되는 행동은 비록 어떤 실정적인 규범, 즉 법이 명백하게 이러한 것을 규정하지는 않을지라도 올바르지 못하다. 똑같은 동기가 여기서는

---

26) Eisler, *Kantslexikon* 참조.

27) F. Schiller, *Don Carlos*, Act III, secne 10.

다른 경우에서처럼 지배적이라는 것을 믿는 것은 어렵지 않다. 구체적으로 예를 들면, 절대주의의 법의 영역은 제한될 수밖에 없다. 왜냐하면 외적인 사실과 상황만이 법의 영역에 속하기 때문이다. 국가는 안전, 즉 외적인 질서를 명령(강제)할 수 있지만 그 이상은 아무것도 할 수 없다. 국가는 실제로 어떤 윤리적 기능에 전적으로 해당되지 않는다. 이런 의미에서 전체주의가 지배하는 경찰국가에 의해서 자유와 도덕교육이 기만당하는 것은 때로는 가능할지도 모른다.

롬멘은 다음과 같이 말한다:

> "윤리와 법의 구별은 윤리와 법을 분리시키는 것과는 다르다고 언명했다. 왜냐하면 사회 전체의 목적에 대한 관계는 고유한 존재로서 인격적 존재가 공동체에 대해서일지라도 양도할 수 없는 고유한 권리(Rechte)를 가지며, 공동체를 도외시하더라도 그 권리는 동등한 다른 것들과 함께 나눈다는 요구를 충분히 설명하지 못하기 때문이다. 공경심(恭敬心, pietas)이나 조국애도 공동선(Gemeinwohl, common good)과 밀접한 관련을 가지고 있다. 여기서 우리는 윤리와 법을 분리시킬 수 없다. 공법(公法)과 나란히 법적 동등성의 영역인 사법(私法)이 있다. '전체의 목적(Gesamtzweck)'은 개인이라는 개별적 존재의 품위와 가치 안에 놓인 본래적이고 불멸하는 '고유한 목적(Eigenzweck)' 없이는 존재하지 않는다."[28)]

토마스 아퀴나스는 정의란 한 사람을 두 가지 방식으로 다른 사람에게로 향하게 한다고 말한다: "공동체에 기여하는 사람이 그 공동체의 모든 구성원에게 기여하는 한에서 제일 먼저는 개별 존재인 타인과의 관계이며, 그 다음으로 공동체로서의 타인과의 관계이다."[29)] 이 모든

28) H. Rommen, *Die Ewige Wiederkehr des Naturrechts*, SS.213-214 참조.

것은 "각자에게 그의 것을 주어라(suum cuique)."라는 오래된 격언에 나타나 있다. 그러나 사람들은 한 인간의 몫(그의 것)을, 그를 향하여 지시된 것, 즉 그에게 돌려야 할 것으로, 다시 말해서 그에게 빚진 것으로 간주되지 않을 수 없는 것이라고 부른다. 이것은 그의 본질적 이념으로부터 나온 것이다. 그러므로 그것은 그에게 주어지지 않을 수 없는 것이다. 존재에 입각한 근본 토대로서 사물, 재화, 그리고 행동에 대한 목표 내지 목적의 관계는 '책임성'의 불가피성과 그로 말미암아 강제성의 형태로 법의 특징이 된다. 인간은 외적인 사물에 대한 자연적인 법적 지배권을 지니고 있다. 왜냐하면 인간은 자신의 이성과 의지에 입각하여 그 자신의 이익을 위해 외부의 사물을 이용할 수 있기 때문이다. '그의 것(das Seine)'이란 신체적인 연결, 즉 인과적(因果的) 관계로 불릴 수도 있겠지만, 그것만을 의미하지 않고, 오히려 인격에 대한 규정성이다. 여기서 우리는 사유권(私有權)의 정당성을 찾아볼 수 있다.

그러므로 앞에서 살펴본 것처럼 우리는 윤리와 법의 특성을 구분해 볼 수도 있으나, 윤리와 법을 분리시켜서는 안 될 것이다.

4) 실정법의 한계와 윤리

법은 내적인 도덕적 성질을 고려하지 않는다. 시민은 국가원수에게 복종하는데, 이것은 국가원수에 대한 개인적인 내적인 도덕적 호의 때문이 아니라 그가 공동선을 위한 책임이 있기 때문이다. 그러므로 이 사실은 법적 이성이 인격 속에서 권리의 주체를 보게 되고 권리와 의무의 담지자로서 지속적으로 삶의 목표에 기여하는 공동체에 대해 법적 인격성을 부여하는 경우에 깊은 의미가 있다. '인격'은 스스로 그리고

---

29) Thomas Aquinas, *Summa Theologica*, IIa IIae, q. 58, a. 5.

그 자체로 존재한다. 인격은 사물과 행동을 조화시키는 중심체이다.30)

법적인 이성은 정신적이고 도덕적인 자유, 즉 자립성의 결과로서, 인간과 공동체에 대해 법적인 자유를 부여한다. 또한 여기서 존재(Sein)는 '그의 것(Seinigen)'31)에 대한 궁극적인 근거이며, 타인에 의한 당위(當爲: 타인에 의해서 존중받아야 할 것)의 궁극적인 근거가 된다. 그러므로 의무는 모든 권리에 상응하는 것이다. 더 나아가 모든 사람은 법적 자격이 있다. 법적 주체(권리의 주체)로서 인격은 '자연법적'으로 개인이나 공동체를 위한 하나의 단순한 수단이 될 수 없다. 그러므로 "그리스도교의 법적 이성이 노예제를 극복했다는 것은 문명사에서 가장 중요한 성취 중의 하나이다."32)라고 말할 수 있다.

롬멘은 법의 한계와 특성에 대해 다음과 같이 말한다:

"사랑도 '타자(他者)'를 포용하지만 그것은 '둘이 하나로 되는' 완전한 결합의 형태에서 그렇다. 그러나 정의는 바로 타자를 강조하고 유지하기 위해 다른 사람을 포함한다. 분리, 관계의 한계를 정하는 것, 즉 타인에 '대한' 관계의 분리는 법의 본질적 특징인데, 이는 융합(통합)이 아닌 분명한 분리이다. 법은 인간에게 절대적으로 사적인 영역, 즉 다른 사람들과 공동체에 대해 확고히 독립된 영역을 제공한다. '나'와 '당신'은 법 앞에서 먼저는 그 자체로 구분되며, 그 다음 상호 관련된 개별적인 동등성으로 드러나며, '나의 것'과 '너의 것'은 법적 채무관계로서,

30) Kyo-hun Chin, *Über das Verhältnis von Person und Liebe bei Max Scheler*, Dissertation, Universität Wien, 1972, SS.6-31 참조.

31) '그의 것(Seinigen)'이란 존재(Sein)에서 유래한 말이다. 따라서 존재가 신에 의해 비롯되었으므로 '그의 것'이란 신이 정한 고유한 것이 된다고 할 수 있을 것이다.

32) 노예제도의 윤리적 문제에 대해서는 Jacques Leclercq, *Les droit et devoirs individuels*, Part I, pp.158-183; Luigi Sturzo, "The Influence of Social Facts on Ethical Conceptions," *Thought*, XX, 1945, pp.97-99.

즉 동일한 영역에서 분명하고도 확고한 결정으로 나타난다. 그러므로 나의 권리의 영역은 다른 사람의 권리의 영역과 분리되어 있고 그것은 그의 법적인 권한의 영역과 그의 의무의 목표를 형성하고 그 역(逆)도 마찬가지다."[33]

모든 인간의 활동이 법에 적용되는 것은 아니다. 감각적으로 지각 가능한 것, 즉 명확히 표명된 정황만이 법에 적용된다. 그래서 라틴어로 법의 특성에 대하여 "인간의 법은 저것을 행하기 위하여 이것을 명령하는 것이 아니라 단지 이것을 하여야 한다고 명령하는 것이다."[34]라는 말이 회자(膾炙)되어 왔다. 그러므로 강제력을 적용할 가능성은 법 개념의 필연적인 결과이다. 윤리와 함께 법은 지시하는 힘(vis directiva)을 공통적으로 지니고 있지만, 강제하기 위한 힘은 전적으로 법과 상관될 뿐이다. 다른 사람과 관련된 모든 행동 혹은 태만(실수)은 그것이 본래적으로 모순 없이 강제될 수 있는 한, 법적인 문제이다. 한 행동의 법적인 성격은 이러한 강제력의 사용이 관련된 행동의 내적인 본질과 모순되지 않는 것으로 지각되고 인식된다는 사실을 통해서 확인된다. 그러므로 강제력을 실제로 사용하는 것은 법적 행동의 내적인 속성을 결코 변화시키지 않는다. 이와 반대로, 강제된 도덕적 결정은 강제라는 바로 그 사실에 의한 도덕적 행동 또는 결정이라는 점에서 내적으로 무효화된다. 감사와 공경심(효애, pietas)은 아들이 쇠약하고 연로한 아버지를 돌보게 한다. 만일 아들이 그렇게 행동하지 않는다면 법은 강제력으로 그 아들이 아버지를 돌보도록 강제한다. 이때 아버지를 아들이 부양하는 것은 법적인 의무를 실현하는 것이다. 그러나 강제가 지속되는 한, 도덕법은 수행되지 않은 채로 있게 되고 만다.[35]

---

33) H. Rommen, *Die Ewige Wiederkehr des Naturrechts*, S.216.

34) "Lex humana non imperat fieri hoc propter illud, sed ut fiat hoc."

법의 영역에서는 자의적(恣意的)인 결정을 하지 않도록 조문화(條文化)되어 있다. 그러므로 법적 질서는 본질적으로 사랑 혹은 우정의 질서와 다르다. 강요된 사랑과 같은 것은 존재하지 않기 때문에, 우정과 사랑은 자유롭게 전적으로 유일하고, '너'라고 부르는 인격의 핵심이라 할 수 있는 친구 혹은 연인의 특별한 속성을 언제나 포함한다. 그러나 법은 그렇게 깊이 있게 침투하지 못한다. 법은 개인, 즉 개별적 통합성을 포함하는데 그러한 통합성은 법의 정신에 의해 인식될 수 있는 한에서 그러하며, 그의 개별적인 인품의 유일회성(唯一回性)에 있는 것이 아니라 일반적인 인격 존재에 있다. 법은 어떤 평등을 전제로 한다. 평등은 정의의 질서(ordo iustitiae)의 경계이다. 법은 한 인격체의 내적인 핵심을 자유롭게 한다. 그뿐만 아니라 법은 인간에게 자유로운 행동에 전제 조건을 제공하고 자유로운 행위를 보장한다. 법적 질서는, 그것이 활동에 관한 틀로 있든지 아니면 사태에 관한 틀로 있든지 간에, 인격성에 관한 개별적인 특성, 예컨대 특수하고 특징적인 고유한 특성에 대한 고려 없이 규범의 영향권을 형성한다. 법적 질서는 협동하거나 포기할 것을 강제하는데, 사람들로 하여금 협동하거나 단념하도록 강제하기도 한다. 법적 질서는 국가와 같은 사회적 단위의 구조와 조직을 형성하고 보존한다. 또한 법적 질서는 행동을 규제하고, 국가권력자의 비이성적인 자의성을 적절하게 제한하며, 그리하여 국가권력을 공동선에 기여하는 윤리적인 힘이 되게 한다. 그러나 여기서 다시 말하지만, 법적 질서는 구체적 개인의 특수하고 개별적인 특성을 문제 삼지 아니한다. 공권력의 책임자 내지는 공적 조직에 관한 도덕적 자질은 그의 법적 지위와 권력의 정당한 행사에 있어서 문제시되지 않는다. 이러한 견해는 종파주의 방식의 모든 군주제에 반대한 가톨릭 사회철학의 정당한 인

35) H. Rommen, *Die Ewige Wiederkehr des Naturrechts*, SS.216-217 참조.

식이었다. 법질서 내에서 도덕적인 삶의 필요성은 도덕적 인간이 되기 위한 인간의 내적 목표와 일치한다. 이러한 법이 구속하는 곳에서는 절대적인 권력은 불가능하다.[36)]

요컨대 법은 외적이고 객관적인 규범이다. 나의 주관적인 권리는 독립된 존재, 즉 고유한 목표를 가진 존재로서 오로지 나의 특성과 결부되어 있다. 그러나 법은 나의 도덕적 특성의 양상과는 독립적이다. 법은 공동체뿐만 아니라 개별 인격의 영속성(永續性)을 보증한다. 그러나 법은 그 자체로 목적이 아니다. 법은 공동체를 구성하며, 그 공동체의 본질적 목표를 위한 수단이다. 또한 법은 인간으로서 나의 고유한 목표의 성취를 사회적으로 가능케 하는 권리를 나에게 부여한다. 그러한 경우에 법은 강제력을 갖게 된다.

어떤 공동체도, 즉 가족도, 국가도, 어떤 결사체도 법 없이는 존속할 수 없지만, 그 공동체들은 법을 통해서가 아니라 법 안에서 존재할 수 있다. 결혼한 부부, 가족은 사랑을 통해 산다. 사랑은 그 내밀한 존재의 유일회성으로 부부를 붙들어 준다. 법은 다만 부부라는 그 일반적인 특성에만 관계한다. 이러한 것을 잊은 곳에서는, 그리고 사람과 사람 간의 모든 관계의 모든 법적인 범주 속에 힘을 가하려는 모든 시도가 있는 곳에서는 삶의 의미는 상실되어 간다. 법 만능주의에 빠져 버린 계몽기의 자연법적 교의는 법적인 범주를 가지고 모든 것을 포함하려고 노력했다. 그러나 공동체를 단순한 법적인 양도의 결과로서 설명하려고 했을 때, 사회의 강력한 힘은 쇠약해지거나 왜곡되었다. 목적 없음은 모든 삶의 영역에서 최종적인 결과이다. 적어도 이것은 다음과 같은 경우였다. 즉, 현존하는 사물 질서의 단순한 보존이 지속된 사회 존재 자체를 위해 단순히 승리를 얻은 것이 아니다. 국가의 이념은 국가가 순

36) 같은 책, SS.217-218 참조.

수한 법적 질서로 될 때 용해(溶解)되고 만다. 가족의 이념은 사람들이 자기만족적인 권리에 대해서만 말하기 시작할 때, 실추의 고통을 받는다. 법은 삶을 발생시킬 수 없을 뿐더러 사랑을 대신할 수도 없다. 법은 그저 삶을 보호할 목적으로 존재하는 본래적으로 제한된 질서가 될 수 있을 뿐이고 그렇게 되어야만 할 것이다.37)

여기서 우리는 영원한 철학(philosophia perennis)의 위대성을 생각해 보지 않을 수 없다. 이 영원한 철학은 이념의 세계로부터 하나의 이념을 끄집어내어 열광한 나머지 그것을 끝난 것으로 생각하고 그래서 일종의 주의(主義, -ism)가 되고 마는 그러한 단선적(單線的) 사고가 아니다. 그것은 말하자면 구면적(球面的, spherical)으로 생각하는 것이다. 그들 상호 간의 상호 독립성에서 서로서로 투쟁하고 있는 모든 본질적 이념들은 신중한 평균을 보여준다. 참으로 실재에 대한 충실은 이러한 사유 체계를 특징지어 준다고 하겠다.38) 이것은 실재를 우주 질서로서 창조함으로써 질서를 바랐던 최고의 지성인 하느님이 최초로 창조한 만물을 모방하는 일종의 두 번째 지적 창조임을 의미한다. 따라서 본질적으로 규범과 동떨어진 규범을 위반하는 어떤 것도 정신과 비이성적인 생명력을 위해 세워지지 않는다. 이러한 힘들은 직관적이고 체험하는 행동에서 비로소 인식된다. 이를테면 우리는 토마스 아퀴나스가 찬송가의 작곡가였고 동시에 전례학자였다는 것을 기억해야 할 것이다. 그리고 우리는 시인 횔덜린(F. Hölderlin)이 "인간은 시인으로서 비로소 산다(Der Mensch lebt erst als Dichter)."고 읊은 말을, 철학자 하이데거가 그토록 좋아한 나머지 그의 60세 생일 때 시집을 발간했던 것을 유념할 수 있을 것이다.

---

37) Walter Farrell, O.P., *A Companion to the Summa*, II, p.386f.

38) K. F. Reinhardt, *A Realistic Philosophy*, Milwaukee: The Bruce Publishing Co., 1944, pp.13-26 참조

그러나 이성은 생명력을 위해 생명력들이 기능해야 하는 형식을 세운다. 이성은 생명력에게 그것의 본질적 존재의 반영인 분명하고도 합리적인 규범을 가져다준다. 이성은 생명력에게 규칙과 일정한 틀을 주는데 그 속에서 생명력은 자신들의 본질과 일치하여 존재할 수 있다. 그러나 이성은 생명이 아니다. 이성은 인간을 인간으로서 실제로 살 수 있게 하기 위하여 단지 제멋대로 날뛰는 생명력(즉, 이기심, 성적 충동, 권력욕, 취득 본능 등)을 지도(指導)한다.

앞에서 우리가 살펴본 것은 분명하고도 냉정한 실정법 그 자체의 합리성이 갖는 필연성과 중요성을 설명해 준다. 그러나 그것은 또한 왜 실정법이 완전한 인간 삶을 위해 불충분한지, 그리고 왜 실정법이 강제되어야 하는지를 설명해 주기도 한다. 실정법과 도덕을 분리시켜 생각하는 것이 오늘날 법실증주의 영향으로 법조계의 큰 흐름이지만 법과 도덕은 분리되어서는 안 된다. 그러면 이유는 무엇인가? 우리는 그 이유를 규명해 보기로 하자.

5) 실정법과 도덕이 분리되어서는 안 되는 이유

강제할 수 있는 것이 법의 특유한 속성이기 때문에 법과 도덕을 구별하는 경계선은 역사상 변화하고 있다. 그 경계선은 한정된 도덕적 의무를 수행하는 것이 여론에 의해 공동체의 구체적인 존재의 보존을 위해 필요한 것으로 간주되는 것인지 아닌지에 따라서, 그리고 이러한 의무들이 실정법의 형식을 띠고 있는지 아닌지에 따라서 변화되어 왔다. 중세 시대에는 단순한 좁은 마음에서 불관용적인 것이 아니라 획일적인 그리스도교 문화의 정신적인 실행 때문이었다. 이교도(異教徒)는 그가 이단(異端)의 도덕적 죄를 범했기 때문에 세속적인 권력에 의해 처벌을 받은 것이 아니었다. 그는 그리스도교 왕국이라는 공동체의 내부적 안정에 해(害)가 되었던 이단에 속했기 때문에 벌을 받았다. 법적인 혹은 시민의 관용(이것은 독단적인 관용과는 구별되어야만 한다)은 그리스도교적 믿음이 사실이 되는 것을 그칠 때, 그것이 다른 신조(信條)나 종파에게 자리를 내어주게 될 때 효과가 있어야만 했을 것이다.

그러므로 신념의 통합은 정치적인 동질성을 위해 더 이상 필요한 것으로 간주될 수 없었다. 불이익적인 법적 효과가 불법적인 출생에 부착되든 그렇지 않든, 도덕적 자격이 결혼과 가족의 이념과 제도의 유지를 위해 필요한 것으로 간주되고, 따라서 실행할 가치가 있는 것으로 간주되는 것에 의존하였다.

이러한 예들은 법의 본질이 도덕성과 내적인 관계를 가지고 있음을 보여준다. 도덕이 없는 법이란 있을 수 없고, 있어서도 안 될 것이다. 비도덕적인 법은 용어상 혹은 다음과 같은 단순한 진술, 즉 이러한 실정법적 규범이 도덕법과 갈등을 일으키고 따라서 어떤 의무도 부과할 수 없다는 것 — 비록 국가가 의무를 실행하도록 하는 물리적 힘을 가지고 있을 수도 있을지라도 — 과 모순을 일으킨다. 모든 법은 도덕적 토대를 요청한다.[39] 도덕규범에 실정법이 더 가깝게 근접하려는 의지는 사람들에게 너무나 깊게 뿌리박혀 있어서 실정법은 항상 도덕을 참고하지 않을 수 없다. 종종 어떤 판사 — 냉정함의 교의를 가진 로마법의 경우에서처럼 — 는 일반적인 규범 아래에 있는 특별한 상황을 기계적으로 포함하는 것에 만족하는 것이 아니라 동등성을 중요한 부분으로서 허용한다. 그러나 극단적인 경우에 그는 입법자의 의지에로 되돌아가는데, 그는 무엇이 도덕적인가를 의욕(意欲)할 수 있다. 혹은 만일 문자 상의 의미가 불가능한 것이라면, 그는 입법가가 어떤 부정의한 것을 의욕할 수 없었다는 근거로 법에 대한 독립적 의미 해석을 제안하기

39) "인간의 법은 결코 자연 도덕법을 침해할 수 없다." Walter Farrell, O.P., *A Companion to the Summa*, II, p.378.

도 한다.

그러나 이 모든 것도 법의 테두리 내에서 실질적으로 도덕적 성격 없이 순수한 법이 되는 법이 있다는 사실을 배제하는 것은 아니다. 모든 법이 반드시 도덕적 규범이 되는 것은 아니다. 교통 규제와 같은 경찰 법령(그것은 단순히 목적에 대한 종속적인 수단에 봉사한다)은 실질적으로 도덕적 내용을 제시하지 않는다. 법적 절차나 혹은 법정(法廷)의 조직을 통제하는 기술적인 규칙에서도 그러하다. 이러한 규범들은 그러한 기술적이고 형식적이고 공리적인 성격을 가지고 있어 도덕적 혹은 비도덕적인 성질은 그러한 규범들에 적용될 수 없다. 입헌군주적 혹은 민주적 헌법을 터치하는 문제들은 법정 혹은 전문적인 법관, 단체 혹은 관료적 조직에 해당되고, 이러한 범주에 해당된다. 그러므로 이러한 규범들이 실질적인 법과 관련되어서 단지 수단적인 특성을 갖는 것은 명백하다. 입법 과정은 법에 봉사한다. 그러나 그 역은 성립하지 않는다.

그러나 법 속에서 도덕을 검증하려고 하는 것은 자연적 도덕법의 부분으로서 자연법의 이념에로 귀의(歸依)하게 한다. 그리고 모든 법의 관리인과 진실한 법관의 높은 직업적인 정서(情緖)는 도덕을 증거한다. 울피아누스(Ulpianus, ?-228)는 불멸의 표현을 하고 있다. 법의 연구에 몰두하고 있는 사람들에 대해, 그리고 무엇이 선이고 올바른 것인지를 아는 기술에 대해 말하면서 그는 다음과 같이 쓰고 있다:

> "어느 누구라도 적절하게 우리를 이러한 예술의 성직자라고 부를 수 있을 것이다. 왜냐하면 우리는 정의를 신장시키면서, 올바름과 그름 그리고 합법적인 것과 불법적인 것을 구별하면서, 처벌의 위협을 통해서 뿐만 아니라 보상(報償)의 격려(激勵)를 통해서 사람들을 선하게 만들려고 노력하면서, (만일 내가 실수를 하지 않는다면) 그럴싸한 철학이 아

닌 진실을 목표로 하면서, 무엇이 선이고 평등인지를 알아내는 것을 업으로 하고 있기 때문이다."[40)]

6) 왜 자연법은 부활되어야 하는가?

자연법의 부활 또는 자연법 회귀라는 말은 어떤 의미에서는 실정법에 대한 회의와 불신을 의미하는 것이다.

한 사회가 동요되고 하나의 전환기에 다다르고 보면 자연법사상의 대두는 필수적인 현상이 되는 것을 우리는 역사에서 찾아볼 수 있다. 그래서 현대사회의 아노미(anomie, 無規範) 현상을 극복하고 사회의 근본 질서를 회복하기 위하여 자연법의 부활과 자연법의 재생(再生)이 요청되고 있다. 실정법이 어떤 특정한 국가가 제정한 법인 데 반하여, 자연법은 시대와 장소를 초월하여 국가가 있기 전부터 자연히 존재하는 법이다.

자연법사상은 인간의 사회질서를 규율하기 위하여 실정법(實定法) 사상과 병행하여 예로부터 오늘에 이르기까지 부단히 계속하여 왔다. 서양 고대에서는 플라톤, 아리스토텔레스 등의 철학자가 제창한 이념에 의한 도덕적 자연법이, 서양 중세에서는 그리스도교의 교리에 입각한 신학적 자연법이, 서양 근세에 들어와서는 민주주의적 사회제도를 이룩하려는 정치적 자연법이 인간의 사회생활을 규제했다. 그러나 근대의 자연법사상가들은 도구적 합리주의 사상을 끌어들여 근대사회의 실정법의 체계를 이룩하면서 오히려 본래적인 자연법은 실정법적으로는 무의미한 것이 되어 버렸다. 그래서 법이란 오로지 성문법(成文法)이라는 형식으로 이루어진 실정법만을 의미하게 되었다. 현대에 들어와서는

---

40) Ulpianus, *Digest*, i, i, 1, trans. by S. P. Scott, *The Civil Law*(17 vols.), Cincinnati: The Central Trust Co., 1932, II, p.209.

법실증주의가 현대의 실정법을 지배하게 되었고, 소위 일반법학, 분석법학, 순수법학이 현대 법학의 주조를 이루게 되었다. 메르켈(Adolf Merkel, 1836-1896)은 자연법의 존재를 부인하고, 실정법만이 법으로 합당한 것이라고 주장하였고, 오스틴(John Austin, 1790-1859)은 법학이란 실정법의 개념을 정밀히 분석하는 것이라고 하였으며, 켈젠(Hans Kelsen, 1881-1973)은 철저한 규범 논리에 의한 실정법의 순수 이론만이 법학의 과제라고 주장하기에 이르렀다.[41]

그러나 지금까지의 법학의 전통적 조류이던 논리적 정합성에 의거하는 개념법학[42]은 두 가지 전제를 가지고 있다. 그 하나는 모든 인간은 이성을 구비하고 있다는 것이며, 또 하나는 모든 국가가 제정한 성문법은 완전할 것이라는 것이다. 그래서 국가가 그 입법기관을 통하여 법을 제정하면 이성을 가지고 있는 국민들은 그 법이 내포하고 있는 개념을 파악하여 그 법이 명하는 대로 잘 지키면 사회생활은 질서정연하게 규율될 것이라고 생각하였다. 그러나 이러한 개념법학의 낙관적 기대는 무너지고, 국가가 제정한 법과는 다른 생활을 국민들은 하게 되었다. 사회에는 성문법 이전에 자연발생적인 사회질서가 있으며, 사람들은 자연발생적인 사회질서에 따라 관습 내지 도덕에 의거해서 사회생활을 영위해 나갔다. 20세기에 들어와서 반인륜적인 양차 세계대전의 참상을 겪으면서 근대의 실정법만으로는 인류의 사회생활을 규율하는 것이 불충분하다는 것을 인정하지 않을 수 없게 되면서 자연법의 회귀는 필연적인 현상이 되었다.

---

41) 이항녕, 『법철학적 인간학』, 평민사, 1978, p.18 참조.

42) 개념법학이란 법률의 해석 및 적용에 있어서, 그 법률이 논리적으로 완전하게 결함이 없음을 믿고, 법률의 목적이나 현실의 사정을 고려하지 않고 형식 이론만으로 법률 개념을 규정하려는 입장을 말한다.

4. 실정법은 자연법을 기초로 하여야만 한다

이상에서 살펴본 것처럼, 실정법이 불신을 당하고 무질서가 난무하는 시대에 새로운 사회질서를 대망(待望)하는 것은 우리 시대의 필연적인 숙명이고 과제이다. 이 새로운 사회질서의 재건을 우리는 자연법에서 찾아볼 수 있다. 그러나 현대사회에서 자연법의 부활은 고대의 자연법을 그대로 재생시키는 것만으론 충분하지 않다. 왜냐하면 사회생활의 질서는 원래 종합적인 사고를 요하기 때문이다. 근대 이후부터 실정법이 종교로부터, 더 나아가 도덕으로부터 독립하여 독자적인 영역을 고집하고, 또 사회질서의 근간인 윤리도 종교와 법과 경제와 정치로부터 독립하고 도구적 합리주의의 영향을 받아 논리적 정합성만을 주장한 나머지 법학도 윤리도 특수 영역으로 되면서, 현대사회는 신뢰할 수 있는 사회규범이 없는 사회, 이른바 무규범 사회가 되어 버렸다. 그러므로 사회의 질서를 제시하는 규범인 법과 윤리는 독립적인 별개의 학문이 되어서는 안 되며 인간을 총체적인 관점에서 다루는 철학적 인간학의 토대 위에서 인간의 본성법인 자연법을 재생시켜야 할 것이다.

근대철학이 형이상학을 배격하고 특히 실증주의가 명확한 실증이 없는 것을 부정하면서, 윤리학도 도구적, 계량적 합리주의에 몰입되어 버리고 최소한의 윤리를 지켜야 할 법도 사회생활을 하는 규율하는 역할을 제대로 할 수 없게 되었다. 법학자들도 실정법 이외에 관습이나 조리(條理)를 하나의 법원(法源)으로 인정하지 않을 수 없으며, 자연법의 필요를 느끼게 되었다. 이러한 자연법은 위대한 철인들의 두뇌에서 나오는 것이 아니라 민중의 생활 속에서 대두하고 있다는 것이다. 이러한 자연법은 일종의 도덕론으로 인류에게 가장 오래전부터 알려져 온 도덕철학의 근간이며, 인간의 본성과 불가분의 관계에 있는, 인간에게 자연적으로 주어져 있는 본성법(natural law, Naturrecht)을 의미한다.

근대 이후 실정법은 법을 종교와 도덕과 구별하고 법률 전문가의 독점물로 만들고 있으나, 이제 법으로부터 분리된 종교와 도덕과의 관계를 회복해야 할 것이다. 법이 신뢰를 회복하려면 누구든지 알 수 있고 존중해야 하는 보편적인 법, 다시 말해서 인간의 행위의 기준이 되고 모든 인간의 행위의 준칙이 되는 자연법으로 귀의해야 할 것이다.

그러나 현대에 와서는 자연법은 영구불변의 자연법에서 변화하는 자연법론으로 전환되고, 세속법 위에 있는 자연법에서 세속법에 내재(內在)하는 자연법으로 변화하게 되었다. 이와 같은 변화는 국가의 권력행사가 권력자의 자의(姿意)에서 벗어나 점차 법적 통제 하에서 합리적으로 이루어짐으로써 가능하게 되었다. 그리하여 세속법이 이성적이고 자연의 이치에 맞는 내용을 담아 입법이 이루어짐으로써, 자연법과 세속법이 이원적으로 각각 따로따로 존재하는 것이 아니라 일원적으로 결합할 수 있게 되었다.

한국의 민법에서도 역시 자연법적인 요소가 실정법 속에 내재되어 있다. 예컨대 신의(信義) 성실(誠實)의 원칙(민법 제2조 제1항), 선량한 풍속에 반하는 법률행위의 무효(제103조) 등에 관한 규정은 바로 실정법 내에서 자연법의 존재를 인정하고 자연법을 실현하려는 규정이다.

자연법은 법률의 제정은 물론, 법의 집행에 있어서도 실현되어야 한다. 특히 법의 집행에 있어서는, 헌법상의 법관의 법률과 양심에 따른 재판(헌법 제103조)에 관한 규정에 의하여, 법관이 자기의 양심의 소리에 따라서 재판함으로써, 자연의 이치에 맞는 자연법의 원리를 실현하여야 한다.

그러므로 자연법은 세속적인 실정법 속에 내재되어 있으며, 실정법이 자연법적 요소를 결(缺)하고 있을 때에는 그 법의 집행에 있어서 법관은 인간의 본성의 발원(發源)인 양심에 따라서 실정법을 넘어서 자연법을 실현하도록 하여야 할 것이다.

이와 같은 자연법을 이해하고 이를 도출하여 실생활에 적용하여 실현하기 위해서는 법에 관한 연구만으로는 부족하다. 인간에 대한 이해가 선행(先行)되어야 하며, 역사, 사회, 철학 등 법학의 세계를 둘러싸고 있는 주변 인문사회과학에 대한 심도 깊은 연구가 필요하다. 그리고 법을 공부하는 사람은 자기의 양심이 사물의 이치를 파악하고 이를 실현할 수 있도록 마음이 맑고 의지가 강하여야 한다. 다시 말하면 자연법의 원리를 분별할 수 있고 자기 양심의 소리를 들을 수 있는 인격의 수양이 이루어져 있어야 할 것이다. 따라서 법을 전문적으로 다루는 사람은 단순한 법률 지식만으로는 부족하고 인격을 겸비하고 법학 이외의 법의 뿌리가 되고, 법의 적용이 이루어지고, 법이 지향해야 할 방향을 제시하는 부문의 인문사회과학에 대한 올바른 인식을 갖고 있어야 할 것이다.

우리는 앞에서 살펴본 것을 토대로 자연법과 실정법의 관계를 다음과 같이 정리해 볼 수 있을 것이다.

자연법은 실정법을 초월하며 영구불변한 것이다. 그래서 교부(敎父)들은 자연법은 마음에 내재하는 것, 타고난 것, 마음에 쓰인 것이라고 정의하였다(로마서 8:2). 결국에 가서 자연법은 선을 행하고 악을 행하지 말라는 것과, 무엇이 선이고 악인가를 지시(指示)해 준다. 따라서 자연법은 인간의 이성을 자연적 최후의 목적으로 삼고 있기에, 모든 실정법의 기초가 되는 것이다.[43)]

---

43) 법철학적 자연법(법 인간학)과 관련하여 20세기 이후 법철학자들 중에는 윤리 및 법질서의 원리가 인간의 본성과 인간의 존엄성에 근원하고 있다고 보고 자연법을 논하는 학자들이 있다: Gustav Radbruch, *Der Mensch im Recht*, Tübingen, 1927; Alfons Auer, *Der Mensch hat Recht*, 1956; Erich Wolf, "Das Problem einer Rechtsanthropologie," in Festschrift für Max Müller zum 60. Geburtstag, München, 1966; 이항녕, 『법철학적 인간학』, 평민사, 1978; 박은정, 『자연법의 문제들』, 세창출판사, 2007.

IV 장
사회윤리와 자연법

사회윤리를 논하려면 자연법을 찾아보지 않을 수 없다. 왜냐하면 사회윤리의 논거(論據)는 바로 자연법에서 나오기 때문이다. 우리는 먼저 사회윤리의 개념과 유래를 살펴보고, 그다음 사회의 근본 질서가 사회윤리의 기본 원리에 의거하는 것을 규명(糾明)하고, 사회규범인 사회정의가 자연법에 근거를 두고 있음을 성찰해 보자.

1. 사회윤리의 개념과 유래

인간은 개인으로 고립되어 있거나 단독자로 살아갈 수 있는 것이 아니라 사회의 한 구성원으로서 살고 있다. 그리고 이 사회는 개인들의 단순한 집합체 이상의 것이며, 그 자체의 독자적인 논리에 따라 움직일 뿐만 아니라 개인의 선택을 넘어서 그러한 사회의 움직임이 오히려 개인의 행위와 선택을 좌우할 수도 있는 것이다.

그러므로 우리는 윤리 문제를 다루는 데 있어서 단지 개인의 양심이나 행위만을 가치판단의 대상으로 삼을 것이 아니라, 인간이 사회를 구성하고 또한 이것을 유지하며 공동생활의 이상을 실현하는 데 필요한 원리가 되는 사회윤리를 중요시하지 않을 수 없다. 그리고 사회윤리는 윤리적 사회생활의 실제적 내용을 담고 있으며 그 바탕이 되는 문화현상도 내포된다. 그러면 사회윤리라는 개념의 유래를 살펴보자.[1)]

1) 사회윤리의 유래

사회윤리학(社會倫理學, Sozialethik, social ethics)이라는 말은 20세기 초엽에 들어와서부터 널리 쓰이기 시작한 말이다. 물론 오늘날 사회윤리가 다루고 있는 사회현상은 인간이 지구상에서 살기 시작한 때부터 있어 왔다. 그러므로 인간의 사회성과 사회질서가 문제되는 곳에서는 항상 사회윤리가 있다고 말할 수 있다. 그러나 후기 산업사회에 들어오기 전까지 사회는 그렇게 복잡하게 되어 있지 않았기 때문에, 인간의 규범과 가치문제를 다루는 실천철학(實踐哲學)은 윤리학이라는 이름으로 포괄적으로 다루어졌다. 이 윤리학은 오랫동안 세분되지 않은 채로 연구되어 왔다. 그러나 20세기에 들어와서 현대사회는 옛날처럼 개인이나 가족 중심의 사회가 아니므로 과거의 개인 중심적인 유리, 즉 개인윤리(個人倫理)로는 복잡다단한 사회문제의 해결이 거의 불가능해졌다. 그래서 사회문제에 관심을 가진 그리스도교의 윤리신학자들이 새로운 윤리를 모색하고 정립할 필요를 느끼면서 사회윤리(학)라는 말을 쓰기 시작했다. 그 후 사회윤리학은 신학(神學)으로부터 독립하여 그 자신의 영역을 개척하고 활발하게 연구되고 있다.

그러면 사회윤리는 무엇이며, 개인윤리와 사회윤리는 어떻게 다른

1) 진교훈, 『현대사회윤리연구』, 울력, 2003, pp.220-223 참조.

가? 우선 간단히 말해서 개인윤리는 개인의 자기완성과 개인의 안녕을 중요한 과제로 다루지만, 사회윤리는 공동선(共同善, the common good, commune bonum)의 실현을 중요한 과제로 다룬다. 여기서 공동선이란 "개인과 가정과 사회단체가 보다 완전하고 보다 용이하게 자기완성에 도달할 수 있는 사회생활의 모든 조건들의 총체를 포함한다."[2] 고 정의를 내릴 수 있다.

따라서 개인윤리는 항상 개인에게 부과된 의무를 중시하나, 사회윤리는 항상 여러 사람이 협력해야만 하는 공동선을 중요시한다.

그러나 사회문제를 다루면 그것이 바로 사회윤리학이 되는 것은 아니다. 왜냐하면 개인윤리에서도 얼마든지 사회문제를 다룰 수 있기 때문이다. 따라서 사회문제의 해결을 사회정책과 제도, 사회구조에 의거해서 추구할 때, 비로소 우리는 이것을 사회윤리학이라고 말할 수 있다. 그렇다면 서양의 고대 사상과 중세 사상에는 사회윤리학이 없었는가? 또 동양 사상에는 사회윤리학이 없었는가? 이러한 물음에 대해서 우리는 넓은 의미로 어떤 시대, 어떤 곳에서도 인간의 사회에는 사회윤리가 있었으며 있어야 하지만, 사회윤리학이 모든 시대와 모든 장소에 있는 것은 아니라고 답변할 수 있다. 그러므로 엄밀한 의미에서 서양의 고대 사상과 중세 사상, 그리고 동양 사상에는 사회윤리학은 없었다고 말할 수 있다. 가령, 우리가 동양의 윤리사상의 핵심을 『대학(大學)』에서 볼 수 있는 수신(修身), 제가(齊家), 치국(治國), 평천하(平天下)라고 말한다면, 이것은 어디까지나 개인윤리의 차원이라고밖에 말할 수 없다. 왜냐하면 비록 군자는 치국과 평천하를 인간의 최고의 이상으로 보긴 했으나, 실제로는 개인의 수신을 근본으로 삼았을 뿐이며, 사회 구성원으로서의 시민의식과 사회정의(social justice), 더 나가서 범세계적인 공

2) 「현대세계의 사목헌장(Gaudium et Spes)」(1965 반포), 26항.

동선(共同善)과 인류애(人類愛)를 구현(具現)하지 못했기 때문이다. 그리고 우리는 서양의 고대와 중세에서도 넓은 의미의 사회윤리를 찾아볼 수 있으나 엄밀한 의미의 사회윤리학은 찾아볼 수 없다.

서양의 고대와 중세에서는 사회윤리는 대체로 특정한 사회의 안정(安定)에만 그 기반을 두었다. 그래서 사회윤리는 기성 사회를 유지하고 보수화(保守化)하는 데 큰 공헌을 했다. 예컨대 봉건제도가 그래서 오랫동안 유지될 수 있었다. 심지어 신분 계층의 여러 이해관계들이 종교의 거룩한 질서 속에까지 침투해 있었다. 그래서 서양의 고대와 중세의 사회윤리는 봉건주의나 귀족 계급의 지위와 권력을 옹호하고, 심지어 노예와 일반 서민들을 억압하는 수단으로, 소위 '노예의 도덕'으로까지 이용되기도 했다. 그러나 이러한 윤리가 참된 사회윤리가 아님은 물론이며, 더욱이 사회윤리학의 본질이라고 할 수는 없다.[3)]

그러므로 우리는 편의상 사회윤리와 사회윤리학을 구분할 필요가 있다. 우리는 좁은 의미의 사회윤리학을 '현대의 사회윤리'라고도 말할 수 있다. 주지하다시피 현대의 역동적인 기술산업사회에서는 신분 계층이 끊임없이 동요하며, 가치관이 유동적이므로 새로운 사회윤리가 요청될 수밖에 없다. 이 새로운 사회윤리는 인간을 억압하는 것이 아니라 근본적으로 해방시켜 주는 기능을 하며, 사회를 보수화하거나 신분 계층을 유지시키는 역할을 하는 것이 아니라 사회 비판적인 기능을 한다. 그러므로 사회윤리학은 첫째로 우리가 당면하고 있는 사회 위기와 사

3) Arno Anzenbacher, *Einführung in die Philosophie*, Wien, Freiburg, Basel, 1982, S.281f; Oswald v. Nell-Breuning, "Sozialethik," in W. Brugger, *Philosophisches Wörterbuch*, Freiburg, 1973, SS.296-297; Gilbert Cormann u.a., *Menschenwürdige Gesellschaft*, Köln, 1963, S.26f; Peter Müller-Schmid, *Der rationale Weg zur politischen Ethik*, Stuttgart, 1972, S.81f; Gibson Winter, "Religion, Ethics and Society," in M. E. Marty, ed., *Social Ethics*, New York: Harper & Row, 1963, pp.3-12.

회 해체 현상을 밝혀 주고 이를 검토하며, 둘째로 이러한 사회 위기를 자각하게 하고, 이를 극복하려는 근본적인 방향을 지시하고 방안을 제시해 주며, 셋째로 인류의 새로운 공동생활의 터전을 마련하는 과제를 가지고 있다.[4)]

우리는 사회윤리와 개인윤리가 어떻게 구별되며, 상호 간에 어떤 관계가 있는가를 좀 더 살펴보기로 하자.[5)]

2) 개인윤리와 사회윤리의 관계

독일의 그리스도교적 사회윤리학자인 벤트란트(Heinz Dietrich Wendland, 1900-1992)에 의하면, 개인윤리는 개인의 도덕적 행위와 개인이 살아가기 위한 규범을 문제 삼는다. 대체로 동서양을 막론하고 전통적인 윤리학은 개인의 몸가짐을 바르게 할 덕목(德目)에 관해서만 관심을 가져 왔다. 따라서 윤리학은 개인의 몸가짐을 바르게 하는 수신(修身)만을 강조해 왔으며, 도덕은 개인의 품성을 계발시키는 것을 본질이라고 가르쳐 왔다. 예컨대 그리스 철학자들에 의하면 도덕이란 인간의 영혼이 어떤 덕목을 습득하는 것을 문제 삼는 것이며, 사회적 유용성과는 직접적인 상관이 없는 것이었다. 또 그리스도교 윤리학에서도 도덕은 현세보다는 내세를 위한 개인의 영혼의 준비로 보았다. 이를 위한 순결, 겸손, 어질고 착한 것 같은 덕목은 인간 개개인의 자기실현을 위해서는 중요한 것이었으나, 사회질서의 원리로는 한계가 있다.

---

4) D. Heinz-Dietrich Wendland, *Einführung in die Sozialethik*, Berlin, 1963, S.5; John C. Bennet, *The Theology of the Responsible Society: An Christian Ethics in a Changing World*, New York: Association Press, 1963, pp.135-152 참조.

5) 진교훈, 『현대사회윤리연구』, pp.223-225 참조.

그러나 개인은 고립되어 있거나 단독자(單獨者)로 살아가고 있는 것이 아니라 다른 사람들과 더불어 사회의 구성원으로서 살고 있다. 그리고 이 사회는 개인들의 단순한 집합체 이상의 것이며, 그 자체의 독자적인 논리에 따라 움직일 뿐만 아니라 개인의 선택을 넘어서 그러한 사회의 움직임이 오히려 개인의 행위와 선택(가치규정)을 좌우할 수도 있다. 그러므로 우리는 이제 단지 개인의 양심이나 행위만을 도덕적 가치판단의 대상으로 삼을 것이 아니라, 사회의 구조와 제도도 도덕적 가치판단의 대상으로 삼지 않을 수 없다.[6)]

미국의 그리스도교적 사회윤리학자인 니버(R. Niebuhr)는 1932년에 쓴『도덕적 인간과 비도덕적 사회』에서 개인윤리와 사회윤리를 구분할 필요성을 처음으로 역설했다. 그는 개인의 도덕과 국가 또는 민족 같은 사회집단의 도덕은 마땅히 구별되어야 한다고 말했다. 왜냐하면 인간의 도덕성은 개인들 간의 관계에서는 비교적 잘 드러날 수 있으나, 집단들 간의 관계에서는 드러나기 어렵기 때문이라는 것이다. 그래서 그는 도덕적 인간들에 의하여 구성되는 사회라 할지라도, 그 사회는 비도덕적일 수 있다고 말했다. 그래서 그는 사회의 많은 중요한 문제들은 개인의 도덕적 가치판단에 의해서가 아니라 그 개인이 속해 있는 사회의 구조나 제도 자체의 개선에 의해서만 비로소 해결될 수 있다는 사회윤리의 중요성을 강조했다.[7)] 이제 사람들은 사회구조나 제도의 문제가 개

---

6) D. H. Wendland, *Einführung in die Sozialethik*, S.6.

7) Reinhold Niebuhr, *Moral Man and Immoral Society*, New York: Charles Scribner's Sons, 1932, pp.xi-xxv 참조. 이 밖에 P. F. Straarson, "Social Morality and Individual Ideal," in *The Journal of Philosophy*, Vol. 36, No. 1, 1961; Hans W. Gottinger, ed., *Decision Theory and Social Ethics*, Dordrecht: D. Reidel Publishing Co., 1976; R. S. Downie, *Roles and Values: An Introduction to Social Ethics*, London: Methuen, 1971; Ernst Wolf, *Sozialethik*, Göttingen, 1975; Johannes Messner, *Das Naturrecht. Handbuch der Gesellschaftsethik, Staatsethik und Wirtschaftsethik*, Inns-

인의 양심이나 개인의 도덕적 행위 문제로 환원될 수 없다는 것을 차츰 깨닫게 되었다. 현대 윤리학의 중요한 관심과 연구 대상은 개인의 도덕적 행위로부터 사회구조나 제도의 문제로 옮겨가고 있다.

그러나 우리는 사회윤리학에서도 개별적 인간, 즉 개인을 다루는 것을 배제할 수 없다. 왜냐하면 사회윤리는 어떤 경우에도 개인의 행위나 사회제도에 대한 개인의 책임을 다루지 않을 수 없기 때문이다. 사회윤리가 인간을 사회적 존재이며 제도적 존재라고 이해하고 있다 하더라도, 개인이 없는 사회란 존재할 수 없으므로, 개인은 항상 존재 가치가 있는 것이다. 그러므로 개인의 행위와 윤리와 규범을 다루는 개인윤리도 경시할 수 없고, 또 인간의 사회성에 우선권을 두고, 개인의 사회적 행위와 책임을 강조하고 공중도덕, 공동체의 질서를 다루는 사회윤리도 무시할 수 없다. 이렇게 보면 사회윤리와 개인윤리는 상호 보완적이며, 그 강조점을 어디에 두느냐에 따라 그 둘은 구분될 수 있을 뿐이다.

2. 사회의 근본 질서와 사회윤리의 기본 원리

회프너(Joseph Höffner, 1906-1987)는 "사회윤리는 인간 사회의 본질과 질서, 그리고 거기서 생겨나는 각 시대의 사회적 관계에 적용될 규범과 질서의 과제에 관해서 사회철학적으로 획득된 지식의 총체이다."[8]라고 말했다. 그러면 사회질서는 근본적으로 어떤 것인가? 사회질

---

bruck, 1950; Johannes Messner, *Social Ethics*, New York and London: Herder, 1949; A. F. Utz, *Sozialethik*, Heidelberg, 1958; A. F. Utz, hg., *Ethik und Politik*, Stuttgart, 1970; Joseph Höffner, *Christliche Gesellschaftslehre*, Köln, 1975; W. Weber und A. Rauscher, hg., Die *Handlung Zur Sozialethik*, Paderborn(1969년 이후 매년 1권씩 나오고 있다) 등을 참조.

8) Joseph Höffner, *Christliche Gesellschaftslehre*, Köln, 1975, p.vi.

서의 기본 원리는 연대성, 공익성, 보조성의 세 원리로 나누어 살펴볼 수 있다.[9]

1) 연대성의 원리

(1) 연대성의 의미

우리는 사회생활을 규제하는 질서의 원리로서 연대성을 생각해 볼 수 있다. 연대성(連帶性, Solidarität, solidarity)이라는 말은 '굳게 결합하다(solidare)'라는 라틴어 동사에서 생겨난 말이다. 이 연대성은 인간의 인격(人格)과 인간의 사회성(社會性)과 동시에 인간에게 주어지며, 인간 상호 간의 결합과 의무를 의미한다.

주지하다시피 개인주의(個人主義)는 사회를 개인의 이해관계의 기계적 균형화를 위한 수단으로서의 단체로 보며, 집단주의(集團主義)는 개개 인간의 인격적 존엄성을 무시하고 인간을 사회적, 특히 경제적 과정의 단순한 대상으로 본다. 개인주의와 집단주의는 각각 인간 상호 간의 연대의식을 부인한다. 그러나 연대성은 존재론적(ontological)이며 동시에 윤리적이다. 왜냐하면 연대성은 인격의 존엄과 인간의 본질인 사회성에서 생겨나기 때문이다.

이 연대성의 원리를 학문적으로 발전시킨 학자로는 페쉬(Heinrich Pesch), 건들라흐(Gustav Gundlach, 1892-1965), 넬-브로이닝(Oswald von Nell-Breuning), 부버(Martin Buber, 1878-1965) 등이 있다. 특히 부버는 인간의 사회성과 연대성을 그의 책, 『나와 너(*Ich und Du*)』[10]에서 간명(簡明)하게 밝혀 주고 있다.

---

9) 진교훈, 『현대사회윤리연구』, pp.226-233 참조.

10) Martin Buber, *Ich und Du*, Reclam, 1955. 표재명의 번역과 김천배의 번역이 있다.

(2) 연대성의 근거

부버는 그의 철학적 인간학의 기본 사상을 표명하면서 “인간 실존의 근본적인 사실은 인간이 인간과 함께 있다는 것”[11]이라고 갈파했다. 건들라흐는 연대성의 근거에 관해서 “인간은 내적인 가치 충실에서 전체와 결합되어 있고, 또 전체는 구성원의 개인적인 가치 충실과의 결합에서만 자기 고유의 가치 충실을 갖는다.”[12]고 말했다. 또 철학적 인간학의 비조(鼻祖)라고 할 수 있는 셸러(Max Scheler, 1874-1928)도 “모든 인간에게 있어서 의식의 본질적인 부분에 이미 사회라는 것이 내재되어 있다. 그리고 인간은 사회의 일부분일 뿐만 아니라 또한 사회도 관련 영역으로서 그 인간의 본질적인 부분이다. 나는 우리의 일부분일 뿐만 아니라 또한 우리도 나의 필연적인 구성 요소이다.”[13]라고 말한 바 있다.

독일연방헌법재판소는 1954년 7월 20일 판결문에서 “헌법의 인간상은 고고한 개인의 그것이 아니다. 헌법(기본법)은 인간의 자기 고유의 가치를 훼손함이 없이, 인간의 사회 의존성과 사회 결합성의 의미에서 개인과 공동체 간의 긴장 상태를 판결한다.”[14]고 인간의 연대성에 관해서 명확하게 선언했다.

2) 공익성의 원리

(1) 사익에 대한 공익의 우선

서양 철학자들은 오래전부터 개인과 사회의 관계를 유기체의 비유를

---

11) Martin Buber, *Das Problem des Menschen*, München, 1954, S.165.

12) Gustav Gundlach, *Solidarismus*, Staatslexikon, 1931, S.1614.

13) Max Scheler, *Wesen und Formen der Sympathie*, Berlin, 1923, S.265.

14) Entscheidungen des Bundesverfassungsgerichts, 4. 120.

가지고 설명해 왔다. 일정한 관점에서 보면, 공익(公益, Gemeinwohl, 공공복지)이 사익(私益)보다 우선하나, 최종적인 관점에서 보면, 인격(人格) 가치가 최고 가치이므로 공익 우선을 논할 때 집단주의자들처럼 말해서는 안 된다.

플라톤은 『국가론』에서 도시국가를 하나의 몸과 그의 각 지체(肢體)라고 비유한 바 있다. 아리스토텔레스도 사회의 구조에 관해서 설명하면서 유기체(有機體)의 비유를 이용했다. 토마스 아퀴나스는 "사회는 하나의 몸과 같고, 동시에 한 인간과도 같다."[15]고 하면서 유기체의 유비(類比)를 사용했다. 신약성서에서 사도 바오로는 교회를 그리스도의 몸이라고 하면서 유기체의 유비로 설명했다(고린도전서 12:12-30; 로마서 12:4-8; 에페소서 5:21-33).

그리스도교 철학은 유기체의 유비를 사용하고 있다. 그러면 유기체의 유비는 무엇이며, 이것이 공익 우선의 원리를 어떻게 설명하는가를 살펴보기로 하자.

① 하나하나의 세포는 생성했다가 소멸을 하지만, 세포의 전체로서의 유기체는 거의 항상 그대로 존속한다. 이처럼 사회도 개별적 인간의 생사를 초월하여 존속한다. 가령 가정, 민족, 국가 등이 그러하다. 아우구스티누스도 그의 『신국론(神國論)』 22장에서, "사회는 잎이 지면 새로 돋아나오나 줄기와 뿌리는 계속 남아 있는 올리브나무와 같다."고 말했다. 그러므로 유기체의 유비가 밝혀 주는 것은 한편으로는 사회는 한 인간 생명의 짧은 기간을 시간적으로 초월하고 과거와 미래를 포괄하며, 다른 한편으로는 사회는 공간적으로 — 올리브나무의 큰 가지처럼 — 개개인의 생활공간을 초월하고 있다는 것이다.

② 나무의 잎과 뿌리가 서로 깊은 관계를 가지고 있는 것처럼, 사회

---

15) Thomas Aquinas, *Summa Theologia*, II, 81, 1.

도 내재적 생명력에 의해서 전체에 봉사하도록 되어 있다. 사회의 구성원은 서로 고립되어 있는 것이 아니라, 하나의 정신적, 도덕적 질서의 통일체를 형성하고 그 전체에 봉사하고 있다.

③ 유기체(有機體)는 그의 지체(肢體)를 쇠퇴시키는 것이 아니라, 오히려 부양(扶養)하며 보존한다. 그러나 위기에 처했을 때만 전체를 구하기 위하여 일부의 지체를 희생시킨다. 예컨대, 어떤 사람이 칼을 들어 자기를 치려고 덤벼들 때 전체(사회)로서의 몸을 구하기 위하여 자기도 모르게 손(지체)이 먼저 이를 막는 것처럼, 국민도 "전체로서의 공동체(사회)를 유지하기 위하여 생명의 위협을 무릅써야 할 것이다."[16] 사회는 지체를 착취할 것이 아니라, 도리어 돌보아야 하고, 반면에 지체들은 그들대로 사욕을 버리고 자기의 이해를 공동 복지에 기꺼이 종속시켜야 한다. 이러한 공동선(共同善, bonum commune, Gemeinwohl, common good)의 원리는 작은 단체로부터 국가에 이르기까지 지켜져야 한다. 그리고 공동선은 오늘날 어떤 단체나 국가에만 한정되어서는 안 된다. 공동선은 전 인류에까지 확대되어야 한다.

그러나 우리는 여기서 유기체의 유비를 지나치게 강조한 나머지 공익 우선과 공동선의 원리를 남용하는 집단주의자들의 주장을 경계해야 한다. 예컨대, 일본 제국주의의 가미가제 특공대라든가, 공산주의 독재국가가 전체를 위하여 개인의 인격의 자유와 존엄성을 부정하는 것 등은 엄연히 배격되어야 한다. 그러므로 우리는 공동선을 추구하면서도 인간의 존엄성(尊嚴性)을 지키는 방도를 강구(講究)해야 할 것이다.

(2) 인간의 존엄성

① 사회를 '완전한 실체' 또는 주체를 가진 실체라고 말하는 것은 그

16) 같은 책, I. 60, 5.

근거가 박약하다. 개인만이 실체이며, 사회는 하나의 실재적 관계(relatio realis) 및 질서의 통일체이다. 개인을 떠나서, 개인과 관계없이 사회는 존속할 수 없다.

② 사익에 대한 공익의 우선은 단지 구성원으로서의 인간이 일정한 사회구성체에 의무를 지고 있는 한에서만 타당하다. 인간은 사회구성체의 부분에 불과한 것이 아니다. 인간은 그때그때 어떤 회사의 사원, 어떤 협회의 회원, 어떤 국가의 국민일 수 있으나, 그가 존재하고 생각하고 행위하는 모든 것을 그가 속해 있는 집단을 위해서 포기할 수는 없다. 인간은 사원, 협회원, 국민 이상의 것이다. 토마스 아퀴나스는 "단 한 사람의 초자연적 구성원이라도 전 우주의 자연적 선보다 더 높은 서열에 있다."[17]고 말했다.

③ 인간의 사회성의 최종적인 의미는 인격의 완성에 있다. 궁극적으로 사회는 인간에게 봉사한다. 왜냐하면 사회는 인간을 위해서 있는 것이며, 인간이 사회를 위해서 있는 것이 아니기 때문이다. 그럼에도 불구하고 사회는 물론 어떤 의미에서 개인의 이익을 초월하는 자기 목적을 가지고 있다고 말할 수 있다. 그러므로 우리는 사회가 초자연적 질서, 예컨대, 자연법, 인간의 존엄, 인류의 공동선을 지켜 나갈 때에만 자발적으로 공익의 우선을 실천할 수 있다. 사회는 그 구성원으로 하여금 공익 실현을 하게끔 하는 권위(權威)가 필요하다. 그러면 그 권위는 어떤 것인가?

(3) 권위

사회는 그 구성원이 각자의 특수한 이익만을 추구하면서 존속할 수 없다. "하나의 공동체는 한 사람이 나서서 전체의 복지를 돌볼 때만 하

17) 같은 책, II. 113, 9.

나의 사회로서 존립할 수 있다."[18]고 토마스 아퀴나스는 말했다. 어떤 집단이나 공동체가 권위를 가질 때, 그 집단의 구성원은 공익을 위해서 부과된 조치를 취하고 계획적으로 그 집단의 존립을 안전하게 한다. 예컨대, 국가의 권위, 교회의 권위, 교사의 권위, 부모의 권위는 국가, 교회, 학교 및 가정의 질서와 존립을 위해 필요한 것이다. 그래서 가톨릭교회는 제2차 바티칸공의회에서 현대의 많은 사람들이 자유를 빙자하여 모든 종류의 복종과 권위를 부정하고 있는 것을 개탄하고, "오늘의 세계는 도덕적 질서를 따르고 합법적 권위에 순종하면서 동시에 진정한 자유를 애호하는 사람들을 요구한다."고 선언했다(종교자유선언 8). 반권위주의적 교육은 오늘날, 특히 미국 등지에서 공동생활을 제대로 할 수 없는 극렬한 개인주의자들을 배출하고 그들의 노이로제를 증가시키고 있다.

그러나 권위를 담당한 자는 이 권위의 진정한 의의를 잘못 확대 해석하고 남용하는 유혹을 받기가 쉽다. 그러므로 이 권위는 민주주의 사회에서 국회, 법원 및 여론에 의해서, 또 국민 개개인에 의해서 통제와 비판을 받아야 한다.

3) 보조성의 원리

(1) 보조성의 의미

보조성(補助性, Subsidiarität, subsidiarity)이라는 말은 라틴어 'subsidium(보조, 조력)'이라는 말에서 유래한다. 이 말은 원래 로마 시대의 군사 용어로서, 전방에서 싸우는 주력 부대에 대해서 후방에서 대기하고 있는 예비 부대를 지칭하는 말이었다. 이 말을 사회에 적용할 때는,

18) 같은 책, I. 96, 4.

보다 큰 사회구성체, 즉 국가가 개인이나 작은 단체를 위해서 취하는 보충적, 응급적 조치를 의미한다.

이 보조성의 원리는 연대성과 공익성의 원리를 일단 전제하고 있다. 사회가 그 구성원인 개인을 도와야 한다는 것은 상호 결합과 의무를 강조하는 연대성의 원리의 분명한 표현이다. 교황 비오 12세는 이와 관련하여, "사회 쪽으로부터 기능과 수행은 항상 지원하는 상태에만 있으며, 개인, 가족, 직업의 활동을 다만 뒷받침하고 보조하기만 하면 된다."[19]고 말했다. 그는 이 보조성의 원리에 관해서 다음과 같이 말하기도 했다:

> "인간 개개인이 자발적으로 또 자력으로 할 수 있는 것을 그에게서 박탈하여 사회 기능에 떠맡겨서는 안 되는 것처럼, 보다 작은 하위 단체가 능히 치를 수 있고 좋은 결과를 맺을 수 있는 것을 보다 큰 상위 단체에 속하는 것처럼 요구하는 것은 정의(正義)에 위배된다. 동시에 이것은 전 사회질서를 극도로 저해하고 혼란시키는 일이다. 모든 사회 기능은 본질적으로나 개념적으로 보조적이다. 따라서 사회는 그 구성원을 지원해 주어야 하나, 그 구성원을 파괴하거나 흡수해 버려서는 안 된다. 보조성의 원리가 잘 시행되고, 여러 가지 사회화의 계층 질서가 보다 훌륭하게 준수되면 될수록 그만큼 사회의 권위와 사회의 용력(用力)이 강화되며, 그만큼 국가보다 좋고, 보다 행복한 상태에 머물게 된다."[20]

(2) 보조성의 근거

보조성 원리는 그 근거를, 첫째로 인간의 자유와 존엄에 두며, 둘째로 보다 더 큰 사회구성체와, 보람 있게 실현할 수 없는 과제와 권리

19) 1947. 7. 18. 담화문.

20) 비오 12세의 회칙, 「노동헌장 40주년」, pp.79-80.

를 가지고 있는 더 작은 생활공동체(예컨대, 가정)의 구조와 특징에 둔다.

① 개인과 소형의 생활공동체는 대형의 사회구성체로부터 부당한 간섭으로부터 보호받아야 하고, 자주(自主)의 한계를 존중받아야 한다.

② 보조성의 원리는 '위로부터 아래로의 원조'를 가리킨다. 보조성의 원리가 요구되는 경우로는, 첫째, 보다 큰 상위 공동체에 의해서만 치러질 수 있는 업무가 있을 때, 둘째, 개인이나 보다 작은 하위 공동체가 그 기능을 제대로 발휘하지 못하여 상위 공동체의 도움을 받아야 할 때이다. 우츠(Arthur Fridolin Utz, 1908-2001)는 "보조성 원리란 상위 단체가 하위 단체의 활동을 보충, 촉진시키는 원리이며, 서로 보충, 보완하는 원리로서 어느 한쪽으로 치우쳐서 권리를 행사해서는 안 된다."[21] 고 말했다. 케텔러 주교(Bischof von Ketteler, 1811-1877)는 모든 것을 국가에만 맡길 수 없고, 개인이나 단체가 노력을 해도 안 되는 것만을 국가가 보충해 주어야 한다는 원리가 보조성 원리라고 말했다.

> "모든 개인은 스스로 행할 수 있는 자기 권리를 스스로 행사해도 좋다. 나에게 있어서 국가는 기계가 아니라 살아 있는 지체(肢體)를 가지고 있는 살아 있는 유기체이며, 이 유기체 안에서 각 지체는 각기 자기의 독자적 권리와 독립적인 기능을 가지고 있으며, 자기 자신의 삶을 자유롭게 형성해 나간다. 나도 이러한 지체를 개인, 가족 및 공동체(지방자치단체) 등이라고 생각한다. 하위에 있는 모든 지체는 자기의 영역 안에서 자유롭게 움직이고, 스스로 자유롭게 결정을 내리고 자기 자신을 다스릴 권리를 누린다. 이 유기체의 하위의 지체가 자기의 목적을 스스로 달성할 수 없거나 자기의 발전을 위협하는 위험을 스스로 제거할 수 없는 그런 경우에만 비로소 더 높은 지체가 낮은 지체를 위해 활

21) A. F. Utz, *Das Subsidiaritätsprinzip*, Heidelberg, 1953, S.7.

동하게 된다. 그러므로 가족이나 공동체가 자기들의 자연스러운 목적을 스스로 달성할 수 있는 때에는 그들의 자유로운 자치(自治)에 맡겨 두어야 한다."[22]

그러나 케텔러는 국가권력과 개인의 자유와의 관계에 관해서 이렇게 말하기도 했다:

"조직적인 국가권력과 개인의 자유는 인간의 여러 관계들이 발전해 나가는 데 꼭 필요한 것이다. 조직적인 국가권력 없이는 개인의 참된 자유도 없다. 왜냐하면 만일 국가권력이 없다면 개인의 자유가 필요한 보호와 도움을 받을 수 없기 때문이다. 이와 반대로 국가권력이 그 합법적 한계를 벗어나면, 인간 자체를 해치게 된다."[23]

이 보조성의 원리는 오늘날 사회복지정책, 지방자치제도, 대기업과 중소기업 간의 질서 등의 근간(根幹)이 되고 있다.

3. 사회규범과 자연법: 사회정의는 자연법에 근거한다

앞에서 살펴본 것처럼, 인간은 본질적으로 사회적 존재로서 연대성과 공익성과 보조성의 원리를 준수하면서 살아가도록 되어 있다. 그렇다면 우리는 인간의 사회생활의 기초가 되고 있는 사회규범을 생각해 보지 않을 수 없다. 우리는 이 사회규범이 자연법에 근거를 두고 있음을 사회정의(社會正義)에 초점을 두고 살펴보자.

---

22) Ketteler, *Kettelers Schriften* I, 1848, I, S.403.

23) 같은 책, II. S.21 및 S.162 참조.

1) 사회규범은 자연법이어야 한다

어떤 사람이 사람으로서의 도리(道理)를 지키지 않는다거나 자기의 이익만을 고집할 때, 우리나라 사람들은 곧잘 "그런 법이 어디 있느냐?"고 반문한다. 이때 여기서 말하는 법은 인간으로서 마땅히 지켜야 할 양심법(良心法)과 같은 자연법을 대체로 가리킨다. 그러면 자연법은 무엇인가?

자연법은 한 시대의 역사적 성질이나 상황에 의존하는 실정법과는 달리, 인간의 본질에 의하여 규정되는 것으로 절대로 상실해서는 안 되는 것이다. 예컨대, 생명과 신체의 불가침해(不可侵害), 양심의 자유에 대한 자연적 권리를 인간은 본래부터 가지고 있다. 이러한 권리는 1948년 12월 10일 유엔에서 선포한 인권선언에 잘 나타나 있다. 즉, "모든 사람은 인간의 생명, 자유, 안전에 대한 권리를 가지고 있다. … 누구나 어디서든지 법률상의 인격으로서 인정받을 청구권을 가진다." 그러나 역사적으로 볼 때 독일의 국가사회주의나 공산주의 독재국가 등이 실정법을 빙자(憑藉)하여 인권 모독을 얼마나 극심하게 했는가를 우리는 알고 있다. 그러므로 자연법에서 나오는 인권 옹호야말로 사회윤리의 근본 과제에 속하는 것이다. 사회윤리의 논거가 되는 자연법의 특징을 간명(簡明)하게 살펴보면 다음과 같다..

① 보편타당성: 자연법은 모든 사람을 똑같은 입장에서 보기 때문에 모든 사람에게 자연법을 지킬 의무를 지운다.

② 항구불변성: 실정법은 그때그때마다의 상황에 의존하므로 변화하지 않을 수 없으며 경우에 따라서는 폐지될 수도 있지만, 자연법은 인간 본질의 항존성(恒存性)에 근거하므로 항구불변(恒久不變)이다. 자연법의 항구불변성은 인간의 유한성과 역사성과 모순되지 않는다. 왜냐하면 자연법은 초시간적으로 타당한 형이상학적 인간 본질에 근거하고

있기 때문이다. 역사적 변화의 지배를 받는 것은 인간 본질이 아니라, 역사 속에 살고 있는 유한한 개인일 뿐이다.

③ 인식 가능성: 인간이 자연법을 인식할 수 있는 것은 근원적으로 또 직접적으로 가족 공동체의 사회적 근본 상태를 이해할 수 있을 때 아주 용이하다.[24] 다시 말해서 자연법의 근본원리는 먼저 형식적으로 이해되고 나서 내용적으로 결정되는 것이 아니라, 자연법의 본질이 제시되고 있는 사랑의 공동체인 가정에서, 어릴 때부터 구체적으로 체험되고 습득되는 것이다. 역사적으로 볼 때, 사람들은 자연법의 원리를 잘못 해석한 것이 많이 있으며, 자연법을 그때그때의 상황에 적용시킬 때 오해될 가능성이 없지 않았다. 자연법을 바르게 해석한다는 것은 토마스 아퀴나스의 말처럼, "현명한 사람들의 과제"[25]이다. 하느님이 인간의 마음속에 새겨 준 법을 세밀하게 해독하는 것은 매우 어렵고 오류에 빠지기 쉬운 모험적인 것이다. 자연법에 대한 무지와 오해의 가장 깊은 원인은 인간 정신의 유한성에 있다.[26]

자연법의 예를 들어보자. 왜 부모를 섬기고 공경하여야 하느냐고 묻는다면, 우리는 이 명제를 증명할 수 없다. 그러나 셸러가 말하는 것처럼, 그 명제는 명증적(明證的, self-evident)이라고 말할 수 있을 뿐이다. 그리고 우리는 인간은 본질적으로 자기의 부모를 사랑하고 공경하도록 되어 있다고 대답할 수밖에 없다. 효도(孝道)는 자연법이다. 그것은 양심의 부름에 응하는 것이며, 하느님의 명령이다. 그러므로 자연법은 모든 인간이 준수해야 할 사회윤리의 뿌리이다. 우리는 자연법의 사회윤리의 적용을 사회정의 구현(具現)에서 찾아볼 수 있다.

---

24) Johannes Messner, *Social Ethics*, pp.289f.

25) Thomas Aquinas, *Summa Theologia*, II, 100, 1.

26) Jakob David, *Das Naturrecht in Krise und Läuterung*, Köln, 1967, S.65f; A. F. Utz, hg., *Ethik und Politik*, Heidelberg, 1972.

2) 사회윤리와 사회정의

인간은 누구나 정당한 대우를 받기를 원한다. 다른 사람들이 자기에게 항상 공정하고 불편부당하게 대우해 주기를 바란다. 그리고 누구나 불의(不義)를 당할 때 괴로워하고 불행해 한다. 부당한 피해는 불행을 가져올 뿐만 아니라 사회질서를 근본적으로 파괴해 버린다. 그래서 사람들은 정의로운 사회 속에서 살기를 원한다.

그러면 정의(正義)란 무엇인가? 사람들은 흔히 정의는 상대적이고 아무도 정의가 무엇인지를 확언할 수 없다고 말들을 한다. 그러나 재판관은 무엇이 정당한 형벌인가를 알아야 하며, 입법을 하는 국회의원은 무엇이 정당한 법률인가를 알고 있지 아니하면 안 된다. 우리는 무엇이 정당한 정치 질서이며 경제 질서인가를 알아야 한다. 우리가 정의의 원칙에 대하여 아무것도 모른다면, 우리는 올바른 사회질서를 이룩할 수 없다.

우리는 정의를 세 개의 사회 기본 관계로 나누어서 살펴볼 수 있다. ① 동등한 권리를 가진 자로서의 상호 관계, 즉 교환 정의, ② 사회 공동체의 그 구성원에 대한 관계, 즉 분배 정의, ③ 공동체 구성원의 그 사회 공동체에 대한 관계, 즉 법적 정의가 그것이다.[27)]

① 교환 정의(justitia commutativa): 교환 정의는 정치, 경제, 법질서에서 중요한 의의를 갖는다. 가령 어떤 물품에 대하여 정당한 가격을 주고받아야 하는 구매자와 판매자 간의 가격 정의, 적절한 임금(賃金)과 이에 따르는 의무 수행을 정하는 노동 조건에 있어서의 거래 정의 등은 대표적인 교환 정의이다. 이 밖에도 타인에게 물질적으로나 정신적으로 손상을 입혔을 경우에도 배상 의무가 따르게 되며, 이 경우 교

---

27) J. Höffner, *Christliche Gesellschaftslehre*, Köln, 1975, SS.74-77.

환 정의가 중요한 조정자 역할을 한다.

② 분배 정의(justitia distributiva): 사회 공동체가 그 구성원에 대한 관계를 바로잡는 것이 바로 분배 정의이다. 분배 정의의 목적은 사회 구성원 개인으로 하여금 정당한 분배를 통해서 사회 공동체에의 공익(公益)에 참여하게 함으로써 그 구성원들로 하여금 정신적, 도덕적 계발을 도모하는 데 있다. 분배 정의는 교환 정의에서처럼 산술적인 평등과 균형을 문제 삼지 아니하고, 세법(稅法) 등에서 볼 수 있는 기하학적 균형을 문제 삼는다. 가령 사회구성체 안에서 권력을 행사하는 자에게 의무를 부과할 때 그 구성원들이 이에 대하여 만족하고 수긍한다면, 이 경우 분배 정의가 제대로 이루어진 것이다. 예컨대, 증수회(贈收賄)나 억압 등으로 어떤 특정인이나 특정 단체가 특혜를 받는다면, 이것은 교환 정의는 물론이고 분배 정의도 파괴하는 것이다.

③ 법적 정의(justitia legalis): 이것은 법률적인 정의로서 그 중요한 목적은 공동을 위한 질서 확립을 도모하는 데 있다. 분배 정의가 개개인이 자기에게 주어진 환경과 조건에서 자기의 위치에 알맞은 공익의 분배를 목적으로 한다면, 이 법적 정의는 공동선을 지향하되, 주로 입법자와 위정자가 정당한 입법과 행정에 의해서 그들에게 부과된 의무를 수행하고, 시민으로 하여금 법에 순종하도록 강제하며, 심지어 공동선의 현현(顯現)을 위해서는 개인의 희생을 요구한다. 법적 정의는 사회정의로서 적절한 역할을 다할 수 있을 것이다. 브루너(Emil Brunner)는 정의의 실천을 가정 질서로부터 비롯해서, 경제 질서, 국가 질서(정치 질서), 종내 국제 질서(국가 간의 질서)로까지 발전시켜야 한다고 주장했다.[28] 참된 평화와 사회질서는 온 세상이 정의로운 사회가 될 때에 비로소 이루어질 수 있을 것이다.

---

28) Emil Brunner, *Gerechtigkeit*, Zürich, 1943, S.174.

우리는 공동 운명 속에서 살고 있다. 그 어느 시대보다도 더욱 불의가 횡행하고 있는 이 시대에서 정의 구현은 모름지기 우리에게 참으로 중대한 과업이 아닐 수 없다.

그러나 사회규범으로서 법과 정의는 우리에게 무엇인가 딱딱하고 차가운 것을 느끼게 한다. 따라서 정의와 법은 아무리 충실하게 잘 지켜진다 할지라도, 소극적으로 사회의 불화와 분쟁의 요소를 제거해 줄 수는 있겠으나, 사회 구성원들의 마음을 내적으로 적극적으로 결합시켜 주지는 못한다. 때로는 정의 구현은 한 사회 구성원 간에 분열을 가져올 수도 있다. 정의를 문제 삼거나 논하는 사람들 중에는 대체로 부당한 대우와 불의로 말미암아 마음에 깊은 상처를 입은 나머지 미움이나 복수심을 품고 있는 사람들이 있음을 주의 깊게 살펴보아야 할 것이다. 그들은 엄격하게 논리적으로 따지면서 오류를 지적하기도 하지만, 자기나 자기가 소속된 집단만의 이익을 숨겨 두고 도리어 자기 이익의 정당화를 도모하려고 하고 그 결과 심지어 사회에 적대감을 조성시키거나 분열을 조장하기도 한다는 사실에 우리는 유의하지 않을 수 없다. 우리는 이러한 작태를 때로는 정의를 구현한다고 외치는 개혁 운동과 입법과정에서 목도할 수 있다. 그러므로 정의를 주장하거나 논할 때 우리는 반드시 관용과 사랑을 염두에 두어야 할 것이다.

사회의 평화와 인간의 협동은 공리적이거나 합리적인 것만으로는 불충분하며, 인간의 내적 신념의 결합을 전제한다. 이 내적 신념의 결합은 바로 인격의 핵심인 사랑으로부터 생겨 나온다. 정의와 사랑은 서로 배척하는 것이 아니다. 오히려 이 둘이 서로 결합할 때 비로소 인간 사회의 존속과 발전이 보장된다. 이 둘은 서로 보익(補益)하며 협력하고 인간의 삶을 서로 강화시키며, 서로 의지하며, 평화를 향해 가는 길에서 제휴(提携)한다.

한 가정의 평화와 질서는 그 가정 구성원 간의 사랑, 즉 부부애, 부모와 자녀 간의 사랑, 형제자매 간의 사랑이 밑받침되어야 하는 것처럼, 공동선을 향한 사회애(社會愛)는 사익(私益)에 대한 공익(公益)의 우선을 기꺼이 인정하고 사회를 위해 헌신하고 봉사할 수 있게 해 주는 원동력이 된다. 사회애는 정의의 냉정성과 엄격성을 지양(止揚, aufheben) 하면서 사회정의의 구현을 용이하게 해 준다. 그러므로 모든 정의론은 사회애, 즉 인간애를 선결 요건으로 삼아야 할 것이다. 따라서 사랑이 결여된 정의는 사회를 비정하게 만들고, 정의가 없는 사랑은 사회를 혼란에 빠뜨릴 수 있음을 항상 경계해야 할 것이다. 질레(M. Gillet)가 "오늘의 정의는 어제의 사랑이며, 오늘의 사랑은 내일의 정의이다."[29] 라고 한 말을, 우리는 정의를 논할 때마다 겸허(謙虛)하게 받아들여야 할 것이다.

앞에서 살펴본 것처럼, 사회윤리는 근본적으로 그 기본 원리와 사회규범의 기반인 사회정의가 자연법에 근거를 두고 있음을 살펴보았다. 그러므로 우리는 자연법이 사회윤리의 원천임을 규지(窺知)할 수 있다.

29) M. Gillet, "Justice et Charité," in *Semaine Sociale de France*, 1928, p.132.

V 장
자연법과 생명윤리

생명윤리는 생명 존중을 실현하는 인간 행위이다. 이 장에서는 왜 모든 인간 행위에 대하여 자연법을 적용하여야 하는가를 규명(糾明)하고, 그다음 구체적으로 인간 행위인 생명윤리 문제들을 어떻게 자연법에 적용시킬 수 있으며 적용시켜야만 하는가를 살펴보자.

1. 인간 행위에 대한 자연법의 적용

인간 행동의 질서는 본성의 질서에 상응해야 한다. 달리 말하면, 당위(當爲)는 존재에 근거한다. 따라서 인간은 자기 본성에 맞게 행동해야 한다. 그것에 위배되는 행동은 좌절, 실패, 패배에 떨어진다. 왜냐하면 그러한 행동은 합당(合當)한 근거도 없이 행동을 시도하는 것이며, 또한 효과적이고 실제적인 행동이 되기 위한 필수적인 준비 조건이 갖추어지지 않은 행동이므로, 결국 부조리(不條理)에 떨어지기 때문이다. 그러므로 인간 행위의 법칙은 인간 본성에 의하여 결정되어야 한다. 이것은 인간의 모든 행위에 보편적으로 적용되는 진리이다. 여기에 자연 도덕률이 있는 것이다.

윤리학의 역할은 인간을 그 참된 본성과 그 모든 본질적 관계들 안에 실재하는 존재로 보는 것이고, 그 본성과 관계들로부터 그의 행위를 지도할 도덕률을 추론해 내는 것이다. 인간은 많은 공통적인 특성과 조건들을 지니고 있다는 사실에는 의심할 여지가 없다. 이 사실에서 그 특성과 조건들에 상응하는 공통적인 의무들이 나오며, 그 의무들은 일반법으로 제정될 수 있다. 물론 다른 사람들과는 다른 한 인간의 개체성은 일반법에 포함되지 않는 개인적 의무들의 원천이 된다. 이 개인적이고 특유한 의무들은 인간이 다른 사람들과 공통적으로 지니고 있는 본성에서 나오는 일반적 의무들과 모순되지 않는다.

인간 본성은 불변성과 가변성을 동시에 나타낸다는 것도 사실이다. 이것은 일반적인 자연 본성과 특수한 인간 본성은 불변하면서도 변하기 때문에, 도덕률도 불변하면서도 변한다는 뜻이다. 그래서 인간은 '열려 있는 존재(Offenheitswesen)'이므로 철학자와 신학자들은 도덕률의 역사성을 올바르게 제시하고, 그 역사적 관계성을 숙고(熟考)해야 한다고 강조하는 것이다.

존재의 질서는 또한 본성에 상응하는 목적을 달성하려는 본성의 성향과 추구를 포함하고 있다. 윤리적 의무를 규정하는 데 있어서 바로 이 성향과 추구에 대한 이해가 대단히 필요하다.[1] 여기에서 다시 하느님에 대한 인간의 관계와 궁극목적을 향한 인간의 실존적 방향이 거론된다. 인간은 그 궁극적 의미를, 오직 하느님과의 관계, 하느님이 정해놓은 계획(plan)과의 관계, 그리고 그 계획을 실현하는 데에 이바지해야 할 그러한 관계 안에 두고 있다고 이해해야 한다. 이 실존적 관계에서

1) Johannes Messner, *Social Ethics*, London and New York: Herder, 1949, pp.18-19.

볼 때 인간은 도덕률을 추론하는 데 있어서 그 자신과 세계만을 볼 것이 아니다. 그것은 다만 윤리 질서의 구성 원리들 중 하나인 존재론적 결정 요소일 뿐이다. 그것과 동시에 잊지 말아야 할 것은 인간이 발전시키고 실현시켜서 궁극적으로 도달해야 할 그 목적이다. 그것은 윤리 질서의 또 하나의 구성 원리, 즉 목적론적이고 종말론적인 결정 요소이다.

1948년 12월 10일 유엔에서 선포된 인권선언은 "모든 사람은 인간의 생명, 자유, 안전에 대한 권리를 가지고 있다."고 천명했다. 이러한 권리가 자연법의 원리로부터 나오는 것이라는 것은 자명한 것이다.

교황청 산하 국제신학위원회는 2009년 6월 『보편 윤리 탐구: 자연법에 대한 새로운 조망』이라는 자연법에 관한 연구 보고서(총 116항)를 공표하였다. 그 서문에서 오늘날 인간의 정체성을 위협하고 있는 유전공학, 복제 등 생명공학의 급속한 발전은 범세계적인 긴급한 윤리적, 정치적 문제가 되고 있으며, 현대사회의 난마와 같은 온갖 도덕 문제를 해결하기 위해서는 보편 윤리학이 요청되고 있으며, 이 보편 윤리학을 재구성하기 위해서는 우리는 다시금 새롭게 자연법을 찾아보지 않을 수 없다고 천명하였다. 이 보고서에서 밝힌 것처럼 우리는 보편 윤리학의 재구성[2]과 생명윤리의 근본원리를 자연법에서 찾아보지 않을 수 없다. 먼저 생명윤리와 자연법의 관계를 살펴보자.

2. 생명윤리와 자연법의 관계: 생명의 존엄성에 대한 이해

"생명윤리는 건강과 생명에 관한 학문 분야에서 인간 행위를 가치와 도덕적 원리에 비추어 체계적이고 세밀하게 연구하는 것"[3]이라는 생명

2) 진교훈, 『현대사회윤리연구』, 울력, 2003, pp.131-216 참조.

3) W. T. Reich, *Encyclopedia of Bioethics*, Vol. 1, New York: The Free

윤리 백과사전의 정의를 우리가 따른다고 하더라도, 생명윤리라는 개념은 일의적(一義的)으로 정의되기 어렵다. 왜냐하면 우선 생명 개념의 다의성(多義性)과 이로 말미암은 생명 가치의 정의와 윤리에 관한 학자들의 관점이 다를 수 있기 때문이다.[4] 그러므로 생명윤리를 공부하려는 사람은 생명의 존엄성에 대한 올바르고 풍부한 이해를 하는 것이 선결 요건이라고 생각한다. 생명의 존엄성을 이해하기 위해서는 다음과 같은 관점을 우선 이해하여야 할 것이다.

1) 생명의 신비의 오묘함의 이해

생명의 본질은 신비로 가득 차 있다. 그 누구도 생명의 신비를 다 파헤쳐 보여줄 수 없다. 생명은 인간에게 속한 것이 아니라 하느님께 속한 것이기 때문에 생명은 성스러운 속성이 부여되어 있다. 인격이나 사랑과 같은 정신 활동이 엄밀한 개념 정의로 설명(erklären)될 수 없듯이 생명은 명시적(explicit)으로 개념 정의를 할 수 없는 신비한 말이다.

생명이 하느님께 속하기 때문에 생명은 거룩하고 양도가 불가능하고 불가침적인 신비스러운 것이다. 생명은 그 자체로 선한 것이며, 도구화해서는 안 되는 가치를 지닌 것이다. 그러므로 인간은 하느님께 속하는 이 생명을 임의로 조작을 하거나 훼손해서는 안 된다.

사람들은 '육체적 생명', '영혼적 생명', '우주적 생명', '영원한 생명'에 대해서 언급한다. 관점에 따라 생명의 범위, 즉 생명의 내포와 외연은 크고 넓다. 그래서 우리는 단지 생명은 의미 있고 가치가 충만한 것이라고 이해할 수 있을 뿐이다.[5] 우리는 생명은 근본적으로 숭고한 것

Press, 1978, xix.

4) 생명의 의미에 대한 상론은 진교훈, 『의학적 인간학』, 서울대학교 출판문화원, 2002, pp.101-126 참조.

이라고 믿을 수 있다. 우리가 생명에 대해서 말할 수 있는 것은, 생명에 손상을 입히는 일은 바람직하지 않은 것이며, 생명을 존중하는 일은 바람직한 것이라고 말할 수 있을 뿐이라는 것이다.

아직도 어떤 특정한 인간의 생명만이 가치가 있다고 주장하는 사람들이 있다. 그들은 어떤 인간존재는 다른 인간존재보다 더 가치가 있다고 생각하고 모든 인간이 동등하게 창조되었음을 수긍하지 않으려고 한다. 그들은 모든 인간이 하나의 인류를 이룬다는 생각을 하지 못하고 있다. 그러나 모든 인간은 국적, 성별, 인종, 혈통, 나이, 언어, 재산, 학식, 신체의 조건, 장애(障礙) 유무 등의 차별 없이, 충분하고도 완전한 생존권, 즉 살려는 권리를 가지고 있으므로 우리는 인간 생명의 가치에 어떤 제한을 두어서도 안 된다.

동방이건 서방이건 인간의 보편적인 인간의 본성이 다를 리 없고, 다만 시대와 장소에 따라 언표(言表)의 차이가 다소간 있을 뿐이다. 인간의 본성은 제대로만 이해한다면 근본적으로 같은 것이다. 동양의 전통사상을 살펴보면, 『맹자(孟子)』에서는 "생명이란 본성을 일컫는 것"[6]이라고 하며, 『역경(易經)』에서는 "천지의 큰 덕은 살게 하는 것"[7]이라고 한다. 『주역(周易)』에는 "양(陽)이 되기도 하고 음(陰)이 되기도 하는 것을 도(道)라고 한다. 이것을 계속하는 것이 선(善)이며, 이것을 이루는 것이 본성이다."[8]라고 기록되어 있다. 『주역』에서 말하는 천지의 도는 사람이 지키지 않으면 안 되는 것으로, 한마디로 생명 존중을 말하는 것이며, 바로 자연법을 의미하는 것이기도 하다. 이 자연법은

---

5) Max Scheler, *Der Formalismus in der Ethik und die materiale Wertethik*, Gesammelte Werke, Bd. 2, Bern: Francke, 1980, S.341.

6) 『孟子』, 「告者章句上」: "生之謂性也."

7) 『周易』, 「繫辭傳下」: "天地之大德曰生."

8) 『周易』, 「繫辭傳上」: "一陰一陽之謂道, 繼之者善, 成之者性."

우리 모두를 살게 하는 것이라고 우리는 믿을 수 있다.

자연법에 따르면 윤리적 행위는 하느님의 창조 법칙에 따라 이성을 가진 인간이 그의 자연적 본성에 합당한 행위와 선을 행하고 악을 피하는 것[9]이다. 예컨대, 최근에 논란이 되고 있는 생명윤리 문제들, '인간의 자연적 생존권', '생명권', '신체의 완전성을 해치는 행위'(인체실험, 거세 등)는 인간 본성의 질서인 자연법에 어긋난다. 그러므로 인간과 다른 동물과의 교배[異種間交雜], 낙태, 인간배아복제, 인간의 유전자 조작, 인간과 다른 종 간의 유전자 결합, 미성숙 생식자(정자, 난자)를 동물의 몸을 이용해 성숙시키는 것, 체세포를 이용하여 수정란을 만드는 시도 등, 인간의 생명을 조작하는 행위는 인간 본성의 질서와 인간의 존엄성을 파괴하는 죄악으로서 자연법에 위배되는 행위이다. 따라서 우리는 모름지기 인간의 존엄성을 훼손시키는 연구 등에 반대하는 여론을 형성하는 데 매진하지 않을 수 없다.

우리가 살고 있는 이 시대는 어린이의 순결한 마음을 경멸하고 온갖 욕망으로 가득 차 있는 청년의 시대와 같다고 비유해 볼 수 있다. 그러나 사람이 진정하게 성숙하면 어린이와 같이 될 수 있다. 그래서 노자(老子)는 "사람의 덕과 지혜가 성숙하게 되면 그는 어린아이와 같이 된다."[10]고 말했으며, 맹자도 "위대한 사람은 막 낳은 어린아이와 같은 그 마음을 잃지 않고 있는 자"[11]라고 하였다. 이것은 성경에서 예수님께서 "사실 하느님의 나라는 이 어린아이들과 같은 사람들의 것이다. 내가 진실로 너희에게 말한다. 어린이와 같이 하느님의 나라를 받아들이지 않는 자는 결코 그곳에 들어가지 못한다."(마태오 19:13-15; 마르코 10:13-15; 루가 18:16-18)라고 말씀하신 것과 같은 내용이라고 우리

---

9) Thomas Aquinas, *Summa Theologica*, I-II, 94, 2. in corp 및 94, 2. ad 2.

10) 『道德經』, 55장: "含德之厚 比於赤子."

11) 『孟子』, 「離婁章句下」: "大人者 不失其赤子之心者也."

는 이해할 수 있을 것이다. 어린이다워야 비로소 우리는 자연법을 바르게 이해할 수 있을 것이다. 우리가 인간의 본성이 '인(仁)'하며 생명이 존귀하다는 것을 믿으면, 생명은 기운생동(氣韻生動)할 것이며, 인간의 본성이 '인(仁)'하며 생명이 존귀하다는 것을 의심하면, 생명은 소멸하고 자연법은 힘을 잃고 말 것이다.

토마스 아퀴나스의 자연법의 교훈으로부터 우리는 다음과 같은 세 가지 원칙을 찾아볼 수 있다. 첫째, 생명 그 자체가 선이라는 것이다. 그러므로 생명의 보존이나 그 장해물의 제거에 도움이 되는 것은 자연법에 속한다는 것이다. 둘째, 후손을 낳고 교육하며, 가족의 보존을 도모하고 그 복리를 증진하는 것은 자연법에 속한다는 것이다. 셋째, 인간은 하느님에 대한 진리를 알고 인간 사회에서 평화롭고 화목하게 살려고 하는 선천적 성향(inclinatio)을 가지고 있다는 것이다. 그러므로 종교와 학문의 자유를 보장하고 사회의 정의와 평화와 질서를 확립하는 것은 무엇이든지 자연법에 속한다는 것이다.[12)]

우리는 생명의 신비를 논리적 정합성에 맞도록 합리적으로 설명할 수 없다. 그러나 생명이 자기에게로 향해서 부르는 소리에 대해서 둔감(鈍感)할 수 없는 사람에게는 생명 존중은 자명(自明)한 것이다.

2) 모든 생명에 대한 배려와 존중

홀로 있는 생명은 없다. 나와 너, 나와 나 아닌 '그 무엇'과 연결돼 있다. 우리는 나와 연결된 또 다른 생명과의 관계 속에 살아간다. 그 관계가 헝클어지거나 깨지면 사람도 함께 망가진다. 그 관계를 책임지는 가장 좋은 방법은 사랑이다. 사랑하면 생명과 생명 사이에 빛이 들어와

---

12) Thomas Aquinas, *Summa Theologica*, I-II, 94, 2. in corp 및 94, 2. ad 2 참조.

사람과 사람 사이를 따뜻하게 한다.

우리는 우리의 생명 보전을 위해서도 생명의 터전인 자연을 온전하게 보전하지 않으면 안 된다. 그래서 『역경(易經)』은 만물이 "본래 가지고 있는 천성(天性)을 그대로 실현시켜 그 생명 발전을 끊임없이 존속하게 하는 것이 도의(道義)가 할 일이다."[13]라고 가르치고 있다.

인간이 다른 생명체의 희생으로 살 수밖에 없다면, 인간도 다른 생명체를 위하여 자기의 불이익과 희생을 감수해야 할 것이다. 우리는 절제할 줄 아는 '살림살이(οἰκοδόμος)'에서 우리를 살리고 자연을 살리고 생명을 살리는 것을 실천할 수 있다.

인간은 그가 도울 수 있는 모든 생명체를 도와주고 또 어떤 생명체에도 해가 되는 일을 삼갈 것을 간청하고 또 여기에 그 자신이 순응할 때에만 비로소 진정한 의미에서 윤리적일 수 있다. 윤리적 인간은 이 생명 또는 저 생명이 얼마만큼이나 값이 나가는가를 묻지 않으며, 또 그것을 얼마만큼이나 지각할 수 있는가를 묻지도 않는다. 그에게는 생명 그 자체가 거룩한 것이다. 그래서 슈바이처(A. Schweitzer)는 "윤리학은 살아 있는 모든 것에 대한 무한한 책임을 지는 것을 가르치는 것이다."라고 말하였고, 중국의 팡(方東美, Thome Fang)은 "도덕의 기초는 가치가 흠뻑 배어 있는 생명 속에 있으며, 도덕은 생명 가치의 구체적인 표현이다."[14]라고 말하였다. 팡이 "우리는 단지 생명을 위해 살아가는 것이 아니다. 그것은 어느 야성적인 동물도 다 할 수 있는 것이다. 우리는 부단하게 생명의 의의를 드높이고 생명의 가치를 증진시켜 머무르게 하여야 한다. 우리는 최고의 가치를 실현하기 위하여 살지 않으면 안 된다."[15]고 말한 그의 깊은 뜻을 숙고(熟考)해 보아야 할 것이다.

---

13) 『周易』, 「繫辭傳下」: "成性存存道義之門."

14) Thome H. Fang, *The Chinese View of Life, The Philosophy of Comprehensive Harmony*, Hong Kong: The Union Press, p.166.

인간과 자연은 생명에 있어서 영원한 기쁨과 아름다움을 공유하고 있다. 그래서 인간과 자연은 나누어질 수 없는 하나인 것이다. 우리는 『중용(中庸)』에서 다음과 같은 글을 찾아볼 수 있다:

> "자신의 생명을 극진히 발휘할 수 있는 이는 또한 남의 생명도 극진히 완수할 수 있다. 남의 생명을 극진히 완수할 수 있는 이는 더 나아가서 만물의 생명을 극진히 완수할 수 있다. 만물의 생명을 극진히 할 수 있는 이는 천지의 창조적 화육(化育)에 참여할 수 있다."[16]

그러므로 우리는 자신의 생명뿐만 아니라 다른 사람과 다른 생명체를 존중하고 배려(配慮)하는 데도 극진(極盡)하여야 할 것이다.

3) 생명의 아름다움의 체득(體得)과 구현(具現)

우리는 생명의 아름다움을 누릴 줄 알아야 할 것이다. 우리는 생명의 아름다움을 감상(感賞: 마음에 깊이 느껴 찬미한다는 뜻, 작품을 단지 알고 평가하는 감상(鑑賞)과는 다른, 한 차원 더 높은 경지)하면서 생명의 신비를 느끼며 생명의 존귀함을 배우며, 우리의 생존을 감사해야 할 것이다. 생명의 숭고(崇高)함을 우러러볼 줄 아는 사람은 생명을 사랑하고 생명을 감히 훼손시키지 못할 것이다. 그러므로 생명에 대한 미학적 감상(感賞) 능력의 배양(培養)이야말로 생명에 대한 외경심(畏敬心)을 길러 주며, 생명 보전(保全)의 지름길이라고 믿을 수 있을 것이다.

---

15) 같은 책, p.166.

16) 『中庸』, 二十二章」: "能盡其性, 別能盡人之性, 能盡人之性, 別能盡物之性, 能盡物之性, 別可以贊天地之化育." 방동미(方東美)가 性을 life로 해석한 것을 참조.

우리는 생명의 신비를 논리적 정합성에 맞도록 합리적으로 정초시킬 수는 없다. 그러나 생명이 자기에게로 향해서 부르는 소리에 대해서 둔감(鈍感)할 수 없는 사람에게는 생명 존중은 자명(自明)한 것이다.

우리는 동방의 전통 산수화(山水畵)에서 생명에 대한 기쁨을 들여다볼 수 있고, 숲속에서 생동기운(生動氣韻)하는 기쁜 소리를 들을 수 있다. 동방의 고대 예술가는 그 자신이 느낀 생명 정신을 자연에 이입시켜 자연을 숭고한 생명의 기틀로 감화시켜 왔다.

우리 겨레가 중시해 온 생명에 대한 존중을 보여주는 인정, 순정, 애정은 결코 감상(感傷)적인 자의(恣意)적인 감정이 아니라, 우리 모두에게 공감(共感)을 불러일으키는 생명 가치의 아름다운 표현이다. 우리가 생명의 아름다움을 체득할 수 있을 때, 그리고 살아서 뛰노는 창조적 생명정신을 예술적 표현으로 널리 알릴 수 있을 때, 가령 김수환 추기경이 그토록 좋아했던 박지홍 화백의 「비리(飛鯉)」(비약하는 잉어, 1968년 작) 그림 등에서, 우리는 생명을 존중하도록 인도될 수 있을 것이다.

우리 주위에는 숨어서 피는 두메 꽃처럼 온갖 아픔을 감수하면서도 조용히 생명을 지켜 주는 갸륵한 분들이 있다. 그분들은 산다는 것이 얼마나 영광스러우며 감사한 일이며 아름다우며 기쁜 것인지를 우리에게 일깨워 주고 있다.

이제 우리가 이렇게 생명의 존엄성, 생명 가치를 본질직관(Wesensanschung)으로 이해할 수 있다면, 우리는 이러한 근본적인 생명에 대한 이해가 다종다양한 생명윤리 문제를 해소시킬 수 있는 준거가 될 수 있음을 이해할 수 있을 것이다.

그러면 생명윤리 문제에 대하여 자연법을 어떻게 적용시킬 수 있는가를 구체적으로 살펴보기로 하자.

3. 생명윤리 문제에 대한 자연법의 적용

생명윤리가 인간의 건강과 생명에 관한 학문 분야에서 인간 행위를 가치와 도덕원리에 비추어 연구하는 것이라면, 어떠한 가치나 어떠한 도덕원리를 말하는가 하는 물음이 제기될 수밖에 없을 것이다. 자연법의 관점에서 보면 이 물음은 대답하기 어려운 문제가 아니다. 자연법은 인간의 존엄성과 인간의 생명을 훼손시키는 모든 시도를 금지한다. 그러므로 최근에 논란이 되고 있는 생명윤리 문제를 자연법에 비추어 보면, 인간의 자연적 생존 조건, 생명권, 신체의 완전성을 해치는 행위는 자연법에 어긋나는 것이 된다. 예컨대 인체실험과 거세, 낙태, 배아를 살해하는 배아 줄기세포 연구, 자살, 안락사 등은 인간의 생명의 존엄성을 훼손시킴으로 자연법을 거스르는 죄악이다.

"살인하지 말라"라고 하는 정언명법(定言命法, kategorischer Imperativ)은 자연법에서 나온다. 이제 구체적인 예를 들어 보자. 어떤 가난한 임산부가 배 속의 아기를 살리기 위하여 음식물을 훔쳤다고 하자. 이 행위를 실정법에서 보면, 훔치는 행위는 범법 행위가 되고, 따라서 처벌의 대상이 될 수 있을 것이다. "훔치지 말라"는 계명은 개인적 사유재산이 인정되는 것이 전제된다. 그러나 극도의 궁핍에 빠져 있는 사람은, 예컨대 극빈한 임산부의 경우에, 다른 사람의 잉여의 식품을 소유주의 허락 없이 사용할 수도 있을 것이다. 이 경우에 그 소유주는 이를 감수해야 한다. 왜냐하면 이것은 부당한 재산 침해의 문제가 되기 이전에 생명권에 관한 문제이기 때문이다. 비상사태에서 자기보호를 위한 응급조치는 가능한 것이다. 생명권은 어떤 실정법의 권리보다 우선하는 자연법이기 때문이다. 다시 말해서 생명권은 국가법에 앞서서 존재한다. 그 자체를 구성하는 것으로서 그 자체를 보존하는 것, 즉 그 자체에 자신을 방어할 권리가 놓여 있다. 이 자기방어 권리는 자연법에

의한 안전한 보장과 보호뿐만 아니라, 모든 생명체의 보호를 포함한다.[17]

롬멘(H. Rommen)이 "사람은 양심에 구속되는 한, 누구나 타고난 자연법의 법률가이다."라고 말한 것은 구체적인 많은 생명윤리 문제에 대한 판단을 하는 데 준거(準據)가 될 것이다.[18] 그러므로 생체실험이 인간의 존엄성을 훼손하는 만행인 것처럼, 생명의 연속선상에서 볼 때, 인간인 배아를 살해하도록 허용하는 것은 자연법에 어긋난다.

또 하나의 예를 들어 보자. 어떤 중학교 3학년 여학생이 밤중에 괴한에 의하여 납치되어 성폭행을 당하고 임신한 경우에, 그 어린 여학생은 현재 모자보건법 14조에 의거하면, 합법적으로 낙태를 할 수 있다. 그러나 만일 본인이나 부모나 의사나 그 누구의 권유에 의해서이건, 만일 그 여학생이 낙태를 한다면, 그 행위는 "살인하지 말라"는 자연법의 원리에 위배되는 살인 행위가 된다. 왜냐하면 태아는 임산부의 소유물이 아니고, 독립된 하나의 생명체이며, 이 생명체를 살해하는 낙태는 살인 행위가 되기 때문이다. 낙태는 영아 살인이다.

최근에 논란이 되고 있는 생명윤리 문제를 자연법에 비추어 좀 더 고찰해 보자. 자연법에 따르면 윤리적 행위는 하느님의 창조 법칙에 따라 이성을 가진 인간이 그의 자연적 본성에 합당한 행위와 선을 행하고 악을 피하는 것이다. 예컨대 인간의 자연적 생존 조건, 생명권, 신체적 완전성을 해치는 행위는 자연법에 반한다. 또한 인간과 타 동물과의 교배(交配), 즉 이종 간 교잡(異種間交雜) 행위, 인간과 다른 종 간의 유전자 결합, 미성숙 생식자(정자, 난자)를 동물의 몸을 이용해 성숙시키는 것, 체세포를 이용하여 수정란을 만드는 시도, 인간복제와 인간배아

17) H. Rommen, *Die Ewige Wiederkehr des Naturrechts*, SS.225-255 참조.
18) 같은 책, S.275. 가난한 아기 엄마가 굶주린 아기를 살리려고 우유를 훔치는 것은 부도덕한 것이 아니며, 프랑스에서는 합법적이다.

복제(체세포배아복제), 단성생식(처녀생식) 등도 자연법에 어긋난다. 그러므로 낙태, 즉 영아 살해, 인간배아복제, 동물복제, 인체실험, 거세술(去勢術), 의사조력자살(醫師助力自殺) 등은 자연법을 거슬러 인간의 존엄성과 정체성을 훼손시키기 때문에 모름지기 금지되어야 할 것이다.[19)]

자연법론의 출발점은 "좋은 삶이란 무엇인가?"를 묻는 것이다. 그것은 명백히 비도덕적 행동을 정당화하는 데도 사용될 수 있는 쾌락이나 욕구를 충족시키는 것을 좋은 것으로 보는 공리주의적 해답을 거부하는 것이다. 자연법의 이 물음에 대한 해답으로 "좋은 삶이란 참된 인간의 실현과 번영을 뜻하는 삶이다." 그렇다면 인생의 참된 번영이란 무엇인가? 우리가 생명, 건강, 우정, 예술과 아름다움을 감상하는 것, 노동, 놀이, 실재적인 분별(이치에 맞는 것)과 같은 선에 참여하는 것이다. 기본적인 선을 간명하게 표현하는 것은 우리가 어떤 이론가의 글을 읽고 따르느냐에 따라 달라질 수 있다. 그러나 좋은 이론가들은 좋은 삶에 대하여 같은 근본적인 것을 공유하고 있다. 이러한 선들이란 단지 도구적 선이 아니라 그 자체로 목적이라는 의미에서 '근본적'이며, 그 자체 때문에 추구할 가치가 있는 공동선(共同善)이며, 그래서 자명(自明, self evident)한 것이다. 근본적인 선들은 자연법 윤리의 객관적 기반을 형성한다. 그러나 자연법의 생명윤리 문제에 대한 적용은 근본적인 선들과 특정한 행위의 윤리에 대한 판단 사이에서 중간적인 도덕적 원리들에 의하여 보충될 필요가 있다.[20)]

---

19) 진교훈, 「윤리학적인 관점에서 본 인간생명의 존엄성」(가톨릭대학교 법학연구소 개소식 기조강연), 『가톨릭법학』 제1호, 2003 참조.

20) Gómez-Lobo, *Bioethics and the Human Goods: An Introduction to Natural Law Bioethics*, Georgetown University, 2015 참조.

생명윤리는 넓은 의미에서 생명을 존중하고 생명 가치를 고양하는 것이며, 생명윤리학은 생명과학, 특히 의학과 유전공학에서의 실행에 대한 간섭 또는 통제의 정당성 여부를 성찰하는 학문[21]임을 이해하는 것이라고 할 수 있다. 따라서 우리가 인간 생명의 존엄성을 회복하기 위해서는 자연법에로 귀의해야 할 것이다.[22]

결론적으로 생명을 존중한다는 것은 자연법을 준수하는 것이다. 그러기 위해서 우리는 먼저 생명의 신비의 오묘함을 깨닫고, 모든 생명체의 생명을 배려하고 존중하며, 생명의 아름다움을 체득하고 이를 구현하는 것을 바르게 이해할 수 있어야 할 것이며, 자연법을 제대로 이해할 수 있어야 할 것이다.

자연법을 제대로 이해한다면, 오늘날 문제되고 있는 생명윤리 문제들, 즉 무고한 생명을 죽이는 낙태, 안락사, 배아를 죽이는 각종 연구, 자살, 이종 간 교잡 행위 등의 문제들은 이해관계의 조정이나 타협에 의한 일시적인 미봉책으로가 아니라, 근본적으로 불가(佛家)에서도 중시하는 이른바 팔정도(八正道)의 정정진(正精進)이 일러 주는 지악수선(止惡修善) 하는 자세로 해결될 수 있을 것이다.[23]

---

21) Elio Sgreccia, *Bioetica, manuale per medici e biologi*, Milano: Vita e Pensiero, 1987, p.41 참조.

22) H. Rommen, *Die Ewige Wiederkehr des Naturrechts*, SS.243, 260-262 참조.

23) 진교훈, 「생명윤리와 자연법」(제6회 가톨릭생명윤리연구소 학술대회 발표문), 가톨릭대학교 의과대학 의과학연구원, 2010. 5. 12. 참조.

VI 장
자연법과 철학적 인간학의 관계

자연법사상에서 **인간 이해**는 중요한 과제이다. 왜냐하면 인간이 무엇이며, 사람답게 사는 것이 무엇이며, 사람다운 삶의 규범이 무엇인가를 묻고 이해하려는 **인간학의 과제는 인간의 본성법인 자연법과 관계될 수밖에 없기 때문이다.**

어떤 사회도 언제나 **사회질서**, 즉 도덕과 법이 요청되고 있다. "사회가 어떻게 있어야 하는가?"라는 물음은 바로 자연법의 물음이다. 이 물음은 인간 사회가 존재하는 한 영원한 물음이 될 수밖에 없다. 왜냐하면 우리 인류는 여전히 인간 사회의 올바른 존재 양식을 찾고 있기 때문이다. 롬멘은 이를 "자연법의 영구 회귀"(그의 저서명이기도 하다)라고 표현했다. 보이티야(Karol Wojtyla, 교황 요한 바오로 2세)도 "자연법 공부는 **인간의 본성**과 **인격**에 대한 올바른 이해가 없이는 불가능하다."[1)]고 말했다.

---

1) Karol Wojtyla, *Von der Königswürde des Menschen*, Stuttgart: Seewald, 1979, S.64.

그래서 **자연법 이념의 바탕**에는 인간의 생활 규범을 인간의 **본성**(Natur)의 고유함에 연결시키고 이 고유한 본성으로부터 윤리적 **규범** 내지 법적 규범을 밝혀 주는 사상이 놓여 있다. 왜냐하면 자연법은 **인간의 본성과 불가분의 관계에 있는 인간에게 자연적으로 이미 주어져 있는 본성법**(本性法)**을 의미하기 때문이다.**

그러면 인간의 본성에 관하여 명백히 규정된 것, 또는 적어도 규정될 수 있는 그 어떤 것이 밝혀질 수 있는가? 이러한 물음은 자연법사상의 역사에서 중요한 문제가 되지 않을 수 없다. 인간의 본성이 무엇인가라는 물음에 대한 해답에 따라 자연법의 이해는 달리 해석되어 왔다. 자연법사상의 역사[2]를 살펴보면 자연법론은 근본적으로 첨예하게 대립되는 두 흐름이 있음을 찾아볼 수 있다. 이 대립을 벨첼(Hans Welzel, 1904-1977)은 **이념적**(ideal) 자연법과 **실존적**(existentiell) 자연법 사이의 대립이라고 말한다. 이념적 자연법론에서는 인간의 본성은 **이성**(ratio),[3] 즉 **로고스**(λόγος)로 규정된다. 이념적 자연법론에 의하면 인간은 이성적이며 사회적인 존재이다. 반면에 실존적 자연법론에서는 인간은 우선적으로 이성적 존재가 아니라, 이성보다 앞선 **의지** 행위 내지 **감정** 행위, 또는 **충동**에 의해서 규정되는 존재이다. 그래서 이념적 자연법론은 이상적인, 언제나 타당한, 그리고 이성적 사유로써 갈 수 있는 질서로부터 법을 이끌어 내려는 경향을 보여준다. 반면에 실존적 자연법론은 법을 상황에 따르는 결정으로 보거나, 아니면 중요한 **생존** 요구의 행위에 기인하는 것으로 본다.[4]

---

2) 서양 자연법사상의 역사에 관해서 진교훈, 「스콜라철학 시대의 자연법사상」, 『이성과 신앙』 54호; 「서양 근세의 자연법사상 I, II」, 『이성과 신앙』 55호, 57호; 「서양 고대의 자연법사상」, 『이성과 신앙』 58호 참조.

3) ratio는 계산, 비례, 방식, 순서, 관계, 용무, 이유, 고려, 논거, 추론 등 다양한 의미로 사용되고 있으나, logos는 "the word by which the inward thought is expressed"로 정의되고 있다.

이념적 자연법론과 실존적 자연법론 사이의 대립이 가장 심하게 대두된 것은 서양 중세에서 이념적 실재론(Ideen-Realismus)과 유명론(唯名論, nominalism) 사이의 논쟁을 통해서였다. 이 논쟁의 발단은 이미 서양 고대의 자연법사상에서 나타났다.[5)]

히포크라테스에 의하여 절정을 이루었던 그리스의 의술(醫術)은, 모든 사람은 특정한 체질을 가지고 있으므로, 몸조리에 관한 가르침에서 각 개인의 체질(體質)을 관찰하도록 촉구했다. 이렇게 이해되는 의학은 일반적으로 올바른 행위에 관한 이론인 윤리학과 밀접한 관계에 놓여 있었다. 플라톤의 대화편에서도 신체적인 건강 상태나 질병 상태를 윤리적인 것에 견주어, 의학과 윤리학을 비교하면서 묘사하고 있다. 이 의학적인 자연 개념으로부터 인간의 육체와 윤리적인 성격을 포함하여 포괄적인 인간 본성의 개념으로 옮겨가게 되는데, 이것은 중대한 결과를 가져왔다. 이로부터 자연법의 역사의 통로가 열린 것이다.[6)]

자연법 이념의 바탕에는 인간 본성의 고유함으로부터 사회규범을 밝혀 보려는 사상이 놓여 있다. 인간 본성과 더불어 명백하게 규정된 그 어떤 것, 또는 적어도 규정할 수 있는 그 어떤 것이 사회규범 내지 윤리의 올바른 형성을 해명할 수 있을 것이다. 이 장은 자연법과 인간학과의 관계를 규명하면서 **자연법이 바로 윤리의 원류**임을 밝혀 보고, 철학적 인간학의 대두(擡頭)가 현대의 자연법의 부활에 미친 영향을 살펴보려고 한다.

---

4) H. Welzel, *Naturrecht und materiale Gerechtigkeit*, S.9 참조.

5) 진교훈, 「서양 고대의 자연법사상」 참조.

6) H. Welzel, *Naturrecht und materiale Gerechtigkeit*, S.10.

1. 사회질서와 인간의 본성

1) 윤리적 존재로서 인간

짐승들은 그들의 생존에 필요불가결한 방식들을 본능적으로 부여받는다. 예컨대, 포유동물은 섭생(攝生)에 필요한 만큼만 먹고 과식하지 않는다. 왜냐하면 동물은 **자동조절**이 잘 되어 있기 때문이다. 그러나 사람은 과음 과식을 하고 소화불량에 잘 걸리곤 하는데, 그 이유는 사람은 다른 동물들처럼 자동조절이 잘 되어 있지 않기 때문이다. 그러므로 그때그때마다 어떻게 행동하는 것이 바른 것인가를 묻고, **자기반성**을 통해서 자기제어를 하도록 되어 있다.[7] 사람이 무엇을 먹을 것인가 하는 문제도 그때그때의 경우에 따라서 결정할 문제이지 다른 동물들처럼 자연적인 **기계적 본능**에 따라 자동적으로 결정되어 있는 것이 아니다. 동물들은 영양 상태와 발육이 좋은 때를 골라서 발정기(發情期)와 생식기(生殖期)가 정해진다. 그리고 주위 환경이 종족 번식에 적합한 때에 수태를 한다. 동물은 천재지변이 있을 때나 건강 상태가 나쁠 때는 교미를 하지 않는다. 그러나 인간은 정신적으로 불안하거나 고도한 정신생활을 행하기 어려울 때, 주위 여건이 나쁠 때, 가령 병들었을 때, 또 전쟁 중이거나 천재지변이 있을 때일수록 성욕이 항진하는 경향이 있다. 다른 동물들은 수태 중일 때는 절대로 성교를 하지 않는다. 그러나 사람은 정신이 부실하면 아무 때나 성교를 할 수 있도록 엄청난 **자유**가 주어져 있다. 그러므로 인간은 본래적으로 성욕을 **자제**하지 않으면 안 되도록 되어 있다. 성의 문란은 한 개인에게만 치명적인 타격을 주는 것이 아니라 그 개인이 속해 있는 공동사회 전부에게 악영향을

---

7) 인간의 생물학적 특징에 대해서는 진교훈, 『철학적 인간학연구』, 경문사, 1982, pp.64-68 참조.

끼치며, 심지어 공동체 전체를 와해시키기도 한다. 한 문명이 멸망하거나 쇠퇴하고 한 사회가 붕괴하는 것과 성(性)의 문란(紊亂)은 항상 연관되어 있다. 그러므로 인간은 올바른 성생활을 하지 않으면 **자멸**하게 되어 있다.[8] 요컨대 인간은 본래적으로 **삶의 규범**을 필요로 하도록 되어 있다. '사람다움', '사람다운' 행동이라는 말 속에는 이미 **윤리성**이 내포되어 있다. 사람은 본래 바른 삶과 바른 세상을 늘 의식하고 살아야만 하는 **윤리적인 존재**이다.

2) 윤리학과 철학적 인간학의 관계

윤리학은 처음부터 철학적 인간학의 연구 대상 영역으로 내적 관계를 가지고 있다. 왜냐하면 윤리학도 철학적 인간학도 사람다움이 무엇인가를 묻고 사람답게 행동하는 것을 추구하기 때문이다. 따라서 윤리학은 인간학적 인식에 기여할 수 있을 것이다. 론하이머(Martin Rhonheimer)는 '**도덕의 근거로서 자연법**'을 논하면서 윤리학과 철학적 인간학의 관계에 관하여 다음과 같이 말하였다:

> "윤리학은 처음부터 인간학의 대상 영역에 **내적 관계**를 가지고 있다. 그러므로 더 나아가 윤리학을 인간학적으로 정초시키는 것도 윤리학의 대상 영역에는 생소할 수 없다는 것이 추론될 수 있을 것이다. 아니 **윤리학은 인간학을 요구한다**. 윤리학은 인간학적 인식의 심화에 기여할 수 있음을 보여줄 수 있을 것이다. 반면에 인간학의 심화와 완성이 윤리학을 통하여 제시될 수 있겠지만, 윤리학의 인간학적 정초의 문제 제기는 좀 더 정밀함을 요구한다. 가능한 한 오해를 하지 않도록, 윤리와 인간

8) 성욕의 인간학적 이해와 윤리성에 관해서는 진교훈, 『현대사회윤리연구』, 울력, 2003, pp.452-456 참조.

본성(Natur)과의 관계만이 문제되는 것이 아니라 윤리적 행위에 관한 학으로서의 윤리학과 철학적 인간론으로서의 인간학과의 관계의 **방법론적 문제**도 고려되어야 할 것이다"[9]

그가 이어서 한 다음과 같은 말에서도 우리는 인간학과 윤리학의 관계를 들여다볼 수 있다:

> "자기 자신의 활동에 관한 **지성의 반성**은 영혼과 인간 전체의 모든 형이상학적 학설뿐만 아니라, 또한 도덕철학에, 도덕철학의 대상에 부여하는 **자기체험**의 출발점이라는 것도 강조되어야 할 것이다. 이 사변적인 자기체험은 정신적, 지성적 인식의 내면적인 실제를 파악하는 구조에 속한다. 이 자기체험 자체는 형이상학이나 인간학으로부터 곧바로 유래되는 것은 아니다. 오히려 형이상학과 인간학과 인간의 인식은 육체적이고 경험적, 현상적인 존재만이 아닌 인간의 **전 존재 안에서** 이러한 반성적인 자기체험에 의해서 그리고 자기경험의 체계적인 소화에 의거해서 가능할 수 있는 것이다. 이 사변적인 영혼의 자기체험은 인간존재의 형이상학에 속하지만 또한 **실천이성**에도 속한다. 이 자기체험은 생소한 이론적 근거를 만드는 것이 아니라 바로 **자기해명**으로, 또 그 자신의 활동의 해석학에 속하는 것으로 드러난다."[10]

그래서 윤리학과 형이상학이 공통하는 근본 경험(Grunderfahrung)에 뿌리를 두고 있다는 푹스(J. Fuchs)의 인간학과 윤리학의 관계에 관한 상론(詳論)도 전적으로 수긍될 수 있을 것이다.[11] **윤리학은 형이상학적**

---

9) Martin Rhonheimer, *Natur als Grundlage der Moral*, Wien: Tyrolia, 1987, S.53.

10) 같은 책, S.54.

11) J. Fuchs, "Autonome Moral und Glaubensethik," in D. Mieth, Hsg., *Ethik*

인간학에 기초하여야 할 것이다. 우리가 영혼과 영혼의 잠재력의 질서에 대한 물음의 근원을 그 물음의 출발점에서 윤리학과 마찬가지로 형이상학에도 공통으로 인식하고 있는 주체, 즉 **인격의 근원 경험**으로서 이해한다면, 도덕철학이 그것의 대상 영역에 근거하여 인간학과 형이상학의 내면적이며, 필연적이며, 해소될 수 없는 관계를 가지고 있다는 것은 명백해진다.12)

그러므로 "형이상학적 인간학과 철학적 윤리학의 공동 작업은 가능할 뿐만 아니라 절대적으로 필요한 것이며 불가피한 것이다."13) 왜냐하면 윤리학은 실천이성에 내재하고 있는 근원 경험을 밝혀 주는 영혼의 형이상학적, 인간학적 인식을 폐쇄해서는 안 되기 때문이다. 그러나 만일 형이상학을 폐쇄하게 되면 사회적으로 역사적으로 제약을 받는 인간 행동의 경험을 고려하게 되는 것은 불가피할 것이다. 윤리학에서 그러한 경험을 고려하지 않을 수 없다는 것은 의심할 여지가 없다. 그러나 그러한 **경험들이란 근본적**(fundamental)**인 것이 아니다**. 그러한 **상대적**인 경험들은 인간 행동의 인격적 구조를 오인하고 심지어 날조하게 될 수도 있다. 우리는 이러한 것을 현대의 행동주의(behaviorism)에 영향을 받는 사회과학을 표방하는 교육학, 심리학, 유물론적 경험론과 공리주의에 근거한 윤리학설 등에서 직시(直視)할 수 있다.

그러나 형이상학적 인간학과 윤리학이 공동 작업을 할 때 우리는 윤리학을 인간학으로부터 연역하는 것만을 중시할 것이 아니라, 하나의

---

im Kontext des Glaubens, Freiburg and Wien, 1978, SS.53-59 참조. M. Rhonheimer, *Natur als Grundlage der Moral*, S.54에서 재인용.

12) E. Voegelin, *The New Science of Politics*, Chicago and London, 1952, pp.61-70 참조. 푀겔린은 인간학과 형이상학의 관계가 필연적임을 밝히고 나서 한정된 일군(一群)의 경험 내용을 분석해 보는 것보다는 실존의 의미를 형성하려는 시도가 더 바람직하다고 하였다.

13) M. Rhonheimer, *Natur als Grundlage der Moral*, S.55.

내면적인, 대상 자체의 통일을 통해서 주어지는 상호 간의 해명의 관계를 중시하여야 할 것이다.[14] 그리고 "실천이성의 근본 경험을 외면하는 형이상학과 마찬가지로, 실천이성의 근본 경험의 사변적 자기경험에 포함되어 있는 **영혼**에 대한 물음을 배척하는 윤리학도 오류에 빠지게 될 것이다."[15]

인간의 생활 규범의 근원을 동방에서는 천도(天道)와 천륜(天倫)에서, 서양에서는 신법(神法)과 '자연의 이치(naturalis ratio)'에서 찾으려고 하여 왔다. 이러한 원초적인 규범은 사람이 임의로 그때그때 만들 수 있는 것이 아니라, 인간을 주재(主宰)할 어떤 권위로부터 주어진 보편적이고 영구적인 근본 규범에 따르는 것이라고 선각자(先覺者)들은 생각하였다. 이러한 생각이 자연법을 밝혀 주는 싹이 되었을 것이라고 우리는 생각해 볼 수 있다.

자연법 이념의 바탕에는 인간의 생활 규범을 인간의 **본성**(Natur)의 고유함에 연결시키고, 이 고유한 본성으로부터 윤리적 **규범** 내지 법적 규범을 밝혀 주는 사상이 놓여 있다. 왜냐하면 자연법은 **인간의 본성과 불가분의 관계에 있는 인간에게 자연적으로 이미 주어져 있는 본성법**(本性法)**을 의미하기 때문이다.**

2. 법 존재론과 철학적 인간학

1) 법 존재론의 의미

볼프(Erik Wolf, 1902-1977)에 의하면 다양한 자연법론은 존재에로의 근본 물음을 지향한다. 그는 "법 존재론(Rechtsontologie: 존재론적

14) 같은 책, 같은 곳.

15) M. Rhonheimer, *Natur als Grundlage der Moral*, S.56.

자연법)은 법의 현존재를 물음"으로써, "윤리적 자연법은 법의 **당위** 존재(Gesoltsein)를 물음"으로써, "논리적 자연법은 법의 의식된 존재(Bewusst-sein)를 물음"으로써, 그리고 "형이상학적 자연법은 법의 정당화된 존재를 물음"으로써 "존재에로의 근본 물음"으로 지향하고 있다고 한다.[16]

자연법의 전통은 법의 **본성**(Natur)을 **인간의 본성**을 통해서 해명하여 왔다. 법 존재론은 다양한 해석을 내놓고 있으나, 방법적으로 보면, 인간의 존재 양식으로부터 법의 존재 양식을 근거 지으려고 하는 존재유추(analogica entis)에 의거한다는 점에서 공통하다고 볼 수 있을 것이다. 자연법사상이 인간존재의 근본 문제를 지향하고 있다는 생각은 과거에도 있었지만, 오늘날 특히 철학적 인간학에서 중요한 과제가 되고 있다. 셸러(M. Scheler)는 "철학적 인간학의 과제는 어떻게 인간존재의 근본 구조로부터 인간만의 특별한 업적들과 작품들, 예컨대 언어, 양심, 도구, 무기, 법과 불법에 대한 이념, 국가, 영토, 예술, 신화, 종교, 과학, 역사성과 사회성 등이 비롯되는가를 분명하게 지적해 내는 것이다."[17]라고 말했으며, 메스너(J. Messner)는 "자연법은 진정한 **인간존재의 요청으로서의 법**과 정의에 관한 인간의 지식인 동시에 절대적인 형태의 의무의 근거로서 **인간의 존엄**에 관한 지식이다."[18]라고 말했다. 그러므로 자연법이 궁극적으로 철학적 인간학의 과제로 우리 앞에 놓여 있다는 것은 자연법의 철학적 기초를 인간존재에 환원시킴을 의미하는 것이다. 철학적 인간학의 이념의 한계는 바로 법 존재론의 한계이

---

16) E. Wolf, *Das Problem der Naturrechts*, 3 Aufl. Karlsruhe, 1964, S.199f 참조.

17) M. Scheler, *Die Stelung des Menschen im Kosmos*, Bern, 1928, 1949, S.86. 진교훈 옮김, 『우주에서 인간의 지위』, 아카넷, 2001, p.143.

18) Johannes Messner, *Naturrecht*, 1966, S.231 참조.

기도 하다. 왜냐하면 인간학의 이해 없이는 법 존재론의 해명도 불가능하기 때문이다.

마리탱은 자연법의 자연스러움(naturaliness)을 존재론적 측면과 인식론적 측면에서 밝혀 보려고 했다. 자연법은 존재론적으로는 인간의 본성에 내재해 있으며 또한 인간의 본성은 목적론적인 차원을 가지고 있기 때문에 인간은 인간존재의 기능의 정상적 상태에 의해 우리가 무엇을 해야만 하는가를 알 수 있다. 인식론적으로는 도덕적 지식은 타고난 것은 아니지만, 우리는 자기인식과 삶의 체험을 통해서 자연법의 기본원리에 대한 지식을 얻을 수 있다. 이때 도덕적 지식은 시간과 사회적 세계 속에서 발생하지만, 그렇다고 해서 이 도덕적 지식이 역사적 우연에 환원된다거나 단지 사회적 관습에 불과한 것은 아니다. 우리가 자연법을 좀 더 깊이 들어가서 이해하려고 한다면, 일단 두 가지 요소, 즉 존재론적 요소와 인식론적 요소를 구별해서 살펴보아야 할 것이다.

인간에게는 본성이 주어져 있으며, 이 인간 본성은 모든 인간에게서 동일하다는 것이 당연시된다. 또한 인간은 지성이 주어진 존재이며, 자신이 추구하는 목적을 스스로 결정할 능력을 가지고 있는 존재이다. 그러나 인간은 지성이 주어져 있고 그 자신의 목적을 스스로 결정하기 때문에, 자신의 본성에 의해 필연적으로 결정되는 목적에 자신을 맞추는 일은 인간 자신에게 알려져 있다. 따라서 이것은 인간 이성이 인간의 본질적인 목적과 조화를 이루기 위해 인간의 자유의지가 따라 행해야 할 **성향**(性向, inclinatio)이 있다는 것을 의미한다.

요컨대 자연법은 존재론적 요소를 갖고 있다. 이 존재론적 요소란 존재의 본질에 바탕을 둔 본래 목적의 보편성을 의미한다. 자연법은 일반적으로 현존하는 존재가 실현해야 할 가장 이상적인 형식을 말한다. 자연법은 인간 본성에 근거를 두고 있는 이상적인 질서를 말한다.

마리탱(J. Maritain)에 의하면 자연법은 한편으론 존재론적이고, 다른 한편으론 **이상적**이다. 다시 말해서 자연법은 인간의 본질에 바탕을 두고 있다는 점에서 이상적이고, 인간의 본질은 존재론적 실체이고 모든 인간존재에 있다는 점에서 존재론적이다. 그러므로 **자연법은 이상적인 질서로서 모두 살아 있는 인간존재에 내재한다**. 자연법은 존재론적 요소를 가지고 있다는 점에서 본성적(자연적)인 도덕적 규범들과 일관성을 가진다. 우리가 인간의 권리, 의무, 덕에 관해서 말할 때 이것들은 본래 목적의 보편성을 드러낸다.[19]

2) 자연법과 법 인간학과 철학적 인간학

(1) 법 인간학의 의미

법과 인간 이해를 연관시켜 보는 연구는 인간의 규범적 가능성을 추구하는 작업이다. 이런 의미에서 인간의 규범적 사고가 어디에 토대를 두고 있는가를 규명하는 것이 법 인간학(Rechtsanthropologie)의 과제라고 할 수 있다.[20] 규범의 문제를 인간학적 논거에 따라 추구하려고 하면, 먼저 인간의 생물학적, 심리학적 구조와 인간의 사회성에 대하여 이해를 하여야 할 것이다.

인간의 생물학적 특징은 겔렌(A. Gehlen)이 지적하는 것처럼 결핍성(缺乏性)이다. 인간은 다른 포유동물보다 미완성된 상태에서 조기 출생하며 매우 미숙한 상태로 태어나 필연적으로 생존에 결핍을 지니며 불

19) 진교훈, 『현대사회윤리연구』, pp.251-252 참조.

20) Erik Wolf, "Das Problem der Rechtsanthropologie," in Festschrift für M. Müller zum 60. Geburtstag, 1966, SS.69-84, S.130f; G. Radbruch, *Der Mensch im Recht*, 1957, S.9. 법 인간학의 자세한 목록은 Thomas Würtenberger, "Über Rechtsanthropologie," in *Mensch und Recht*. Festschrift für E. Wolf zum 70. Geburtstag, 1972, S.1f; 박은정, 『자연법의 문제들』, 세창출판사, 2007, pp.71-76 참조.

안하고 남의 도움을 필요로 한다. 겔렌은 사람은 생물학적으로 결핍된 것이 많으므로 **결핍 존재**(Mängelwesen)[21]라고 말했다. 그러나 사람은 동시에 그의 결핍의 보상으로 자기의식과 자기반성을 할 수 있는 정신이 주어졌다. 사람에게는 태어날 때부터 생각하는 능력이 주어졌다. 인간이 비전문화되어 있다는 사실은 인간은 자유로운 정신의 활동을 할 수 있는 것을 의미한다고 말할 수 있다.

인간이 미완성으로부터 출생한 상태에 있어서는 아직 미완성의 동물이고 사회 안에서 비로소 인간다운 인간이 되는 것이라면, 인간은 **사회적 존재**이다. 자연적으로는 넓은 가소성(可塑性)만을 가지고 미완성의 존재로 태어나서 **사회화되면서 인간이 되는 것**이기 때문이다. **'사회화**(社會化)'라는 개념은 최근 사회학, 교육학, 철학에서 많이 사용되기 시작했는데, 이 개념의 기원은 뒤르켐(Émil Durkheim, 1858-1917)에 거슬러 올라간다.

사회화의 개념에 의하면, 인간성이라는 것은 사회적인 환경 안에서 사회적인 상호작용과 상호 행동에 의해서 이루어지는 것이다. 그러므로 사회화의 과정이 바로 **사람됨의 과정**이다. 이와 같이 만약 인간이 사회화의 과정을 거쳐서 인간이 되는 것이라면, 인간은 사회를 떠나서는 존재할 수가 없다. 인간은 처음부터 본질적으로 사회적인 존재이다.

인간은 개체로서 먼저 존재하고 그 다음에 필요에 따라서 사회를 이룩하는 것이 아니다. 인간(人間: between-man-and man, Zwischenmensch)이라고 하는 존재는 사회 안에서만 혹은 사회와 더불어서만 생각될 수 있다. 사회를 떠난 인간은 관념적으로 상상할 수는 있어도 현실적으로 존재할 수가 없다. **인간은 참으로 인간들 사이에 있어서만 인간이다.** 이것이 또한 '人間'이라는 한자어의 뜻이기도 하다. 인간의 이

---

21) Arnold Gehlen, *Mensch, Seine Natur und Seine Stellung in der Welt*, Berlin, 1941, S.2.

러한 **사회성**에 대한 철저한 인식은 교육과 정치뿐만 아니라 우리의 모든 생활 영역들을 위해서 큰 의미를 갖는다. 그러나 현대인들은 교육에서, 정치에서, 경제에서, 기타 여러 생활 영역들에서 너무나도 개인 혹은 가족을 중심으로 해서만 살아 왔다. 교육은 나 개인의 입신출세를 위한 것이고, 정치는 나 개인이 권력을 쥐고 지배하기 위한 노름이고, 종교는 나 개인이 축복받고 구원받기 위한 길이며, 예술은 나 개인이 자아를 아름답게 표현하는 수단이라고 간주하고 있다. 이렇게 개인 중심적이거나 특정한 지역 중심인 집단만이 잘 살기 위한 투쟁에서는 항상 사회라고 하는 **공동체**(共同體)는 무시되곤 한다.

부버(Martin Buber, 1878-1965)는 그의 철학적 인간학의 기본 사상을 다음과 같이 표현했다: "인간 실존의 기본적인 사실은 인간이 인간과 함께 있다는 것이다."[22] 현대의 철학적 인간학의 창시자인 셸러도 거의 같은 생각을 가졌다: "모든 인간에게 있어서 의식의 본질적인 부분에 이미 사회라는 것이 내면화되어 있다." 그리고 인간이 사회의 일부분일 뿐만 아니라 또한 사회는 관계 영역으로서 그 인간의 본질적인 부분이다. 내가 우리의 일부일 뿐만 아니라 또한 우리가 나의 필연적인 구성 요소이다. 사회와 개인의 이러한 불가분의 그리고 본질적인 연관관계가 곧 인간의 존재 방식이라고 할 수 있다. 이러한 방식을 통해서만 인간존재가 성립된다.

개별적 존재로서의 인간 실존의 해명에 관심이 많은 하이데거(Martin Heidegger)조차도 다음과 같이 말한다: "다른 인간이 자기 곁에 실제로 존재하지 않고, 또한 지각되지 않을 때도 역시 **같이 있음**[共存, Mitsein]이 존재적으로는 현존(現存, Dasein)을 결정한다. 홀로 있음[獨存]은 다만 공존의 하나인 변태적 형식에 불과하다. 독존의 가능

22) Martin Buber, *Das Problem des Menschen*, Heidelberg, 1948, S.17.

성은 공존의 증거이다."[23] 이러한 하이데거의 특수한 표현 속에 담겨 있는 그의 사상은 바로 다른 인간들과 함께 존재하는 공존(共存)이 인간존재의 본질적인 모습이고, 개인으로서 떨어져 있는 독존(獨存)은 인간존재의 특수한 변태적 형식에 지나지 않는다는 것이다. 그리고 인간이 독존할 수 있는 가능성, 즉 고독을 느낄 수 있다는 것이 벌써 인간이 본질적으로는 사회 안에서 다른 인간들과 더불어 존재하는 공존이라는 것을 증명하는 것이라는 뜻이다. 고독의 쓰라림은 **공존에의 그리움**, 곧 '너' 없이는 존재할 수 없는 '나'의 애달픔이다.

앞에서 살펴본 것처럼, 법 인간학이란 인간학적 자연법을 의미한다고 우리는 결론을 내릴 수 있다. 이 법 인간학은 자연법의 부활에 어떤 영향을 미쳤는가를 좀 더 살펴보기로 하자.

(2) 법 인간학과 자연법의 부활

자연법의 부활 또는 **법의 인간화**, 즉 **법 인간학**이 요청되는 것은 어떤 의미에서는 실정법에 대한 회의와 불신을 의미하는 것이다. 왜냐하면 현행 실정법이 비인간화되어 있고, 인간성을 상실하고 있기 때문이다. 그러면 현대에서 실정법이 불신을 당하게 되는 이유는 무엇인가?

첫째로, 실정법은 현실의 사회생활과 유리되어 있고, 특히 **윤리적 의식을 배제**하였다는 점이다. 법이란 사회생활을 규율하는 것이므로 사회생활을 떠나 있을 수 없는 것이다. 그러나 근대 실정법의 체계는 형식적으로 **논리적 정합성**에 맞추어 사회생활과 법이 일치할 것이라고 간주하고, 법을 사회생활에 적용하는 것이 사회생활을 합리적으로 규율할 것이라고 생각했으나, 실제로 법은 급변한 사회에 부응하지 못하였을 뿐만 아니라 사회생활을 규율하는 기능을 상실하였다. 그래서 실정법

23) M. Heidegger, *Sein und Zeit*, 1927, §25 참조.

이외에 관습이나 조리(條理)를 하나의 법원(法源)으로 인정하고, 실정법 그 자체 속에 소위 '일반조항'이라는 것을 부기(附記)하고 있는 것은 바로 실정법의 규정으로는 원만한 사회생활을 완전하게 규율하지 못하고 있음을 반증하는 것이다.[24)]

둘째로, 법은 만인에게 공정하여야 하고 불편부당해야 하는데, 실정법은 실제로 제정 과정에서 **어떤 특정 집단의 이익을 도모하는 이데올로기의 영향**을 받는다는 것이다. 이렇게 제정된 법은 국민 전체의 사회생활을 규율하기 어려우며, 신뢰받기 어렵다는 것이다. 왜냐하면 법을 제정하는 국회의원의 의사가 국민의 총의와 합치하지 않을 수 있기 때문이다. 입법 과정에서 국회의원들은 당대의 중요한 이익집단의 압력의 영향을 받으며 공명정대한 심의를 하지 않고 야합에 의하여 법률을 제정하고 있다. 특히 한국의 입법 과정을 보면 더욱 신뢰하기 어렵게 되어 있다. 그러므로 이러한 잘못된 입법 과정에 대한 불신은 시대와 장소를 초월하여 존재하는 인류의 이상인 자연법에 대하여 관심을 가질 수밖에 없게 만든다.

셋째로, 실정법의 **실행과 그 운영에 있어서 불신**이 생긴다. 실정법은 입법기관에 의하여 제정되고 행정기관과 사법기관에 의하여 운영되는데, 그 운영되는 방식에 있어서 그 실정법이 국민의 이익을 위해서 운영되기보다는 관료의 기술로서 운영되는 경향이 현대사회에서 늘어나고 있다는 것이다. 실정법의 체계는 복잡다단할 뿐만 아니라 법률적 표현이 전문화되어 일반 시민의 상식적인 일반적 용어와는 다른 것이 많으며, 때로는 보통 사람들이 이해하기 어렵도록 의도적으로 난해한 표현을 사용하고 있기 때문에, 일반 시민은 법률의 체계와 법률 용어의 의미를 쉽게 이해할 수 없게 되고 이 법률을 이해할 수 있는 사람은 특

---

24) 이항녕, 『법철학적 인간학』, 평민사, 1976, pp.37-45 참조.

별히 법률을 공부한 직업적인 전문가나 법조인에 국한되게 되어 있다. 이러한 법률 전문가만이 법을 이해하고 법을 운영할 수 있기 때문에 법은 일반 시민과는 관계없이 법률 전문가들에 의해서 적당히 해석되고 조작될 수 있다는 것이다. 그래서 현대사회에서 법학은 하나의 전문적인 학문 내지 **기술**이 되었고 이 전문적인 기술을 공부한 사람만이 법을 운영하는 행정기관과 사법기관에서 활동하게 되었다. 그러므로 행정관리와 법관들은 하나의 법률 전문가로서 특권적 **관료**(technocrat)로 구성되고, 법은 관료들에 의해서만 운영되도록 되어 있다. 이로 말미암아 실정법은 직업 수단화되고 일반 시민과는 먼 거리에 있게 되어, 단지 전문적인 관료만이 법을 집행함으로써 일반 시민은 법을 이해할 수 없고 법이 어떻게 운영되는가를 알 수 없게 되었다. 결과적으로 법은 일반 시민의 권익을 위하여 있는 것이 아니라 **관료를 위하여 있는 이익물**로 전락되고 말았다. 관료들은 법의 이름으로 자의(恣意)를 행할 수 있게 되어 버리고 일반 시민은 소외되었다.

우리는 형식주의 법학의 추상성과 폐쇄성을 비판했던 로델(Fred Rodell, 1907-1981)이 쓴 『통탄하도다, 법률가들이여』[25]라는 책에서 실정법의 문제점을 좀 더 여실하게 찾아볼 수 있다. 로델은 이 책에서, 당시 미국의 주류적 법학 방법론이던 '과학적 법학'을 정면으로 겨냥하였다. 20세기 초 미국 법학은, 법이란 정치나 사회의 문제로부터 분리된 일종의 논리과학이라는 지적 형식주의의 지배를 받고 있었다. 로델은 이러한 **형식주의를 비판하며 법이 자랑하는 과학성과 논리성이 사실은 허구에 지나지 않음을 폭로했다**. 그는 이 책에서 법이 추구하는 논리성, 일관성, 체계성이 사실은 일종의 지적 환상에 지나지 않는다고

---

25) Fred Rodell, *Woe Unto You Lawyers*, 1939, p.197. 이 책의 제목은 마태복음 23장 13절과 15절에 나오는 "불행하여라, 너희 위선자 율법학자"에서 따온 것인데, 한국어로 "저주받을지어다, 법률가들이여"라고 번역한 것도 있다.

통박했다. 법은 과학적인 법의 명제에 근거를 두고 논리 필연적인 해답을 도출한다고 자부하고 있으나, 실제로는 법이 자랑하는 논리와 명제란 법률가들이 임의대로 만들어 낸 것으로, 거기에는 일관성도 체계성도 없다는 것이 로델의 주장이다. 또한 그는 법이 난해한 용어와 논리를 내세워 법을 모르는 일반인 위에 군림하고 권위를 확보한다는 것을 비판하고 있다. 그는 법이란 사실성과 일관성을 지켜야 하는데, 법을 운영하고 관리하며 심판하는 이들의 보이지 않는 **속임수**에 의해 억울하고 통탄할 심판을 낳고 있다고 비난했다. "오늘날 사용되는 영어 가운데 법의 언어만큼 공허하고, 혼란스러우며, 그 담겨진 의미를 파악하기 어려운 것도 없다. 법률 언어는 모호함과 전적으로 이해 불가능함 사이의 어딘가에 있다."[26] 그가 예일대학의 헌법학 교수로서 미국 법률 단어의 모호함과 이해 불가능함이 이렇다고 통탄했다면, 일반인에게 다가오는 법률 용어와 법률 이론은 얼마나 어렵겠는가. 법률 용어 및 법 해석, 법의 절차 및 판결문 등은 이해하기 쉽게 전달되어야 함에도 불구하고 특히 일본이나 한국의 법률 용어는 일반인이 이해하기 어렵도록 **의도적으로 난삽한** 표현을 사용하고 있다. 법의 이론도 난해하지만 용어도 이해하기 어려운 것이 한두 가지가 아니다. 어휘적인 면에서 법률 용어를 들여다보면 쉽게 인식이 안 되고 연상도 안 된다. 특히 한국의 법률 용어는 독일에서 들어와 일제강점기 일본어로 옮긴 법률 용어를 그대로 차용(借用)하고 있기도 하고, 현대에는 미국 유학파들이 증가하다 보니 미국식 법률 용어, 법의 이론과 해석이 주류를 이루고 있다고 보이며, 한국의 전통적인 법사상과도 유리(流離)되어 있다.

'**유전무죄, 무전유죄**'라는 말이 인구에 회자(膾炙)되고 있다. 법조계에선 전관예우가 문제되고 있다. 오늘날 많은 변호사들은 이익을 극대

---

26) 같은 책, 같은 곳.

화하는 법률 거래를 하는 회사, 소위 로펌에 속해 있으며, 변호사 사무실 운영비는 엄청나다. 동일한 사건이라도 가해자와 피해자의 상황에 따라 얼마든지 법의 해석과 심판이 달라질 수도 있어 보이는데 과연 법률가 및 법관은 누구의 손을 들어주고 형량을 누구에게 적게 내릴 것인가 하는 의문을 갖게 한다. 법관 및 법률가는 일반인들의 시선으로 보면 신뢰하기 어려운 존재이다. 심지어 "**법률업**은 부정(不正)하게 돈을 버는 고등 사기술에 지나지 않으며, 법률가들은 범죄 의식도 없다."는 극언까지 사람들 입에 오르내리고 있다.

오늘날 돈과 물질을 숭배하는 세태이다 보니 법의 해석과 절차와 판결도 실용성과 경제성에 맞춰져 있다고 보인다. 공정한 법의 룰에 따라 법의 이론과 해석이 존중되어야 하지만, 매끄럽고 확실하지 못한 법의 심판으로 인해 사법계에 대한 일반인들의 원성과 불만이 가중되어 가고 있다. 한국도 이제는 정치공학적인 법의 심판을 지양하고 사법계가 독립적인 존재로서 누구 눈치 보지 않고 **엄격함**과 **공정함**, **신뢰감**을 형성해 가야 할 것이다. 특히 돈에 매수되고 돈에 현혹되어 물의를 빚는 법관들이 나오지 않기를 우리는 갈망하고 있다. 요컨대 실정법이 불신을 당하는 근본적인 원인은 **입법 과정과 실행 과정이 비윤리적**이기 때문이다.

이상에서 살펴본 것처럼 실정법이 불신을 당하고 무질서가 난무하는 시대에 새로운 사회질서를 대망하는 것은 우리 시대의 필연적인 숙명이고 과제이다. 이 새로운 사회질서의 재건을 우리는 도덕의 원류인 자연법에서 찾아볼 수 있다. 그러나 현대사회에서 자연법의 부활은 고대의 자연법을 그대로 재생시키는 것만으론 충분하지 않다. 왜냐하면 사회생활의 질서는 원래 **종합적인 사고**를 요하기 때문이다. 근대 이후부터 실정법이 종교로부터, 더 나아가 도덕으로부터 독립하여 독자적인 영역을 고집하고, 또 사회질서의 근간인 윤리도 종교와 법과 경제와 정치로부터 독립하고 도구적 합리주의의 영향을 받아 논리적 정합성만을 주장한 나머지 법학도 윤리도 특수 영역으로 되어 버리고 현대사회는 신뢰할 수 있는 사회규범이 없는 사회, 이른바 무규범(anomie) 사회가 되어 버렸다. 그러므로 사회의 질서를 제시하는 규범인 법과 윤리는 독립적인 학문이 되어서는 안 되며 인간을 **총체적인 관점에서 다루는 철학적 인간학**의 토대 위에서 인간의 본성법인 자연법을 재생시켜야 할 것이다.

법의 보편성에 회의적인 역사학파로 알려진 사비니(Friedrich Carl von Savigny, 1779-1861)도 그의 말년에 법의 보편적 과제는 **인간성의 도덕적 사명**이라고 토로하였다. 그는 법의 내용으로서 인간성의 공통한 것에 기초를 둔 보편적 요소를 분명히 승인하고 이것은 결국 **그리스도교적 인생관**에 귀결하지 않을 수 없다고 밝혔다. 그가 관습법을 인정한 것도 사실은 관습법을 통하여 자연법을 현현(顯現)하려고 한 것이라고 볼 수 있다.[27]

근대철학이 형이상학을 배격하고 특히 실증주의가 명확한 실증이 없는 것을 부정하면서 윤리학도 도구적, 계량적 합리주의에 몰입되어 버리면서 법은 사회생활을 하는 규율하는 역할을 제대로 할 수 없게 되었다. 법학자들도 실정법 이외에 관습이나 조리를 하나의 법원(法源)으로 인정하며, 자연법의 필요를 느끼게 되었다. 이러한 자연법은 위대한 철인들의 두뇌에서 나오는 것이 아니라 민중의 생활 속에서 양심 성찰에서 대두하고 있다는 것이다. 근대 이후 실정법은 법을 종교와 도덕과 구별하고 법률 전문가의 독점물로 만들고 있으나, 이제 법으로부터 분리된 종교와 도덕과의 관계를 회복해야 할 것이다.

인간이 본질적으로 사회적인 존재라는 것은 철학과 심리학의 이론과

---

27) 이항녕, 『법철학적 인간학』, p.45 참조.

실제적인 생활의 방식이 이를 증명할 뿐만 아니라 인간의 **정서 생활**이 이를 뒷받침한다. 우리의 인간성의 성숙을 위해서는 다른 인간들과의 정서적인 접촉이 필요하다는 것은 명백하게 드러난 사실이다. 신생아를 그 어머니에게서 분리해서 기르면 음식과 온도를 정확하게 조절해도 그 어린아이는 인간적으로 위축되거나, 발육이 현저하게 저해된다. 그러한 어린아이는 언제나 부드러운 접촉과 친절한 대화와 **사랑의 정서적**(情緖的)인 접촉과 이를 통한 정신적인 안정을 필요로 한다는 사실을 증명하는 것이다. 인간은 참으로 다른 인간들과의 유대에 있어서만 안정을 누린다. '나'는 언제나 정신적으로 연결된 '너'를 필요로 한다. 이것은 인간이 본질적으로 사회적인 존재이기 때문이다. 그리고 이것은 인간이 국가 사회 안에서만 인간다운 의미 있는 삶을 살 수 있다는 것을 증명하는 것이다.

인간은 본질적으로 사회적 존재로서 연대성과 공동선과 보조성을 준수하면서 살 수밖에 없다는 것은 사회질서의 근본원리이다.[28] 우리는 이러한 원리를 **자연법의 인간학적 기초**에서 찾아볼 수 있다. 현대에 들어와서 자연법의 부활과 자연법의 회귀를 주장하는 20세기의 자연법론자들의 견해를 좀 더 살펴보기로 하자.

3. 자연법의 부활과 철학적 인간학

1) 자연법과 인간 이해: 자연법의 인간학적 기초

제1차 세계대전을 겪은 후 **도구적 합리주의**에 대한 불신이 커지면서, '이성 또는 지성은 권력의 시녀 또는 창녀'라든가, '법은 권력의 도구

---

28) 진교훈, 『현대사회윤리연구』, pp.225-232; J. Höffner, *Christliche Gesellschaftslehre*, Köln, 1975 참조.

또는 주구(走狗)'라는 말이 인구에 회자(膾炙)되면서 영원한 법인 양심법에 대한 동경이 일기 시작했다. 특히 제2차 세계대전 후 전범(戰犯)을 재판하게 되면서 자연법의 중요성이 대두되었고, 유엔에서 국제인권선언문이 선포되면서 **인권선언문의 핵심인 자연법**은 다시 각광을 받게 되었다.[29] 사람들은 각국의 실정법의 **인권 유린**을 비판할 수 있는 근거를 자연법에서 찾으려고 하였다.

메스너가 "자연법은 진정한 **인간존재의 요청으로서의 법**과 정의에 관한 인간의 지식인 동시에 절대적인 형태의 의무의 근거로서 **인간의 존엄**에 관한 지식이다."[30]라고 말한 것처럼, 자연법이 궁극적으로 철학적 인간학의 과제로 우리 앞에 놓여 있다는 것은 **자연법의 철학적 기초를 인간존재에 환원시킴을 의미하는 것**이다. 철학적 인간학의 이념의 한계는 바로 법 존재론의 한계이기도 하다. 왜냐하면 인간학의 이해 없이는 법 존재론의 해명도 불가능하기 때문이다.[31]

어떤 사람이 사람으로서의 도리를 지키지 않는다거나 자기의 이익만을 고집할 때, 우리나라 사람들은 곧잘 "그런 법이 어디 있느냐?"고 반문한다. 이때 여기서 말하는 법은 인간으로서 마땅히 지켜야 할 양심법(良心法) 같은 자연법을 대체로 가리킨다. 자연법은 한 시대의 역사적 성질이나 상황에 의존하는 실정법과는 달리, 인간의 본성에 의하여 규정되는 것으로 절대로 상실해서는 안 되는 것이다. 예컨대, 생명 및 신체의 불가침해, 양심의 자유에 대한 자연적 권리를 인간은 본래부터 가

29) 국제인권선언문 초안 작성자였던 마리탱과 오경웅(吳經熊)의 저서 참조. J. Maritain, *Man and State*, The University of Chicago, 1956. 한용희 옮김, 『인간과 국가』, 가톨릭출판사, 1978; John C. H. Wu, *Fountain of Justice: A Study in the Natural Law*, Sheed and Ward, 1955. 서돈각 옮김, 『정의의 원천: 자연법 연구』, 박영사, 1958.

30) Johannes Messner, *Naturrecht*, 1966, S.231.

31) 같은 책, IX장. '자연법과 철학적 인간학' 참조.

지고 있다. 이러한 권리는 1948년 12월 10일 유엔에서 선포한 인권선언에 잘 나타나 있다. 즉, "모든 사람은 인간의 생명, 자유, 안전에 대한 권리를 가지고 있다. … 누구나 어디서든지 법률상의 **인격**으로서 인정받을 청구권을 가진다."

인간이 자연법을 인식할 수 있는 것은 근원적으로 또 직접적으로 가족 공동체의 사회적 근본 상태를 이해할 수 있을 때 아주 용이하다.[32)]다시 말해서 자연법의 근본원리는 먼저 형식적으로 이해되고 나서 내용적으로 결정되는 것이 아니라, 자연법의 본질이 제시되고 있는 **사랑의 공동체**인 가정에서, 어릴 때부터 구체적으로 체험되고 습득되는 것이다. 역사적으로 볼 때, 사람들은 자연법의 원리를 잘못 해석한 것이 많이 있으며, 자연법을 그때그때의 상황에 적용시킬 때 오해될 가능성이 없지 않다. 자연법을 바르게 해석한다는 것은 토마스 아퀴나스의 말처럼, "현명한 사람들의 과제"[33)]이다. 하느님이 인간의 마음속에 새겨준 법을 세밀하게 해독하는 것은 매우 어렵고 오류에 빠지기 쉬운 모험적인 것이다. 자연법에 대한 무지와 오해의 가장 깊은 원인은 인간 정신의 유한성에 있다.[34)]

왜 부모를 섬기고 공경하여야 하느냐고 묻는다면, 우리는 이 명제를 증명할 수 없다. 그 명제는 명증적이라고 말할 수 있을 뿐이다. 그리고 우리는 인간은 본질적으로 자기의 부모를 사랑하고 공경하도록 되어 있다고 대답할 수밖에 없다. 효도(孝道)는 만행(萬行)의 근본이자 자연법(自然法)이다. 그것은 양심의 부름에 응하는 것이며, 하나의 명령이

32) Johannes Messner, *Social Ethics*, London and New York: Herder, 1949, p.289f.

33) Thomas Aquinas, *Summa Theologia*, II, 100, 1.

34) Jakob David, *Das Naturrecht in Krise und Läuterung*, Köln, 1967, S.65ff; A. F. Utz, hg., *Ethik und Politik*, Heidelberg, 1972 참조.

다. 자연법은 사회윤리의 뿌리다.

제2차 바티칸공의회에 의하면 발전한 비그리스도인과 그 궁극목적에 대한 새로운 이해를 고려해 볼 때, 자연법의 전통적 정의(定義)도 수정되어야 한다는 필요성이 제기되었다. 그 정의의 말마디를 바꾸는 것은 아주 사소한 변화로 보일지 모르지만, 그것만 해도 자연법 개념을 인간학적으로 이해하는 데 중요한 재검토가 이루어졌다는 인상을 주게 된다.

그 새로운 정의는 다음과 같다. 자연법은 인간 행위의 법칙으로서 궁극목적에 질서 지어진 인간 본성의 총체적 실재(實在)에서 생겨나는 것이며, 그리스도교의 실증적 계시와는 독립된 이성(理性)의 수단에 의하여 인식되는 것이다. 여기서 인간 본성의 개념은 넓은 의미에서 보는 것이다. 그것은 이미 앞에서 살펴본 것처럼 인간의 보편적이고 개인적인 모든 특성을 포함한 인간존재의 총체적 실재를 뜻한다. 그 실재성은 — 전통적 자연법 이론과 구별되기도 하지만 — 그리스도의 구속 사업에 의하여 세례를 받은 사람들에게 이루어진 본성의 변화도 포함하고 있으며, 모든 사람들에게 활동하는 은총에 참여하는 것도 포함하고 있다. 궁극목적도 단순히 자연적인 목적만을 뜻하는 것이 아니다. 그것은 인간의 구체적이고 최종적인 목적을 말하며, 그것은 공의회에서도 말했듯이 하나뿐이고 모든 사람에게 동일하며 신적(神的)인 것이다. 자연법 인식의 주관적 수단은 이성이지만 이 이성은 완전히 은총의 도움에서 제외되는 것으로 이해해서는 안 된다. 구체적 인간에 있어서 이성의 모든 인식 작용은 어디서나 은총과 성령에 의해서 도움 받고 인도된다. 다만 **비그리스도인들의 경우에는 완전히 은폐된 방법**으로 그런 도움과 인도를 받게 된다.[35]

---

35) K. H. Peschke, *Christian Ethics: Moral Theology in the Light of Vatican II*, 1986. 김창훈 옮김, 『그리스도교 윤리신학』, 제1권 『기초윤리신학』, 분도

결론적으로 우리는 20세기의 자연법 부활을 가져온 인간학적 자연법 사상에서 도덕의 원류를 찾아볼 수 있다.36)

2) 20세기 자연법학자들의 인간학적 자연법사상

20세기의 자연법 부활에 중요한 역할을 한 자연법학자들의 **자연법사상에 나타난 총체적 인간 이해**, 즉 철학적 인간학 사상과 관계되는 핵심(核心)만을 살펴보자.

(1) 마리탱에 의한 인간학적 자연법사상

마리탱(Jacques Maritain, 1882-1973)에 의하면 자연법은 일종의 도덕론이고 인류에게 가장 오래전부터 알려져 온 도덕철학의 전통의 일부분이기도 하며, 성문화(成文化)되지 않았으나 **사람이면 누구든지 알 수 있고 존중해야 하는 보편적인 법**, 다시 말해서 인간의 행위의 기준으로 삼아야 하는 법이다. 마리탱에 있어서 법은 토마스 아퀴나스가 말한 것처럼 공동체를 보살피는 사람에 의해 만들어진 **공동선을 위한 이성의 정리**(일종의 명령, ordinatio)이다. 그는 도덕법은 '본성적'이며, **자연스럽다**고 하는데, 여기서 본성적 또는 '자연스럽다(natural)'라는 말은 두 가지 의미를 지니고 있다. 그 하나는 **도덕법**이 **인간의 본성**(human nature)에 관계한다는 의미에서 본성적이라는 것이다. 왜냐하면 그것은 **인간적인 것(사람다움)**을 반영하고 따라서 모든 인간존재에게 공통적인 것을 반영하기 때문이다. 모든 인간은 같은 본성을 나누어 가지고 있기 때문에 자연법은 **존재론적 성격**을 가지고 있다. 그에 의하면 자연법은 인간 본성 안에 **내재**(內在, immanent)하고 있으며 인간 본

출판사, 1990, p.203.

36) 진교훈, 『이성과 신앙』 59호, 2015 겨울호, pp.545-591 참조.

성을 반영하지만, 그렇다고 인간의 본성으로부터 직접적으로 바로 연역될 수 없다는 점을 강조한다.

마리탱은 자연법은 자연스럽게 알려지기 때문에 자연법은 자연스럽다고 말했다. 다시 말해서 자연법은 인식론에 비추어 볼 때 자연스럽다는 것이다. 자연법의 가장 기본적인 원리는 이성적인 추리에 의해서 알려지는 것이 아니라 보다 직접적인 방식으로, 본성적으로 인간의 **성향**(性向, inclinatio)에 의해서 알려진다. 여기서 그가 말하는 것을 동방의 체용(體用) 사상을 빌려 말하면, 본체론적으로 그렇다는 것이다. 그러나 자연법이 오늘날 우리가 말하는 양심이라든가 타고난 것이라는 의미에서 말하는 것과 꼭 같은 것은 아니라고 한다. 중요한 것은 자연법의 기본 원리들은 이성을 통해서 다 알려지는 것이 아니지만 '이치에 맞는다(reasonable)'는 것이다. 어떤 사람의 자연법의 지식을 자연법의 존재론적 기반과 구별하는 것은 매우 중요하다. 왜냐하면 이 구별은 설사 어떤 사람이 자연법을 모른다고 할지라도, 또 자연법에 대한 깨달음이 아주 점진적일지라도 인격의 본성을 반영하는 도덕법인 자연법이 있을 수 있다는 것을 우리에게 상기시켜 주기 때문이다. 그리고 이 사실은 도덕원칙을 배우고 또 도덕적으로 성숙하는 데 있어서 역사와 문화의 역할이 얼마나 중요한 것인가를 상기시켜 준다. 왜냐하면 우리의 성향과 도덕적 교훈은 대체로 연륜(年輪)이 지나가야만 깨달을 수 있기 때문이다. 자연법 자체는 변화하거나 발전하지 못하지만 자연법에 대한 인식은 점진적이다. 그러므로 자연법을 논하면서 자연법과 자연권을 동의어(同義語)로 사용하는 경우가 흔히 있는데, 이러한 혼용에 대해서 우리는 유념해야 할 것이다. 아무튼 마리탱은 이러한 혼란을 피하려고 했다. 그에 의하면 자연권은 자연법에 비추어서 본 한 개인이나 한 집단에 의해 요청된 도덕적 힘이다. 그는 자연법과 자연권의 명백한 연결을 도덕철학이 제공한다고 하였다. 그래서 그는 현대의 많은 저술가들이 도덕철학 또는 인간 본성을 기반으로 하지 않고서도 정치철학의 성립이 가능한 것처럼 말하는 것에 대해서도 준열하게 비판했다.

문화와 이데올로기와 종교의 차이에도 불구하고 제2차 세계대전 후 1948년 유엔의 인권선언에 담긴 일련의 권리들은 조인(調印)될 수 있었다. 마리탱은 이 인권선언의 문안 작성에 직접 참여했다. 그는 이 권리들은 권위적이거나 합법적이지 못했으나 합의의 산물이라고 덧붙였다. 또한 그는 이 권리들에는 하나의 기초가 있을 수밖에 없는데 그것이 바로 자연법이라고 말했다. 인권은 자연법과 연결되어 있기 때문에 그리고 자연법의 '자연스러움'에 대한 이해가 가능했기 때문에 그는 개인적인 권리의 주창자들의 비판을 방어할 수 있었다.[37)]

마리탱은 자연법의 자연스러움(naturaliness)을 존재론적 측면과 인식론적 측면에서 밝혀 보려고 했다. 자연법은 존재론적으로는 인간의 본성에 내재해 있으며 또한 인간의 본성은 목적론적인 차원을 가지고 있기 때문에, 인간은 인간존재의 기능의 정상적 상태에 의해 우리가 무엇을 해야만 하는가를 알 수 있다. 인식론적으로는 도덕적 지식은 타고난 것은 아니지만, 우리는 자기인식과 삶의 체험을 통해서 자연법의 기본원리에 대한 지식을 얻을 수 있다. 이때 도덕적 지식은 시간과 사회적 세계 속에서 발생하지만, 그렇다고 해서 이 도덕적 지식이 역사적 우연에 환원된다거나 단지 사회적 관습에 불과한 것은 아니다. 우리가 자연법을 보다 더 깊이 들어가서 이해하려고 한다면 우리는 일단 두 가지 요소, 즉 존재론적 요소와 인식론적 요소를 구별해서 살펴보아야 할 것이다.

---

37) William Sweet, ed., J. Maritain, *Natural Law*, South Bend, Indiana: St. Augustine's Press, 2001, pp.1-12 참조.

① 자연법에서의 존재론적 요소

마리탱에 의하면 인간에게는 본성이 주어져 있으며, 이 인간 본성(human nature)은 모든 인간에게서 동일하다는 것이 당연시된다. 또한 인간은 지성이 주어진 존재이며, 자신이 추구하는 목적을 스스로 결정할 능력을 가지고 있는 존재이다. 그러나 인간은 지성이 주어져 있고 그 자신의 목적들을 스스로 결정하기 때문에, 자신의 본성에 의해 필연적으로 결정되는 목적들에 자신을 맞추는 일은 인간 자신에게 알려져 있다. 따라서 이것은 인간 이성이 인간의 본질적인 목적들과 조화를 이루기 위해 인간의 자유의지가 따라 행해야 할 **성향**(inclinatio)이 있다는 것을 의미한다.

그러므로 자연법은 존재론적 요소를 갖고 있다. 이 존재론적 요소란 존재의 본질에 바탕을 둔 본래 목적의 보편성을 의미한다. 자연법은 일반적으로 현존하는 존재가 실현해야 할 가장 이상적인 형식을 말한다. 자연법은 **인간 본성에 근거를 두고 있는 이상적인 질서**이다.

마리탱에 의하면, 자연법은 한편으론 존재론적이고, 다른 한편으론 **이상적**(理想的)이다. 다시 말해서 자연법은 인간의 본질에 바탕을 두고 있다는 점에서 이상적이고, 인간의 본질은 존재론적 실체이고 모든 인간존재에 있다는 점에서 존재론적이다. 그러므로 자연법은 이상적인 질서로서 모두 살아 있는 인간존재에 **내재**한다. 자연법은 존재론적 요소를 가지고 있다는 점에서 본성적(자연적)인 도덕적 규범들과 일관성을 가진다. 우리가 인간의 권리, 의무, 덕에 관해서 말할 때 이것들은 본래 목적의 보편성을 드러낸다.

② 자연법에서의 인식론적 요소

마리탱은 인식론을 'epistemology', 즉 'theory of knowledge'와 'gnoseology'를 구별해서 사용한다. 그가 말하는 인식론은 합리론적 인식론, 즉 영미의 경험론이나 독불의 이성주의(rationalism)와는 구별된다. 그의 인식론은 베르그송의 생철학(生哲學)의 영향을 받은 것으로 보인다. 그의 인식론적 요소는 사변적인 면, 즉 이론적 이성보다는 인간의 행위의 척도가 되는 **실천이성**과 관련된다. 그에 의하면 "자연법은 인간에 의해 쓰인 법이 아니다. … 자연법은 지성적으로 인지된 **자명한 원리**로서, 자연적(본성적)으로 모든 인간이 공통적으로 가지는 유일한 실천적 지식(앎)은 **우리가 선을 행하고 악을 피해야 한다**는 것이다. 이것은 자연법의 제일원리이다. 그것은 법 자체는 아니다. 이것은 반드시 하지 않으면 안 되거나 하지 말아야 하는 것들의 총체적인 취지이다."[38)]

자연법은 '**불문법**(不文法)'이라는 바로 그 사실에 의해 자연법에 대한 인간의 지식은 인간의 도덕적 양심이 발달함에 따라 조금씩 증가해 왔다. 인간의 도덕적 양심은 처음에는 어스름한 상태에 있었다. 인류학자들은 부족적 삶의 어떤 구조 내에서 그리고 어떤 마술 가운데서 자연법에 대한 지식이 자각되었는지, 그리고 그것이 초기에 어떻게 형성되었는지를 우리에게 가르쳐주었다. 이것은 불문법에 대해 인간이 가진 지식이 철학자나 신학자들이 믿은 것보다 더 다양한 형태와 단계를 거쳐 왔다는 것을 보여줄 뿐이다. 동시에 우리 자신의 도덕적 양심이 이 법에 대해 가진 지식은 확실하기는 하지만 여전히 불완전하며 인간성이 존재하는 한 계속 발전하며 좀 더 정교하게 될 듯하다는 점을 우리는 알게 된다. **복음서(the Gospel)가 인간 실체의 심연에 침투하게 될 때에만 자연법은 꽃피고 완성될 것이다.** 그래서 그 법과 그 법에 대한 지식은 별개의 것이다. 법은 그것이 선포될 때에만 법의 효력을 가진다. 자연법이 효력을 가지는 것은 그것이 실천이성의 확신 속에서 알려지고 표현될 때에 한해서일 뿐이다.

---

38) 같은 책, pp.31-32.

여기서 인간 이성이 일련의 기하학적인 정리로서 추상적이고 이론적인 방식으로 자연법의 규제들을 발견하지는 않음을 이해하는 것이 중요하다. 더욱이 인간 이성은 합리적인 지식에 의해서 혹은 지성의 개념적인 실행을 통해서 그러한 규제들을 발견하는 것이 아니다. 여기에서 토마스 아퀴나스의 가르침은 보통 이해되는 것보다 좀 더 깊고 좀 더 정확한 방식으로 이해되어야만 한다고 그는 생각한다. 토마스 아퀴나스가 인간 이성이 인간 본성의 성향들에 안내됨으로써 자연법의 규제들을 발견한다고 말할 때, 그는 인간 이성이 자연법을 알게 되는 바로 그 방식은 합리적인 지식이 아니라 성향(性向, inclinatio)을 통한 지식임을 의미한다.[39)]

우리는 마음의 전의식적(前意識的, preconscious) 삶에 불가결하게 침투한 것으로서 인간의 존재에 뿌리를 둔, 그리고 인간성이 진전됨에 따라 개발되거나 드러난 진짜 성향들에 대한 선험적인 그림을 철학이 우리에게 제공해 줄 것으로 기대해서는 안 된다. 그러한 성향들은 인간 의식의 바로 그 역사에 의해 분명히 명시된다. 그러한 성향들은 실제로 진짜로 태고의 사회적 공동체에서부터 시작하여 거대한 인간의 과거에서, 가장 명확하고 가장 일반적으로 인류에 의해 파악되어 온 규제들을 조금씩 알게 될 때 이성을 안내해 온 것들이다. 자연법의 최초의 측면들에 대한 지식은 처음에는 개인적인 판단이라기보다는 사회적인 패턴들에 표현되었다. 이 지식은 내부에서부터 인간의 성향과 인간 사회의 이중적 보호 조직 내에서 발전해 왔다.[40)]

마리탱이 자연법이 불문법이라고 한 것은 그 표현의 가장 심오한 의미에서 그렇다는 것이다. 왜냐하면 그것에 대한 우리의 지식은 **자유로**

---

39) 같은 책, pp.32-34. 마리탱은 여기서 토마스 아퀴나스의 『신학대전』 II-II. 45. 2를 참고했다고 주를 붙였다.

40) 같은 책, p.35f.

운 개념화의 작품이 아니라 인간 속에서 작용하는바, 존재의, **살아 있는 본성**의, 그리고 이성의 본질적 **성향**에 속한 개념화로부터 결과하기 때문이다. 그러므로 자연법은 개념들에 바탕을 둔 판단이 아니라 성향들에 바탕을 둔 이성의 적합성에 따라 형성되는 판단이다. 따라서 두 번째 기본 요소인 **직관 논리**적 요소를 고려해 보면, 자연법이란 본성적으로 알려진, 더 정확하게 말하면, 가장 일반적이고 가장 오래된 인간성의 전통을 포함하는 지식이라고 말할 수 있다. 이 자연법은 오직 인간이 성향을 통한 지식에 의해 인식해 온 윤리적 규범들의 영역에만 적용된다. 이 윤리적 규범들은 도덕적인 삶의 기본이고 근본적인 원리들이다.

마리탱은 자연법의 두 가지 기반에 관해 논하는데, 하나는 자연법의 규범들의 본래 목적이 가진 보편성에 따른 것이며, 다른 하나는 선호에 따른 것이라고 본다. 이 두 가지 기반은 상충하는 것처럼 보이지만 그 둘은 상충하지 않는다. 그에 의하면 자연법의 기본적이고 역동적인 구조들은 시간과 공간을 초월한 보편적 깨달음에 있다. 자연법은 두 번째 요소로 인해, 끊임없이 발전해 가는 **역동적인 법**이란 것을 알 수 있다.

앞에서 살펴본 것처럼 마리탱의 자연법사상의 핵심은 **인간의 본성에 대한 총체적 이해**이며, 따라서 그의 자연법사상이 철학적 인간학과 관계되고 있음을 우리는 찾아볼 수 있다. 마리탱은 "자연법에 대한 지식은 인간의 도덕의식이 발달할 나위 없이 아직도 불완전하며 아마도 그 발달은 인류가 존재하는 한 계속될 것이며 더욱 정밀하게 될 것이다. 다만 복음(그리스도의 가르침)이 인간의 마음속에 깊이 침투되었을 때에 비로소 자연법은 꽃을 피우고 완성될 것이다."[41]라고 한 말에서 우리는 자연법의 오의(奧義)를 터득할 수 있을 것이다.

---

41) J. Maritain, "The Philosophical Foundation of Natural Law," in *Natural Law and World Law*, Essays to Commemorate the Sixtieth Birthday of Kotaro Tanaka, Yuhikaku, Tokyo, 1954, p.137.

(2) 롬멘에 의한 인간학적 자연법사상

① 자연법의 영구회귀

롬멘(H. Rommen)은 그의 저서 『자연법의 영원한 회귀』[42]에서 다음과 같이 말한다: "자연법은 어떤 시기에도 **인간의 마음으로부터 사라지지 않았다.** 자연법은 법학자의 세속적 지식에 의해 일시적으로 추방되는 것으로 보일 때에도 '구원(久遠)의 철학(philosophia perrennis)'에서 위안을 찾곤 했다."[43]

자연법의 기초가 형이상학에 대한 의심으로 흔들릴 때마다 **합리주의**는 자연법을 불신해 왔다. 합리적 추론의 남용으로 말미암아 자연법에 대한 회의적 태도가 나타났다. 자연법은 합리주의적으로 추론된 어떤 부류에 속하는 것이 아니며, 모든 구체적인 역사적 상황에 적합하거나 즉각적으로 명료하거나 **논리적으로 도출된 상세한 규율들의 집합의 코드(부호)가 아니다.**

자연법은 단지 **본성적인 도덕법**이다. 그러나 자연법은 순수한 이상적, 규제적 규범이 아니며, 또한 순수한 형식으로서 항상 변하는 내용들을 실제 상황으로부터 받아들일 수 있는 객관적인 마음도 아니다. 자연법은 오랜 연륜을 가지고 있는 아리스토텔레스적이고 아퀴나스적인 준칙에 따르는 덕과 같은 중용 속에 놓여 있다. 토마스 아퀴나스는 "도덕과학에 관계되는 것은 대부분 경험을 통해서 알려진다."고 말했는데, 그는 규범과학을 위해 경험의 중요성을 반복해서 강조했다. 그래서 그는 실정법과 관습법에 대한 장기간 지속되는 연구를 요청했다. 롬멘은

---

42) H. Rommen, *Die ewige Wiederkehr des Naturrechts*, Leipzig: Jacob, 1936. 영문 번역판은 Thomas R. Hanley, trans., *The Natural Law*, St. Louis: Herder, 1979.

43) 같은 책, S.151.

이를 위해 상당한 경험과 지혜가 요구되며, 이것은 모든 사람의 문제가 아니라 현명한 사람들의 문제이며 좀 더 나이든 사람들의 문제라고 말했다.[44]

② 자연법의 기본 원리와 생명권

자명한, 증명할 수 없는 원리들로서, 두 개의 규범들만이 좁은 의미의 자연법의 내용에 속한다: "정당한 것은 행해져야 하는 것이며, 불의는 피해져야 하는 것이다." 그리고 "모든 사람에게 **각기 그의 몫을 주어라**(suum quique)." 이러한 규범들은 내용 없는 형식적인 규칙들에 불과한 것이 아니다. 정의로운 것과 자기의 몫은 모든 사람에게 존재하기 때문이다. 자연법(lex naturalis)에서처럼 자연법(jus naturale)[45]에서도 기본적인 원리는 인간의 이성적 사회적 본성이다. 선과 마찬가지로 정의(正義)도 이성적 본성에 합당한 것이다. 그러므로 삼단논법에 의해 **정의는 인간의 본성과 일치**하므로 실행되어야 한다. **십계명**에서 좋은 예를 볼 수 있다: "너의 부모를 공경하라", "살인하지 말라", "간음하지 말라", "훔치지 말라", "거짓 증언을 하지 말라."

그러나 이 계명들은 실제로 자명한 결론으로 나타나지 않기도 한다는 것을 우리는 알 수 있다. 예컨대 "살인하지 말라"는 계명은 확실히 어느 곳에서나 어떤 때나 타당한 것으로 보이지 않는다. 자기방어를 위해 부당한 공격자를 죽일 수도 있다. 십계명의 간단한 진술들은 윤리적 원리들의 충분하고도 적절한 근거를 마련해 주지 못한다. "살인하지 말라"의 자명한 의미는 무고한 사람을 살인하지 말라는 것일 것이다. 이

---

44) 같은 책, SS.156-160.

45) 독일어로, lex naturale는 Naturgesetz로, jus naturale는 Naturrecht로 번역된다. 독일의 철학자와 법학자들은 자연법을 Naturrecht로 표현하나, 론하이머(M. Rhonheimer) 등 신학자들은 자연법을 Naturgesetz로 표현한다.

원리는 언제 어디서나 타당하다. 무고한 사람을 죽이는 것은 언제나 죄로 여겨진다. 그렇다면 어떤 원시인들이 이방인을 죽이는 부당한 행동도 이방인은 원시인들의 눈에는 적이며 그러므로 그는 무고한 사람이 아닐 수도 있다. 여기서 우리는 안중근 의사의 이토 히로부미 저격, 윤봉길 의사의 히라가와(白川) 대장에 대한 폭탄 투척을 비교해 볼 수 있다. 이 규범은 정의로운 전쟁론(just war theory)에서 그 중요성이 부각된다. 적이란 실존적 개념이 아니라 사법상의 개념이다. 가령, 공격 능력이나 방어 능력이 없는 병사에게는 엄밀한 의미에서 적이라는 개념이 상실된다. 부상병을 죽이는 것은 명백한 범죄이다. 왜냐하면 부상병을 죽이는 것은 바로 무고한 사람을 죽이는 것이기 때문이다. 비록 격분한 상태에서 그런 행동을 하게끔 분위기가 조성될지라도 진정한 군인은 그런 행위는 명예를 더럽히는 행위로 여길 것이다.

롬멘이 "사람은 양심에 구속되는 한 누구나 타고난 자연법의 법률가이다."라는 말을 하고 나서, 인간에게 자유는 소중한 것이지만 "진정한 자유는 정의(正義) 안에서 구속되는 것"[46]이라는 말을 덧붙인 것은 정의와 생명권이라는 자연법의 두 규범 간의 관계를 잘 보여준다.

(3) 메스너에 의한 인간학적 자연법사상

① 인간의 본성과 자연법

메스너(Johannes Messner, 1891-1984)는 인간 본성의 "완전한 현실성"을 윤리 질서의 객관적 원천으로 보고 있다. 그것은 "인간 본성의 육체적, 심리적 본능에 정해져 있는 목적들"[47]과 함께 그의 경험적, 현

46) 같은 책, S.275.

47) Johannes Messner, *Das Natrrecht*, 1950. trans. by J. J. Doherty, *Social Ethics*, St. Louis and London: Herder Book Co., 1949, p.18. 이 책은 독문

실적인 것들까지 포함한다. 인간의 생명이 존재하는 육체적, 심리학적, 사회적 구조뿐 아니라 인간의 일반적, 개인적 특징들도 실제로 윤리 질서에 영향을 미치며 따라서 그것들 모두가 윤리 질서의 원천이 된다. 이 현실적 인간 본성은 그 중요한 구성 요소로서 인간의 생리적, 심리적, 정신적 성향과 소망 안에 정해져 있는 목적들도 포함된다. 이 목적들이 인간의 가능성들과 인간을 둘러싸고 있는 세계의 가능성들을 어떻게 사용할 것인가 하는 문제에 해답을 준다. 이 목적들은 인간존재에서 나오고 또 그것을 결정짓는다는 이유에서 메스너는 그것들을 "실존적 목적들(existential ends)"이라 부른다. 실존적 목적들은 보편적이고 확증적인 인간 경험에 비추어 다음과 같은 것들을 말할 수 있다. 즉, 육체적 건강과 사회적 존중을 포함한 자기보존, 경험과 지식의 축적과 생활 조건의 향상을 포함한 자기완성, 자녀의 출산과 교육, 동료들의 정신적, 물질적 복지를 위한 관심과 배려, 공익의 증진을 위한 사회 참여, 선과 가치를 위한 절대적이고 초월적인 형태의 투신, 그리고 특히 **하느님 공경을 통한 그분과의 일치** 등이다.[48)]

요컨대 자연법에서 본성(natur)이란 인간의 모든 경험적 현상과 실존적 목적들을 포함한 인간 본성의 총체적 실재와 동시에 인간 행위와 관련되는 모든 사물들의 본성을 뜻한다.[49)]

② 사회윤리와 자연법

메스너의 『자연법(*Das Naturrecht*)』의 부제는 '사회윤리, 국가윤리, 경제윤리'라고 되어 있다. 이 책의 영문판을 『사회윤리(*Social Ethics*)』

원고로부터 바로 영문으로 번역되어 출간됨으로써 저자의 독문판보다 먼저 출간되었다.

48) 같은 책, p.19.

49) 같은 책, pp.62-64.

라는 제목으로 출판할 정도로 그의 자연법은 실천적인 면을 강조하면서 사회윤리의 전반적인 내용을 펼치고 있다. 이 책은 4권으로 나뉘고, 각 권마다 4부로 나뉘며 총 201장으로 되어 있다. 제1권은 기초를 다루면서 제1부 **인간의 본성**, 제2부 **사회의 본성**, 제3부 사회질서로 구성되었다. 제2권은 사회윤리 문제들로 가정, 공동체, 국가, 국가연합, 제3권은 정치 공동체, 제4권은 경제윤리의 구체적 문제들의 해결 방안을 다루고 있다.

메스너에 의하면 자연법의 가장 보편적인 원리는 "알려진 선은 행해야 하고 악은 피해야 한다"는 것이다. 이성은 이 행동 방식을 당연하게 생각한다. 그런데 인간의 필요에 적합하고 선한 것은 어떤 것인가? 여기에 대한 가장 일반적이고 기본적인 해답은 모든 사람들이 공통적으로 잘 알고 있는 다음의 원칙들이다:[50)]

- 너의 육체적인 삶을 유지하고 증진시켜라.
- 사회적 공존(共存)을 유지하고 증진시켜라.
- 생활 신분에 따른 임무들 — 특히 부모의 임무 — 에 책임을 져라.
- 합법적 권위 — 특히 부모 — 에 복종하라.
- 네가 원하지 않는 것은 다른 사람에게도 행하지 말라(황금률).
- 모든 사람을 놓아주고 모든 사람에게 그의 것을 주어라(suum cuique).
- 계약은 존중되어야 한다.

메스너에 의하면, 사회윤리의 문제들은 근본적으로 **인간의 본성**을 바르게 이해하고 자연법의 원리인 보편성과 통일성과 무차별성에 비추어 풀어 볼 수 있다.[51)] 그러므로 메스너에게서 자연법은 사회윤리의 뿌

---

50) 같은 책, pp.58-64. Walter Kerber, *Sozialethik*, Stuttgart: Kohlhammer, SS.87-92에서 재인용.

리이며, 인간학에 기초를 두고 있다고 볼 수 있다.

(4) 피니스에 의한 인간학적 자연법사상

① 피니스의 자연법 철학

피니스(John Finnis)에 의하면 자연법은 인간존재에 있어서 기본적인 선을 추구하고 실현하기 위해서 요청되는 사려분별을 가능하게 하여 주는 **실천적 원리**이다. 자연적 성향(性向)에 따르는 행위가 곧 자연법을 따르는 것이며, 이 자연적 성향은 바로 이성에 따라 행위하려는 성향이다.

피니스의 자연법 철학은 처음부터 도덕적 판단의 합리적 기초에 관한 이론으로 드러난다. 자연법은 무엇이 인간을 위한 선인가를 묻고, 또 그것을 추구하기 위하여 요청되는 실천적 인식 능력을 신봉하는 사람들에게만 의미 있는 사유 대상이 된다.[52)]

② 기본적 가치와 권리의 원천으로서의 자연법

피니스는 인간이 모름지기 추구하는 기본적인 선의 가치를 일곱 가지로 보았다: 생명, 지식, 놀이, 심미적 경험, 사회적 친교, 실천적 합리성, 종교.[53)]

첫 번째 **기본적 가치는 자기보존 본능에 상응하는 생명 가치**이며, 생명 가치는 인간으로 하여금 자기결정의 주체 상태로 만드는 모든 활력의 요소들이 이에 속하는 자연적(본성적) 성향이다.

두 번째 가치는 앎(지식)인데, 이 앎은 **도구적 지식이 아닌**, 무지를

---

51) 같은 책, pp.64-83 참조.

52) John Finnis, *Natural Law and Natural Right*, Oxford, 1980, p.18.

53) 같은 책, p.86f.

거부하고 그릇된 신념보다는 **참된 신념을 선호하는 자연적 성향**이다. 그다음 가치들로는, 인간은 이해관계를 떠나 놀이 그 자체에 열중하는 자연적 성향, 아름다움을 추구하고 감상하는 자연적 성향, 기꺼이 다른 사람과 사교하려고 하며 친구의 안녕을 위하여 행동하는 자연적 성향, 자신의 지력을 동원하여 자신의 삶의 방식과 성격과 자신의 행동을 효과적으로 결정하고 해결하는 자연적 성향, 끝으로 이 세계와 인간의 기원에 대한 질문을 던지려는 종교적 성향을 가지고 있다.

피니스의 기본적 가치들, 즉 기본적 선(善)들은 공동체의 관점에서 본다. 그는 자연법을 "인간의 삶과 공동체를 규율하는 실제적 타당성의 원리"[54]라고 하였다. 피니스의 이러한 자연법론은 토마스 아퀴나스에 깊이 의존하고 있다. 피니스는 기본적 선의 가치를 드러내는 **자연법의 명제는 입증을 해야 하거나 정당화를 할 필요가 없는 자명**(自明)**한 것**이라고 주장한다. 피니스의 자연법론은 현대 법철학계의 자연법 논의에 신선한 충격을 주었다.[55] 그는 **생명 가치를 최고의 가치**로 보고 낙태와 자살을 금하고, 다수를 살리기 위하여 소수 내지 한 명의 무고한 인명을 뺏는 일을 금하고, 아무리 좋아 보여도 거짓말은 이성에 반하는 것이므로 금해야 한다고 주장했다. 그래서 그는 지나친 이성 낙관주의로 흐르며 종교적, 신학적 입장에서나 가능한 이야기를 논한다는 비판을 받기도 하였다.[56]

앞에서 살펴본 것처럼, 우리는 피니스의 자연법사상에서도 인간학적인 요소를 찾아볼 수 있다.

---

54) 같은 책, p.103.

55) 박은정, 『자연법의 문제들』, 세창출판사, 2007, p.262 참조.

56) 심헌섭 편역, 『켈젠 법이론선집』, 법문사, 1990, pp.247, 252 참조.

3) 20세기 이후 자연법 연구 동향

최근 자연법 연구는 새로운 계기를 맞이하고 있다.

자연법의 **비교 문화적**(cross-cultural) **연구**에 대한 새로운 충동은 무엇보다도 로마교황청 산하 국제신학위원회(ITC)가 계기를 마련해 주었다. 2008년 이 위원회는 『보편 윤리 탐구: 자연법에 대한 새로운 조망(*In Search of a Universal Ethics: New Look at the Natural Law*)』이라는 문헌을 발표했다. "이 문헌은 '윤리학과 법적 질서 및 정치적 질서의 궁극적 기반'에 대해서 궁금해 하는 사람들을 초청하며 자연법의 가르침을 갱신(更新)하는 자원을 제시하려고 한다. … **그리스도교만이 자연법을 독점하고 있는 것은 아니다.** 사실, 모든 인간존재에 공통하고 있는 이성에 근거하고 있는 자연법은 **종교적 확신을 초월하여 선한 의지를 가지고 있는 모든 인간의 협동의 기반이다.**"[57)]

자연법의 비교 문화적 연구는 북아메리카의 학자들, 예컨대 에몬(Anver Emon), 리블링(Mattheo Levering)과 노박(Daid Novak)이 자극을 주었다. 그들은 자연법의 명칭으로 『유대인, 그리스도교인, 무슬림(*A Jewish, Christian and Muslim Trialogue*)』이라는 저서를 공저했다.[58)] 그들의 의도는 자연법은 다원(多元) 사회에서 공공선(公共善), 공동선(共同善)을 함께 추론하는 출발을 하기 위하여 상이한 신앙을 가지고 있는 시민들에게 공동 기반을 제공할 수 있다는 것이다.[59)]

---

57) ITC, *In Search of a Universal Ethics: New Look at the Natural Law*, 2008, p.1.

58) Anver M. Emon, Matthew Levering, David Novak, *Natural Law: A Jewish, Christian, and Muslim Trialogue*, Oxford: Oxford University Press, 2014, p.2.

59) Paola Bernardini, "Natural law from a catholic-muslim perspective: a comparative study of Jacques Maritain's and Abdullahi Ahmed An-Na'im's

이슬람 학자들은 일반적으로 자연법이 무타질라 학파(Mu'tazilites: 신이 완전히 공정하고 이성적인 것처럼, 사람의 자유의지도 공정하고 선한 것이라고 믿는 사람들) 신학과 이븐 루쉬드(Ibn Rushd: Averroes 라고 불리기도 한다) 철학 시대 이래로 무슬림 합리주의자 전통의 부분임을 동의한다.60)

8-9세기 아바스(Abbasid) 시대에 살았던 무타질라(Mu'tazilah)는 "자연은 신의 창조 목적으로부터 연원(淵源)하는 것으로 추정되는 기준(규범)을 따르는 것이다"라고 믿었다.61) 이러한 견해에서는 선이 이루어져야 한다든가, 악이 회피되어야 한다는 것을 알게 하는 계시가 필요 없었다. 이것은 하나의 원칙인데, 그 원칙의 타당성과 가지성(可知性)은 신이 부여한 인간 이성의 성향(disposition)에 기반을 두고 있다는 것이다.

마리탱이 자연법론에 가장 기여한 것은 자연법의 교의(敎義)에 대한 계몽주의자의 해석에 대한 비판에 있다. "소위 '합리주의 시대' 동안 법조인들과 철학자들은 자연법의 개념을 오용했다. 그들은 자연법이 윤리적 결정을 하는 데 무용한 것으로 보인다고 하거나 비서방 학자들에 의한 의혹에 난색을 표하곤 했다. 따라서 그들에게서 자연법은 모든 경우에 적용되는 성문화된 법령의 형태로 만들거나 간주되기도 했다. 그래서 어떤 법도 필사본이어야 하며 선험적으로 인간 행위의 규범을 모든 면에서 자연과 이성에 의하여 서술된 것으로 추정되는 법령에 의해서 결정된다고 생각했다. 그러나 실제로는 매우 **자의적이고 인위적**으로 형성되었다."62)

---

philosophy of law," *Lex Naturalis*, Vol. 1, 2015, p.142.

60) ITC, *In Search of a Universal Ethics: New Look at the Natural Law*, 2008, p.32.

61) 같은 책, p.33.

글로 쓰여 있지 않은 자연법은 인간을 인간으로, 즉 정치적 집단이나 문명화된 공동체로 관심을 두는 것이 아니라 단순하게 인간 종(種)의 공동체로 관심을 둔다.[63] 그래서 우리로 하여금 이러한 불문법으로서의 자연법을 함께 알게 한다. 자연법은 도덕적 질서에 관심을 두지, 법적 질서에 관심을 두지 않는다.

마리탱이 자연법이라고 부르는, 성문화되어 있지 않는 실존법은 가장 기본적인 원리이며 근원적인 계율이다. 기본적인 원리란 자명하다는 것이며, 근원적인 계율이란 성취된 도덕적 깨달음에 의거하면서 다소간에 자명한 것일 수 있다는 것이다.

이것은 왜 자연법의 지식이 역동적으로 발전하는가를 포함하고, 인류의 역사가 지속하는 한, 계속 발전하는가를 설명해 준다.

---

62) Paola Bernardini, "Natural law from a catholic-muslim perspective: a comparative study of Jacques Maritain's and Abdullahi Ahmed An-Na'im's philosophy of law," p.143.

63) 같은 책, p.144.

VII 장
자연법의 실질적인 원리와 해석의 문제

1. 전통적 자연법에서 말하는 본성의 해석에 대한 논란

자연법 이론에 있어서 정확한 **본성**(Natur)**의 개념**은 특별히 어려운 문제이다. **윤리 질서의 원천**(源泉)으로 삼고 있는 인간 본성은 정확히 어떤 것인가? 어떤 사람은 본질적이고 형이상학적인 인간 본성을 윤리 질서의 원천으로 보고 있다. 어떤 사람은 시간과 공간의 다양한 모든 조건 속에서도 언제 어디서나 동일하게 남아 있는 그러한 본성을 생각한다. 따라서 이 본성에서 나오는 **질서**들도 역시 언제 어디서나 동일한 것이고 불변하는 것이라야 할 것이다. 그러나 그러한 본성은 하나의 **추상적 개념**일 뿐, 결코 그렇게만 존재하지 않으며 그렇게 확실하게 본성이 정해질 수도 없다고 보는 이견(異見)도 많다. 그리고 이 이견이 더 설득력 있게 보이는 것은 **인간 본성의 가변적 조건**들이 윤리 의무의 원천이 되지 못하는 이유를 이해할 수가 없기 때문이다. 실제로 현실에서 심각하게 문제되고 있는 윤리 문제들을 다룰 수밖에 없는 윤리 교과서들은, 예컨대 **변화된 현대사회의 수준에 적합한 교육의 의무** 등 과거와는 다른 다양한 윤리 의무들을 정해 놓고 있다.

또 어떤 이들은 인간의 경험적, 현실적 본성과 그 이상적(理想的) 본질을 구별하고 있다. 인간의 현실적 본성은 육체적, 생물학적, 심리학적, 사회학적 구조와 그리고 인간 생명이 존재하고 유지되는 기계론적 조직을 모두 포함하고 있다. 또 그것은 가끔, 예컨대 나태한 체질이나 가학성(加虐性)의 변태성욕적 체질과 같은 비틀어진 모습도 나타낸다. 만일 이러한 구체적 인간 본성을 윤리 질서의 기초로 삼는다면, 그러한 체질들은 그 사람에게 나태한 생활이나 가학적 변태성욕의 충족을 윤리적으로 허락하게 될 수도 있을 것이다. 그러나 진정한 철학자나 신학자라면 아무도 그러한 결론에 동의하지 않을 것이다. 따라서 인간의 **이상적 본질 또는 본성만이 도덕률의 원천이 될 수 있다**. 그것은 생물학주의, 심리학주의, 사회학주의 등의 유혹의 가능성을 피하게 된다. 그러나 **어떻게 이상적 본성을 기형적 체질을 가질 수 있는 현실적 본성으로부터 구별할 수 있느냐 하는 것이 문제**이다. 이에 대한 해답은 아직도 모호하다. 어떤 사람들은 **이성**을 자연법의 본질적이고 일차적인 요소라고 생각한다. 윤리법은 이성의 질서이다. 이성에 맞는 것은 윤리적으로 선하다. 이것은 이성이 자연법을 인식하는 데 있어서 결정적으로 본질적인 역할을 할 때 맞는 관점이다. 그러나 그것은 자연법의 구성 원리의 하나, 즉 인식의 주관적 방식일 뿐이다. **이성은 외부의 실재성과 접촉하지 않고서는 자기 내부에서부터 구체적 윤리 질서를 창출해 내지는 못한다**. 이 과정에서 이성은 어떤 특정한 행동 방식이 선한지 또는 악한지를 판단해야 한다. 이것은 어떤 객관적 기준에 따라 행해진 것인가? 이런 문제에 해답을 못한다면 그것은 중대한 일이다. "그러한 이성은 인간성이나 사랑도 보장하지 못한다."[1)]

결론적으로 자연법에서 본성이란 인간의 모든 경험적 현상과 실존적 목적들을 포함한 인간 본성의 총체적 실재와, 동시에 인간 행위와 관련되는 모든 사물들의 본성을 뜻한다.[2)]

그러면 도대체 전통적인 자연법은 무엇인가? 우리는 이 물음의 답을 롬멘의 다음과 같은 글에서 찾아볼 수 있을 것이다: "단지 두 가지의 규범만이 원래 **자명**(自明)한 원리로 자연법의 내용이 되어 있다. 즉, **정당한 것을 행하여야 하고 부당한 것을 하지 못하게 하는 것**이다. 그리고 태고시대부터 존중되어 온 규칙, 즉 **각자에게 자신의 것**(suum cuique)을 부여하는 것이다. **실천이성**의 이러한 규범들은 이론이성의 자명한, 다시 말해서 **증명할 수는 없는**(indemonstrabilia) 원리들과 마찬가지의 근본적인 의미를 실천이성에게 부여한다. 이러한 시원 규범(始元規範, Urnormen)과 시원 양심(始元良心, Urgewissen)의 참됨은 이론이성과 마찬가지의 확실성과 명증성(明證性)을 가지는 것이다."[3)]

2. 자연법 개념의 현대적 해석

제2차 바티칸공의회에 의하면, 발전한 비그리스도인과 그 궁극목적에 대한 새로운 이해를 고려해 볼 때, 자연법의 전통적 정의도 수정되어야 한다는 필요성이 제기되었다. 그 정의의 말마디를 바꾸는 것은 아주 사소한 변화로 보일지 모르지만, 그것만 해도 자연법 개념을 신학적으로 이해하는 데 중요한 재검토가 이루어졌다는 인상을 주게 된다.

그 새로운 정의는 다음과 같다. 자연법은 인간 행위의 법칙으로서 궁극목적에 질서 지어진 **인간 본성의 총체적 실재**(實在)에서 생겨나는 것

---

1) Wolfgang Schrage, *Ethik des Neuen Testaments*, Götingen: Vandenhoeck und Ruprecht, 1982, S.14.

2) 진교훈, 『현대사회윤리연구』, 울력, 2003, pp.260-261 참조.

3) H. Rommen, *Die Ewige Wiederkehr de Naturrechts*, SS.299-300.

이며, 그리스도교의 계시(啓示)와는 독립된 이성(理性)의 수단에 의하여 인식되는 것이다.

여기서 인간 본성의 개념은 **넓은 의미**에서 보는 것이다. 그것은 이미 앞에서 설명한 대로 인간의 보편적이고 개인적인 모든 특성을 포함한 인간존재의 **총체적 실재**를 뜻한다. 그 실재성은 전통적 자연법 이론과 구별되지만, 그리스도의 구속 사업에 의하여 세례를 받은 사람들에게 이루어진 본성의 변화도 포함하고 있으며, 모든 사람들에게 활동하는 은총에 참여하는 것도 포함하고 있다.

궁극목적도 단순히 자연적인 목적만을 뜻하는 것이 아니다. 그것은 인간의 구체적이고 최종적인 목적을 말하며, 그것은 공의회에서도 말했듯이 하나뿐이고 모든 사람에게 동일하며 신적(神的)인 것이다. **자연법의 인식의 주관적 수단은 이성**이지만 이 이성은 완전히 은총의 도움에서 제외되는 것으로 이해되어서는 안 된다. 구체적 인간에 있어서 이성의 모든 인식 작용은 어디서나 은총과 성령에 의해서 도움 받고 인도된다. 다만 비그리스도인들의 경우에는 완전히 **은폐된 방법**으로 그런 **도움**과 **인도**를 받게 된다.[4)]

3. 자연법의 보편적인 원리와 내용 해석의 한계

자연법의 가장 보편적인 원리는 "알려진 선은 행해야 하고 악은 피해야 한다."는 것이다. 이성은 이 행동 방식을 당연하게 생각한다. 그런데 인간의 필요에 적합하고 선한 것은 어떤 것인가? 여기에 대한 가장 일반적이고 기본적인 해답은 모든 사람들이 공통적으로 잘 알고 있는

4) K. H. Peschke, *Christian Ethics: Moral Theology in the Light of Vatican II*, 1986. 김창훈 옮김, 『그리스도교 윤리신학』, 제1권 『기초윤리신학』, 분도출판사, 1990, p.203.

다음의 원칙들이다.[5)]

- 너의 육체적인 삶을 유지하고 증진시켜라.
- 사회적 공존(共存)을 유지하고 증진시켜라.
- 생활 신분에 따른 임무들 — 특히 부모의 임무 — 에 책임을 져라.
- 합법적 권위 — 특히 부모 — 에 복종하라.
- 네가 원하지 않는 것은 다른 사람에게도 행하지 말라(황금률).
- 모든 사람을 놓아주고 모든 사람에게 그의 것을 주어라(suum cuique).
- 계약은 존중되어야 한다.

그 외의 다른 모든 윤리 규범들은 이차적 원칙들이다. 무지와 실수는 그 원칙들을 흐리게 하거나 왜곡한다. 그것은 어떤 민족과 문화 전체 안에서도 그럴 수 있다. 이차적 원칙들은 자연법의 근결론(近結論)과 원결론(遠結論)으로 나뉜다. 근결론은 그것을 받아들여야 할 사람들의 범위가 넓고 쉽게 동의할 수 있는 것들이다. 인권(人權)들 중에도 어떤 것들은 원결론의 범주에 들어가지만, 예컨대 모든 사람의 동등한 존엄성의 원칙이나 종교 자유의 권리 등 많은 것들이 근결론에 들어간다.

원결론은 인간 본성에 대한 더 깊은 이해를 필요로 하며, 그것들을 분별하는 데는 가끔 큰 어려움을 겪게 된다. 원결론을 정확히 파악하고 올바르게 생각할 수 있다면, 그 사람은 반드시 그것들을 받아들여야 한다. 그러나 배우지 못한 사람은 모든 구체적 자료를 검토하기가 어렵기 때문에 오랜 시간이 지나도 어떤 원결론에 대해서는 극복 불가능한 무지에 머무를 수 있다. 그러나 배운 사람들도 가끔 그럴 수 있다. 예컨대 노예제도를 인정하거나 여성의 인권을 제한적으로 보는 사람들의 경우

5) J. Messner, *Social Ethics*, St. Louis and London: B. Herder Book Co., 1965; Walter Kerber, *Sozialethik*, Stuttgart: Kohlhammer, SS.87-92.

이다.

가톨릭교회의 교도권은 지난 백 년 동안 여러 가지 윤리 문제들에 대해서 **자연법**에 근거를 두어 교회의 입장과 결정을 발표해 왔다. 그리고 자연법은 보편적 성격을 지닌다는 이유에서 이 결정들은 모든 사람의 윤리 행위를 위한 순수하고 객관적인 규범으로 이해되어 왔다. 그러나 비가톨릭인들은 이러한 윤리 문제에 대해서 거듭 다른 의견들을 보여 왔다. 그들은 가톨릭 교도권이 그 윤리적 결정에 보편적 규범을 적용해야 한다는 주장을 거부했으며, 그러한 주장을 동반한 자연법에 대한 가르침과 자연법의 교리까지도 모두 거부하는 일이 많았다. 최근에 와서는 특히 의학 윤리와 부부 윤리의 문제들에 대해서 그러한 논쟁들이 급증하고 있다. 사실 가톨릭의 윤리적 가르침도 모든 자연법의 원원칙(遠原則)들을 언제나 완전하게 제시하지는 못하고 있다. 어떤 것들은 아주 정확한 결론에 도달하기까지 오랜 동안의 연구와 발전이 필요하다. 가톨릭의 종교 자유에 관한 교리는 제2차 바티칸공의회에 와서야 완숙에 도달했고, **부부애**(夫婦愛)에 관한 가르침도 진일보를 보이고 있다. 부부애에 관한 최근의 변화는 공의회에 의하여 결혼의 목적성이 새롭게 평가된 점이다.

가톨릭 윤리학도 모든 윤리적 가르침에 있어서 언제나 완전한 해석을 제시하지는 못한다는 사실을 고려할 때 교회와 윤리신학에 대한 신자들의 믿음이 흔들리지 않을까 하는 의문이 생긴다. 그러나 교회와 윤리신학 전체를 완전히 의심하는 것은 확실한 잘못이며 부당한 반항이다. **모든 학문에는 부족함이 있기 마련이다.** 윤리신학이나 윤리학, 그리고 법철학도 **언제나 완전한 해결을 제시하지는 못한다.** 그러나 우리는 전문적인 학자들이 공통적으로 인정하는 학설들을 호의적으로 받아들여야 한다. **능력 있는 권위자** 또는 관할권자의 결정을 받아들이는 것은 최소한의 모험을 내포하고는 있지만, 그것은 우리의 행동을 위한 가장 지혜로운 방법이다.

인간의 존재 조건들은 많이 변화되었고 계속해서 더욱 신속히 변화될 것이다. "인간에게 일어나는 변화에는 두 가지 방향이 있는데, 그 하나는 내적, 지적, 정신적인 변화로서 거기에서 어떤 사상과 이상이 새롭게 창조되고 계획되며, 다른 하나는 기술과 기계에 의한 물리적 변화로서 그것에 의하여 인간은 자기의 활동을 새롭게 수행해 간다. 이 두 가지 변화가 아주 밀접한 관계를 맺고 있다는 것은 분명한 사실이다."[6] 이러한 형태의 변화들도 가끔 자연법의 요구를 새롭게 조정하도록 만든다.

자연법의 **실질적 내용**은 **고정된 것이 아니고 역동적**(力動的)**인 특성**을 지니고 있다. 왜냐하면 자연법의 실질적 내용의 **성문화**(成文化)**는 인간이 만든 것**이기 때문이다. 그것은 실정법에서처럼 **인간의 언어와 통찰력의 불완전성**에 의거한 것이다.[7]

4. 자연법의 실천

1) 인간 행위에 대한 자연법의 적용

모든 윤리적인 문제가 자연법적인 원칙을 인용하는 것만으로 해결된다는 단순한 생각은 비현실적이다. **전통적인 자연법 해석의 취약점은 불변성과 보편성만을 중시하고 사회규범의 역사성을 충분히 고려하지 않는다는 점이다.** 형이상학적인 면에서, 존재론적인 측면에서 **자연법의 불변성과 보편성의 원리**가 주장될 수 있다. 그러나 현실적인 면에서,

---

6) Andreas Laun, *Die Naturrechtliche Begründung der Ethik in der neueren katholischen Moraltheologie*, Wien: Wiener Dom-Verlag, 1973, S.152.

7) 진교훈, 『현대사회윤리연구』, pp.263-265 참조.

역사적 존재인 인간이 만드는 사회규범과 법의 역사성과 사회성도 고려되지 않을 수 없다. 그러므로 상대주의적인 역사주의에 빠지지 않으면서도 **자연법의 역사성**은 고려될 수 있어야 할 것이다.

인간 본성은 실제로 불변성과 가변성을 함께 지니고 있다는 사실은 의심할 여지가 없는 사실이다. 이 사실은 일반적인 자연 본성과 특수한 인간 본성이 불변하면서도 인간의 역사성으로 말미암아 변하기 때문에, 도덕률도 불변하면서도 변한다는 **변증법적인 의미**를 지니고 있음을 보여준다. 그러므로 철학자와 신학자는 도덕률의 역사성을 올바르게 제시하고 그 역사적 관계성을 숙고해야 할 것이다.

윤리학의 역할은 인간을 그 참된 본성과 그 모든 실질적 관계들 안에 실재하는 존재로 보는 것이며, 인간 본성 관계들로부터 그의 행위를 지도할 도덕률을 추론해 내는 것이다. 인간은 많은 **공통적**인 특성들을 지니고 있다는 사실은 의심할 여지가 없다. 이 사실에서 그 특성과 조건들에 상응하는 공통적인 의무들이 나오며, 그 의무들은 도덕률로 제정될 수 있다. 윤리적 의무를 규정하는 데 있어서 인간 본성에 상응하는 목적을 달성하려는 본성의 성향과 추구에 대한 지식이 대단히 필요하다.[8] 여기서 우리는 다시금 하느님에 대한 인간의 관계와 궁극목적을 향한 인간의 실존적 방향을 언급하지 않을 수 없다. 인간은 그 궁극적 의미를 자기 자신 안에 지니고 있는 것이 아니라, 오직 하느님과의 관계, 즉 **하느님이 정해 놓으신 계획과의 관계, 그리고 그 계획을 실현하는 데에 이바지해야 할 그러한 관계 안에 두고 있다**고 이해하여야 할 것이다. 이 실존적 관계 안에서 볼 때, 인간은 도덕률을 추론하는 데 있어서 그 자신과의 관계만을 볼 것이 아니다. 그것은 단지 윤리 질서의 구성 원리들 중 하나인 존재론적 결정 요소일 뿐이다. 그것과 동시에

---

8) Johannes Messner, *Social Ethics*, London: Herder Book, 1965, pp.18-19 참조.

잊지 말아야 할 것은 인간이 **실현시켜서 궁극적으로 도달해야 할 그 목적**이다.[9] 그것은 윤리 질서의 또 하나의 구성 원리, 즉 목적론적이고 종말론적인 결정 요소이다.

그것은 종말을 기다리는 그리스도인의 삶에서 구체적으로 드러난다. **이 세상의 종말은 멸망이 아니라 인류를 구원하시려는 하느님 계획의 완성**이라고 가톨릭교회는 가르친다. 그것은 올바른 신앙생활을 사는 것이다. 올바른 신앙은 온 마음으로 그리고 자신의 삶 전체를 통하여 하느님의 알려 주신 길을 따라가는 것을 의미한다. 그리스도교회의 가르침은 하느님의 계시로써 밝혀지고 그로 인해 풍부하게 된 자연법에 바탕을 두고 있다. 자연법의 준수도 사람들이 구원되기에 필요한 것이다 (마태오 7:21 참조).

2) 자연법의 실천

그러면 우리는 자연법을 어떻게 실천할 수 있겠는가?

우리가 살고 있는 이 시대는 **어린이의 순결한 마음**을 경멸하고 온갖 욕망으로 가득 차 있는 청년의 시대라고 비유해 볼 수 있다. 그러나 사람이 진정(眞正)하게 성숙하면 어린이와 같이 될 수 있다. 그래서 노자는 "사람의 덕과 지혜가 성숙하게 되면 그는 어린아이와 같이 된다(含德之厚 比於赤子)."[10]고 말했으며, 맹자도 "위대한 사람은 막 낳은 어린아이와 같은 그 마음을 잃지 않고 있는 자(大人者不失其赤子之心)"[11]라고 하였다. 예수도 "어린이처럼 되지 않으면 결코 하늘나라에 들어가지 못한다."(마태오 18:3) "하느님의 나라는 어린이들과 같은

---

9) 진교훈, 『현대사회윤리연구』, p.267 참조.

10) 『道德經』, 55장.

11) 『孟子』, 四章.

사람들의 것이다."(루가 18:17)라고 하였다. 무함마드도 이러한 이웃 사랑을 실천할 것을 가르쳤다.

어린이다워야 비로소 우리는 천도(天道)인 자연법을 바르게 이해할 수 있을 것이다. 우리가 인간의 본성이 스스로 '인(仁)'한 것임을 믿으면 자연법은 살아나며, 인간의 본성이 '인'한 것임을 의심하면 자연법은 죽어 없어진다. 하느님을 알고 사랑하는 것과 고통 받고 있는 이웃을 사랑하는 것이야말로 **자연법 실행**의 요체(要諦)이다. 이웃 사랑이란 말로만 하는 것이 아니라, 구체적으로 굶주린 사람에게 먹을 것을 주고, 목마른 사람에게 마실 것을 주고, 나그네를 따뜻이 맞아들이고, 헐벗은 사람에게 입을 것을 주고, 병든 사람을 돌보아주는 것이다,

"하늘에 계신 내 아버지의 뜻을 실행하는 이라야 하늘나라에 들어간다."(마태오 7:21)고 하신 예수님의 말씀처럼 하느님의 뜻을 실행하는 것을 우리는 자연법을 실행하는 것으로 이해할 수 있을 것이다.

나가는 말

제 눈을 열어주소서.

당신 가르침의 기적들을 제가 바라보오리이다(시편 119:18).

당신의 법령을 저에게 가르치소서(시편 119:26).

당신 규정의 길을 제게 깨우쳐 주소서(시편 119:27).

주님, 당신 **법령의 길**을 저에게 가르치소서(시편 119:33).

저를 깨우치소서. 당신의 **계명**을 배우오리다(시편 119:73).

당신 **법령 안에서** 제 마음 흠 없게 하소서(시편 119:80).

인간의 본성이 스스로 '인(仁)'한 것임을 믿으면 자연법은 살아나는 것이고, 인간의 본성이 '인'한 것임을 의심하면 자연법은 소멸하고 만다. **어린이다워야** 비로소 우리는 자연법을 바르게 이해할 수 있을 것이다. 메스너가 "인간이 자연법을 알 수 있는 것은 근원적으로 또 직접적으로 가족 공동체가 사회의 근본임을 이해할 수 있을 때 아주 용이하다."[1]고 말했듯이, 자연법의 근본원리는 먼저 형식적으로 결정되고 나서 내용적으로 이해되는 것이 아니라, 자연법의 본질이 나타나고 있는 **사랑의 공동체인 가정**에서 어릴 때부터 구체적으로 **체험**되고 학습되는 것이다. 왜 부모를 섬기고 공경하느냐고 묻는다면, 우리는 이 명제를

1) Johannes Messner, *Social Ethics*, London and New York: Herder, 1949, p.289(원문은 *Naturrecht*).

완전하게 증명할 수 없다. 이 명제는 **명증적**(明證的)이라고 말할 수 있을 뿐이다. 그래서 우리는 인간은 본질적으로 자기의 부모를 **사랑**하고 공경하도록 되어 있다고 말할 수 있을 뿐이다. 효도는 자연법이다. 그것은 **양심**[2])의 부름에 응하는 것이며, 하나의 지상명령이다.

그럼에도 불구하고, 자연법 공부는 딜레마에 부딪히게 된다. 자연법은 불문법(不文法), 즉 쓰여 있지 않은 법이다. 자연법은 사랑, 정신, 인격처럼 인식론적으로 분명(分明, clear and distinct)한 설명이 불가능하다. 그래서 논리적 정합성에 급급한 합리주의자들이나, "인간은 인간에게 늑대(homo homini lupus)"(토머스 홉스)라든지, '인간 기계론'을 주장하는 무신론자나 유물론자와 사람을 제대로 사랑해 보지 못한 자들은 양심법인 자연법을 이해하지 못할 것이다.

우리가 동서고금을 막론하고 공통적으로 부정할 수 없는 유일한 실천적 지혜는, **인간은 본성적으로 선은 행하며 악은 피해야 한다는 것이다**. 이것은 **자연법의 전문**(前文, precept)이며, **원리**이다. 자연법은 이 원리로부터 필연적으로 인간이 인간이라는 사실에서 사람답게 **해야 할 것**과 또 **해서는 안 되는 것**을 일러 준다. 문제는 추상적(抽象的)인 이러한 것을 구체적으로 실천하는 데 있어서 어떤 오류와 왜곡이 일어날 수 있다는 것이다. 그러나 그것은 우리의 시력이 약하다든가, 인간의 이성이 불완전하다든가, 헤아릴 수 없는 많은 우연이 우리의 판단을 흐리게 한다는 것을 말해 주는 것에 불과한 것이다. 사람에 따라 양심 판단의 차이가 있다는 것은 결코 양심 자체를 부인하게 만들고, 자연법을 부인하는 증거가 될 수 없다. 우리는 사람답게 살기 위해서 도덕의 원류인 자연법을 믿고 따라야 할 것이다.

---

2) 진교훈, 「인간학의 과제로서 양심의 의미」, 진교훈 외, 『양심』, 서울대학교 출판문화원, 2012, pp.15-32 참조.

참고문헌

[동양고전]

『논어』, 『맹자』, 『대학』, 『도덕경』, 『묵자』, 『예기』, 『용수』, 『주역』, 『중용』, 『회남자』

[국내문헌]

가산불교문화연구원, 『가산불교대사림』(1권), 1998.

강의범, 「불교에서의 무」, 『明星스님 고희 기념 불교학논문집』, 운문승가대학 출판부, 2000.

고익진, 『한국의 불교사상』, 동국대학교 출판부, 1997.

김상용, 『자연법론과 법정책』, 피앤씨미디어, 2015.

김종도, 「이슬람과 자연법」, 『중동문제연구』 10권 2호, 명지대학교 중동문제연구소, 2011.

동국대학교역경원, 『불교성전』, 1972.

마성, 「포살과 팔재계에 관한 고찰」, 『明星스님 고희 기념 불교학논문집』, 운문승가대학 출판부, 2000.

목정배, 『계율론』, 동국대학교역경원, 1988.

박은정, 『자연법의 문제들』, 세창출판사, 2007.

서경수, 「달마의 윤리적 개념」, 한국정신문화연구원 편, 『한국사상과 윤리』, 1980.

서정길 편저, 『마호멧 전기: 마호멧 언행론』, 문화방송 경향신문 기획, 열화당, 1976.
심재우, 『동양의 자연법 사상』, 『법학논집』 제33집, 고려대학교, 1997.
심헌섭, 「황금률과 법」, 『분석과 비판의 법철학』, 법문사, 2001.
심헌섭, 『법철학 I』, 법문사, 1982.
심헌섭 편역, 『켈젠 법 이론선집』 법문사, 1990.
영조, 『어제자성편』, 1749.
에밀 부르너, 전택부 옮김, 『정의와 사회질서』, 사상계, 1954.
오경웅, 김익진 옮김, 『동서의 피안』, 가톨릭출판사, 1961.
이기영, 「불교편: 경구」, 이기영 외 편, 『전통문화의 가치관』, 문우사, 1982.
이동익, 『생명의 관리자』, 가톨릭대학교 출판부, 1995.
이태제, 『법철학사와 자연법론』, 법문사, 1987.
이항녕, 『법철학적 인간학』, 평민사, 1976.
진교훈, 『의학적 인간학』, 서울대학교 출판부, 2002.
진교훈, 『철학적 인간학연구 I』, 경문사, 1982.
진교훈, 『철학적 인간학연구 II』, 경문사 1994.
진교훈, 『현대사회윤리연구』, 울력, 2003.
진교훈, 『환경윤리: 동서양의 자연보전과 생명존중』, 민음사, 1998.
진교훈, 「동방(동양)의 전통 사상에서 본 자연법」, 『이성과 신앙』 47호, 수원가톨릭대학교 이성과신앙연구소, 2011, pp.85-115.
진교훈, 「스콜라철학시대의 자연법」, 『이성과 신앙』 54호, 수원가톨릭대학교 이성과신앙연구소, 2013, pp.321-377.
진교훈, 「서양 고대의 자연법」, 『이성과 신앙』 58호, 수원가톨릭대학교 이성과신앙연구소, 2015, pp.265-314.
진교훈, 「생명윤리와 자연법」, 2010년도 제6회 가톨릭대학교 생명윤리연구소 학술대회.
진교훈, 「19세기의 자연법사상의 하강: 서양근세의 자연법사상 II」, 『이성과 신앙』 57호, 수원가톨릭대학교 이성과신앙연구소, 2014, pp.139-

194.
진교훈, 「왜 서양 근세에서 자연법사상은 쇠퇴하였는가?」, 『이성과 신앙』 55호, 수원가톨릭대학교 이성과신앙연구소, 2013, pp.139-194.
진교훈, 「왜 오늘날 법은 불신을 받는가?」, 『이성과 신앙』 60호. 수원가톨릭대학교 이성과신앙연구소, 2016, pp.357-401.
진교훈, 「윤리학적 관점에서 본 인간생명의 존엄성」, 『가톨릭법학』 제1호, 2003.
진교훈, 「인간학의 과제로서 양심의 의미」, 진교훈 외, 『양심』, 서울대학교 출판문화원, 2012.
진교훈, 「자연법과 철학적 인간학의 관계」, 『이성과 신앙』 59호, 수원가톨릭대학교 이성과신앙연구소, 2015, pp.545-591.
진교훈, 「철학에서 본 자연법과 생명윤리」, 『한국가톨릭의사협회지』 33호, 한국가톨릭의사협회, 2010, pp.125-138.
진교훈, 「황금률과 자연법」, 『이성과 신앙』 46호, 수원가톨릭대학교 이성과신앙연구소, 2011, pp.119-154.
황산덕, 『여래장』, 동국대학교 불전간행위원회, 1980.
황산덕 역주, 『중론송』, 서문당, 1976.

[일본문헌]

水波浪, 「東洋の 自然法論と 本性適合的認識」, 『トマス主義の 法哲學』, 九州大學 出版部, 1987.
淸水安三, 「中江藤樹는 그리스도교신자이었다」, 小出哲夫, 『かがみ 草』, 1959.
和辻哲郎, 『日本倫理思想史 下卷』, 1952.

[외국문헌]

Augustinus, Anselm et al., *Patrologia Latina*. https://patristica.net/latina

Ahmad, Imad-ad-Dean, *On Natural Law and Shari'ah*. http://www.minaret.org/NaturalLawandShariah.pdf.

Anhert, Thomas, "Zum Epikurianismus im Naturrecht der deutschen Frühaufklärung," Vanda Fiorillo und F. Grunnert(hrgs.), *Das Naturrecht der Geselligkeit*, Berlin, 2009.

Anderson, Owen, *Natural Moral Law*, Cambridge University Press, 2013.

Arnold, Franz Xaber, *Die Staatslehre des Kardinals Bellarmin*, München, 1934.

Aquinas, Thomas, *Summa Theologica* I-II, 정의채 옮김, 『신학대전』, 성바오로출판사, 1993.

Arnold, Gottfried, *Unpartheiysische Kirkenhistorie un Ketzerhistorie*, 1699.

Bakewell, Charles M., *Source Book in Ancient Philosophy*, Charles Scribner's Sons, 1907.

Baragan, J. Lozano, *Metabioethics and Biomedicine*, 이동익 옮김, 『메타 생명 윤리와 생명 의학』, 성바오로출판사, 2008.

Barrett, Edward F., et al.(eds.), *Natural Law Institute Proceedings* volume I-V, Indiana: College of Law, University of Notre Dame, 1949-53.

Bayle, Pierre, *Dictioinanaire historique et critique*, 1697.

Bellebaum, Alfred und Heribert Niederschlag(hrsg.), *Was Du nicht willst, daß man Dir tu': Die Goldene Regel - ein Weg zu Glück?*, Konstanz, 1999.

Bennet, John C., *The Theology of the Responsible Society: And Christian Ethics in a Changing World*, New York: Association

Press, 1963.

Bergbohm, Karl, *Jurisprudenz und Rechtsphilosophie*, Leipzig, 1892.

Bernardini, Paola, "Natural Law from a Catholic-Muslim Perspective: a comparative study of Jacques Maritain's and Abdullahi Ahmed An-Na'im's Philosophy of Law," *Lex Naturalis*, Vol. 1, 2015.

Bertke, Stanley, *The Possibility of Invincible Ignorance of the Natural Law*, The Catholic University of America Studies in Sacred Theology, Dissertation, 1941(1943).

Buber, Martin, *Das Problem des Menschen*, Heidelberg, 1948.

Buber, Martin, *Ich und Du*, Reclam, 1955, 표재명 옮김, 『나와 너』, 문예출판사, 2001; 김천배 옮김, 『나와 너』, 대한기독교서회, 2000.

Buckland, William Warwick, *The Main Institutions of Roman Private Law*, Cambridge University Press, 1931.

Carlyle, Robert Warrand and Alexander James Carlyle, *A History of Medieval Political Theory in the West* (6 vols.), Edinburgh and London: William Blackwood & Sons, 1903-36.

Cassirer, Ernst, "Das Problem J. J. Rousseau," *Archiv für Geschichte der Philosophie*, Bd. 41, 1932.

Cathrein, Viktor, *Moralphilosophie* I, Freiburg: Herder, 1904.

Challaye, Félicien, *Histoire de la propriété*, Paris, 1948.

Chin, Kyo-Hun, *Über das Verhältnis von Person und Liebe bei Max Scheler*, Dissertation, Universität Wien, 1972.

Chroust, Anton Hermann, "Hugo Grotius and the Scholastic Natural Law Tradition," *The New Scholarsticism*, 17, 1943.

Composta, Dario, *History of Ancient Philosophy*, tr. M. A. Cizdyn, Vatican: Urbaniana University Press, 1988.

Constable, George W., "What does Natural Law Jurisprudence Offer?" *The Catholic University of American Law Review*, Vol. 4, 1954.

Copleston, Frederic, *A History of Philosophy*, Maryland: The Newman

Press, 1960.

David, Jakob, *Das Naturrecht in Krise und Läterung*, Köln, 1967.

Dihle, Albrecht, *Die Goldene Regel, Eine Einführung in die Geschichte der antiken und frühgeschichtlichen Vulgärethik*, Göttingen, 1962.

Emon, Anver M., Levering, Matthew, Novak, Daivid, *A Jewish, Christian and Muslim Trialogue*, Oxford: Oxford University Press, 2014.

Fang, Thome H., *The Chinese View of Life: The Philosophy of Comprehensive Harmony*, Hong Kong: The Union Press, 1957.

Farrell, Walter, *The Natural Moral Law According to St. Thomas and Suarez*, Clumy Media LLC, 2019.

Fechner, Erich, *Rechtsphilosophie*, Tübingen, 1956.

Finnis, John, *Natural Law and Natural Right*, Oxford, 1980/2011.

Fischl, Johann, *Geschichte der Philosophie*, Graz and Wien, 1964.

Fitzgerald, Michael, Khoury, Adel Th., Wanzura, Werner(hrsg.), *Moslems und Christen-Partner*, Wien and Köln, 1976.

Fritz-Joachim von Rinteln, *Philosophia Perennis*, Regensburg, 1930.

Fuchs, Joseph, *Glaubens*, Freiburg and Wien, 1978.

Fuchs, Joseph, "Autonome Moral und Glaubensethik," in D. Mieth (hrsg.), *Ethik im Kontext des Glaubens*, Freiburg/Wien, 1978.

Garrigou-Lagrange, R., *God: His Existence and His Nature*, Vol. 1-2, trans. by Bede Rose, St. Louis: Herder, 1934-1936.

Gehlen, Arnold, *Mensch, Seine Natur und Seine Stellung in der Welt*, Berlin, 1941.

George, Robert P.(ed.), *Natural Law Theory*, Oxford, 1994.

Gierke, Otto, *Das deusche Genossenschaftsrecht*, Ernest Narker(trans.), *Natural Law and the Theory of Society 1500 to 1800*, Boston: Beacon, 1957.

Gillet, Martin Stanislas, "Justice et Charité," in *Semaine Sociale de France*, 1928.

Goodman, John, *The Golden Rule, or, the Royal Law of Equity Explained*, 1688.

Grotius, H., *De jure belli ac pacis*, libri tres, 1625.

Gumplowicz, L., *Grundriss der Soziologie*, 1885. https://www.britannica.com/biography/Ludwig-Gumplowicz.

Gundlach, Gustav, *Solidarismus*, Staststlexikon, 1931.

Haines, Chares Grove, *The Revival of Natural Law Concepts*, Cambridge: Harvard University Press, 1930.

Hakim, Khalifa Abdul, "The Natrual Law in the Moslem Tradition," in *Natural Law Institute Proceedings*, Vol. 5, Notre Dame Press, 1953.

Halm, Heinz, *Die Schia*, Darmstadt: Wissenschaftliche Buchgesellschaft, 1988.

Hanley, Thomas R., *The Natural Law: A Study in Legal and Social History and Philosophy*, St. Louise: Herder, 1947/1955.

Hart, H. L. A., "Positivism and the Separation of Law and Morals," *Harvard Law Review*, Vol. 71, 1958.

Hartman, Louis, "The Enumeration of the Ten Commandments," *The Catholic Biblical Quarterly*, 7, 1945.

Harvey, Peter, *An Introduction to Buddhist Ethics*, Cambridge University Press, 2004.

Hazard, Paul, *Die Krise des europäischen Geistes*, Hamburg, 1947.

Heidegger, Martin, *Sein und Zeit*, 1927.

Herder, Johann Gottfried, *Ideen zur Philosophie der Geschichte der Menschheit*, 1784.

Herve, J. M., *Manuale theologiae dogmaticae*, II, Paris: Berche et Pagis, 1935.

Hessen, Johannes, *Wertlehre*, München und Wien, 1959, 진교훈 옮김, 『가치론』, 서광사, 1992.

Hirschberger, Johannes, *Geschichte der Philosophie*, Altertum und Mittelalter, Wien: Herder, 1965, 강성위 옮김, 『서양철학사』(상권), 이문출판사, 1983.

Hirschberger, Johannes, *Geschichte der Philosophie*, Neuzeit und Gegenwart, Wien: Herder, 1981, 강성위 옮김, 『서양철학사』(하권), 이문출판사, 1988.

Hitti, Philip K., *Islam, A Way of Life*, Minneapolis: University of Minnesota Press, 1970.

Hobbes, Thomas, *Leviathan*, 1651.

Höffner, Josef, *Christliche Gesellschaftslehre*, Köln, 1975.

Höffner, Josef, "Johannes Messner und die Renaissance des Naturrechts," in *Naturrechtsordnung in Gesellschaft, Staat, Wirtschaft*, München: Tyrollia, 1961.

International Theological Commission(ITC), *In Search of a Universal Ethics: New Look at the Natural Law*, 2008/2009. https://www.vatican.va/roman_curia/congregations/cfaith/cti_documents/rc_con_cfaith_doc_20090520_legge-naturale_en.html

Ioannes ab Armin, *Stoicorum veterum fragmenta. Hans Friedrich August von 1859-1931*, 1968.

Jaeger, Werner, *Humanism and Theology*, The Aquinas Lecture, Milwaukee: Marquette University Press, 1943.

Jakob, David, *Das Naturrecht in Krise und Läuterung*, Köln, 1967.

Jellinek, G., *Die sozialethische Bedeutung von Recht: Unrecht und Strafe*, Berlin, 1908.

Jhering, R. v., *Der Zweck im Recht*, I, Leipzig, 1923.

Fischl, Johann, *Geschichte der Philosophie*, Graz and Wien: Anton Pustet, 1947.

Kant, Immanuel, *Grundlegung zur Metaphysik der Sitten*, 1785.

Kant, Immanuel, *Metaphysik der Sitten*, Hamburg: Philosophische Bibliothek, 1959.

Kant, Immanuel, *Religion innerhalb der Grenzen der blossen Vernunft*, Philosophische Bibliothek, Bd. 45, 1990.

Kant, Immanuel, "Beantwortung der Frage: Was ist Aufklärung?" (1783), in *Was ist Aufklärung?*, Reclam, 1784.

Karre, Otto, *Religions of Mankind*, trans. by E. I. Watkin, London and New York: Sheed and Ward, 1936.

Kaufmann, Arthur und Winfried Hassemer, *Grundprobleme der zeitgenoessishen Rechtsphilosophie und Rechtstheorie*, München, 1971, 심헌섭 옮김, 『현대법철학의 근본문제』, 박영사, 1980.

Kelsen, Hans, *Reine Rechtslehre*, Wien, 1934/1960.

Keown, Damien, *The Nature of Buddhist Ethics*, New York: Palgrave, 2001.

Kerber, Walter, *Sozialethik*, Stuttgart: Kohlhammer, 1998.

Khoury, Adel Theodor, "Die Goldene Regel in religions-und kulturwissenschaftlicher Sicht," in Alfred Bellebaum und Heribert Niederschlag(hrgs.), *Was Du nicht willst, daß man Dir tu': Die Goldene Regel - ein Weg zu Glück?* Konstanz, 1999.

Kilner, John F., "Hurdles for Natural Law Ethics," *The American Journal of Jurisprudence*, Vol. 28, 1983.

Klaus, W. und H. Mayer, *Grundpositionen der französischen Aufklärung*, 1955.

Laun, Andreas, *Die Naturrechtliche Begründung der Ethik in der neueren Katholishcen Moraltheologie*, Wien: Winter Dom-Verlag, 1973.

Lotze, Hermann, *Logik*, Berlin, 1843.

Maihofer, Werner, *Vom menschlichen Ordnung*, Frankfurt a. M., 1956.

Malte, Diesselhorst, *Ursprünge des modernen Systemdenkens bei Hobbes*, Stuttgart, 1968.

Maritain, Jacques, *An Introduction to Philosophy*, trans. by E. Watkin, London and New York: Sheed and Ward, 1944.

Maritain, Jacques, *The Degrees of Knowledge*, trans. by Bernard Wall and Margot R. Adamson, New York: Charles Scribner's Sons, 1938.

Maritain, Jacques, "The Philosophical Foundation of Natural Law," in *Natural Law and World Law, Essays to Commemorate the Sixtieth Birthday of Kotaro Tanaka, Yuhikaku*, Tokyo, 1954.

Maritain, Jacques, *Man and State*, The University of Chicago, 1956, 한용희 옮김, 『인간과 국가』, 가톨릭출판사, 1978.

Maritain, Jacques, *Natural Law*, William Sweet(ed.), Indiana: St. Augustine's Press, 2001.

Maritain, Jacques, *The Right of Man and Natural Law*, trans. by Doris C. Anson, New York: Charles Scribner's Sons, 1943.

Mayer, M. E., *Rechtphilosophie*, Berlin, 1922.

Meissner, Bruno, "Das Märchen vom weisen Achiqar," *Der alte Orient*, 16, Heft, 1917.

Messner, Johannes, *Naturrecht*, Wien, 1950/1966, J. J. Doherty(trans.), *Social Ethics, Natural Law in the Modern World*, London: Herder, 1949.

Messner, Johannes, *Social Ethics*, St. Louis and London: Herder, 1949/1965.

Miltner, Charles C., *The Elements of Ethics*, New York: The Macmillan Co., 1936.

Morerod, Charles, "Nature and Natural Law in Catholicism and Protestantism," Juan de Dios Vial Correa and Ellio Screccia(eds.), *The Nature and Dignity of the Human Person as the Foundation of the Right to Life*, Liberia Ditrice Vaticana, 2002.

Muckermann, H., "Physiological assimilation," in *The Catholic Encylopedia*, Vol. 1, New York: Robert Appleton Co., 1907.

Natorp, P., "Recht und Sittlichkeit," in *Kant-Studien*, Bd. 18, 1913.

Nell-Breuning, Oswald von, "Sozialethik," in W. Brugger, *Philosophisches Wörterbuch*, Freiburg, 1973.

Niebuhr, Reinhold, *Moral Man and Immoral Society*, New York: Charles Scribner's Sons, 1932.

Olcot, Henry Steel, *The Golden Rules of Buddhism*, London: The Theosophical Publishing House, 1967(초판 1887).

Oxford English Dictionary, Oxford University Press, 1971.

Paret, Rudi, *Der Koran*, Stuttgart: Kohlhammer, 2007.

Parrington, Vernon L., *Main Currents in American Thought*, 1927.

Paul II, John, *Veritatis Splendor*, 정승현 옮김, 『진리의 광채』, 분도출판사, 1994.

Paulsen, Friedrich, *System der Ethik*, Berlin, 1889, Frank Thilly(trans.), *A System of Ethics*, New York: Charles Scribner's Sons, 1899.

Peschke, K. H., *Moral Theology in the Light of Vatican II*, 1986, 김창훈 옮김, 『그리스도교 윤리신학』, 제1권 『기초윤리신학』, 분도출판사, 1990.

Pfaff, Leopold und Franz Hofmann, *Commentar zum östereichischen allgemeinen bürgerlichen Gesetzbuch*(ABGB), Wien, 1877.

Philippidis, Leonidas J., *Die "Goldene Regel": religionsgeschichtlich untersucht*, Leipzig: Adolf Klein, 1929.

Piepper, Annemarie, *Einführung in die Ethik*, Basel and Tübingen, 1991, 진교훈 · 류지한 옮김, 『현대윤리학 입문』, 철학과현실사, 1999.

Pribyl, Herbert, Christian Machek et al.(hrsg.), *Das Naturrecht: Quellen und Bedeutung für die Gegenwart*, Taschenbuch, 2015.

Radbruch, Gustav, *Rechtsphilosophie*, 3 Aufl., 1932.

Radbruch, Gustav, *Der Mensch im Recht*, Tübingen, 1927.

Reich, W. T., *Encyclopedia of Bioethics*, Vol. 1, New York: The Free Press, 1978.

Reiner, Hans, *Die Philosophische Ethik*, Heidelberg: Quelle & Meyer, 1964.

Reiner, Hans, "Die Goldene Regel und das Rechtsprinzip," *Studia Leibniziana* IX/2, 1977.

Reinhardt, A., *A Realistic Philosophy*, Milwaukee: The Bruce publishing Co., 1944.

Rhonheimer, Martin, *Natur als Grundlage der Moral*, Wien: Tyrolia, 1987.

Ricci, Matteo, *China in the Sixteenth Century: The Journals of Mattheo Ricci*, trans. by Louis J. Gallangher, S.J., Random House, 1953.

Ritzel, Wolfgang, *Immanuel Kant*, Berlin, 1958/1985.

Rodell, Fred, *Woe Unto You Lawyers*, 1939 (E-books).

Rost, H. T. D., *The Golden Rule, A Universal Ethic*, Oxford: George Ronald, 1986.

Rommen, Heinrich, *Die ewige Wiederkehr des Naturrechts*, Leipzig: Jacob, 1936, T. Hanley(trans.), *The Natural Law*, St. Louis: Herder, 1979.

Roy, Olivier du, "The Golden Rule as the Law of Nature," in Jacob Neusner and Bruce Chilton(eds.), *The Golden Rule: The Ethics of Reprocity in World Religions*, London and New York, 2008.

Ryan, John A., *Original Sin and Human Misery*, New York: The Paulist Press, 1942.

Sabine, George H., *A History of Political Theory*, New York: Henry Holt and Co., 1937.

Savigny, F. Carl von, *Vom Beruf unserer Zeit für Gezetzgebung und Rechtswissenschaft*, Heidelberg, 1814.

Sauter, Johannes, *Die philosopohischen Grundlagen des Naturrechts*, Wien, 1932.

Scheler, Max, *Der Fromalismus in der Ethik und die materiale Wertethik: Neuer Versuch der Grundlegung eines ethischen Personalismus*, 1913.

Scheler, Max, *Die Stellung des Menschen im Kosmos*, Bern, 1928, 진교훈 옮김, 『우주에서 인간의 지위』, 아카넷, 2001.

Scheler, Max, "Über Scham und Schamgefühle," *Schriften aus dem Nachlass*, 1957.

Scheler, Max, *Wesen und Formen der Sympathie*, Berlin, 1923.

Schopenhauer, Arthur, *Über die Grundlage der Moral*, 1840.

Schrage, Wolfgang, *Ethik des Neuen Testaments*, Göttingen: Vandenhoeck umd Ruprecht, 1982.

Schrey, Heinz-Horst, *Goldene Regel III*, TRE Bd. 13, 1984.

Schrey, Heinz-Horst, *Einführung in die Ethik*, Darmstadt: Wissenschaftliche Buchgesellschaft, 1977.

Schrey, Heinz_Horst, "Die Wiedergeburt des Naturrechts," *Theologische Rundschau*, XLX, 1951.

Sgreccia, Elio, *Manuale per medici e biologi*, Milano: Vita e Pensiero, 1987.

Sheed, Frank, *Theology and Sanity*, Sheed & Ward, 1946.

Singer, Marcus, G., "The Golden Rule," P. Edwares(ed.), *The Encyclopedia of Philosphy*, Vol. 3, 1967.

Spendel, Günter, *Die Goldene Regel als Rechtsprinzip*, Tübingen, 1967.

Stahl, Friedrich Julius, *Philosophie des Rechts*, I, 1830.

Sturzo, Luigi, "The Influence of Social Fact on Ethical Conceptions," *Thought*, XX, 1945.

Stammler, Rudolf, *Lehrbuch der Rechtsphilosophie*, Berlin, 1928.

Suarez, Francisco, *De legibus et Deo legislatore, Opera omnia* 28, Paris, 1856-78.

Thieme, Hans, "Die Zeit des späten Naturrehts," in *Zeitschrift der Savigny-Stiftung für Rechtsgeschiche, Germanistische Abteilung*, Bd. 56, 1936.

Trendelenburg, A., *Das Naturrecht auf dem Grunde der Ethik*, 1860.

Ulpianus, Digest, S. P. Scott(trans.), *The Civil Law II* (17 vols.), Cincinnati: The Central Trust Co., 1932.

Urban, Claus, *Nominalismus im Naturrecht*, Düsseldorf, 1979.

Utz, Arthur Fridolin(hg.), *Ethik und Politik*, Heidelberg, 1972(1970).

Utz,Arthur Fridolin, *Das Subsidiaritätsprinzip*, Heidelbreg, 1953.

Verdross, Alfred, *Abendlaendische Rechtsphilosophie*, Wien, 1958.

Verdross, Alfred, "Die naturrectliche Basis der Rechtgeltung," in Norbert Hörster(hrsg.), *Recth und Moral*, Stuttgart: Reclam, 1986.

Vetter, Paul, "Das Buch Tobias und die Achikar-Sage," *Theol. Quartarschrift*, Vol. 86, 1904.

Voegelin, Evic, *The New Science of Politics*, Chicago and London, 1952.

Wang Tch'ang-Tche, S. J., *La Philosophie morale de Wang Yang-Ming*, 1936.

Weiler, Rudorf, *Wege zum Weinberg des Herrn*, Graz, 2013.

Welzel, Hans, *Naturrecht und materiale Gerechtigkeit*, Göttingen, 1990 (초판 1951), 박은정 옮김, 『자연법과 실질적 정의』, 삼영사, 2002.

Wendland, D. Heinz-Eietrich, *Einführung in die Sozialethik*, Berlin, 1963.

Winter, Gibson, "Religion, Ethics and Society," in M. E. Marty(ed.), *Social Ethics*, New York Harper & Row, 1963.

Wise, John, *A Vindication of the Government of New England Churches*, Boston, 1717(1880).

Wojtyla, Karol, *Von der Königswürde des Menschen*, Stuttgart: Seewald, 1979.

Wolf, Erik, *Das Problem der Naturrechts. Versuch einer Orientierung*, Karlsruhe: C. F. Müller, 1955.

Wolf, Erik, "Das Problem einer Rechtsanthropologie," in Festschrift für Max Mueller zum 60. Geburtstag, 1966.

Wright Jr., Benjamin Fletcher, *American Interpretations of Natural Law*, Cambridge: Harvard University Press, 1931.

Wu, John Ching Hsiung(오경웅), *Fountain of Justice: A Study in the Natural Law*, Sheed and Ward, 1955, 서돈각 옮김, 『정의의 원천: 자연법 연구』, 박영사, 1958.

Zaborowski, Holger(ed.), *Natural Moral Law in Contemporary Society*, The Catholic University of America Press, 2010/2012.

찾아보기

[인명]

ㄱ

공자(孔子) 59, 288, 289
관자(管子) 286
굼플로비치(Ludwig Gumplowicz) 222
그라티아누스(Gratianus) 116
그로티우스(Hugo Grotius) 151-155, 166-169

ㄴ

나카에(中江藤樹) 294-297
나토르프(Paul Gerhard Natorp) 334
노자(老子) 298
니버(Karl Paul Reinhold Niebuhr) 325, 363

ㄷ

데카르트(René Descartes) 159, 160
동중서(董仲舒) 31
둔스 스코투스(Johannes Duns Scotus) 43, 137, 139, 140
뒤클로(Charles Pinot Duclos) 45

ㄹ

라드브루흐(Gustav Radbruch) 239, 334
라이너(Hans Reiner) 36, 48
라이프니츠(Gottfried Wilhelm Leibniz) 44, 165, 192, 340
라칭거(Joseph Ratzinger) 270
로델(Fred Rodell) 236, 409
로크(John Locke) 44
론하이머(Martin Rhonheimer) 398
롬멘(Heinrich A. Rommen) 20, 119, 230, 251, 252, 255, 338, 345, 391, 424
루소(Jean Jacques Rousseau) 190
루터(Martin Luther) 44

ㅁ

마르크스(Karl Marx) 218
마리탱(Jacques Maritain) 241-243, 245-247, 250, 251, 403, 417-420, 422, 423, 432, 433
마이어(Max Ernst Mayer) 333
마이호퍼(Werner Maihofer) 47
마키아벨리(Niccolò Machiavelli) 140

마테오 리치(Matteo Ricci) 286
맹자(孟子) 53, 290, 291
메스너(Johannes Messner) 23, 169, 259-261, 263, 265, 426-428
무커만(Hermann Muckermann) 339
무타질라(Muʿtazilah) 309
무함마드(Muhammad) 310
묵자(墨子) 299
밀트너(Charles C. Miltner) 339

ㅂ
바일러(Rudolf Weiler) 263, 265
베르그송(Henri Bergson) 247, 421
벤트란트(Heinz Dietrich Wendland) 362
벨첼(Hans Welzel) 395
볼프(Christian Wolff) 206
볼프(Erik Wolf) 29, 401
부버(Martin Buber) 406
붓다(Buddah) 304
브루너(Emil Brunner) 326

ㅅ
사비니(Friedrich Carl von Savigny) 239, 412
세네카(Seneca) 40
세베루스 알렉산데르(Severus Alexander) 36
셸러(Max Scheler) 47, 366, 402
소크라테스(Socrates) 79, 80, 84, 86, 87
쇼펜하우어(Arthur Schopenhauer) 46
쉬라이(Heinz Horst Schrey) 239
슈바이처(A. Schweitzer) 387
슈펜델(Günter Spendel) 47
실러(Friedrich Schiller) 342

ㅇ
아리스토텔레스(Aristoteles) 85, 90-93
아벨라르두스(Petrus Abaelardus) 43
아우구스티누스(Augustinus) 41, 49, 114
아히카르(Achikar) 37
안티고네(Antigone) 266
알키다모스(Alkidamos) 81
에라스무스(Desiderius Erasmus) 168
에피쿠로스(Epicuros) 82
에픽테토스(Epictetus) 49, 100
예링(Rudolf von Jhering) 208, 332
예수(Jesus) 40, 442
옐리네크(Georg Jellinek) 334
오경웅(吳經熊) 273, 27-278, 285
오컴(William of Ockham) 138, 139, 212
올코트(Henry Steel Olcott) 61
와이즈(John Wise) 174
왕양명(王陽明) 295, 297
우츠(Arthur Fridolin Utz) 372
울피아누스(Ulpianus) 102, 146, 352
유스티누스(Justinus) 41
이소크라테스(Isokrates) 39, 52
이항녕(李恒寧) 240

ㅈ
증자(曾子) 289

ㅊ
치체로(Cicero) 99, 100, 109

ㅋ

칸트(Immanuel Kant) 45, 194-197, 331, 342
칼리클레스(Callicles) 222
켈젠(Hans Kelsen) 217, 333, 354
콩트(Auguste Comte) 212, 213
크리소스토무스(John Chrysostomos) 112
크세노폰(Xenophon) 85

ㅌ

탈레스(Thales) 39
토마스 아퀴나스(Thomas Aquinas) 23, 117, 122, 124, 125, 132, 134-136, 157, 248, 254, 278, 318, 330, 343, 367, 386, 417, 422, 424
토마지우스(Christian Thomasius) 177-179, 193, 331, 342
트라시마코스(Thrasymachos) 80
틸리케(Helmut Thielicke) 326

ㅍ

파울젠(Friedrich Paulsen) 225
페르드로스(Alfred Verdross) 335
페쉬(Heinrich Pesch) 211
페히너(Erich Fechner) 47
포이어바흐(Ludwig Feuerbach) 218
푸펜도르프(Samuel Pufendorf) 170-176, 192, 193, 340
플라톤(Platon) 85, 86, 88, 89
피니스(John Finnis) 271, 272, 429
피퍼(Annemarie Pieper) 336
필리피디스(L. J. Philippidis) 34

ㅎ

하비(Peter Harvey) 62, 308
하이데거(Martin Heidegger) 406
하트(Herbert Lionel Adolphus Hart) 216
헤겔(Georg Wilhelm Friedrich Hegel) 218
헤라클레이토스(Heraclitus) 77, 79
헤로도토스(Herodotos) 38
헤르더(Johann Gottfried Herder) 45
헤켈(Ernst Haeckel) 47
홀젠도르프(Holger Henrik Holzendorf) 227
홉스(Thomas Hobbes) 140, 162-166, 189, 190, 224
회페(Otfried Höffe) 215
회프너(Joseph Höffner) 364
횔덜린(F. Hölderlin) 349
히포크라테스(Hippocrates) 396
히피아스(Hippias) 81
힐렐(Hillel) 65

[용어]

ㄱ

감정이입 규율 50
개념법학 233
개인주의 182, 189, 191, 201
계몽주의 180, 181
계약 이론 184
공동선 368
공익 366
국제법 255, 266

ㄴ
노모스 89
논리실증주의 213, 214

ㄷ
다르마(dharma) 64
도덕법 19, 28, 321

ㄹ
로마법 101

ㅁ
만민법 98, 104, 105, 149, 150
무위자연(無爲自然) 30

ㅂ
반증 가능성 214
법 인간학 404, 407
법실증주의 212, 215-217, 219, 226
보조성 370
보조성의 원리 187
본성법 19, 32
불살생(ahimsa) 63

ㅅ
사랑의 계명 38
사회윤리 358-362, 364, 427
사회정의 373, 376, 379
사회존재론 31
산상수훈(山上垂訓) 34
살림살이 387
상호성 규율 54
상호주관성 68
생명윤리 380, 382, 390, 393
샤리아 311
소피스트 79, 84
순수 법학 197
스토아철학 98, 99
스토아학파 96, 97
실천이성 196, 421
십계명 129, 130

ㅇ
양심 97, 111, 134, 319
양심법 231
역사법학파 201-205, 220, 227
역지사지(易地思之) 68
연대성 365
영구법 123, 162, 191, 274, 317
영원법 73, 317
영원한 철학 106, 349
오컴주의 141
유명론 138
율법 111
인간학적 상수 265
인륜법 267
일반의지 190

ㅈ
자비 61
자연 상태 183, 197
자연법 19, 23, 27, 29
자연법의 부활 241
자연법의 영구회귀 20
자율성 규율 51, 52
정의로운 전쟁 148
정의로운 전쟁론 426
주의주의 155, 163

ㅊ
철학적 인간학 394, 398, 402

ㅋ
쿠란 66, 310-313

ㅍ
폴리스 94
피시스 89

ㅎ
하디스(Hadith) 66, 310, 312
혈구지도 60, 292, 293
형식주의 201
호혜 규율 54, 56
황금률 33-35, 38, 43, 293, 294

진교훈(1937. 6. 17.～2022. 3. 16.)

서울대학교 문리대 철학과를 졸업하고, 1972년 오스트리아 빈(Wien) 대학교에서 철학박사학위를 취득했다. 서울대학교 중앙도서관장, 과학기술부 생명윤리자문위원회 위원장, 한국생명윤리학회 회장, 한국철학적인간학회 회장, 서울대학교 명예교수를 역임했다. 주요 저서로 『철학적 인간학(I · II)』(서우철학상 저술부문 수상), 『의학적 인간학』(가톨릭학술상 수상), 『환경윤리』, *Angewandte Ethik*(공저), 『현대사회윤리연구』(가톨릭 생명의 신비상 학술분야 수상) 등이 있고, 역서로는 『철학적 인간학』(M. 란트만), 『철학적 인간학』(E. 코레트), 『가치론』(J. 헤센), 『우주에서 인간의 지위』(M. 셸러) 등이 있으며, 수상록으로 『살며 생각하며』, 『살며 기도하며』, 『살며 사랑하며』, 『윤리, 사람다움의 길을 찾아서』, 『행복한 삶의 길』 등이 있다. 또한 한국철학적인간학회 회원들과 함께 집필한 공저로 『오늘의 철학적 인간학』, 『윤리학과 윤리교육』, 『인간과 현대적 삶』, 『인격』, 『양심』, 『사랑』 등이 있다.

자연법 연구: 도덕의 원류를 찾아서

1판 1쇄 인쇄 2022년 9월 25일
1판 1쇄 발행 2022년 9월 30일

지은이 진 교 훈
펴낸이 진 춘 호
펴낸곳 철학과현실사
출판등록 1987년 12월 15일 제300-1987-36호
주소 경기도 파주시 상지석길 133 나동
전화 031-957-2350
팩스 031-942-2830
이메일 chulhak21@naver.com

ISBN 978-89-7775-862-9 93110
값 20,000원